중간고사 기말고사
고득점을 예약하자!

시험적중
내신전략

고등 **사회·문화**

BOOK 1

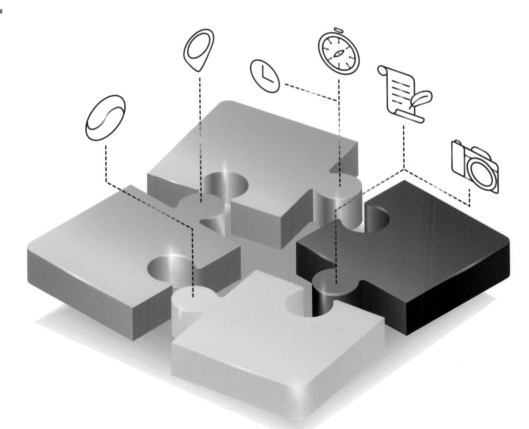

천재교육

언제나 만점이고 싶은 친구들

Welcome!

숨 돌릴 틈 없이 찾아오는 시험과 평가,
성적과 입시 그리고 미래에 대한 걱정.
중·고등학교에서 보내는 6년이란 시간은
때때로 힘들고, 버겁게 느껴지곤 해요.

그런데 여러분, 그거 아세요?
지금 이 시기가 노력의 대가를
가장 잘 확인할 수 있는 시간이라는 걸요.

안 돼, 못하겠어, 해도 안 될 텐데—
어렵게 생각하지 말아요. 천재교육이 있잖아요.
첫 시작의 두려움을 첫 마무리의 뿌듯함으로 바꿔 줄게요.

펜을 쥐고 이 책을 펼친 순간
여러분 앞에 무한한 가능성의 길이 열렸어요.

우리와 함께 꽃길을 향해 걸어가 볼까요?

#실력향상
#고특점

내신전략
고등 사회·문화

Chunjae Makes Chunjae

[내신전략] 고등 사회·문화

개발총괄	김우진
편집개발	이정은
디자인총괄	김희정
표지디자인	윤순미, 권오현
내지디자인	박희춘, 한유정
조판	어시스트하모니
제작	황성진, 조규영

발행일	2022년 10월 1일 초판 2022년 10월 1일 1쇄
발행인	(주)천재교육
주소	서울시 금천구 가산로9길 54
신고번호	제2001-000018호
고객센터	1577-0902
교재 내용문의	(02)6333-1875

※ 정답 분실 시에는 천재교육 교재 홈페이지에서 내려받으세요.

시험적중
내신전략

고등 사회·문화

BOOK 1

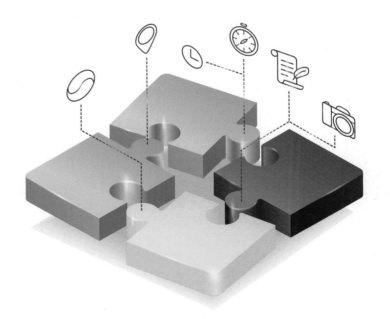

이 책의
구성과 활용

이 책은 3권으로 이루어져 있는데 본책인 BOOK 1·2의 구성은 아래와 같아.

주 도입

본격적인 본문 학습에 앞서, 재미있는 학습 만화를
살펴보며 이번 주에 공부할 내용을 확인할 수 있도
록 하였습니다.

1일 개념 돌파 전략

내신을 대비하기 위해 반드시 알아야 할 기본 개념을
익힌 뒤, 확인 문제를 풀며 개념을 확실히 이해했는지
확인할 수 있도록 하였습니다.

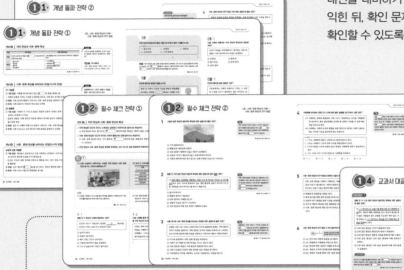

2일 3일 필수 체크 전략

실제 내신 시험에 자주 출제되는 유형의 필수 예제와
유제를 풀어 보면서 문제 풀이 과정과 해결 전략을
이해할 수 있도록 하였습니다.

4일 교과서 대표 전략

교과서에서 다루고 있는 주제를 대표 예제로 엄선하여
수록하였으며, 많은 문제를 풀어 봄으로써 문제에 대한
적응력을 높일 수 있도록 하였습니다.

주 마무리와 권 마무리의 특별 코너들로 사회·문화 실력이 더 탄탄해질 거야!

주 마무리 코너

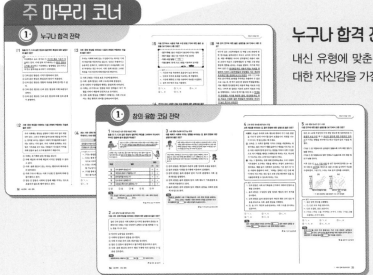

누구나 합격 전략

내신 유형에 맞춘 기본 연습 문제를 풀어 보면서 학습에
대한 자신감을 가질 수 있도록 하였습니다.

창의·융합·코딩 전략

융합적 사고력과 창의력을 키우는 문제를
풀어 보면서 다양한 문제에 대한 적응력을
높일 수 있도록 하였습니다.

권 마무리 코너

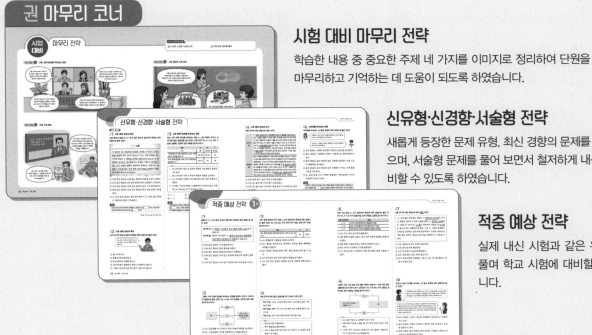

시험 대비 마무리 전략

학습한 내용 중 중요한 주제 네 가지를 이미지로 정리하여 단원을
마무리하고 기억하는 데 도움이 되도록 하였습니다.

신유형·신경향·서술형 전략

새롭게 등장한 문제 유형, 최신 경향의 문제를 다루었
으며, 서술형 문제를 풀어 보면서 철저하게 내신을 대
비할 수 있도록 하였습니다.

적중 예상 전략

실제 내신 시험과 같은 유형의 모의고사를
풀며 학교 시험에 대비할 수 있도록 하였습
니다.

이 책의 차례

1주

Ⅲ. 문화와 일상생활

2주

Ⅵ. 사회 계층과 불평등
~ Ⅴ. 현대의 사회 변동

2권 마무리 코너

I. 사회·문화 현상의 탐구

공부할 내용

1강 ❶ 자연 현상과 사회·문화 현상 ❷ 기능론 ❸ 갈등론 ❹ 상징적 상호 작용론 ❺ 양적 연구 방법과 질적 연구 방법
2강 ❶ 실험법과 질문지법 ❷ 면접법과 참여 관찰법 ❸ 양적 연구와 질적 연구의 탐구 절차 ❹ 사회·문화 현상의 탐구 태도와 윤리

2강 자료 수집 방법 ~ 사회·문화 현상의 탐구 태도와 윤리

개념 돌파 전략 ①

개념 ❶ | 자연 현상과 사회·문화 현상

구분	자연 현상	사회·문화 현상
의미	인간의 의지와 관계없이 ❶[　　　]의 질서에 따라 이루어지는 현상	사회 활동을 하는 인간에 의해 인위적으로 만들어진 현상
특징	• 몰가치성 • 보편성 • 필연성 • 존재 법칙	• 가치 함축성 • 보편성과 ❷[　　　] • 개연성과 확률의 원리 • 당위 법칙

답 ❶ 자연 ❷ 특수성

Quiz

시간과 공간을 초월하여 조건이 같으면 동일한 현상이 발생한다는 특징은?

Clip! 가치 함축성
사회·문화 현상은 사람의 가치나 의지가 반영되어 나타나는 특징이 있음

개념 ❷ | 사회·문화 현상을 바라보는 관점(거시적 관점)

(1) 기능론
① 기본 입장: 사회를 하나의 살아 있는 ❶[　　　]적 통합 체계로 봄
• 사회의 규범과 가치는 구성원 간 합의된 것으로, 사회 질서 유지와 안정을 위해 지켜야 함
② 장점: 사회 질서와 통합이 나타나는 사회·문화 현상을 설명하기 적합함
③ 한계: 사회 갈등이나 변동의 중요성을 간과함

(2) 갈등론
① 기본 입장: 사회의 각 구성 요소들은 대립과 갈등의 상태로 존재 → ❷[　　　]이/가 배분되는 과정에서 드러남
• 갈등과 대립은 지배 집단의 억압에 대하여 피지배 집단이 저항하는 과정에서 나타나는 불가피한 현상
② 장점: 집단 간 지배와 억압으로 갈등이 나타나는 사회·문화 현상을 설명하기 적합함
③ 한계: 사회 구성 요소 간의 합리적 역할 분담을 설명하기 곤란함

답 ❶ 유기 ❷ 희소가치

Quiz

갈등론에서는 사회가 갈등과 대립을 통해 (쇠퇴, 발전)한다고 본다.

Clip! 유기적 관계
전체를 구성하고 있는 각 부분이 서로 밀접한 관련을 가지고 있어서 떼어 낼 수 없는 것 혹은 상태

개념 ❸ | 사회·문화 현상을 바라보는 관점(미시적 관점)

상징적 상호 작용론
① 기본 입장: 개인들이 일상적으로 상호 작용하는 과정에서 나타나는 행위의 주관적 동기와 의미의 해석에 초점을 두어 현상을 봄
• 인간은 각자의 상황 정의를 바탕으로 행동을 하고, 의미 전달 수단으로서 ❶[　　　]을/를 활용함
② 장점: 인간 개인의 ❷[　　　]을/를 중시하고, 개인의 행위에 대한 이해를 높임
③ 한계: 사회 구조나 제도의 영향력을 경시함

답 ❶ 상징 ❷ 능동성

Clip! 사회·문화 현상을 바라보는 관점

거시적 관점	기능론	사회의 조화와 균형 중시
	갈등론	희소가치를 둘러싼 대립과 갈등에 주목
미시적 관점	상징적 상호 작용론	인간 행위의 주관적 동기와 의미의 해석에 초점

01

자연 현상의 특징으로 옳은 것을 〈보기〉에서 골라 기호를 쓰시오.

• 보기 •
ㄱ. 몰가치성　　　　ㄴ. 보편성　　　　ㄷ. 필연성
ㄹ. 존재 법칙　　　　ㅁ. 가치 함축성

(　　　　　　　　)

풀이 자연 현상과 사회·문화 현상은 별개로 존재하는 것이 아니라 상호 밀접하게 연관되어 있으며, 서로 **①**　　　　을/를 주고받는다. 예컨대 폭우로 야채 가격이 상승하는 것은 **②**　　　　현상이 사회·문화 현상에 영향을 주는 경우이다.

답 ① 영향 **②** 자연

01-1

다음 사례에 적용되는 자연 현상의 특성으로 알맞은 것은?

인간이 폭설을 자연재해라고 생각하는 것과 관계없이 자연 법칙에 따라 폭설은 발생한다.

① 보편성　　　　　② 필연성
③ 몰가치성　　　　④ 존재 법칙
⑤ 당위 법칙

02

빈칸에 들어갈 알맞은 말을 쓰시오.

몸의 각 기관이 고유한 기능을 하면서 생명체를 유지하는 것처럼, 　　　　에서는 사회를 구성하는 제도나 집단이 유기적으로 연결되어 안정적인 기능을 할 때 사회가 유지된다고 본다.

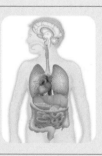

(　　　　　　　　)

풀이 기능론은 사회를 하나의 살아 있는 **①**　　　　통합 체계로 보는 관점으로, 사회를 이루는 사회 제도나 집단 등이 상호 연관성을 갖고 일정한 기능을 수행하면서 사회가 유지된다고 본다. 하지만 사회 **②**　　　　이나 변동의 중요성을 간과한다.

답 ① 유기적 **②** 갈등

02-1

빈칸에 들어갈 말로 알맞은 것은?

기능론에서는 사회의 규범이나 가치는 그 사회의 구성원 모두가 합의하여 정한 것이라고 본다. 구성원들은 사회의 　　　　유지와 안정을 위해 규범이나 가치를 반드시 지켜야 한다.

① 질서　　　　　② 갈등
③ 관습　　　　　④ 환경
⑤ 혁명

03

사회·문화 현상을 이해하는 관점 중 다음 내용에 해당하는 것을 쓰시오.

• **기본 입장**: 사회에는 희소가치를 둘러싸고 집단 간 지배와 피지배의 관계가 존재한다고 여김
• **장점**: 집단 간 지배와 억압으로 갈등이 나타나는 사회·문화 현상을 설명하는 데 적합함
• **한계**: 사회가 안정적으로 유지되는 상황을 설명하기 어려움

(　　　　　　　　)

풀이 갈등론은 **①**　　　　을/를 둘러싼 대립과 갈등에 주목한다. 이와 같은 대립과 갈등은 현존 사회 **②**　　　　의 전면적인 재구성을 통해 해결할 수 있다고 본다.

답 ① 희소가치 **②** 질서

03-1

빈칸에 들어갈 말로 알맞은 것은?

상징적 상호 작용론은 사회적 행위자인 구성원 간의 상호 작용과 생활 세계에 초점을 맞추어 사회·문화 현상을 바라보는 　　　　관점이다.

① 거시적　　　　② 미시적
③ 포괄적　　　　④ 보완적
⑤ 추상적

1주 1일 개념 돌파 전략 ①

개념 ❶ │ 양적 연구 방법과 질적 연구 방법

	양적 연구 방법	질적 연구 방법
의미	사회·문화 현상 속에 담긴 인과 관계를 파악하여 일반화된 법칙을 발견하는 연구 방법	사회·문화 현상 속에 담긴 인간 행위의 동기나 목적을 심층적으로 파악하는 연구 방법
전제	자연 현상의 연구 방법을 사회·문화 현상의 연구에 적용할 수 있음 → 방법론적 일원론	자연 현상과 사회·문화 현상은 다르게 연구해야 함 → 방법론적 이원론
특성	가설을 세우고 계량화된 자료를 분석하여 증명하는 것을 강조 → ❶ [ ]적 연구 방법	직관적 통찰을 통한 해석적 이해가 필요함 → 해석적 연구 방법
자료	수치화된 자료 활용	대화록, 편지, 일기 등 비공식적이고 계량화하지 않은 자료 활용
장점	사회·문화 현상을 설명 및 예측 가능함	행위 이면에 담긴 주관적인 의미를 심층적으로 이해하는 데 유용함
한계	계량화하기 어려운 인간의 주관적 영역에 대한 탐구가 곤란함	연구의 ❷ [ ]에 대한 문제 제기를 받을 수 있음

답 ❶ 실증 ❷ 객관성

Quiz
양적 연구 방법은 경험적 자료를 토대로 사회·문화 현상 속에 담긴 인과 관계를 파악하여 (   )된 법칙을 발견하는 연구 방법이다.

Clip! 경험적 자료
연구자가 직접적으로 관찰이나 조사를 통해 습득한 자료

개념 ❷ │ 양적 연구와 질적 연구의 탐구 절차

(1) 양적 연구의 탐구 절차

① 절차: 문제 인식 및 연구 주제의 선정 → ❶ [   ] 설정 → 연구 설계 → 자료 수집 → 자료 분석 → 가설 검증 → 결론 도출 및 일반화

② 특성: 추상적인 사회·문화 현상을 측정할 수 있도록 수치화하는 개념의 조작적 정의 과정을 거침

(2) 질적 연구의 탐구 절차

① 절차: 문제 인식 및 연구 주제의 선정 → 연구 설계 → 자료 수집 및 해석 → 결론 도출

② 특성: 연구자의 경험, 지식, ❷ [   ]적 통찰을 활용하고, 연구 대상이 처한 상황이나 사회적 맥락을 통해 관찰한 행위에 대한 의미 해석을 시도함

답 ❶ 가설 ❷ 직관

Quiz
직관적 통찰은 연구자의 지식과 판단 능력에 의존하여 (실증적 , 감각적)으로 현상의 의미를 파악하는 것이다.

Clip! 개념의 조작적 정의
추상적인 개념을 측정할 수 있고 수치화할 수 있는 자료로 바꾸는 과정

개념 ❸ │ 자료 수집 방법

문헌 연구법	연구 보고서, 일상에 대한 기록, 통계 자료 등 기존 문헌에서 자료를 수집하는 방법
실험법	실험 집단에 인위적인 조작을 가한 후, 그에 따른 행동이나 태도 등의 변화를 ❶ [ ] 집단의 것과 비교하여 자료를 수집하는 방법
질문지법	조사 내용을 ❷ [ ]으로 구성한 후 연구 대상자에게 답변을 얻어 자료를 수집하는 방법
면접법	연구자가 연구 대상자와 깊이 있는 대화를 통해 자료를 수집하는 방법
참여 관찰법	연구자가 연구 대상과 함께 생활하면서 현상을 직접 관찰하여 자료를 수집하는 방법

답 ❶ 통제 ❷ 질문

Clip! 자료 수집 방법의 특징

	계량화 정도	주관 개입 정도
실험법	높음	낮음
질문지법	높음	낮음
면접법	낮음	높음
참여 관찰법	낮음	높음

01

빈칸에 들어갈 알맞은 용어를 쓰시오.

사회·문화 현상을 연구하는 방법 중 양적 연구 방법에서는 추상적인 사회·문화 현상을 측정 가능한 구체적인 지표로 바꾸는 작업인 개념의 [   ]을/를 실시한다. 이것의 예로 '부모와 자녀와의 친밀감'을 '부모와 자녀의 하루 대화 시간'으로 설정하는 것을 들 수 있다.

(   )

풀이 ❶[   ] 연구 방법은 ❷[   ]된 자료를 통계 기법을 활용하여 분석하고 결론을 도출하는 연구 방법이다.

답 ❶ 양적 ❷ 계량화(수치화)

01-1

양적 연구 방법에 대한 옳은 설명만을 〈보기〉에서 골라 기호를 쓰시오.

• 보기 •
ㄱ. 연구자의 주관적 개입을 통제할 수 있다.
ㄴ. 계량화하기 어려운 영역을 탐구할 수 있다.
ㄷ. 연구자의 주관적 가치가 개입될 우려가 크다.
ㄹ. 일반화와 인과 법칙의 발견이 용이하다.

(   )

02

빈칸에 들어갈 적절한 절차를 쓰시오.

사회·문화 현상의 탐구는 문제를 제기하고 그에 관한 결론을 도출하는 과정이다. 탐구 절차는 연구 방법에 따라 차이가 있다. 질적 연구 방법의 탐구 절차에는 양적 연구 방법의 탐구 절차에 있는 [   ] 단계가 없고, 연구 설계 단계 중에 개념의 조작적 정의 과정이 생략된다.

(   )

풀이 질적 연구 방법의 탐구는 문제 인식 및 연구 주제의 선정 → ❶[   ] → 자료 수집 및 ❷[   ] → 결론 도출의 과정을 거친다.

답 ❶ 연구 설계 ❷ 해석

02-1

질적 연구 방법을 사용하기에 적절한 연구 주제를 〈보기〉에서 골라 기호를 쓰시오.

• 보기 •
ㄱ. 귀촌한 사람들의 농촌 적응 과정에 관한 연구
ㄴ. 개인의 계층과 삶의 만족도 간의 상관관계에 대한 연구
ㄷ. 성장기의 형제자매 수가 개인의 사회성에 미치는 영향에 관한 연구
ㄹ. 베이붐 세대가 집을 소유하는 것에 대해 부여하는 의미에 관한 연구

(   )

03

다음 자료 수집 방법 (가), (나)를 각각 쓰시오.

(가) 조사 대상자와 대면하면서 조사 주제에 대한 질문을 통해 얻은 응답을 바탕으로 필요한 자료를 수집하는 방법
(나) 독립 변수 이외의 다른 변수를 통제한 후 연구 대상자에게 독립 변수를 처치하고 그로 인해 나타나는 종속 변수의 변화를 파악하는 자료 수집 방법

(가): (   ), (나): (   )

풀이 면접법은 자료 수집 과정에서 연구자의 ❶[   ]이/가 강조되는 한편, 실험법은 인위적으로 통제된 상황에서 ❷[   ]의 효과를 관찰한다.

답 ❶ 유연성 ❷ 독립 변수

03-1

다음 사례에서 사용한 자료 수집 방법을 쓰시오.

저는 청소년 일탈 행동의 원인을 연구한 다양한 통계 자료와 논문을 분석하여 일탈 행동의 유형을 원인별로 분류하였습니다.

(   )

사회·문화 현상의 특징에는 무엇이 있을까?
⇨ 사회·문화 현상은 자연 현상과 달리 인간의
의지가 개입되어 발생하므로 **❶**⬜⬜⬜
이다. 따라서 존재 법칙이 아닌 **❷**⬜⬜⬜
에 따라 나타난다.

답 ❶ 가치 함축적 **❷** 당위 법칙

1 ⓛ과 같은 현상이 ⊙과 같은 현상에 비해 두드러지게 나타나는 특징 중 옳은 설명 만을 〈보기〉에서 고른 것은?

○○ 일보	**월 **일

32년 만에 지독한 한파가 기승을 부렸던 제주도에는 ⊙ 3일 동안 엄청난 양의 폭설이 쏟아졌다. 계속되는 폭설로 인해 비행기의 이착륙이 어려워지자 한국공항공사는 ⓛ 제주 공항의 운영 중단을 결정하였다.

┌─ • 보기 • ─────────────────┐
ㄱ. 존재 법칙을 따른다.
ㄴ. 몰가치적이다.
ㄷ. 확률이나 개연성으로 설명된다.
ㄹ. 인간의 의지가 개입되어 나타난다.
└────────────────────────┘

① ㄱ, ㄴ ② ㄱ, ㄹ ③ ㄴ, ㄷ ④ ㄴ, ㄹ ⑤ ㄷ, ㄹ

사회·문화 현상을 바라보는 관점에는 무엇이 있을까?
⇨ 사회·문화 현상을 보는 거시적 관점은
❶⬜⬜⬜, **❷**⬜⬜⬜으로 구분되며, 미
시적 관점에는 상징적 상호 작용론이 있다.

답 ❶ 기능론 **❷** 갈등론

2 글에 제시된 사회·문화 현상을 바라보는 관점에 대한 설명으로 옳은 것은?

사회·문화 현상을 이해하기 위해서는 사회적 행위자인 구성원 간의 상호 작용보다는 사회 제도나 구조에 초점을 두고 사회라는 큰 체계 속에서 사회·문화 현상을 파악해야 한다.

① 상징적 상호 작용론이 대표적이다.
② 사회 구성원의 주관적 동기를 중시한다.
③ 행위의 의미를 해석하는 것을 중시한다.
④ 사회 구성원 간의 상호 작용을 중시한다.
⑤ 이 관점은 기능론과 갈등론으로 구분된다.

기능론과 갈등론의 특징은 무엇인가?
⇨ 기능론과 갈등론은 사회 구조나 제도에 초
점을 두고 있는 **❶**⬜⬜⬜ 관점이다. 그 중
❷⬜⬜⬜은/는 사회 구조를 지배 집단과
피지배 집단으로 이원화하고 사회의 희소
가치는 지배 집단에게 유리하도록 배분된
다고 본다.

답 ❶ 거시적 **❷** 갈등론

3 다음 사회·문화 현상을 바라보는 관점에 대한 설명으로 옳은 것은?

사회는 희소가치를 많이 가진 집단과 그렇지 않은 집단으로 구성되어 있으며, 희소가치가 배분되는 과정에서 집단 간 대립이 나타난다고 본다.

① 갈등과 대립을 불가피한 현상으로 본다.
② 사회를 하나의 유기적 통합 체계로 본다.
③ 구성원 간의 합의된 가치와 규범을 중시한다.
④ 혁명과 같은 급격한 사회 변동을 설명하기 어렵다.
⑤ 사회 제도나 집단이 상호 연관성을 갖고 기능을 수행함으로써 사회가 유지된다고 본다.

4 사회·문화 현상의 연구 방법 ㉠에 대한 설명으로 옳은 것은?

> 경험적 자료를 토대로 현상을 증명하는 것을 중시하는 ⎡ ㉠ ⎤은 가설을 세우고 계량화된 자료를 분석하여 증명하는 방법을 주로 사용한다.

① 사회적 맥락에서 관찰한 행위에 대한 해석을 중시한다.

② 연구 결과에 대한 일반화나 법칙 발견에는 적합하지 않다.

③ 사회·문화 현상에 대한 심층적 이해를 위해 직관적 통찰을 주로 사용한다.

④ 사회·문화 현상은 자연 현상에 대한 연구 방법과 다른 방법으로 연구해야 한다고 전제한다.

⑤ 개념을 조작적으로 정의하여 자료를 수집하고 수집된 자료를 통계적으로 분석하는 과정을 중시한다.

5 자료 수집 방법 (가), (나)를 바르게 연결한 것은?

> (가) 많은 사람을 대상으로 자료를 수집할 때 주로 사용되며 표본의 대표적 확보가 중요하다. 한편, 문맹자에게 실시가 곤란하다.
>
> (나) 연구 대상자와 깊이 있는 대화를 통해 심층적 자료를 수집할 수 있다는 장점이 있다.

	(가)	(나)
①	질문지법	참여 관찰법
②	질문지법	면접법
③	면접법	실험법
④	실험법	참여 관찰법
⑤	실험법	문헌 연구법

6 다음이 설명하는 사회·문화 현상의 바람직한 탐구 태도는?

> 사회·문화 현상을 있는 그대로 받아들이기보다는 그 이면의 의미를 살펴보거나, 연구 진행 과정을 제대로 수행하고 있는지 되짚어 보려는 태도입니다.

① 객관적 태도

② 개방적 태도

③ 성찰적 태도

④ 상대주의적 태도

⑤ 가치 중립적 태도

전략 ① │ 자연 현상과 사회·문화 현상의 특성

● 자연 현상은 인간의 의지나 노력과는 상관없이 자연적으로 일어나는 현상이다.
→ 자연 현상의 특성: 몰가치성, **❶** 법칙에 따름, 확실성, 예외가 없음, 보편성에 따른다.

● 사회·문화 현상은 인간의 의지와 사회적 활동으로 인해 일어나는 현상이다.
→ 사회·문화 현상의 특성: 가치 함축적, **❷** 법칙에 따름, 확률성과 개연성, 예외가 존재함, 보편성과 함께 특수성
이 나타난다.

● 자연 현상과 사회·문화 현상은 별개로 존재하는 것이 아니라 상호 밀접하게 연관되어 있으며, 서로 영향을 주고받는다.

답 ❶ 존재 ❷ 당위

 1

(1) 다음 교실에서 이루어지는 수업은 자연 현상과 사회·문화
현상 중 어느 것으로 분류되는가?

(2) 표의 ㉠, ㉡에 들어갈 알맞은 말을 각각 쓰시오.

구분	자연 현상	사회·문화 현상
인간의 의지 개입 여부	없음	있음
가치 여부	몰가치적	㉠
보편성 여부	보편성	보편성과 특수성
확실성 여부	필연성과 확실성	개연성과 확률성
관련 법칙	존재 법칙	㉡

풀이

(1) 수업은 사회화나 지식 전달 등의 목적을 실현하기 위해 인간의 의도
(의지)를 바탕으로 하여 이루어지는 행위이다.

답 사회·문화 현상

(2) 사회·문화 현상은 자연 현상과는 달리 인간의 의지에 의해 나타나는
현상으로 가치나 신념이 반영되어 있고, 자연 상태 그대로 존재하는
것이 아니라 당위 법칙에 따라 나타난다.

답 ㉠: 가치 함축적, ㉡: 당위 법칙

1-1

밑줄 친 ㉠ 현상의 사례에 해당하는 것은?

> 인간의 의도가 개입되어 발생한 ____㉠____ 현상에는
> 인간의 가치나 신념 등이 반영되어 있다.

① 날씨가 맑다.
② 폭설이 쏟아진다.
③ 해가 지면 기온이 낮아진다.
④ 가뭄에 대비하여 댐을 건설한다.
⑤ 고도가 높을수록 기압이 떨어진다.

1-2

다음 사례를 통해 유추할 수 있는 사회·문화 현상이 갖는 특징
을 자연 현상과 비교하여 설명하시오.

> 신항로 개척기에 유럽의 정복자들은 대체로 식민지 원주
> 민들을 지배하기 위한 방법으로 무력을 사용한 진압을
> 선택했다. 그러나 일부 정복자들은 회유와 포섭을 통해
> 원주민들과의 교류를 확대하기도 하였다.

( )

전략 ❷ | 사회·문화 현상을 바라보는 거시적 관점(기능론과 갈등론)

● 거시적 관점은 사회 구조나 제도에 초점을 두어 사회·문화 현상을 파악한다.
➡ 거시적 관점에는 기능론과 갈등론이 있다.

기능론: 사회를 하나의 ❶[　　　　]로 보고, 사회 제도나 집단이 상호 보완·협력하면서 조화와 균형을 이루고 있다고 본다.
➡ 사회 갈등이나 변동의 중요성을 간과하기 쉬우며, 혁명 같은 사회 변동을 설명하기 어렵다는 한계가 있다. 또한 기득권층의 이익을 대변한다는 비판을 받을 수 있다.

갈등론: 사회 구조는 지배 계급이 피지배 계급을 억압하는 과정과 결과로 형성되어 ❷[　　　　]은/는 불가피한 현상이며, 사회 변화와 발전의 원동력이라고 본다.
➡ 사회 구조를 지배와 피지배 구조로 단순화하여 사회의 복잡한 현상을 이해하는 데 한계가 있고, 사회가 안정적으로 유지되는 상황을 설명하기 어렵다.

🔖 ❶ 유기체 ❷ 갈등과 대립

필수예제 ❷

(1) 다음 "노인 소외 현상"을 바라보는 관점은?

> 급격한 사회 변동에 따라 가치관과 규범이 변화되고, 세대 간의 관계도 새롭게 정의되었습니다. 사회 변화에 노인들이 적응할 수 있도록 지원하는 정책이 미비하여 노인들이 소외되는 것입니다.

(2) 다음 "노인 소외 현상"을 바라보는 관점은?

> 현대 사회에서는 경제력을 가진 사람들이 주도권을 가지게 됩니다. 부와 권력의 분배를 중년층이 좌우하면서 노인들의 능력이나 노력과 상관없이 사회적 역할에서 노인들을 배제해 그들이 소외되고 있습니다.

풀이

(1) 기능론은 사회 제도나 기관 등 사회를 구성하는 하위 영역과 요소가 각자의 기능을 잘 수행함으로써, 사회 전체가 조화를 이루고 안정적으로 운영될 수 있는 것이라고 보는 관점이다.

🔖 기능론

(2) 갈등론은 한 사회의 재화나 권력 등의 희소가치는 지배 집단에게 유리하도록 배분되며, 이 과정에서 대립과 갈등이 필연적으로 발생한다고 보는 관점이다.

🔖 갈등론

2-1

다음 청소년 범죄를 바라보는 관점에 대한 설명으로 옳은 것은?

> 최근 청소년 범죄가 증가하고 있습니다. 이것은 학교와 교육 관련 법이 역할을 제대로 수행하지 못하고 있기 때문입니다.

① 미시적 관점이다.
② 구성원 간 합의된 규범을 경시한다.
③ 사회 질서와 통합을 설명하기가 어렵다.
④ 사회를 지배 계급과 피지배 계급으로 양분한다.
⑤ 사회 문제는 문제가 되는 부분이 원래의 기능을 회복해야 해결될 수 있다고 본다.

2-2

다음에 나타난 교육을 보는 관점에 대한 설명으로 옳은 것은?

> 우리 사회에서 이루어지고 있는 교육은 입시의 도구로 사용되고 있습니다. 불평등한 교육과 입시 제도는 기득권을 가진 사람들에게 더 많은 권력과 부를 축적할 수 있게 합니다.

① 미시적 관점이다.
② 구성원 간 상호 작용에 초점을 둔다.
③ 대립과 갈등을 사회 문제라고 인식한다.
④ 사회에서 나타나는 협동과 통합을 중시한다.
⑤ 사회 제도가 지배 집단에 유리하도록 설계되어 있다고 본다.

전략 ❸ | 사회·문화 현상을 바라보는 미시적 관점(상징적 상호 작용론)

● 미시적 관점은 개인 간의 상호 작용과 행위에 초점을 두어 사회·문화 현상을 파악한다.

➡ 미시적 관점에는 상징적 상호 작용론이 있다.

✘ **상징적 상호 작용론:** 사회 구조보다는 일상생활 속에서 나타나는 사회 구성원의 행위에 초점을 두고, 언어·신호 등과 같은 ❶ [   ] 을/를 통해 나타나는 상호 작용에 주목한다. 또한 사회 구성원이 자신의 상황에 대해 각자의 의미를 부여하고 해석하는 ❷ [   ] 을/를 통해 행동한다고 본다.

➡ 사회 구조나 제도가 개인에게 미치는 영향을 간과한다.

🔒 ❶ 상징 ❷ 상황 정의

필수 예제 3

(1) 다음이 설명하는 사회·문화 현상을 바라보는 관점은?

> 사람들은 자신에게 주어진 상황에 대해 의미를 부여하고 해석하는 상황 정의를 통해 다른 사람들과 상호 작용을 한다. 따라서 사회·문화 현상은 사람들이 상호 작용한 결과로서 발생한 주관적인 의미가 담긴 현상이다.

(2) 다음 사례를 통해 알 수 있는 사회·문화 현상을 바라보는 관점이 갖는 장점을 쓰시오.

> 우리나라 부모님은 시험을 앞두고 있는 자녀에게 미역국을 끓여 주지 않는다. 이 문화에는 시험에서 미끌어지지 말라는 의미가 담겨 있다. 반대로 합격의 의미로 쫀득쫀득한 찹쌀떡이나 엿을 선물한다.

풀이

(1) 사회·문화 현상을 바라보는 미시적 관점은 사회 구성원 간에 일어나는 다양한 상징 즉 언어나 옷차림, 행동 등을 통한 상호 작용에 초점을 맞추어 사회·문화 현상을 이해한다.

🔒 상징적 상호 작용론

(2) 사회 속에서 인간의 행동은 상호 작용의 과정과 그 과정이 일어나는 사회적 맥락 속에서 이해해야 하는 경우가 있다. 이를 사회 구성원이 자신의 상황에 대해 각자의 의미를 부여하고 해석하는 상황 정의라고 한다.

🔒 개인의 행위에 나타나는 의미를 파악하여 심층적으로 이해하는 데 유리하다.

3-1

결혼에 대한 갑의 발언에 나타나 있는 사회·문화 현상을 바라보는 관점은?

> 우리나라에서 결혼과 출산에 대한 사람들의 생각이 많이 달라지고 있습니다. 과거에는 결혼과 출산이 보편적이고 필수적인 것으로 여겨지기도 했지만, 드라마나 영화 등에서 비혼을 선택한 주인공들의 삶이 멋지게 묘사되면서 사람들의 비혼에 대한 긍정적 인식이 증가하고 있는 것으로 보입니다.

갑

(   )

3-2

성 불평등을 바라보는 관점에 대한 설명으로 옳은 것은?

> 성 불평등은 성별에 따른 역할을 주입시킨 결과이다. 아이들은 부모와의 상호 작용 속에서 부모가 기대하는 성 역할을 학습하고, 성 정체성을 형성해 간다. 이 과정에서 자연스럽게 성 불평등적 사고와 행동이 고착된다.

① 거시적 관점이다.
② 구성원 간 상호 작용에 초점을 둔다.
③ 제도의 개선과 정비를 통한 사회 문제 해결을 요구한다.
④ 사회 제도가 지배 집단에 유리하도록 설계되어 있다고 본다.
⑤ 대립과 갈등을 해결하는 과정에서 사회 발전이 이루어짐을 강조한다.

전략 ❹ | 사회·문화 현상의 연구 방법

● 사회·문화 현상을 연구하는 방법에는 방법론적 일원론에 기초한 양적 연구 방법과 방법론적 이원론에 기초한 질적 연구 방법이 있다.

✎ **양적 연구**: 사회·문화 현상도 자연 현상과 동일한 방법으로 사회·문화 현상에 존재하는 법칙을 발견하고 [❶]을/를 목적으로 연구를 수행한다.

➡ 정밀하고 정확한 연구가 가능하나, 인간의 주관적이고 정신적 영역을 연구하기에 제약이 따른다.

✎ **질적 연구**: 사회·문화 현상은 자연 현상의 연구와는 본질적으로 다르기 때문에 사회·문화 현상의 의미를 해석하고 심층적으로 [❷]하는 것이 목적이다.

➡ 계량화하기 어려운 영역을 연구할 수 있으나, 연구자의 주관이 개입될 소지가 있다.

🔑 답 ❶ 일반화 ❷ 이해

필수 예제 4

(1) 밑줄 친 ㉠에 들어갈 사회·문화 현상의 연구 방법은?

> 경험적 자료를 계량화하고 통계적 분석을 통해 사회·문화 현상에 나타나는 법칙을 발견하기 위해 행해지는 연구 방법을 _____㉠_____ (이)라고 한다.

(2) 다음에서 이루어진 사회·문화 현상의 연구 방법이 갖는 장점을 쓰시오.

> 연구자 갑은 아동들의 또래 집단 내 관계가 성격에 미치는 영향을 알아보기 위해, 한 달여 동안 소수의 아동들과 함께 생활하며 그들을 관찰하였다.

풀이

(1) 양적 연구는 자연 과학과 같은 방법을 통해 사회·문화 현상의 일반적인 법칙을 발견하기 위해, 계량화된 자료를 수집하고 통계 분석을 함으로써 사회·문화 현상 속의 인과 관계를 파악한다.

🔑 양적 연구 방법(실증적 연구 방법)

(2) 질적 연구는 사회·문화 현상을 구성하는 개인의 행동 속에 담긴 동기와 의미를 해석하고 이해하려고 한다. 이를 통해 연구하는 대상에 대한 심층적 이해가 가능하다.

🔑 질적 연구는 현상에 대한 심층적 이해가 가능하다.

4-1

다음에 설명된 사회·문화 현상의 연구 방법은?

> - **전제**: 방법론적 일원론
> - **연구 목적**: 경험적 자료를 토대로 현상에 대한 증명, 법칙 발견과 일반화
> - **사례**: '소득 수준이 학업 성취도에 미치는 영향' 연구

( )

4-2

다음 연구에서 사용된 사회·문화 현상의 연구 방법에 대한 옳은 설명은?

> 연구자 갑은 연예인 팬덤 현상을 보이는 청소년들의 심리에 대해 연구하였다. 팬클럽 활동에 열성적인 청소년 3명과 접촉하여 깊은 대화를 나누었고, 연예인 팬덤 현상이 청소년들의 삶에서 가지는 의미를 확인하였다.

① 주로 통계 분석을 활용한다.
② 방법론적 일원론을 전제로 한다.
③ 현상에 대한 심층적 이해에 유리하다.
④ 직관적 통찰이나 감정 이입을 배제한다.
⑤ 사회·문화 현상에 대한 법칙 발견을 중시한다.

1 그림과 같은 현상의 일반적인 특징에 대한 설명으로 옳은 것은?

① 가치 함축적이다.
② 확률성과 개연성에 따른다.
③ 인과 관계가 명확하지 않고 예외가 존재한다.
④ 신념과 가치가 개입되지 않고 존재 법칙에 따른다.
⑤ 사회적 맥락에 따른 특수성으로 인해 다양한 모습으로 나타난다.

Tip
자연 현상은 인간의 의도나 가치가 개입되지 않기 때문에 당위 법칙이 아닌, **❶** 에 따른다. 또한 예외가 존재하지 않기 때문에 확률성이 아닌 **❷** 이/가 나타난다.

目 ❶ 존재 법칙 ❷ 확실성

2 밑줄 친 ㉠과 같은 현상의 일반적 특징에 대한 설명으로 옳지 않은 것은?

> ㉠ 전문가들은 감염병을 예방하는 위생 수칙 중 하나로 비누로 손 씻기를 강조하고 있다. 비누에 함유되어 있는 계면 활성제 성분이 바이러스의 바깥 지방층을 녹여 바이러스를 죽이기 때문이다.

① 몰가치적이다.
② 확률의 원리가 적용된다.
③ 당위 법칙의 지배를 받는다.
④ 경험적 자료로 연구가 가능하다.
⑤ 자연 현상에 비해 인과 관계가 명확하지 않다.

Tip
사회·문화 현상은 의지를 갖고 행해지는 인간의 행위로 인해 나타나는 현상이다. 따라서 자연 현상에 비해서는 인과 관계가 불명확하여 **❶** 에 따르며, 보편성과 함께 **❷** 의 특징을 보인다.

目 ❶ 개연성 ❷ 특수성

3 다음 제시된 사회·문화 현상을 바라보는 관점에 대한 설명으로 옳은 것은?

> 산업화 시대 이후 나타난 사회적 희소가치의 불평등한 분배는 지배 집단의 의지가 반영된 결과이다. 지배 집단은 토지와 자본을 독점적으로 소유함으로써 피지배 집단에 대한 억압을 강화하고 이에 따라 계층이 재생산되었다.

① 미시적 관점에서 사회·문화 현상을 바라본다.
② 사회가 유기체와 유사한 특성을 지니고 있다고 본다.
③ 사회 갈등과 대립이 사회 발전의 원동력이라고 본다.
④ 사회 구성원의 주관적 상황 정의와 상호 작용을 중시한다.
⑤ 기득권층의 이익을 대변하는 논리로 이용된다는 비판을 받는다.

Tip
갈등론은 사회 제도나 구조에 초점을 둔 **❶** 관점 중 하나이다. 갈등론에서는 사회가 지배 집단의 이익을 위해 작동하기 때문에 **❷** 을/를 불가피한 것으로 본다.

目 ❶ 거시적 ❷ 대립과 갈등

4 사회화를 바라보는 관점 (가), (나)에 대한 옳은 설명을 〈보기〉에서 고른 것은?

> (가) 사회화는 현재의 불평등한 사회 구조가 정당하다는 인식을 사람들에게 심어 주어, 특정 집단에게만 유리한 현 상태가 지속될 수 있게 하는 것을 목적으로 한다.
> (나) 사회화는 사회의 유지와 통합을 위해 개인으로 하여금 사회가 필요로 하는 지식과 기능을 습득하게 하는 과정이다.

> • 보기 •
> ㄱ. (가)는 사회화의 내용이 사회적으로 합의되었다고 본다.
> ㄴ. (나)는 사회화가 기존의 권력 구조를 재생산한다고 본다.
> ㄷ. (가)의 관점은 (나)의 관점과 달리 현재의 사회화에 변화가 필요하다고 본다.
> ㄹ. (가), (나)는 모두 거시적 관점으로 사회화를 바라본다.

① ㄱ, ㄴ   ② ㄱ, ㄷ   ③ ㄴ, ㄷ   ④ ㄴ, ㄹ   ⑤ ㄷ, ㄹ

Tip

❶ ⬜은/는 사회 제도나 구조가 사회적으로 합의된 것으로 보며, 사회의 안정을 위한 하위 요소의 역할을 강조한다. 반면, ❷ ⬜은/는 사회 체계가 지배 집단에 유리하게 설정된 것으로 보고 변화와 개혁이 필요하다고 한다.

🔲 ❶ 기능론 ❷ 갈등론

5 사회·문화 현상의 연구 방법과 관련한 다음의 주장에 대한 설명으로 옳은 것은?

> 사회·문화 현상을 이해하기 위해서는 '직관적 통찰'과 연구 대상자에 대한 '감정 이입'이 필요합니다. 직관적 통찰과 감정 이입은 수치화된 자료의 분석으로는 얻을 수 없는 현상에 대한 심층적 이해를 가능하게 합니다.

① 방법론적 일원론을 전제로 한다.
② 통계 분석을 통한 법칙 발견을 목적으로 한다.
③ 실증적 연구 방법을 통해 가설을 증명하는 것을 중시한다.
④ 연구의 객관성 확보를 위한 계량화된 자료 수집을 중시한다.
⑤ 사회·문화 현상에 대한 연구의 목적은 현상에 대한 심층적 이해라고 여긴다.

Tip

사회·문화 현상과 관련한 법칙 발견이나 일반화보다는 개별 현상에 대한 심층적 이해를 목적으로 하는 연구 방법은 ❶ ⬜이다. 이를 위해 연구자는 연구 대상자에 대한 감정 이입이나 연구 과정에서 ❷ ⬜을/를 통해 현상을 이해하는 것이 중시된다.

🔲 ❶ 질적 연구 ❷ 직관적 통찰

6 사회·문화 현상의 연구 방법 A, B의 일반적인 특징에 대한 설명으로 옳은 것은?

A ◀—예— [변수들 간의 관계 파악을 통한 법칙 발견을 목적으로 하는가?] —아니요▶ B

① A는 연구자의 직관적 통찰을 중시한다.
② A는 방법론적 이원론을 바탕으로 한다.
③ B는 현상에 대한 심층적 이해를 목적으로 한다.
④ B는 개념의 조작적 정의를 통해 계량화된 자료를 수집한다.
⑤ B는 경험적 자료를 통해 사회·문화 현상을 연구할 수 없다.

Tip

양적 연구에서 주로 사용하는 자료는 개념의 ❶ ⬜을/를 거친 계량화된 자료이다. 반면, 질적 연구에서는 면접이나 ❷ ⬜ 등을 통해 얻어지는 심층적 자료를 활용하여 연구가 이루어진다.

🔲 ❶ 조작적 정의 ❷ 참여 관찰

전략 ① | 실험법과 질문지법의 특징

● 실험법과 질문지법은 주로 양적 연구에서 활용되는 자료 수집 방법이다.

✿ 실험법은 계획적으로 어떤 조건을 만들어 변화를 주고, 그에 따른 변화를 관찰하여 자료를 수집하는 방법이다.

→ 실험 집단에 가해진 처치에 따른 효과를 파악하기 위해 처치가 이루어지지 않은 통제 집단과의 비교를 통해 독립 변수가 **❶ [   ]** 에 미치는 영향을 파악한다.

✿ 질문지법은 조사 내용을 질문으로 구성한 후 연구 대상자에게 답변을 얻어 자료를 수집하는 방법이다.

→ 수집된 자료의 양과 비교할 때 비용과 시간이 적게 들며, 통계 분석이 용이하다. 단, 모집단을 대표할 수 있는 **❷ [   ]** 의 추출이 중요하다.

冒 ❶ 종속 변수 ❷ 표본

필수 예제 ①

(1) 다음에서 (가)에 들어갈 말을 쓰시오.

> • **실험 집단**: 실험법에서 독립 변수의 효과를 측정하기 위해 처치를 하는 집단
> • **(가)** : 실험에서 실험 집단과 비교 대상이 되는 집단으로, 처치가 행해지지 않은 집단

(2) 괄호 안의 내용 중 알맞은 말을 골라 ○표 하시오.

> ㉠ 질문지법은 조사 결과의 통계적인 분석과 비교 분석이 (쉽다, 어렵다).
> ㉡ 실험법은 (실증적, 주관적)이고 객관화된 자료를 수집할 때 활용할 수 있다.

풀이

(1) 실험법은 처치에 대한 효과를 파악하기 위해 실험 집단에만 연구 목적에 맞게 일정한 조작을 가하는 실험 처치를 하고, 처치에 따라 통제 집단의 것과 비교하여 파악한다.

冒 통제 집단

(2) ㉠ 질문지법은 사전에 계획된 질문지를 통해 얻은 자료를 수치화하므로 통계 및 비교 분석이 용이하다. ㉡ 실험법은 독립 변수와 종속 변수 간의 인과 관계를 파악하는 실증적 연구에 활용된다.

冒 ㉠: 쉽다 ㉡ 실증적

1-1

다음 연구를 보고 (가), (나) 집단을 각각 실험 집단과 통제 집단으로 구분하시오.

> • **연구 주제**: 감사 표현이 사람들의 자아 존중감에 미치는 영향
> • **연구 방법**

구분	사전 측정한 자아 존중감 점수	처치	사후 측정한 자아 존중감 점수
(가) 집단	5.2점	감사 표현 적극적으로 하기	7.2점
(나) 집단	5.2점	특별한 변화 없음	5.3점

(가) 집단: (   ), (나) 집단: (   )

1-2

다음 자료 수집 방법에서 강조하고 있는 것은?

> 질문지법이 의미를 갖기 위해서는 최대한 모집단을 대표할 수 있는 응답자들을 선정하는 것이 중요하다. 연구 대상과 자료 수집 대상이 불일치하면 연구 결과에 대한 신뢰도를 확보할 수 없기 때문이다.

① 표본 추출의 중요성
② 명확한 질문이 필요한 이유
③ 심층적 질문을 포함시키는 것의 장점
④ 질문지법에서 통계 분석이 갖는 의미
⑤ 질문지법에서 비용을 줄이기 위한 방안

전략 ❷ | 면접법과 참여 관찰법의 특징

● 면접법과 참여 관찰법은 주로 질적 연구에서 활용되는 자료 수집 방법이다.

면접법: 연구자가 연구 대상자와 깊이 있는 대화를 통해 자료를 수집하는 방법이다.
➡ 연구 대상자에 대한 **❶** ⬚ 정보 수집에 용이하며, 문맹자를 대상으로도 자료를 수집할 수 있다. 그러나 자료 수집 과정에서 연구자의 주관이 개입될 여지가 있다.

참여 관찰법: 연구자가 연구 대상과 함께 생활하거나 연구 대상자의 활동에 함께 참여하면서 관찰을 통해 자료를 수집한다.
➡ 언어나 문자로 표현할 수 없는 생동감 있고 실제성 높은 정보를 직접 얻을 수 있다. 그러나 시간과 비용이 많이 들고 연구 자의 **❷** ⬚ 이/가 개입될 소지가 있다.

답 ❶ 심층적 ❷ 주관

필수 예제 2

(1) 다음 사례에서 갑이 사용한 자료 수집 방법은?

> 연구자 갑은 최근 ◇◇고등학교에서 발생한 학교 내 학생 간 다툼 문제에 대한 원인을 파악하고 대책을 마련하고자 관련 학생 네 명과 직접 만나서 이야기를 나누었다.

(2) 다음 상황에서 연구자가 사용하기에 적합한 자료 수집 방법을 쓰시오.

> • **연구 목적**: 3~4세 아이들의 소통 방식이 발달에 미치는 영향
> • **조건**: 연구자가 직접 수집한 생동감 있는 자료가 확보되어야 함

풀이

(1) 연구자가 연구 대상자와 직접 만나서 이야기를 나누어 관련 자료를 수집하는 방법은 면접법이다.

답 면접법

(2) 참여 관찰법은 문자나 언어 사용이 어려운 연구 대상자로부터 자료를 얻기 위해 연구 대상자와 함께 생활하면서 관찰을 통해 자료를 수집할 수 있다.

답 참여 관찰법

2-1

다음에서 연구자가 사용한 자료 수집 방법에 대한 설명으로 옳은 것은?

 학교생활을 하면서 가장 스트레스를 받을 때가 언제였는지, 구체적인 경험을 이야기해 주세요.

① 질문지법에 비해 심층적인 정보 수집이 어렵다.
② 글을 모르는 사람에게서 자료를 수집할 수 없다.
③ 연구자의 경험과 숙련도가 자료 수집에 미치는 영향이 적다.
④ 연구 대상자와 깊이 있는 대화를 통해 자료를 수집하는 방법이다.
⑤ 통계 분석을 활용하는 방법에 비해 연구자의 주관이 개입될 우려가 적다.

2-2

갑이 사용한 자료 수집 방법에 대한 설명으로 옳지 **않은** 것은?

> 갑은 쉬는 시간, 체육 시간, 점심시간, 방과 후 시간에 중학교 운동장에서 학생들의 활동을 관찰하여 운동장이 학생들에게 주는 의미를 연구하였다. 1년 동안 매주 세 번 이상 관찰하였고, 관찰 내용은 바로 기록하였으며, 기록을 보완하기 위해 수시로 학생들의 활동을 촬영하였다.

① 생동감 있는 자료를 수집할 수 있다.
② 연구자의 주관이 개입될 소지가 있다.
③ 시대와 장소를 초월한 자료 수집에 적합하다.
④ 문맹자를 대상으로 한 연구에서 활용할 수 있다.
⑤ 연구 대상이 관찰자의 의도를 알게 되면, 정확한 자료 수집이 어려울 수 있다.

전략 ③ | 사회·문화 현상의 탐구 절차

�양적 연구의 탐구 절차
- 문제 인식 및 연구 주제 선정
- **❶** ▭ : 독립 변수와 종속 변수의 관계 설정
- 연구 설계: 연구 대상, 개념의 조작적 정의, 자료 수집 방법 결정 등
- 자료 수집 및 분석
- 가설 검증 및 결론 도출

✠질적 연구의 탐구 절차
- 문제 인식 및 연구 주제 선정
- **❷** ▭ : 연구 대상, 자료 수집 방법 결정 등
- 자료 수집 및 해석
- 결론 도출

🔒 ❶ 가설 설정 ❷ 연구 설계

필수 예제 3

(1) 다음이 설명하는 용어는?

> 양적 연구에서는 인간의 행위나 감정 등을 수치화하는 과정이 필수적으로 요구된다. 왜냐하면 사회·문화 현상 속 인간의 행위를 객관적으로 나타내기가 어렵기 때문이다. 예를 들어 '사회 공동체에 대한 고등학생의 기여'라는 특성을 통계 분석하기 위해서는 '지난 1년 간 봉사활동 시간' 또는 '기부금 액수' 등으로 계량화해야 한다.

(2) 질적 연구 과정에서 ㉠ 단계에서 해야하는 일을 쓰시오.

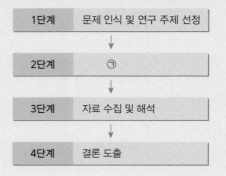

1단계	문제 인식 및 연구 주제 선정
2단계	㉠
3단계	자료 수집 및 해석
4단계	결론 도출

풀이

(1) 양적 연구를 수행하기 위해서는 통계 분석이 필요한데, 이를 위해 인간의 행위나 감정을 수치화하여 계량화를 가능하게 하는 과정이 필요하다.

🔒 개념의 조작적 정의

(2) 질적 연구는 양적 연구와 달리 가설을 설정하고 검증하는 과정이 없다. 따라서 연구 문제를 인식하면 바로 연구 대상을 선정하고 자료 수집 방법을 결정하는 연구 설계가 필요하다.

🔒 연구 대상을 선정하고, 자료 수집 방법을 정한다.

3-1

다음에 제시된 (가)~(라)를 연구 순서에 맞게 배열하시오.

> • **연구 주제**: 수학의 학업 성취도와 사회·문화 과목의 통계 자료 분석 능력과의 상관관계
> (가) 고등학생 200명을 대상으로 질문지를 통해 자료를 수집함
> (나) 수학 점수가 높을수록 사회·문화 과목에서 통계 자료를 활용한 문항에 대한 해결력이 좋을 것이라는 잠정적 결론을 설정함
> (다) 가설이 참으로 검증됨
> (라) 수학에 대한 학업 성취도는 직전 학기 수학 성적을 조사하기로 함

( )

3-2

갑, 을 두 사람 중 사회·문화 현상을 탐구할 때 질적 연구 방법을 선택할 학생은?

> 인간도 자연의 일부이므로 자연 현상과 사회·문화 현상의 차이는 정도의 문제이지 본질적인 차이는 아니야.

갑

> 자연 현상에는 가치가 개입되어 있지 않지만 사회·문화 현상은 그 속에서 생활하고 있는 사람들에게 특수한 의미를 갖기 때문에 양자는 서로 질적으로 다른 현상이야.

을

( )

전략 ❹ | 사회·문화 현상의 탐구 태도와 윤리

✦ 사회·문화 현상의 탐구 태도

➡ 객관적 태도: 제삼자의 관점에서 현상을 있는 그대로 관찰해야 한다.

➡ ❶ [　　　] 태도: 다른 연구자의 비판을 허용하는 태도로 여러 가능성을 가지고 자신의 주장을 검토해야 한다.

➡ 상대주의적 태도: 사회·문화 현상이 지닌 고유한 의미와 가치를 해당 사회 집단의 맥락이나 환경을 고려하여 이해하려는 태도이다.

➡ 성찰적 태도: 사회·문화 현상에 존재하는 이면의 의미를 살펴보거나, 자신의 연구 진행 과정을 제대로 수행하고 있는지 되짚어 보려는 태도이다.

● **가치 중립과 가치 개입**

➡ ❷ [　　　]: 자료 수집 및 분석 단계, 결론 도출의 단계

➡ 가치 개입: 연구 문제와 연구 목적 설정 단계, 연구 활용 단계

🅐 ❶ 개방적 ❷ 가치 중립

필수 예제 ❹

(1) 다음 사례에서 연구자 갑에게 요구되는 사회·문화 현상에 대한 연구 태도는?

> 유아 교육을 주제로 연구를 수행하고 있는 갑은 자신의 연구 결과가 친구가 운영하는 유아 교육 기관의 운영비 상승으로 이어질 수 있음을 우려하여 인위적으로 수집된 자료를 조작하여 정반대의 결론에 이르도록 유도하였다.

(2) 다음 중 연구자의 가치 중립이 철저하게 지켜져야 하는 단계를 모두 고르시오.

> (가) 연구 문제 인식 및 연구 설계 단계
> (나) 자료 수집 및 분석 단계
> (다) 연구 결과 활용 단계
> (라) 결론 도출 단계

풀이

(1) 연구자는 연구 과정에 연구자의 편견이나 고정 관념, 이해관계가 적용되지 않도록 해야 한다.

🅐 객관적 태도

(2) 연구 단계에 따라서 연구자에게 가치 개입이 허용되기도 하지만 철저하게 가치 중립이 지켜져야 하는 연구 과정도 있다.

🅐 (나), (라)

4-1

사회·문화 현상의 탐구 태도와 그 설명을 바르게 연결하시오.

(1) 객관적 태도 •　　　• ㉠ 현상 이면의 의미 파악하기

(2) 개방적 태도 •　　　• ㉡ 제삼자의 시각으로 보기

(3) 성찰적 태도 •　　　• ㉢ 타인의 비판 허용하기

(4) 상대적 태도 •　　　• ㉣ 각 사회의 맥락 고려하기

4-2

㉠에 들어갈 내용으로 가장 적절한 것은?

> 사회·문화 현상에 대한 연구를 수행하는 연구자는 ___㉠___ 을/를 가져야 한다. 사회·문화 현상은 보편성을 보이기도 하지만 인간의 인위적 행위에 의해 형성되는 것으로, 시대와 장소에 따라 특수한 모습을 나타내기 마련이다. 따라서 연구자는 자신의 연구 결과가 모든 사회에서 똑같이 적용된다고 확신해서는 안 된다.

① 가치 개입　　② 개방적 태도　　③ 객관적 태도
④ 성찰적 태도　　⑤ 상대주의적 태도

1 다음에 해당하는 자료 수집 방법의 특징으로 옳은 것은?

> • 연구자와 연구 대상자 간의 언어적 상호 작용이 필수적인 자료 수집 방법
> • 주로 계량화된 자료를 수집하는 데 활용됨

① 시·공간의 제약을 많이 받는다.
② 다수를 대상으로 자료 수집을 할 때 적합하다.
③ 기존 연구의 정확성이 미치는 영향이 매우 크다.
④ 연구 대상자의 행위 동기를 심층적으로 파악할 수 있다.
⑤ 연구자의 의도를 연구 대상자가 알지 못하도록 해야 한다.

2 밑줄 친 ㉠~㉯에 대한 설명으로 옳지 <u>않은</u> 것은?

> 갑은 ㉠ 아버지의 육아 참여가 ㉡ 자녀의 인지 발달에 미치는 영향을 주제로 ㉢ 연구를 진행하였다. ㉣ '아버지가 육아에 적극적으로 참여할수록 자녀의 인지 발달 수준이 높을 것이다.'라는 가설을 설정하고, ㉤ ○○시에 거주하는 아버지와 그 자녀 각각 500명을 대상으로 ㉯ 질문지법을 통해 자료를 수집하였다.

① ㉠은 독립 변인, ㉡은 종속 변인이다.
② ㉠, ㉡은 개념의 조작적 정의가 요구된다.
③ ㉢은 사회·문화 현상의 법칙 발견을 목적으로 이루어졌다.
④ ㉤은 모집단이다.
⑤ ㉯은 양적 연구에서 활용되는 자료 수집 방법이다.

3 갑~병이 활용한 자료 수집 방법에 대한 설명으로 옳은 것은?

사회자
> 각자 '고등학생의 자기주도학습 실태 연구' 진행 시 사용하신 자료 수집 방법을 말씀해 주세요.

> 고등학생 5명을 선정하여 대화를 통해 자료를 수집하였습니다.

갑

을
> 2주일 동안 야간 자율학습을 실시하고 있는 고등학교 교실에서 함께 생활하면서 필요한 자료를 수집하였습니다.

> 고등학생 300명을 대상으로 설문지를 통해 주당 자기주도학습 시간 및 횟수 등을 조사하였습니다.

병

① 갑의 방법은 문맹자에게는 활용하기 어렵다.
② 을의 방법은 생생한 자료를 수집하기에 유리한 방법이다.
③ 병의 방법은 다수를 대상으로 자료를 수집하기에 부적절하다.
④ 병의 방법은 갑의 방법에 비해 연구자와 연구 대상자 간의 신뢰 형성이 중요하다.
⑤ 을의 방법은 병의 방법에 비해 시간과 비용 측면에서 효율적이다.

4 다음 연구에 대한 설명으로 옳지 <u>않은</u> 것은?

> - **연구 주제**: 사교육과 성적의 관계
> - **가설**: 고등학생이 사교육을 많이 받을수록 성적이 높다.
> - **자료 수집**: 고등학생 300명에 대한 질문지법 시행
> - **결론**: 가설이 기각됨

① 양적 연구이다.
② 통계 분석을 활용하였다.
③ 사회·문화 현상에 대한 법칙 발견이 목적이다.
④ 질문지에 응답한 고등학생 300명은 표본 집단이다.
⑤ 연구 결과 사교육을 많이 받을수록 성적이 높다는 것이 증명되었다.

Tip
자료 분석을 통해 가설 검증을 하는 연구는 **①**이다. 질문지에 응답한 고등학생 300명은 모집단에서 추출한 **②**이다.

🔑 ❶ 양적 연구 ❷ 표본(집단)

5 표는 어느 연구 사례를 요약한 것이다. 이에 대한 설명으로 옳지 <u>않은</u> 것은?

연구 주제	고등학생들의 스마트폰 사용이 학업 성취도에 미치는 영향
가설 설정	고등학생의 스마트폰 사용이 많을수록 학업 성취도는 낮아질 것이다.
연구 설계	㉠ 연구 대상자 선정, ㉡ 자료 수집 방법 결정, ㉢ 개념의 조작적 정의
자료 수집	○○ 고등학교 학생 400명을 대상으로 설문 조사를 시행함
자료 분석 및 가설 검증	통계 분석을 통해 가설이 수용됨

① 방법론적 일원론에 입각한 연구이다.
② ㉠은 모집단에서 표본을 추출하는 과정이다.
③ ㉡을 통해 선정된 자료 수집 방법은 통계 분석을 통한 가설 검증에 적합하다.
④ ㉢은 가설에서 독립 변수와 종속 변수를 계량화하는 것이다.
⑤ 사회·문화 현상의 특수성과 상대성을 전제로 한 심층적 이해를 목적으로 하는 연구이다.

Tip
양적 연구는 가설을 설정하고 검증하는 과정을 포함한다. 이 과정을 통해 사회·문화 현상에 적용되는 법칙을 발견하거나 **①**할 수 있다. 따라서 수집되는 자료는 심층적이지 않으나, **②** 분석을 통해 가설을 검증할 수 있는 양적 자료가 적합하다.

🔑 ❶ 일반화 ❷ 통계

6 다음 글에서 필자가 강조하는 사회·문화 현상에 대한 연구 태도는?

> 전문가들은 자신의 전문 영역에 대한 확고한 믿음과 신뢰를 갖고 있다. 그러나 그것은 오만일지 모른다. 연구자들은 자신의 연구 결과에 대한 비판에 귀를 귀울여야 한다. 그리고 언제든지 자신의 주장을 수정할 준비를 해야 한다.

① 객관적 태도
② 성찰적 태도
③ 개방적 태도
④ 총체적 태도
⑤ 상대주의적 태도

Tip
사회·문화 연구자에게 요구되는 태도는 객관적 태도, 상대주의적 태도 외에 다른 연구자의 비판을 허용하는 **①**, 사회·문화 현상 이면의 의미를 살펴보고 연구 과정을 되짚어 보려는 **②**이/가 있다.

🔑 ❶ 개방적 태도 ❷ 성찰적 태도

대표 예제 1

밑줄 친 ㉠, ㉡과 같은 현상의 일반적인 특징에 대한 설명으로 옳은 것은?

> ㉠○○바이러스는 호흡기를 통해 다른 유기체에게 전파된다. 굉장히 빠른 전염력을 갖고 있어서 백신을 맞지 않은 사람들의 경우 감염될 가능성이 매우 높다. 이에 정부는 ㉡○○바이러스 확산을 막기 위해 백신 접종을 권장하고 있다.

① ㉠과 같은 현상은 가치가 함축되어 있다.
② ㉡과 같은 현상은 확실성의 원리가 적용된다.
③ ㉡과 같은 현상은 경험적 자료를 통해 연구할 수 없다.
④ ㉠과 같은 현상은 ㉡과 같은 현상에 비해 보편성이 강하다.
⑤ ㉡과 같은 현상은 ㉠과 같은 현상에 비해 인과 관계가 분명하다.

개념 가이드

바이러스가 호흡기를 통해 전파되는 것은 [❶]가 개입되지 않은 자연적인 현상이다. 반면, 정부의 백신 접종 권고는 특정한 목적을 실현하기 위해 의도적으로 행해진 [❷]이다.

답 ❶ 인간의 의지 ❷ 사회·문화 현상

대표 예제 2

사회·문화 현상을 이해하는 다음 관점에 대한 설명으로 옳은 것은?

> 희소가치의 배분을 둘러싼 집단 간의 대립과 갈등은 필연적인 현상이자 사회 발전의 원동력이라고 생각합니다.

① 미시적 관점이다.
② 사회 제도를 합의된 것으로 본다.
③ 사회의 안정보다 사회 변동을 중시한다.
④ 사회 구성 요소들의 사회적 기능을 중시한다.
⑤ 개인의 행위와 개인 간 상호 작용에 주목한다.

개념 가이드

[❶]은 사회가 지배 집단과 피지배 집단으로 구성되어 있고, 사회 제도와 구조는 지배 집단에게 유리하도록 설정되어 있기 때문에 [❷]하다고 본다.

답 ❶ 갈등론 ❷ 불평등

대표 예제 3

다음 관점 A~C에 대한 설명으로 옳은 것은?

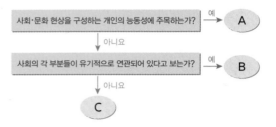

① A는 거시적 관점이다.
② B는 사회의 안정을 중시한다.
③ C는 행위의 동기에 주목한다.
④ C는 기득권층을 대변한다는 비판을 받는다.
⑤ B, C는 사회 구조가 개인에게 끼치는 영향을 경시한다는 비판을 받는다.

개념 가이드

개인의 능동성을 강조하는 관점은 [❶]이고, 사회의 각 부분들의 유기적 연관성에 주목하는 관점은 [❷]이다.

답 ❶ 상징적 상호 작용론 ❷ 기능론

대표 예제 4

표는 사회·문화 현상을 바라보는 관점 A~C를 비교한 것이다. 이에 대한 설명으로 옳은 것은?

구분	A	B	C
사회 구조가 개인의 행위에 미치는 영향을 중시하는가?	예	예	아니요
사회 질서가 사회 구성원들 간의 합의를 통해 형성된다고 보는가?	예	아니요	아니요

① A는 사회의 균형과 안정을 강조한다.
② B는 사회 구성 요소들의 통합을 강조한다.
③ B는 현상에 대한 주관적 상황 정의를 중시한다.
④ C는 갈등을 사회 발전의 원동력으로 본다.
⑤ C는 사회 안정보다 사회 변동을 중시한다.

개념 가이드

사회 구조의 영향을 중시하는 관점은 기능론과 [❶]이다. 그중 [❷]은 사회 질서가 사회 구성원들 간의 합의를 통해 형성된다고 본다.

답 ❶ 갈등론 ❷ 기능론

대표 예제 5

사회·문화 현상을 바라보는 갑, 을의 관점에 대한 설명으로 옳은 것은?

갑: 강대국들은 올림픽같은 스포츠 대회를 자신들의 정치적 영향력을 공고히하고 경제적 이득을 취하는 수단으로 여기고 있습니다.

을: 아닙니다. 이러한 스포츠 대회를 통해 국가 간 협력이 증대되고 국제 평화 유지에 기여하는 바가 큽니다.

① 갑은 개인의 상황 정의를 중시한다.
② 갑은 개인들의 인식 변화에 주목한다.
③ 을은 기득권층에게 불리한 입장이다.
④ 을은 사회 구성 요소의 유기적 관계를 중시한다.
⑤ 갑, 을은 모두 미시적 관점이다.

개념 가이드

사회 문제의 원인으로 ❶ 은 사회 제도가 본연의 역할을 제대로 수행하지 못하는 것을 꼽고, ❷ 은 사회 구조가 불평등하기 때문이라고 본다.

답 ❶ 기능론 ❷ 갈등론

대표 예제 6

다음 연구 보고서 요약과 관련한 설명으로 옳지 <u>않은</u> 것은?

- **주제 선정**: 부모와의 관계가 자녀의 학교 생활에 미치는 영향
- **(가)**: 부모와의 친밀감이 높을수록 자녀의 학교 생활 만족감이 클 것이다.
- **연구 대상**: 고등학생 자녀를 둔 500가구
- **자료 수집**: 설문 조사를 통해 자료를 수집함
- **(나)**: 가설 검증 결과 가설은 수용됨

① (가)에서는 연구자의 가치 개입이 허용된다.
② (나)에서는 연구자의 엄격한 가치 중립이 요구된다.
③ (가)는 가설 설정, (나)는 가설 검증이다.
④ 선정된 연구 주제는 경험적으로 관찰이 가능하다.
⑤ 시행된 연구는 해석적 연구의 절차에 따르고 있다.

개념 가이드

사회·문화 현상의 연구에서 연구자는 연구 문제를 설정하는 단계에서는 ❶ 이 허용된다. 그러나 자료를 수집하고 분석하여 결론을 도출하는 과정에서는 ❷ 이 요구된다.

답 ❶ 가치 개입 ❷ 가치 중립

대표 예제 7

다음에 나타난 사회·문화 현상의 연구 방법에 대한 설명으로 옳은 것은?

저는 1년 이상 원격 수업에 참여한 학생과의 심층 면접을 통해 원격 수업 후의 사회적 관계 및 정서적 변화에 대한 사례 연구를 수행하였습니다.

① 양적 연구에 맞는 자료 수집 방법을 선택하였다.
② 가설 설정을 통해 잠정적 결론을 내리려 하였다.
③ 인간의 행위 이면에 담긴 의미 파악을 중시하였다.
④ 변인 간 인과 관계를 밝히는 것을 목적으로 하였다.
⑤ 개념의 조작적 정의 과정을 통해 자료를 계량화하였다.

개념 가이드

사례는 사회·문화 현상의 연구 방법 중 ❶ 에 해당한다. 이 방법은 방법론적 ❷ 으로서 사회·문화 현상의 연구는 근본적으로 자연 과학의 연구 방법과는 다름을 전제로 한다.

답 ❶ 질적 연구 ❷ 이원론

대표 예제 8

다음 연구에 대한 설명으로 옳은 것은? (단, (가)~(라)는 연구 과정을 순서 없이 나열한 것이다.)

(가) 불안감과 성적의 관계에 대해 연구하기로 함
(나) '불안감이 높을수록 학업 성적이 낮을 것이다'라는 잠정적 결론을 제시함
(다) 수집된 자료의 분석 결과 불안감과 학업 성적은 부(−)적 상관관계가 있는 것으로 나타남
(라) ○○시에 거주하는 고등학생 500명을 대상으로 설문 조사를 실시함

① (가)는 가설 설정 단계에 해당한다.
② (가)에서는 엄격한 가치 중립이 요구된다.
③ (나)는 연구 설계 단계에 해당한다.
④ (다) 단계에서는 가치 개입이 허용된다.
⑤ (가)−(나)−(라)−(다)의 순서로 연구가 진행되었다.

개념 가이드

시행할 연구에 대한 잠정적 결론을 ❶ 이라고 한다. 계량화된 자료를 수집하고 분석하여 가설을 검증하는 연구는 ❷ 이다.

답 ❶ 가설 ❷ 양적 연구

대표 예제 9

다음에서 주장하는 사회·문화 현상의 연구 방법에 대한 옳은 설명은?

> 사회·문화 현상은 특정한 상황 맥락 속에서 발생하는 것으로 인간의 감정이나 의도 등이 개입되어 있기 때문에 사회·문화 현상에 보편적으로 적용되는 법칙은 존재하지 않는다. 따라서 사회·문화 현상에 숨어 있는 개별적 의미를 찾아야 한다.

① 방법론적 일원론을 전제로 한다.
② 면접법보다 질문지법이 주로 활용된다.
③ 가설 설정과 검증이 필연적으로 수반된다.
④ 수치화된 자료에 대한 통계 분석을 중시한다.
⑤ 연구자의 직관적 통찰과 감정 이입을 중시한다.

개념 가이드

사회·현상의 특수성에 주목한 연구 방법은 [❶]이다. 사회·문화 현상에 대한 심층적 이해를 위해 연구자는 감정 이입이나 [❷]을 활용한다.
🔔 ❶ 질적 연구 ❷ 직관적 통찰

대표 예제 10

다음 연구 사례에서 사용한 자료 수집 방법에 대한 설명으로 옳은 것은?

 강의식 수업 방식에 대한 고등학생의 선호도를 연구하기 위해 □□지역 고등학생 500명에게 구조화된 문항을 제시하고 응답을 얻었습니다.

① 기존 연구의 정확성에 따라 연구의 신뢰도가 결정된다.
② 연구 대상자의 내면 세계를 심층적으로 파악하기에 적합하지 않다.
③ 연구자가 인위적으로 통제한 상황에서 연구 대상자를 관찰하는 방식이다.
④ 실험 집단에 대한 처치에서 윤리적 문제가 발생하지 않도록 주의해야 한다.
⑤ 연구 대상자와의 신뢰 형성이 전제되어야 응답의 신뢰도를 확보할 수 있다.

개념 가이드

[❶]은 비교적 짧은 시간 동안 많은 수의 연구 대상으로부터 자료를 수집할 수 있기 때문에, [❷]에 적합한 방식이다.
🔔 ❶ 질문지법 ❷ 양적 연구

대표 예제 11

자료 수집 방법 A, B에 대한 옳은 설명만을 〈보기〉에서 고른 것은?

> ○ 갑은 툰드라 지역의 유목 활동에서 분업이 이루어지는 방식을 연구하기 위해 A를 활용하였다. 툰드라 지역에 직접 가서 그들과 함께 생활하면서 사람들의 생활 모습을 상세하게 기록하였다.
> ○ 을은 음악이 생산성 증대에 미치는 효과를 연구하기 위해 B를 활용하였다. 한 집단은 기존과 동일한 환경에서 작업하게 하고, 다른 집단은 음악을 켜둔 상태에서 작업하게 하였다.

• 보기 •
ㄱ. A는 주로 질적 연구에서 활용된다.
ㄴ. B는 언어적 상호 작용을 통한 자료 수집 방법이다.
ㄷ. A는 B에 비해 자료 수집 상황에 대한 통제 정도가 약하다.
ㄹ. A, B 모두 연구자와 연구 대상자 간 정서적 교감을 중시한다.

① ㄱ, ㄴ   ② ㄱ, ㄷ   ③ ㄴ, ㄷ
④ ㄴ, ㄹ   ⑤ ㄷ, ㄹ

개념 가이드

연구 대상들과 함께 생활하면서 모습을 관찰하는 자료 수집 방법은 [❶]이고, 집단을 둘 이상으로 나누고 처치 유무의 차이를 비교하는 연구에 사용되는 자료 수집 방법은 [❷]이다.
🔔 ❶ 참여 관찰법 ❷ 실험법

대표 예제 12

자료 수집 방법 A~C의 일반적인 특징에 대한 설명으로 옳은 것은? (단, A~C는 각각 면접법, 질문지법, 참여 관찰법 중 하나이다.)

- A, B는 주로 질적 연구에서 활용된다.
- A, C는 자료 수집 시 언어적 상호 작용이 필수적이다.

① A는 주로 많은 사람을 대상으로 자료를 수집할 때 활용된다.
② A는 조사 자료의 통계 분석이 수반된다.
③ B는 A와 달리 심층적인 자료를 수집할 때 사용한다.
④ B는 C에 비해 시간과 비용을 줄일 수 있다.
⑤ C는 모집단에서 표본을 추출할 때 대표성을 확보하는 것이 중요하다.

개념 가이드

질적 연구에서 활용되며 언어적 상호 작용이 필수적인 자료 수집 방법은 **❶**   이다. 따라서 B는 **❷**   이다.

답 ❶ 면접법 ❷ 참여 관찰법

대표 예제 13

사회·문화 현상의 탐구 태도에 대한 설명으로 옳은 것은?

사회·문화 현상이 발생한 맥락이나 배경을 고려하지 않으면 그 현상의 의미를 온전히 이해할 수 없다. 따라서 연구자는 A를 가져야 한다. 또한 연구자는 사회·문화 현상을 있는 그대로 받아들이기보다는 그 이면의 의미를 살펴보거나, 자신의 연구 진행 과정을 제대로 수행하고 있는지 끊임없이 검토하는 B가 필요하다.

① A는 연구자가 주관을 배제하는 태도이다.
② A는 다른 연구자의 비판을 허용하는 태도이다.
③ B는 연구가 초래할 결과에 대해 적극적으로 살펴보는 것을 포함한다.
④ B는 특정 집단을 대상으로 이루어진 연구 결과를 쉽게 일반화하지 않아야 하는 태도이다.
⑤ A, B 모두 자신의 연구에는 적용되지 않는다.

개념 가이드

사회·문화 현상에 대한 탐구 태도는 성찰적 태도, 객관적 태도, **❶**   , **❷**   가 있다. 답 ❶ 상대주의적 태도 ❷ 개방적 태도

대표 예제 14

다음 제시된 사회·문화 현상의 연구에 대한 옳은 설명만을 〈보기〉에서 고른 것은?

갑은 조별 활동을 포함한 수업이 학생의 의사소통 능력에 미치는 영향을 연구하기로 하였다. 먼저 조별 활동이 포함된 수업을 받은 학생이 다른 학생들보다 ㉠ 의사소통 능력이 더 향상될 것이라는 가설을 설정하였고, ○○고등학교 ㉡ 2학년 1반과 ㉢ 2학년 2반을 연구 대상으로 선정하였다. 두 달 동안 2학년 1반에는 조별 활동을 포함한 수업을 진행하였고, 2학년 2반은 기존의 방식대로 수업을 진행한 후 의사소통 능력을 측정하였다. 그 결과 ㉣ 가설은 기각되었다.

• 보기 •
ㄱ. ㉠은 독립 변수이다.
ㄴ. ㉡은 통제 집단, ㉢은 실험 집단이다.
ㄷ. ㉣로 보아 조별 활동을 포함한 수업과 의사소통 능력 간에 양(+)의 상관관계는 없는 것으로 나타났다.
ㄹ. 갑은 실험법을 사용하여 연구를 진행하였다.

① ㄱ, ㄴ   ② ㄱ, ㄷ   ③ ㄴ, ㄷ
④ ㄴ, ㄹ   ⑤ ㄷ, ㄹ

개념 가이드

갑이 시행한 연구는 **❶**   을 설정하고 이를 검증하는 양적 연구이다. 가설에서 원인으로 작용하는 변수를 **❷**   , 결과로 작용하는 변수를 종속 변수라고 한다.

답 ❶ 가설 ❷ 독립 변수

01 밑줄 친 ㉠, ㉡과 같은 현상의 일반적 특징에 대한 설명으로 옳은 것은?

> 미세먼지가 호흡기를 통해 인체로 유입되면 ㉠ 코에 염증이 발생한다. 따라서 ㉡ 미세먼지 저감 조치를 통해 미세먼지를 줄여야 한다.

① ㉠과 같은 현상은 당위 법칙의 지배를 받는다.
② ㉠과 같은 현상은 보편성보다 특수성이 강하게 나타난다.
③ ㉡과 같은 현상은 몰가치적이다.
④ ㉡과 같은 현상은 개연성의 특징을 갖는다.
⑤ ㉠, ㉡은 모두 확률성에 따른다.

> **Tip**
> 자연 현상은 존재 법칙, 사회·문화 현상은 ❶ [　　　]에 따른다. 자연 현상은 보편성의 특징을 갖지만, 사회·문화 현상은 확률성(개연성), 보편성과 함께 ❷ [　　　]의 특징을 갖는다.
>
> 🔑 ❶ 당위 법칙 ❷ 특수성

02 사회·문화 현상을 바라보는 갑, 을의 관점에 대한 설명으로 옳은 것은?

> 사회·문화 현상은 사회 구조나 제도적 측면에서 바라봐야 합니다. 우리는 사회를 구성하는 일부분으로서 조화와 균형을 이루어야 합니다.
>
> 갑

> 사회·문화 현상은 사회 구조보다는 구성원들 간 소통이나 개인들의 행위를 중심으로 파악해야 합니다.
>
> 을

① 갑은 인간이 상황 정의에 기초하여 행동한다고 전제한다.
② 갑은 사회를 이루는 각 부분들이 사회의 유지와 안정에 기여한다고 본다.
③ 을은 급진적 사회 변동을 설명하기 용이하다.
④ 을은 집단 간 갈등이 사회 변동의 힘이라고 본다.
⑤ 갑, 을 모두 거시적 관점에서 사회·문화 현상을 바라본다.

> **Tip**
> 사회·문화 현상을 사회 구조적 측면에서 설명하는 거시적 관점 중 사회를 하나의 유기체로 간주하는 관점은 ❶ [　　　]이다. 반면, 구성원 간 상호 작용이나 개인들의 행위를 중심으로 사회·문화 현상을 이해하는 관점은 ❷ [　　　]이다.
>
> 🔑 ❶ 기능론 ❷ 상징적 상호 작용론

03 사회화를 바라보는 관점 A~C에 대한 설명으로 옳은 것은?

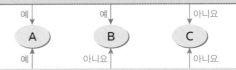

> 개인의 사회화에 미치는 사회 구조의 영향력을 강조하는가?
> 예　　예　　아니요
> A　　B　　C
> 예　　아니요　　아니요
> 사회화의 내용과 방법이 특정 집단의 필요에 의해 합의된 것이라 보는가?

① A는 사회화의 사회 통합 기능을 강조한다.
② A는 사회화를 불평등의 재생산에 기여하는 도구로 본다.
③ B는 사회화 과정에서 개인의 자율성을 강조한다.
④ C는 갈등을 사회 변화를 위한 원동력으로 본다.
⑤ C는 사회 안정을 위한 사회화의 역할을 중시한다.

> **Tip**
> 사회화의 내용과 방법이 특정 집단의 필요에 의해 합의된 것이라고 보는 관점 A는 ❶ [　　　]이다. 개인의 사회화에 미치는 사회 구조의 영향력에 부정적 응답을 한 관점 C는 ❷ [　　　]이다.
>
> 🔑 ❶ 갈등론 ❷ 상징적 상호 작용론

04 표는 "청소년 비행 실태 연구"에 대한 자료 수집 방법 A~C를 정리한 것이다. 이에 대한 설명으로 옳은 것은?

구분	자료 수집 방법
A	비행 청소년들과 깊이 있는 대화를 통해 연구 대상으로부터 자료를 수집함
B	청소년의 음주와 흡연 기타 비행의 분석을 위해 특정 학교 학생 전체를 대상으로 설문 조사를 실시함
C	도서관에서 각 지역별 청소년들의 비행 행동 실태에 관한 통계 자료와 관련 논문 등을 조사함

① A는 B와 달리 양적 연구에 주로 활용된다.
② A는 C와 달리 자료 수집 시 시·공간의 제약 극복이 가능하다.
③ B는 A에 비해 연구자의 주관이 개입될 가능성이 낮다.
④ B는 C에 비해 심층적 자료 수집에 적합하다.
⑤ C는 B에 비해 자료의 실제성을 확보하기가 어렵다.

> **Tip**
> 면접법은 ❶ [　　　]에 비해 연구자의 주관이 개입될 우려가 있다. ❷ [　　　]은 기존 문헌에서 자료를 수집하므로 시·공간의 제약이 없다.
>
> 🔑 ❶ 질문지법 ❷ 문헌 연구법

05 다음 연구 주제들을 탐구하고자 할 때 적합한 사회·문화 현상의 연구 방법에 대한 옳은 설명을 〈보기〉에서 고른 것은?

> • 고등학생의 독서 시간과 학업 성취도의 관계
> • 월평균 소득과 월평균 소비 지출액의 관계
> • 수면 시간과 행복 지수와의 관계

> • 보기 •
> ㄱ. 변수 간 관계를 밝히는 것을 목적으로 한다.
> ㄴ. 심층적 자료에 대한 수집이 요구된다.
> ㄷ. 주로 통계 분석을 통해 가설을 검증하는 방식을 포함한다.
> ㄹ. 연구자와 연구 대상과의 친밀도가 연구 결과에 미치는 영향이 크다.

① ㄱ, ㄴ   ② ㄱ, ㄷ   ③ ㄴ, ㄷ
④ ㄴ, ㄹ   ⑤ ㄷ, ㄹ

> **Tip**
> 양적 연구는 가설 검증을 위해 [❶   ] 수집 및 분석이 요구된다. 따라서 주로 실험법이나 질문지법을 통해 계량화된 자료를 수집하기 때문에 비교적 [❷   ]적이다.
>
> 답 ❶ 통계 자료 ❷ 객관

06 사회·문화 현상의 탐구 태도 (가), (나)에 대한 설명으로 옳은 것은?

> (가) 연구자는 자신의 주관적 가치를 배제하고 현상을 있는 그대로 바라보아야 한다.
> (나) 연구자는 자신의 주장과 다른 주장이 존재할 수 있음을 인정해야 한다.

① (가)는 제3자의 관점에서 현상을 관찰하는 태도이다.
② (나)는 자신의 연구가 특정 장소에서만 성립할 수 있음을 인정하는 태도이다.
③ (가)는 (나)와 달리 특정 주장이나 이론을 무조건적으로 배격하지 않아야 함을 강조한다.
④ (나)는 (가)와 달리 사실과 가치를 엄격히 분리해야 함을 강조한다.
⑤ (가), (나)는 모두 방법론적 일원론을 전제로 하는 연구에서만 적용된다.

> **Tip**
> (가)는 연구자의 주관에 따라 연구의 [❶   ]이 훼손될 수 있음을 경계하는 태도이다. (나)는 자신의 연구에 대한 타인의 비판을 배척하지 않는 [❷   ] 태도이다.
>
> 답 ❶ 객관성 ❷ 개방적

07 그림은 어느 자료 수집 방법의 특징이다. 이에 대한 옳은 설명만을 〈보기〉에서 고른 것은?

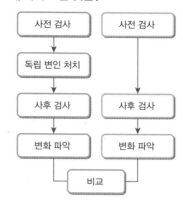

> • 보기 •
> ㄱ. 주로 질적 연구에서 활용된다.
> ㄴ. 독립 변인에 처치가 이루어진 집단은 실험 집단이다.
> ㄷ. 두 집단에 대한 사후 검사에서 유의미한 차이가 있었다면 종속 변수의 영향이 검증된 것으로 판단할 수 있다.
> ㄹ. 실험에 영향을 주는 외부 변수의 개입을 철저하게 통제하는 것이 어렵다.

① ㄱ, ㄴ   ② ㄱ, ㄷ   ③ ㄱ, ㄹ
④ ㄴ, ㄹ   ⑤ ㄷ, ㄹ

> **Tip**
> 실험법은 실험에 영향을 주는 [❶   ] 변수를 완전히 통제하기 어려운 문제와 인간을 대상으로 하는 실험에서 [❷   ] 문제가 발생할 수 있다는 어려움이 있다.
>
> 답 ❶ 외부 ❷ 윤리

01 밑줄 친 ㉠, ㉡과 같은 현상의 일반적인 특징에 대한 설명으로 옳은 것은?

> 이산화탄소 농도 증가로 ㉠ 지구의 평균 기온이 상승하고 있다. 이에 일부 국가에서는 ㉡ 환경 친화적 소비를 유도하고 이산화탄소 발생량을 감소시키고자 탄소 발자국을 표시하기 시작하였다.

① ㉠과 같은 현상은 가치가 함축되어 있다.
② ㉡과 같은 현상은 확실성의 원리가 적용된다.
③ ㉡과 같은 현상은 경험적 자료를 통해 연구할 수 없다.
④ ㉠과 같은 현상은 ㉡과 같은 현상에 비해 보편성이 강하다.
⑤ ㉡과 같은 현상은 ㉠과 같은 현상에 비해 인과 관계가 분명하다.

02 사회·문화 현상을 이해하는 다음 관점에 부합하는 진술로 옳은 것은?

> 우리 사회에는 평등을 실현하기 위한 여러 법이 제정되어 있다. 그러나 자세히 들여다보면 평등을 추구하는 것처럼 보이는 법들이 사회적 약자들에게 도움이 되는 경우는 거의 없다. 우리 사회에 존재하는 모든 법은 기득권을 갖고 있는 사람들이 자신들의 이익을 위해 만들어 놓은 도구에 불과하기 때문이다.

① 사회는 유기체와 같은 특성을 갖는다.
② 지배 계급과 피지배 계급의 이익은 양립할 수 없다고 본다.
③ 사회·문화 현상이 갖는 의미는 행위자의 해석에 따라 달라진다.
④ 사회 구조나 제도는 사회 구성원 간 합의에 의해 만들어졌다고 본다.
⑤ 집단 간 갈등은 사회의 안정에 해를 끼치는 것으로 표출되지 않도록 해야 한다고 본다.

03 사회·문화 현상을 바라보는 다음의 관점에 부합하는 진술로 옳은 것은?

> 우리는 사회에 속해 있는 구성원이기는 하지만 기계의 부품처럼 작동하지는 않는다. 인간은 주체적이고 능동적인 존재이지, 사회의 특성이 우리들에게 그대로 투영되는 것은 아니다. 사회·문화 현상은 그러한 특징을 가진 인간에 의해 만들어진 현상이다.

① 사회 규범은 기득권 보호 수단에 불과하다.
② 사회·문화 현상은 사회 구조에 의해 결정된다.
③ 한 사회의 구성원들의 행위는 동일하게 나타난다.
④ 사회는 유기적으로 연결된 하위 영역들이 자기 역할을 다하기 때문에 안정적으로 유지된다.
⑤ 사회·문화 현상을 이해하기 위해서는 사회 구조보다는 개인 행위의 의미를 살펴보아야 한다.

04 표는 사회·문화 현상의 연구 방법 (가), (나)를 활용한 연구 주제이다. 이에 대한 옳은 설명을 〈보기〉에서 고른 것은?

연구 주제	연구 방법
성인들의 수면이 업무 역량에 미치는 영향	(가)
전염병으로 인한 우울증 심화 사례 연구	(나)

> ● 보기 ●
> ㄱ. (가)는 방법론적 일원론을 바탕으로 한다.
> ㄴ. (나)는 통계 자료를 분석하여 가설을 검증하는 방식으로 이루어진다.
> ㄷ. (나)는 (가)에 비해 연구자의 주관적 가치가 개입될 가능성이 높다.
> ㄹ. (가)를 통해 연구 대상의 주관적 의식을 파악하는 것은 불가능하다.

① ㄱ, ㄴ ② ㄱ, ㄷ ③ ㄴ, ㄷ
④ ㄴ, ㄹ ⑤ ㄷ, ㄹ

05 다음 연구에서 사용된 자료 수집 방법 (가)에 대한 옳은 설명을 〈보기〉에서 고른 것은?

- **연구 주제**: 출산 지원금이 출산에 미치는 영향
- **연구 대상**: 결혼 5년 이내의 여성 300명
- **자료 수집 방법**: (가)
- **자료 분석**: 통계 프로그램을 이용하여 분석함

• 보기 •

ㄱ. 시간과 비용 측면에서 효율성이 높은 편이다.
ㄴ. 인위적 처치의 효과를 비교하는 데 적합하다.
ㄷ. 사전에 계획된 도구를 사용하여 자료를 수집한다.
ㄹ. 질적 연구에서 주로 사용된다.

① ㄱ, ㄴ   ② ㄱ, ㄷ   ③ ㄴ, ㄷ
④ ㄴ, ㄹ   ⑤ ㄷ, ㄹ

06 연구자 갑이 사용한 자료 수집 방법에 대한 설명으로 옳은 설명은?

갑은 수학 과목에서 어려움을 겪고 있는 학생들이 학교에서 이루어지는 수학 수업 시간에 어떤 방식으로 학습하고 있는지를 알아보기 위해 고등학교에서 2개월 동안 학생들의 수학 수업 시간을 관찰하였다.

① 인위적인 조작의 효과를 관찰한다.
② 통계 분석을 수행할 목적으로 활용한다.
③ 비구조화·비표준화된 자료 수집 방법이다.
④ 두 변수 간의 관계를 증명하는 데 용이하다.
⑤ 사전에 제작된 질문을 통해 자료를 수집한다.

07 다음에서 강조하고 있는 사회·문화 현상의 탐구 태도로 가장 적절한 것은?

사회·문화 현상은 생각처럼 단순하지 않아요. 중요한 것들은 행위 이면에 숨겨져 있습니다. 보여지는 것만을 갖고 현상을 전부 다 이해했다고 한다면 그것은 오만입니다.

① 개방적 태도   ② 객관적 태도
③ 성찰적 태도   ④ 상대주의적 태도
⑤ 가치 중립적 태도

08 다음 갑의 연구에 대한 옳은 설명만을 〈보기〉에서 고른 것은?

연구자 갑은 고등학생들의 성 역할 고정 관념에 관한 연구들을 살펴보면서 부모나 교사의 언어나 행동, 대중 매체뿐만 아니라 성차별적인 내용이 내포된 교과서 자료가 고등학생들의 성 역할 고정 관념 형성에 영향을 준다는 사실을 알았다. 여기에 착안하여 갑은 ㉠ 양성평등적인 내용의 학습 자료를 개발하여 이것이 고등학생들의 양성평등 지수 개선에 효과적인가를 검증해 보고자 하였다. 갑은 ○○고등학교 남녀 학생 200명을 무작위로 추출하여 두 집단으로 나눈 후, 한 학기 동안 한 집단의 학생들에게는 새로 개발한 양성평등적인 내용의 학습 자료로 수업하고, 나머지 한 집단은 기존의 교과서 자료로 수업을 진행하였다. 그리고 한 학기를 마친 후 ㉡ 학생들의 양성평등 지수를 측정한 결과, 양성평등적인 학습 자료로 수업한 집단 학생들의 양성평등 의식이 더 높은 것으로 나타났다.

• 보기 •

ㄱ. 양성평등 지수는 독립 변수이다.
ㄴ. 갑은 처치의 효과를 측정하기 위해 통제 집단과 실험 집단을 비교하는 방법을 사용했다.
ㄷ. ㉡과 달리 ㉠은 가치 개입이 허용된다.
ㄹ. 갑은 하나의 자료 수집 방법만을 사용하여 1차 자료를 수집·분석하였다.

① ㄱ, ㄴ   ② ㄱ, ㄷ   ③ ㄴ, ㄷ
④ ㄴ, ㄹ   ⑤ ㄷ, ㄹ

창의·융합·코딩 전략

1 자연 현상과 사회·문화 현상의 특징

밑줄 친 ㉠, ㉡과 같은 현상의 일반적인 특징을 고려하여 자신에게 주어진 질문에 옳게 응답한 학생은?

갑

> 온실가스 감축이 요구됨에 따라 산림의 역할이 더욱 주목받고 있습니다. ㉠ 나무가 광합성 작용을 통해 대기 중의 이산화 탄소를 흡수하기 때문입니다.

> 오래된 나무는 이산화 탄소 흡수 능력이 떨어진다는 연구 결과가 있습니다. 일부 전문가들은 ㉡ 일정 주기로 벌목을 하고 나무를 새로 심는 정책을 주장하고 있습니다.

을

학생	질문	답변 ㉠	답변 ㉡
갑	가치 함축적 현상인가?	○	○
을	개연성의 원리가 작용하는가?	○	×
병	존재 법칙을 따르는가?	×	○
정	인과 관계가 명확한가?	○	×
무	보편성과 특수성이 공존하는가?	×	×

① 갑　　② 을　　③ 병　　④ 정　　⑤ 무

Tip

자연 현상은 필연성이 나타나며 몰가치적인 반면, 사회·문화 현상은 **❶** 에 따르며 **❷** 이다.

답 ❶ 개연성 ❷ 가치 함축적

2 사회·문화 현상을 바라보는 관점

다음 사회·문화 현상을 바라보는 관점에 대한 설명으로 옳은 것은?

> 집단 간의 갈등은 사회 전체의 일시적인 불균형과 혼란을 초래하지만 사회는 이를 극복하여 균형과 질서를 회복할 수 있는 힘을 지니고 있다.

① 인간의 능동성을 강조한다.
② 사회의 안정보다 변동을 중시한다.
③ 사회 각 부분 간의 상호 의존성을 강조한다.
④ 집단 간 갈등이 필연적이고 불가피한 현상이라고 본다.
⑤ 사회·문화 현상의 의미가 행위 주체에 따라 달라질 수 있음을 강조한다.

Tip

갈등론에서는 대립이나 **❶** 을 **❷** 인 것으로 본다.

답 ❶ 갈등 ❷ 필연적

3 사회·문화 현상을 바라보는 관점

대중 매체가 사회에 미치는 영향을 바라보는 갑, 을의 관점에 대한 설명으로 옳은 것은?

갑

> 대중 매체는 대중에게 여가를 제공하여 스트레스를 낮추고 사회적 긴장을 완화시킴으로써 사회 집단 간 갈등을 방지합니다. 또한 대중 매체로 전달되는 내용은 사회적으로 합의된 규범과 가치를 담고 있어서 사회를 유지시키는 데 기여하기도 합니다.

> 대중 매체는 경제적으로 우위에 있는 집단의 입장을 대변하는 경우가 많습니다. 또한 대중 매체를 통해 편향된 사고가 내면화되기도 하고 기존 질서를 무비판적으로 따르게 함으로써 사회 불평등을 정당화시키고 있습니다.

을

① 갑의 관점은 개인들의 주관적 상황 정의에 초점을 맞춘다.
② 을의 관점은 사회를 유기체에 비유하여 설명한다.
③ 갑의 관점은 을의 관점과 달리 거시적 관점에서 사회·문화 현상을 설명한다.
④ 갑의 관점은 을의 관점과 달리 사회 제도가 기득권층에 유리하게 작용한다고 본다.
⑤ 을의 관점은 갑의 관점과 달리 대립과 갈등을 사회의 본질적 속성으로 본다.

Tip

기능론과 갈등론은 사회 구조를 중심으로 사회·문화 현상을 설명하는 **❶** 이다. 그러나 기능론은 사회의 유지와 안정을 강조하는 데 반해, 갈등론은 **❷** 을 사회의 본질적 속성으로 본다.

답 ❶ 거시적 관점 ❷ 대립과 갈등

4 사회·문화 현상을 바라보는 관점

교육 제도를 바라보는 갑, 을의 관점에 대한 설명으로 옳은 것은?

> **사회자:** 오늘은 우리의 교육 제도에 대하여 각기 다른 관점을 가진 두 분의 이야기를 들어 보겠습니다. 의견을 나누어 주시고, 한 줄 논평도 해 주세요.
>
> **갑:** 교육은 그 사회가 합의한 가치나 규범을 내면화하는 과정이에요. 많은 부모가 생활 습관이나 예절을 가르치는 것은 다른 사람과 함께 살아가는 방법을 익혀서 사회 구성원으로 자기 역할을 제대로 수행하도록 하려는 거죠. 학교에서 가르치는 것도 크게 다르지 않다고 봐요.
>
> **을:** 저는 그 합의라는 것에 대해 반대하는데요. 우리 사회의 기득권층이 요구하는 내용을 배우는 과정이 교육이라고 생각해요. 예를 들어 사회에서 강조하는 기본 질서 즉 '다른 사람과 충돌하지 마라.', '과제는 정해진 시간 안에 해야 한다.'라고 하는 것도 알고 보면 산업 현장에서 일을 일사불란하게 할 수 있도록 하려는 거죠.

● 보기 ●
ㄱ. 갑의 관점은 사회 유기체설에 근거하여 사회의 안정과 균형을 강조한다.
ㄴ. 을의 관점은 구성원의 상황 정의와 행동의 의미 부여를 중시한다.
ㄷ. 갑의 관점은 을의 관점과 달리 개인의 행위 간의 상호 작용을 중심으로 사회·문화 현상을 이해한다.
ㄹ. 갑, 을 모두 개인의 능동성보다는 사회 구조를 중시하는 입장이다.

① ㄱ, ㄴ   ② ㄱ, ㄷ   ③ ㄴ, ㄷ
④ ㄱ, ㄹ   ⑤ ㄷ, ㄹ

Tip
갑은 사회의 균형과 안정을 강조하는 **①**, 을은 대립과 갈등을 강조하는 **②**의 입장으로 사회·문화 현상을 이해한다.

답 ① 기능론 ② 갈등론

5 사회·문화 현상의 연구 사례

다음 연구에 대한 옳은 설명만을 〈보기〉에서 고른 것은?

> 갑은 30~40대 직장인의 이직 희망 정도에 현 직장에서의 ⊙ 물질적 보상 수준 및 ⓒ 자신의 업무에 대한 주관적인 만족도가 미치는 영향을 연구하기로 하고 다음과 같은 가설을 세웠다.
>
> 〈가설 1〉 현 직장에서의 성과급이 많을수록 이직 희망 정도가 높을 것이다.
> 〈가설 2〉 현 직장에서의 업무 만족도가 높을수록 이직 희망 정도가 낮을 것이다.
>
> 이후 갑은 ⓒ △△ 기업 사원 중 연구 참여에 동의한 30~40대 사원 ② 400명을 대상으로 설문 조사를 실시하여 자료를 수집하였다. 그림 (가), (나)는 자료 분석 결과를 나타낸다.

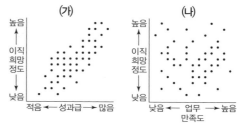

* 각 점에 해당하는 설문 응답자 수는 모두 동일함

● 보기 ●
ㄱ. 갑은 양적 연구를 수행했다.
ㄴ. ⊙, ⓒ은 모두 독립 변수이다.
ㄷ. ⓒ은 모집단, ②은 표본이다.
ㄹ. (가)는 〈가설 1〉을 기각하는 근거가, (나)는 〈가설 2〉를 수용하는 근거가 된다.

① ㄱ, ㄴ   ② ㄱ, ㄷ   ③ ㄴ, ㄹ
④ ㄱ, ㄷ, ㄹ   ⑤ ㄴ, ㄷ, ㄹ

Tip
양적 연구를 위해 주로 활용되는 자료 수집 방법은 실험법과 **①**이 있다. 양적 연구는 통계 분석을 위해 개념의 조작적 정의가 필요하며, 이 과정을 통해 **②**된 자료를 수집한다.

답 ① 질문지법 ② 계량화

6 사회·문화 현상의 연구 방법

갑, 을이 활용한 사회·문화 현상의 연구 방법에 대한 설명으로 옳은 것은?

 갑: 저는 기부 문화의 형성 원인을 파악하기 위해 경제적 수준, 직업, 사회적 지위 등이 기부 행위와 통계적으로 유의미한 상관관계가 있는지 분석해 보았습니다.

 을: 저는 이주민들과의 면담을 실시하여 한국 사회에 적응해 가는 과정에서 경험한 어려움을 파악하였고, 이를 바탕으로 이들이 한국 사회를 어떤 의미로 인식하는지 해석해 보았습니다.

① 갑은 연구 대상자에 대한 감정 이입적 이해를 중시하였다.
② 을은 변수들 간 관계에 대한 법칙 발견을 목적으로 하였다.
③ 갑은 을과 달리 경험적 자료를 토대로 사회·문화 현상을 연구하였다.
④ 을은 갑과 달리 개념의 조작적 정의 과정이 필요하였다.
⑤ 갑은 방법론적 일원론을, 을은 방법론적 이원론을 전제로 연구를 진행하였다.

Tip

방법론적 일원론을 바탕으로 하는 **❶**____는 통계 분석을 통해 법칙을 발견하는 것을 목적으로 하지만 방법론적 이원론을 바탕으로 하는 **❷**____는 개별 행위나 사건의 의미를 해석하는 것을 목적으로 한다.

🔑 ❶ 양적 연구 ❷ 질적 연구

7 사회·문화 현상의 연구 방법

다음은 '소득세율 인상이 노동 공급에 미치는 영향'에 대한 양적 연구의 탐구 절차이다. ㉠ 단계에서 이루어질 수 있는 연구 내용으로 가장 적절한 것은?

연구 문제 인식 → _____㉠_____ → 연구 설계 → 자료 수집 및 분석 → 가설 검증 및 결론 도출

① 소득세율 변화 자료 조사하기
② 수집한 자료를 통계 분석하기
③ 노동 공급 정도를 1년 동안의 구직 활동 경험으로 측정하기로 하기
④ 소득세율과 노동 공급의 영향에 대한 관심 갖기
⑤ 소득세율이 인상되면 노동 공급이 감소할 것이라는 잠정적 결론 내리기

Tip

양적 연구의 탐구 절차는 연구 문제 인식 – **❶**____ 설정 – 연구 설계 – 자료 수집 및 분석 – **❷**____ 및 결론 도출의 과정을 거친다.

🔑 ❶ 가설 ❷ 가설 검증

8 사회·문화 현상의 연구 방법

다음 자료의 (가)에 들어갈 내용으로 옳은 설명만을 〈보기〉에서 고른 것은?

교사: A와 B는 사회·문화 현상의 연구 방법입니다. A는 계량화된 자료의 수집과 통계 분석을 통해 결론을 도출하는 방법입니다. 반면, B는 연구 대상자의 주관적 생활 세계에 대한 자료를 수집하여 연구자의 해석을 통해 결론을 도출하는 방법입니다.

갑: A를 적용하는 연구에서는 주로 면접법이 활용됩니다.

을: B는 사회·문화 현상이 자연 현상과는 본질적으로 다른 특성을 지닌다고 전제합니다.

병: [_____(가)_____]

교사: 두 학생만 옳은 설명을 하였습니다.

• 보기 •

ㄱ. A는 사회·문화 현상에 규칙성이 존재하지 않음을 강조합니다.
ㄴ. B는 연구자의 직관적 통찰을 통한 자료 수집을 중시합니다.
ㄷ. A는 B와 달리 사회·문화 현상에 대한 심층적인 이해를 목적으로 합니다.
ㄹ. 소득과 행복 간의 상관관계를 파악하려는 연구에는 B보다 A가 적합합니다.

① ㄱ, ㄴ   ② ㄱ, ㄷ   ③ ㄴ, ㄷ
④ ㄴ, ㄹ   ⑤ ㄷ, ㄹ

Tip

A는 방법론적 일원론을 전제로 하는 양적 연구이고, B는 방법론적 이원론을 전제로 하는 질적 연구이다. A를 위해 주로 활용되는 자료 수집 방법은 **❶**____과 질문지법이고, B를 위해 주로 활용되는 자료 수집 방법은 면접법과 **❷**____이 있다.

🔑 ❶ 실험법 ❷ 참여 관찰법

9 자료 수집 방법

다음 대화에서 A~C에 알맞은 자료 수집 방법을 바르게 짝지은 것은?

조장
> 우리 조의 연구 주제인 "소득이 행복에 미치는 영향"에 대한 조사를 시작해야 할 것 같아요.

선아
> 그럼, 제가 추천해드리는 자료 수집 방법 A가 적합하겠군요. 미리 설문지를 제작해야 하지만 한꺼번에 많은 사람들로부터 자료를 수집할 수 있어요.

용환
> 그것도 좋지만, 저는 B를 추천합니다. 회사 사람들을 두 집단으로 나누어 한 집단에게는 임금을 인상하고, 다른 집단은 인상하지 않은 다음 행복 지수를 측정하는 것도 좋을 것 같아요.

연지
> 그것보다는 C를 통해 다섯 명 정도의 사람들과 대화를 나누는 과정에서 소득과 행복과의 관계를 어떻게 인식하는지 파악하는게 의미있을 것 같아요.

	A	B	C
①	참여 관찰법	질문지법	면접법
②	질문지법	실험법	면접법
③	질문지법	실험법	참여 관찰법
④	면접법	질문지법	참여 관찰법
⑤	면접법	참여 관찰법	질문지법

> **Tip**
> 연구 과정에서 선택하는 자료 수집 방법은 같은 연구 주제라도 연구 목적과 방법에 따라 달라진다. 소득이 행복에 미치는 영향에 대한 **❶**━━━를 파악하려면 양적 연구가 적합하고, **❷**━━━ 중심의 연구를 하려고 하면 질적 연구가 적합하다.
>
> 립 ❶ 상관관계 ❷ 사례

10 자료 수집 방법

다음 자료는 '전 국민을 대상으로 여가 활동에 대한 조사'를 하기 위해 작성한 질문지이다. 질문지에서 적절하지 <u>않은</u> 문항은?

①	1. 당신은 여가 활동을 늘려야 한다는 주장에 찬성하십니까? ① 찬성　　　　　　② 반대
②	2. 당신의 하루 평균 텔레비전 시청 시간은? (　　　　　)시간
③	3. 현재 당신의 여가 시간과 여가 비용은 적절하다고 생각하십니까? ① 예　　　　　　② 아니요
④	4. 당신의 여가 생활에 대한 만족도를 평가한다면? ① 매우 만족한다　② 만족한다　　③ 보통이다 ④ 만족하지 않는다　⑤ 매우 만족하지 않는다.
⑤	5. 당신의 나이는? ① 만 20세 미만　　　　② 만 20세 이상~만 30세 미만 ③ 만 30세 이상~만 40세 미만 ④ 만 40세 이상~만 50세 미만　⑤ 만 50세 이상

> **Tip**
> 질문지법은 조사 결과의 통계적 분석과 비교 분석이 용이하여 **❶**━━━ 연구에 활용되지만 **❷**━━━ 회수율이 낮을 경우 신뢰도가 떨어질 수 있다.
>
> 립 ❶ 양적 ❷ 질문지

11 사회·문화 현상의 연구 윤리

다음 두 연구 사례에 대한 평가로 가장 적절한 것은?

> ○ 특정 회사로부터 지속적인 연구비 지원을 받는 연구자 갑은 자신의 연구 결과가 그 회사에 피해를 줄 것이 예상되자, 수집한 자료 중 일부만 활용하여 전혀 다른 결론을 도출한 후 발표하였다.
>
> ○ 연구자 을은 자신의 연구 결과가 기존의 다른 선행 연구들과 다른 방향으로 도출되자, 자신의 연구 수행 과정에서 오류가 있었을 것이라고 생각하고 일부 자료를 누락시킴으로써 결론을 수정하여 발표하였다.

① 갑은 개방적 태도가 부족했다.

② 을은 연구 대상자의 익명성을 보장하고자 하였다.

③ 갑은 을과 달리 비윤리적인 목적으로 연구 결과를 활용하였다.

④ 을은 갑과 달리 연구 과정에서 이해관계를 개입시켰다.

⑤ 갑, 을은 모두 결론을 조작하기 위해 자료를 선별함으로써 연구자가 지켜야 하는 연구 윤리를 위반하였다.

> **Tip**
> 연구 결과를 인위적으로 변동시키려는 목적에서 자료를 **❶**━━━하는 것은 **❷**━━━를 지키지 못한 것이다.
>
> 립 ❶ 선별 ❷ 객관적 태도

Ⅱ. 개인과 사회 구조

사회가 개인에게 영향을 미친다는 점은 분명한 것 같습니다. 사회 속에서 성장하면서 자신이 속한 사회의 행동 방식과 사고방식을 학습하는 과정이 있잖아요.

그렇지. 너희들도 신입생 예비 교육을 통해 예기 사회화되어서 지금 학교생활에 잘 적응하고 있잖니?

다른 사람들은 어떤 과정을 통해 사회화하게 되나요?

먼저 사회화를 담당하는 기관에 대해 알아 볼게요. 사회화 기관에는 사회화를 목적으로 형성된 공식적 사회화 기관과 전인격적 인간관계가 중심이 되어 사회화가 이루어지는 1차적 사회화 기관이 있어요.

〈 사회화 기관 〉

형성 목적	내 용
공식적 사회화 기관	1차적 사회화 기관
비공식적 사회화 기관	2차적 사회화 기관

학교는 대표적인 공식적 사회화 기관 이네요.

가족은 전인격적인 사회화가 이루어져 인성과 자아가 형성되는 1차적 사회화 기관입니다.

우리가 사회 속에서 차지하는 위치를 사회적 지위라고 하는데, 사회적 지위에는 귀속 지위와 성취 지위가 있습니다.

귀속 지위는 누나와 같이 자신의 노력과 상관없이 자연적으로 주어지는 지위입 니다.

성취 지위는 고등학생이나 동아리 부원과 같이 자신이 노력하여 얻게 되는 지위를 말하는 것일까요?

맞아요, 사람들은 사회생활을 하면서 여러 가지 지위를 동시에 갖고 살아가요.

고등학생 · 동아리 부원 · 누나 · 자원봉사자

4강 사회 집단과 사회 조직 ~ 일탈 행동의 원인과 대책

사회 집단과 사회 조직의 차이점은 무엇일까요?

사회 집단은 같은 집단의 구성원이라는 정체성을 가지고 지속적으로 상호 작용하는 사람들의 무리를 말합니다.

사회 조직은 사회 집단 중에서 목적이 분명하고, 구성원의 지위와 역할이 체계화되어 있는 집단을 의미합니다.

모두 잘 말해 주었어요. 그럼, 가족과 학교 내 동아리는 어디에 속할까요?

가족은 1차적 사회 집단이고 자연적인 의지에 의해 결속한 공동 사회입니다.

학교 내 동아리는 학교라는 공식 조직 내에 형성된 비공식 조직입니다.

정말 아이 키우기 힘든 세상이야. 쯧쯧. 왜 저런 일탈 행동을 할까?

일탈 행동의 원인은 여러 면에서 찾을 수 있는데, 특히 아노미론에서 뒤르켐은 사회 규범이 혼란스러울 때 일탈 행동을 한다고 해요.

또 아노미론에서 머튼은 성공이나 돈을 합법적으로 얻기 힘든 사람들이 불법적인 일탈을 한다고 해요.

일탈 행동을 일삼는 친구들과 어울리면서 일탈 행동을 반복하게 되는 경우도 있어.

일탈 행동자라는 낙인이 찍히면 스스로 부정적인 자아를 형성하여 더 일탈에 빠지게 될텐데......

개념 ❶ | 사회 실재론과 사회 명목론

	사회 실재론	사회 명목론
기본 입장	사회가 개인의 외부에 실제로 존재한다고 보는 관점	사회는 개인의 합에 이름을 붙인 것으로 실제로 존재하지 않는다는 관점
사상	사회 유기체설과 같은 맥락	사회 계약설과 같은 맥락
장점	개인이 ❶[　　] 의 영향을 받아 사고하고 행동한다는 점을 잘 설명	개인은 자유 의지를 가진 ❷[　　] 적 존재이며 사회를 변화시키는 원동력이 될 수 있다는 점을 인정
한계	개인의 주체적 행위를 설명하기 곤란	사회가 개인에게 미치는 영향 간과

답 ❶ 사회 ❷ 능동

Quiz
사회 명목론은 (사회 유기체설, 사회 계약설)과 같은 맥락으로 사회와 개인의 관계를 파악한다.

Clip! 사회 유기체설
사회를 거대한 유기체로 보고 개인은 이를 구성하는 하나의 기관으로 인식함

개념 ❷ | 사회화의 의미와 유형

(1) 의미: 자신이 속한 사회의 행동 방식과 사고방식을 학습하는 과정

(2) 유형

재사회화	사회 변화나 새로운 환경에 적응하기 위해 이전과는 다른 규범, 가치, 행동 양식을 학습하는 과정
예기 사회화	미래의 어떤 변화에 따라 새로 갖게 될 지위에 따른 역할을 미리 배우고 준비하는 과정
❶[　　]	기존에 습득한 규범이나 생활 방식을 버리는 과정

(3) 사회화 기관: 개인의 사회화에 영향을 미치는 기관

형성 목적에 따른 분류	공식적 사회화 기관, 비공식적 사회화 기관
사회화의 ❷[　　] 에 따른 분류	1차적 사회화 기관, 2차적 사회화 기관

답 ❶ 탈사회화 ❷ 내용

Quiz
우리나라에 사는 외국인 이주민이 한국어를 배우는 것은 (　　　)에 해당한다.

Clip! 1차적 사회화 기관
개인의 인성 형성에 가장 중요한 시기는 유아기와 아동기이다. 이 시기에 가장 큰 영향을 미치는 사회화 기관으로는 가족, 친척, 또래 집단 등이 있음

개념 ❸ | 사회적 지위와 역할

(1) 의미: 개인이 사회 속에 차지하는 ❶[　　]

(2) 종류
① **귀속 지위**: 개인의 의지나 노력과 상관없이 선천적으로 주어진 지위
② **성취 지위**: 개인의 의지와 노력을 통해 ❷[　　] 적으로 획득한 지위

(3) 역할: 지위에 따라 사회적으로 기대하는 행동 양식
① **역할 행동**: 개인이 자신에게 주어진 역할을 수행하는 구체적인 방식
② **역할 갈등**: 여러 가지 역할을 수행하고자 할 때 발생하는 역할 간의 충돌

답 ❶ 위치 ❷ 후천

Quiz
지위에 따라 사회적으로 기대하는 행동 양식은 (　　　)이다.

Clip! 귀속 지위 vs 성취 지위
귀속 지위는 남자, 여자, 장녀, 아들 등과 같이 선천적으로 결정된다. 반면, 성취 지위는 어머니, 아버지, 대학생, 회사원 등 개인의 노력에 의해 후천적으로 얻어짐

01

사회 실재론에 관한 옳은 설명을 〈보기〉에서 골라 기호를 쓰시오.

• 보기 •
ㄱ. 사회는 개인의 속성으로 환원될 수 없다.
ㄴ. 사회의 구속력이 개인의 자유 의지보다 우위에 있다.
ㄷ. 개인의 이익이 곧 사회 전체의 이익이다.
ㄹ. 개인은 사회에 의해 구조화된 행동을 한다.
ㅁ. 개인은 자유 의지를 가진 능동적인 존재이다.

(   )

풀이 사회를 개인들의 총합 그 이상의 존재라고 보는 것은 사회 **❶**   , 사회는 개인들의 집합체를 가리키기 위해 붙여진 이름에 불과하다고 보는 것은 사회 **❷**   의 관점이다.

답 ❶ 실재론 ❷ 명목론

01-1

빈칸에 들어갈 알맞은 말을 쓰시오.

사회 명목론은 개인들이 자신의 권리 보장을 위해 국가를 만들었다는 [   ]와/과 같은 맥락이다.

(   )

02

다음 그림에 해당하는 사회화의 유형을 쓰시오.

(   )

풀이 재사회화는 이전과는 다른 규범, **❶**   및 행동 양식을 학습하는 과정이고, **❷**   은/는 미래에 지위 변화가 예상될 때 갖게 될 지위에 따른 역할을 미리 배우고 준비하는 과정이다.

답 ❶ 가치 ❷ 예기 사회화

02-1

비공식적 사회화 기관에 해당하는 것을 〈보기〉에서 골라 기호를 쓰시오.

• 보기 •
ㄱ. 가족
ㄴ. 학교
ㄷ. 회사
ㄹ. 또래 집단

(   )

03

㉠～㉤ 중 귀속 지위에 해당하는 것을 고르시오.

(   )

풀이 사회적 지위에는 선척적으로 주어지는 **❶**   지위와 개인의 의지와 노력을 통해 후천적으로 획득하는 **❷**   지위가 있다.

답 ❶ 귀속 ❷ 성취

03-1

빈칸에 들어갈 알맞은 말을 쓰시오.

한 개인이 동시에 두 가지 이상의 서로 다른 지위에 따른 역할을 수행하고자 할 때, 역할들 사이에 충돌이 발생하여 어떤 역할을 우선해야 할지를 두고 심리적 갈등을 겪게 된다. 이를 [   ](이)라고 한다.

(   )

개념 돌파 전략 ①

4강_사회 집단과 사회 조직
~ 일탈 행동의 원인과 대책

개념 ❶ │ 사회 집단의 의미와 유형

(1) 의미: 같은 집단이라는 정체성을 가지고 지속적으로 ❶ [   ] 작용하는 사람들의 무리

(2) 유형

구성원 간 접촉 방식과 친밀도에 따른 분류	1차 집단, 2차 집단
구성원의 결합 의지에 따른 분류	공동 사회, 이익 사회
구성원의 ❷ [ ]에 따른 분류	내집단, 외집단
한 개인이 자신의 행동과 판단의 기준으로 삼는 집단	준거 집단

답 ❶ 상호 ❷ 소속감

Quiz

공동 사회는 (자연적 , 선택적) 의지에 따라 형성된 집단이다.

Clip! 준거 집단의 수

한 개인에게는 여러 개의 준거 집단이 존재할 수 있음

개념 ❷ │ 사회 조직의 의미와 유형

(1) 의미: 특정 목적을 달성하기 위해 비교적 분명한 위계와 절차에 따라 소속감을 느끼고 집합적인 활동에 참여하는 사람들의 결합

(2) 유형

공식 조직	특정 목적을 달성하기 위해 의도적으로 만들어진 조직
비공식 조직	공식 조직 내에서 구성원들이 친밀한 인간관계를 바탕으로 서로 상호 작용을 하며 형성된 조직
❶ [ ]	공동 관심사나 이해관계를 가진 사람들이 공동의 목표를 달성하기 위해 자발적으로 형성한 조직
관료제	특정 목적을 달성하기 위해 구성원의 ❷ [ ]을/를 명확하게 구분하고 공식적인 규칙과 규정에 따라 운영하는 대규모 위계 조직
탈관료제	관료제의 전형적인 문제점을 극복하기 위해 대안적으로 나타난 새로운 조직 형태

답 ❶ 자발적 결사체 ❷ 역할

Quiz

자발적 결사체는 공식 조직일 수 있고, 비공식 조직일 수도 있다. 시민 단체는 공식 조직이면서 자발적 결사체이고, 회사 내 동호회는 비공식 조직이면서 (   ) 결사체이다.

개념 ❸ │ 일탈 행동

(1) 의미: 한 사회의 사회 규범이나 사회적 기대에 어긋나는 행동

(2) 특징: 사회적 상황 및 시대, 문화에 따라 일탈 행동이 다르게 판단될 수 있음

(3) 일탈 이론

① ❶ [   ] 이론: 일탈의 원인을 사회 제도나 구조적인 측면에서 바라봄
• 뒤르켐의 아노미 이론: 급격한 사회 변동으로 인해 사회 규범이 부재한 상태에서 일탈 발생
• 머튼의 아노미 이론: 문화적 목표와 제도적 수단 간의 괴리에 따른 혼란 상태에서 일탈 발생
② **차별 교제 이론**: 일탈을 하는 집단이나 개인의 접촉을 통해 일탈 발생
③ **낙인 이론**: 어떤 개인이나 집단의 행위를 일탈이라고 규정짓고, 일탈자로 ❷ [   ] 찍음

답 ❶ 아노미 ❷ 낙인

Quiz

차별 교제 이론에서는 일탈하는 집단 구성원과의 접촉을 (차단, 허가)하면 일탈을 해결할 수 있다고 본다.

Clip! 아노미

뒤르켐은 기존의 사회 규범이 약해지거나 부재하지만, 이를 대체할 새로운 규범과 기준이 없는 상태를 아노미라고 하였다. 반면, 머튼은 한 사회의 문화적 목표와 그 목표를 달성하기 위해 제도적으로 인정하는 수단 간의 괴리 상태를 아노미라고 하였다.

01

㉠, ㉡에 들어갈 알맞은 말을 각각 쓰시오.

> 내집단과 외집단은 상황에 따라 달라질 수 있다. 학급별 경기를 할 때 다른 학급은 ㉠ 이/가 되지만, 학교 대항별 경기를 할 때는 다른 학급을 모두 포함하는 우리 학교가 ㉡ 이/가 되기도 한다.

㉠ ( ) ㉡ ( )

풀이 구성원의 소속감에 따라 내집단과 외집단으로 분류할 수 있다. **❶** 은/는 개인이 소속되어 있으며 소속감을 느끼는 집단이고, **❷** 은/는 개인이 소속되어 있지 않으면서 소속감을 느끼지 못하는 집단이다.

탑 ❶ 내집단 **❷** 외집단

01-1

다음이 설명하고 있는 사회 집단은?

> 다양한 사회 집단 중 한 개인이 자신의 행동과 판단의 기준으로 삼는 집단으로, 개인이 자신이 처한 상황에 대해 평가하거나 특정 행동을 할 때 판단의 기준을 제공한다.

① 내집단　　② 외집단
③ 1차 집단　　④ 2차 집단
⑤ 준거 집단

02

공식 조직에 해당하는 것을 〈보기〉에서 골라 기호를 쓰시오.

> • 보기 •
> ㄱ. ○○중공업
> ㄴ. ◇◇고등학교
> ㄷ. △△전자 내 △△ 향우회
> ㄹ. □□ 대학 예술 동아리

( )

풀이 일반적으로 **❶** 조직은 공식 조직을 의미한다. 공식 조직은 구성원의 지위와 책임이 명확하게 규정되고 정해진 절차에 따라 특정 **❷** 을/를 달성하려는 조직이다.

탑 ❶ 사회 **❷** 목적

02-1

다음에서 설명하고 있는 조직은?

> 공식 조직 내에서 구성원들이 친밀한 인간관계를 바탕으로 서로 상호 작용하며 형성된 조직으로, 회사 내에 만들어진 동호회, 동창회, 향우회 등이 있다.

① 공식 조직　　② 비공식 조직
③ 자발적 결사체　　④ 관료제 조직
⑤ 탈관료제 조직

03

빈칸에 들어갈 알맞은 말을 쓰시오.

> 차별 교제 이론은 사회 구조보다 행위의 과정에 초점을 맞춰서 일탈의 원인을 찾는다. 차별 교제 이론에서는 일탈 행동을 일탈적인 사회적 환경 속에서 일탈자들과 접촉하면서 그들의 문화와 행동을 자연스럽게 학습한 결과, 즉 □□의 산물이라고 간주한다.

( )

풀이 차별 교제 이론에서는 개인이 일탈자가 되느냐 안 되느냐 여부는 **❶** 행동을 하는 집단과 얼마나 긴밀한 **❷** 을/를 하고 있느냐에 달려 있다고 본다.

탑 ❶ 일탈 **❷** 접촉

03-1

낙인 이론에 해당하는 설명을 〈보기〉에서 골라 기호를 쓰시오.

> • 보기 •
> ㄱ. 일탈을 규정하는 객관적 기준이 존재하지 않는다고 여긴다.
> ㄴ. 최초의 일탈이나 범죄의 원인을 설명하기에 유리하다.
> ㄷ. 차별적인 제재가 일탈 행동의 원인이 된다.
> ㄹ. 일탈 행동의 합리화가 불가능하다.

( )

개인과 사회의 관계를 설명하는 이론은?

➡ 사회가 개인의 외부에 실제로 존재한다고 바라보는 관점은 **❶** 이며, 사회는 단지 개인들이 모여 있는 것으로 실제로 존재하지 않는다고 바라보는 관점은 **❷** 이다.

🔽 ❶ 사회 실재론 ❷ 사회 명목론

1 다음 그림에 나타난 개인과 사회의 관계를 보는 관점에 부합하는 진술만을 〈보기〉에서 고른 것은?

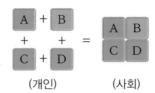

（개인） （사회）

> • 보기 •
> ㄱ. 사회보다 개인의 우월성을 강조한다.
> ㄴ. 사회 전체를 위한 개인의 희생은 불가피하다.
> ㄷ. 사회는 실존하며 독자적인 특성을 지니고 있다.
> ㄹ. 사회는 개인들의 집합에 이름을 붙인 것에 불과하다.

① ㄱ, ㄴ　② ㄱ, ㄹ　③ ㄴ, ㄷ　④ ㄴ, ㄹ　⑤ ㄷ, ㄹ

사회화의 유형에는 어떤 것이 있을까?

➡ 사회 변화에 적응하기 위해 새롭게 등장한 정보나 가치 등을 습득하는 과정을 **❶** 라고 하며, 미래에 속하게 될 집단에서 요구하는 행동 양식을 미리 습득하는 과정을 **❷** 라고 한다.

🔽 ❶ 재사회화 ❷ 예기 사회화

2 다음 대화에 나타난 사회학적 개념들을 〈보기〉에서 고른 것은?

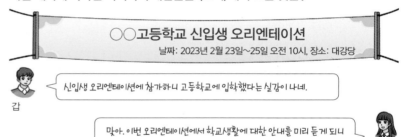

○○고등학교 신입생 오리엔테이션
날짜: 2023년 2월 23일~25일 오전 10시, 장소: 대강당

갑: 신입생 오리엔테이션에 참가하니 고등학교에 입학했다는 실감이 나네.

 을: 맞아. 이번 오리엔테이션에서 학교생활에 대한 안내를 미리 듣게 되니 등교 후에도 혼란스럽지 않을 것 같아.

> • 보기 •
> ㄱ. 재사회화　　　　　　　ㄴ. 예기 사회화
> ㄷ. 공식적 사회화 기관　　ㄹ. 비공식적 사회화 기관

① ㄱ, ㄴ　② ㄱ, ㄷ　③ ㄴ, ㄷ　④ ㄴ, ㄹ　⑤ ㄷ, ㄹ

사회화의 내용을 기준으로 사회화 기관을 분류하면?

➡ 기초적 수준의 사회화를 담당하는 기관은 **❶** , 전문적인 지식과 기능의 사회화를 담당하는 기관은 **❷** (이)라고 한다.

🔽 ❶ 1차적 사회화 기관 ❷ 2차적 사회화 기관

3 다음 그림에 나타난 사회화 기관에 대한 설명으로 옳은 것은?

① 주로 재사회화를 담당한다.
② 공식적으로 사회화를 담당한다.
③ 사회화 기능을 부수적으로 수행한다.
④ 전문적인 지식과 기능의 사회화를 담당한다.
⑤ 설립 목적을 기준으로 분류할 경우 1차적 사회화 기관에 해당한다.

바탕 문제

귀속 지위와 성취 지위는 각각 어떤 지위를 의미하는가?

➡ 귀속 지위는 개인의 능력이나 노력과 관계 없이 **①**, 자연적으로 갖게 된 지위를 의미하며, 성취 지위는 개인의 의지나 노력에 의해 **②** 으로 얻게 된 지위를 의미한다.

답 **①** 선천적 **②** 후천적

4 밑줄 친 ⑦~㉣에 대한 옳은 설명만을 〈보기〉에서 고른 것은?

> 갑은 여자 피겨 싱글 사상 최초로 ⑦ 그랜드 슬램을 달성하고 총점 220점을 넘은 최초의 여자 ⑥ 피겨 선수가 되었다. 또한 갑은 동계올림픽 여자 피겨 싱글 역사상 가장 큰 점수 차이로 우승하며 ⑥ 금메달을 수상하는 기염을 토했다. 은퇴 이후 갑은 여러 TV 프로그램의 러브콜을 받으며 어떤 프로그램에 출연할지를 ㉣ 고민하고 있다.

• 보기 •
ㄱ. ⑦은 갑의 역할이다.
ㄴ. ⑥은 갑의 성취 지위이다.
ㄷ. ⑥은 갑의 역할 행동에 대한 보상이다.
ㄹ. ㉣은 갑의 역할 갈등이다.

① ㄱ, ㄴ ② ㄱ, ㄷ ③ ㄴ, ㄷ ④ ㄴ, ㄹ ⑤ ㄷ, ㄹ

바탕 문제

접촉 방식에 따른 분류를 기준으로 1차 집단은 어떤 집단을 말하는가?

➡ 구성원 간의 직접적인 **①** 접촉을 통해 **②** 관계를 맺는 집단이다.

답 **①** 대면 **②** 전인격적

5 다음 집단의 공통적인 특징으로 옳은 것은?

• 군대	• 학교	• 회사

① 구성원 간의 결합 자체가 목적인 집단이다.
② 구성원의 본질 의지에 의해 형성된 집단이다.
③ 구성원 간에 전인격적 관계를 맺는 집단이다.
④ 구성원 간의 인간관계 자체가 목적인 집단이다.
⑤ 이해타산적인 인간관계가 주로 나타나는 집단이다.

바탕 문제

일탈 행동을 설명하는 이론 중 뒤르켐의 아노미 이론에서 주장하는 일탈 행동의 발생 원인은?

➡ 급속한 **①** 으로 인해 기존의 지배적인 사회 규범이 약화되면서 기존의 규범과 새로운 규범이 혼재된 **②** 상태에서 일탈 행동이 발생한다.

답 **①** 사회 변동 **②** 아노미

6 다음 그림에 나타난 일탈 이론에 대한 옳은 설명만을 〈보기〉에서 고른 것은?

• 보기 •
ㄱ. 2차적 일탈이 발생하는 과정에 주목한다.
ㄴ. 일탈을 규정하는 객관적인 기준이 없다고 본다.
ㄷ. 타인과의 상호 작용 과정에서 일탈 행동을 학습한다고 본다.
ㄹ. 문화적 목표와 수단 간의 괴리에 의해 일탈 행동이 발생한다고 본다.

① ㄱ, ㄴ ② ㄱ, ㄷ ③ ㄴ, ㄷ ④ ㄴ, ㄹ ⑤ ㄷ, ㄹ

필수 체크 전략 ①

전략 ❶ | 사회 실재론

✭ 사회는 개인의 외부에 실제로 존재하며, 독자적인 특징을 지니고 있다.

➡ 사회는 개인으로 **❶** [　　　] 될 수 없는 고유한 성격을 지니고 있다.

✭ 사회는 개인들의 합 이상이며, 개인은 사회를 구성하는 요소에 불과하다.

➡ 개인의 이익이나 권리를 보장하는 것보다 **❷** [　　　] 을/를 우선시한다.

➡ 개인 행동에 대한 사회의 영향을 설명할 수 있으나, 개인을 사회에 종속된 존재로 여길 수 있다.

답 ❶ 환원 ❷ 공익

필수 예제 ❶

(1) 다음 그림에 나타난 개인과 사회의 관계를 설명하는 이론의 이름을 쓰시오.

$$A + B + C + D = \begin{array}{|cc|} \hline A & B \\ C & D \\ \hline \end{array}$$

(개인)　　　　　(사회)

(2) 사회 실재론의 관점에 해당하는 진술을 〈보기〉에서 골라 기호를 쓰시오.

• 보기 •
ㄱ. 개인의 이익만이 강조된다.
ㄴ. 개인의 주체적인 행동을 설명하기 곤란하다.
ㄷ. 사회는 개인의 외부에 실제로 존재한다.
ㄹ. 사회 문제 해결을 위해서는 제도 개혁보다 개인의 의식 개선이 중요하다.

풀이

(1) A~D 구성 요소들의 합 외부에 굵은 선이 존재하는 것으로 보아 개인들의 합 이상의 것이 존재하는 사회 실재론을 설명하는 그림임을 알 수 있다.

답 사회 실재론

(2) 사회 실재론에서 사회는 실제로 존재하는 개념으로 본다. 사회는 개인들의 외부에서 개인의 사고와 행동에 영향을 미친다.

답 ㄴ, ㄷ

1-1

그림에 나타난 개인과 사회의 관계를 설명하는 이론은 무엇인지 쓰시오.

우리는 조직력으로 승부한다. 각자 맡은 역할을 잘 수행해서 꼭 승리할 거라 믿는다.

(　　　　　　　　)

1-2

밑줄 친 ㉠이론에 대한 설명으로 가장 적절한 것은?

사회 유기체설은 사회가 생물 유기체와 유사하다고 보는 학설로 사회 구성원인 개인들을 유기체를 구성하는 각 기관에 비유한다. 각 개인들은 유기체의 기관처럼 자기에게 주어진 역할을 수행하며 전체로서의 사회를 떠날 수 없다는 점에서 _____㉠과 큰 연관성을 지닌다.

① 공익보다 사익을 중시한다.
② 개인보다 사회의 우월성을 강조한다.
③ 극단적인 개인주의를 부추길 수 있다.
④ 개인의 발전이 사회의 발전이라고 본다.
⑤ 사회는 개인들의 집합체에 불과하다고 본다.

전략 ❷ | 사회 명목론

✨ 사회는 단지 개인들이 모여 있는 것으로, 실제로는 존재하지 않는다.
- ➡ 사회 현상의 분석 단위로 ❶〔   〕의 의식, 정서, 심리 상태 등을 중시한다.

✨ 사회는 개인들의 집합체에 붙여진 이름에 불과하다.
- ➡ 공익보다 ❷〔   〕의 이익이나 권리 보장 등을 우선시한다.
- ➡ 사회가 개인에게 미치는 영향력을 간과할 수 있다.

● 사회·문화 현상을 이해하고 대안을 제시하기 위해서는 행위 주체의 의도나 동기뿐만 아니라 사회 구조의 영향에 대해서도 고려해야 한다. 즉 사회 실재론과 사회 명목론 두 관점의 균형 있는 접근이 필요하다.

 ❶ 개인 ❷ 개인

필수 예제 ❷

(1) 다음 그림에 나타난 개인과 사회의 관계를 설명하는 이론의 이름을 쓰시오.

A + B
+   +   = A B
C + D   C D

(개인)   (사회)

(2) 사회 명목론의 관점에 해당하는 진술을 〈보기〉에서 골라 기호를 쓰시오.

• 보기 •
ㄱ. 사회는 허구적 개념에 불과하다.
ㄴ. 개인은 사회의 영향을 받아 사고하고 행동한다.
ㄷ. 전체를 위한 개인의 희생을 정당화할 우려가 있다.
ㄹ. 개인의 주체성과 능동성에 의미를 부여한다.

풀이

(1) A~D 구성 요소들의 합 외부에 아무것도 존재하지 않고 동일한 구성인 것으로 보아 사회 명목론을 설명하는 그림임을 알 수 있다.

🖉 사회 명목론

(2) 사회 명목론에서 사회는 실제로 존재하지 않는 허구적 개념으로 본다. 사회는 개인들의 총합과 같은 개념으로, 개인의 주체성과 능동성을 강조한다.

🖉 ㄱ, ㄹ

2-1

그림에 나타난 개인과 사회의 관계를 설명하는 이론은 무엇인지 쓰시오.

화려한 개인기를 앞세운 남미 축구 연합팀이 대륙 간 친선 대회에서 연전연승을 거두고 있다는 속보입니다.

(   )

2-2

다음 글과 관련된 개인과 사회의 관계를 바라보는 관점에 대한 진술로 옳은 것은?

개인이 없으면 사회도 없다. 결국 사회란 개인의 권리와 안전을 지키기 위해 자유 의지를 가진 개개인이 자발적인 합의에 의해 만들어 낸 하나의 개념일 뿐이다.

① 사회는 실존하는 하나의 유기체이다.
② 전체를 위한 개인의 희생은 불가피하다.
③ 개인은 사회 속에서만 존재 의미를 갖는다.
④ 사회는 개인의 합 이상의 독립적인 존재이다.
⑤ 사회는 개인의 목표를 실현시켜 주는 수단이다.

전략 ❸ | 인간의 사회화

● 사회화는 타인과의 사회적 ❶ ⬚⬚⬚ 을/를 통해 사회생활에 필요한 다양한 기능 등을 습득하고, 사회적 가치 및 규범 등을 ❷ ⬚⬚⬚ 하는 과정이다.

✿ 사회화의 유형에는 재사회화, 예기 사회화, 탈사회화가 있다.

➡ 재사회화: 사회 변화에 적응하기 위해 요구되는 새로운 기술이나 지식 등을 습득하는 과정

➡ 예기 사회화: 미래에 속하게 될 집단에서 요구하는 행동 양식을 미리 습득하는 과정

➡ 탈사회화: 기존에 익숙한 사회 규범이나 생활 방식을 버리는 과정

● 사회화 기관은 사회 구성원들의 사회화를 담당하는 기관으로, 사회화의 내용과 설립 목적으로 분류할 수 있다.

✿ 사회화 내용: 1차적 사회화 기관, 2차적 사회화 기관

✿ 설립 목적: 공식적 사회화 기관, 비공식적 사회화 기관

➡ 대표적인 사회화 기관에는 가족, 또래 집단, 학교, 회사 등이 있다.

달 ❶ 상호 작용 ❷ 내면화

필수 예제 ❸

(1) 다음 그림들은 사회화 기관이다. (가), (나)에서 담당하는 사회화의 유형을 각각 쓰시오.

(가)
▲ 노인 대학

(나)
▲ 육군 훈련소

(2) 다음 그림은 대표적인 사회화 기관들이다. 사회화 내용을 기준으로 (가), (나)는 각각 어떤 사회화 기관인지 쓰시오.

(가)

(나)

풀이

(1) 노인 대학은 노인들이 사회 변화에 발맞춰 생활할 수 있는 다양한 것들을 학습할 수 있는 공간이고, 육군 훈련소는 앞으로 군인으로서 갖춰야 할 것들을 미리 배워서 부대에 배치되도록 하는 곳이기 때문에 각각 재사회화와 예기 사회화를 담당한다고 볼 수 있다.

달 (가): 재사회화, (나): 예기 사회화

(2) 학교는 사회화 내용을 기준으로 전문적인 지식과 정보 등을 사회화하는 2차적 사회화 기관이고, 가족은 자아와 인성의 기본 틀을 형성하고 사회생활의 기초적인 행동 양식을 습득하는 1차적 사회화 기관이다.

달 (가): 2차적 사회화 기관, (나): 1차적 사회화 기관

3-1

다음에 나타난 사회화 유형의 종류를 〈보기〉에서 고르시오.

> 대기업에서 직원들에게 새로운 경영 조직 운영 방식에 대해 교육하는 것

┌ 보기 ┐
ㄱ. 재사회화   ㄴ. 예기 사회화

(   )

3-2

다음 사회화 기관의 공통점만을 〈보기〉에서 고른 것은?

> • 요리 학원   • ◇◇ 고등학교

┌ 보기 ┐
ㄱ. 공식적 사회화 기관   ㄴ. 비공식적 사회화 기관
ㄷ. 1차적 사회화 기관   ㄹ. 2차적 사회화 기관

① ㄱ, ㄴ   ② ㄱ, ㄹ   ③ ㄴ, ㄷ
④ ㄴ, ㄹ   ⑤ ㄷ, ㄹ

전략 ❹ | 지위와 역할

● 개인이 사회 속에서 차지하는 위치를 사회적 지위라고 한다.

⭐**귀속 지위**: 개인의 능력이나 노력과는 관계없이 선천적, 자연적으로 얻게 되는 지위이다.

⭐**성취 지위**: 개인의 능력이나 노력을 통해 ❶ 으로 얻게 되는 지위이다.

● 사회가 다원화되고 개인의 사회적 지위가 다양해지면서, 개인은 더 많은 역할을 담당하게 되었다.

⭐**역할**: 일정한 ❷ 에 대해 사회적으로 기대되는 행동 양식

→ 역할 행동: 지위에 대해 기대되는 역할을 수행하는 구체적인 행동 양식

→ 역할 갈등: 개인에게 요구되는 여러 역할들이 충돌하여 나타나는 심리적 갈등 상황

● 역할 갈등을 해결하기 위해서 개인은 역할의 우선순위를 정하고, 사회는 이를 예방하는 제도나 시설을 마련해야 한다.

답 ❶ 후천적 ❷ 지위

 필수예제 4

(1) 다음 진술이 옳으면 ○표, **틀리면** X를 하시오.

㉠ 유명 연예인인 어머니를 둔 배우 갑은 연예인 2세이다. 이때 연예인 2세는 귀속 지위에 해당한다.
( )

㉡ 독립 영화제 위원장을 맡은 영화배우 갑은 독립 영화제의 홍보에 힘을 쏟을지, 자신이 출연한 영화의 홍보에 힘쓸지 고민하는 역할 갈등 상황에 직면했다.
( )

(2) ㉠, ㉡에 들어갈 알맞은 말을 각각 쓰시오.

동일한 지위에 대해서 동일한 역할이 기대되지만 그에 따른 역할 행동은 개인에 따라 다양하게 나타난다. 이때 역할 행동이 사회적 기대에 부응하면 ㉠ 을/를, 어긋나면 ㉡ 을/를 받게 된다.

풀이

(1) ㉠ 연예인 2세는 태어나면서 얻은 귀속 지위에 해당한다.
㉡ 갑은 독립 영화제 집행 위원장과 영화배우라는 역할 간의 갈등 상황에 직면해 있다.

답 ㉠: ○, ㉡: ○

(2) 보상과 제재는 역할 행동에 대한 사회적 반응이다. 보상은 바람직한 역할 행동의 반복 또는 강화를 유도하는 것이며, 제재는 바람직하지 않은 역할 행동을 중단하도록 유도하는 것이다.

답 ㉠: 보상, ㉡: 제재

4-1

성취 지위로 옳은 사례만을 〈보기〉에서 고른 것은?

• 보기 •
ㄱ. 딸   ㄴ. 아들
ㄷ. 아버지   ㄹ. 어머니

① ㄱ, ㄴ   ② ㄱ, ㄷ   ③ ㄴ, ㄷ
④ ㄴ, ㄹ   ⑤ ㄷ, ㄹ

4-2

밑줄 친 '이것'이 의미하는 것을 쓰시오.

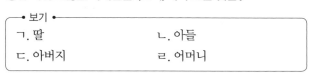

사회가 다원화됨에 따라 한 개인이 갖는 지위와 그에 따른 역할들이 다양해지면서 '이것'이 증가하고 있다. 특히 '이것'은 한 개인에게 요구되는 역할들 사이에 충돌이 발생하여 나타나는 현상으로, 두 가지 이상의 지위에서 기대되는 역할들이 달라서 나타나거나 하나의 지위에 대해 상반된 역할이 요구되는 경우에 발생한다.

( )

2주 2일 필수 체크 전략 ②

1 다음 글에 나타나는 개인과 사회의 관계를 보는 관점에 대한 진술로 옳은 것은?

> 개인의 사고를 가능하게 하는 것은 결코 그 사람 자신의 능력과 역량이 아니라 사회적 공동체에 있다. 개인이 사고하는 원천은 개인 안에 있지 않고, 그가 살아가는 사회적 환경과 분위기의 영향을 크게 받기 때문이다.

① 개인은 사회에 대해 독립적인 존재이다.
② 공익보다 개인의 권리 보장을 중시한다.
③ 사회는 개인들 간의 합의에 의해 만들어진다.
④ 개인 속성의 총합은 사회 전체의 속성과 같다.
⑤ 사회는 개인에 대해 외재성과 독자성을 지닌다.

> **Tip**
> 사회 실재론은 개인보다 ❶_____의 우월성을 강조하며, 사회는 개인으로 ❷_____될 수 없는 고유한 성격을 지니고 있다고 한다.
>
> 🔑 ❶ 사회 ❷ 환원

2 그림은 개인과 사회의 관계를 보는 관점 A, B를 분류한 것이다. 이에 대한 설명으로 옳은 것은?

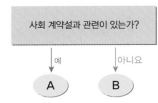

① A는 사회보다 개인을 우선하는 관점이다.
② B는 개인의 능동성이 사회의 구속력보다 우선한다고 본다.
③ A는 B와 달리 사익보다 공익을 우선한다.
④ B는 A와 달리 개인의 의지와 자율성을 중시한다.
⑤ A, B는 모두 사회의 실체가 있다고 본다.

> **Tip**
> 사회 계약설은 ❶_____들이 계약을 통해 사회를 만들어 냈으며, 국가나 정치 제도 등은 계약을 맺은 개인의 ❷_____에 따라 달라질 수 있다는 이론이다.
>
> 🔑 ❶ 개인 ❷ 자유 의지

3 그림 (가), (나)에 대한 옳은 설명만을 〈보기〉에서 고른 것은?

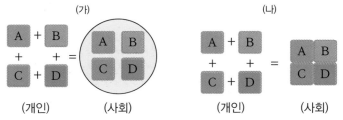

보기
ㄱ. (가)는 개인이 사회에 우선한다고 본다.
ㄴ. (나)는 공익보다 사익을 중시한다.
ㄷ. (가)는 (나)와 달리 사회의 실체를 인정한다.
ㄹ. (가)와 (나)는 모두 사회 구조적인 측면을 강조한다.

① ㄱ, ㄴ   ② ㄱ, ㄷ   ③ ㄴ, ㄷ   ④ ㄴ, ㄹ   ⑤ ㄷ, ㄹ

> **Tip**
> 사회가 개인의 외부에 실제로 존재한다는 이론은 ❶_____이고, 사회는 단지 개인들의 집합체에 이름을 붙인 것에 불과하다는 이론은 ❷_____이다.
>
> 🔑 ❶ 사회 실재론 ❷ 사회 명목론

4

(가), (나)는 사회화 기관의 사례이다. 이에 대한 옳은 설명만을 〈보기〉에서 고른 것은?

(가) 가족	(나) 또래 집단

• 보기 •
ㄱ. (가)는 공식적 사회화 기관이다.
ㄴ. (나)는 비공식적 사회화 기관이다.
ㄷ. (가)는 (나)와 달리 사회화를 목적으로 설립된 기관이다.
ㄹ. (가)와 (나)는 모두 부수적으로 사회화를 담당한다.

① ㄱ, ㄴ ② ㄱ, ㄷ ③ ㄴ, ㄷ ④ ㄴ, ㄹ ⑤ ㄷ, ㄹ

정답과 해설 14쪽

Tip
공식적 사회화 기관은 ❶ [   ]을/를 목적으로 설립된 기관이고, ❷ [   ] 사회화 기관은 사회화 이외의 목적으로 설립되었으나 부수적으로 사회화를 담당하게 된 기관이다.

답 ❶ 사회화 ❷ 비공식적

5

사회화 기관 (가), (나)에 대한 설명으로 옳은 것은?

(가)   (나)

① (가)는 1차적 사회화 기관이다.
② (나)는 기초적 수준의 사회화를 담당한다.
③ (가)는 (나)와 달리 공식적 사회화 기관이다.
④ (나)는 (가)와 달리 비공식적 사회화 기관이다.
⑤ (가)와 (나)는 모두 2차적 사회화 기관이다.

Tip
사회화 기관은 사회화의 내용을 기준으로 하여 기초적 수준의 사회화를 담당하는 ❶ [   ] 사회화 기관과 전문적인 지식과 기능의 사회화를 담당하는 ❷ [   ] 사회화 기관으로 분류할 수 있다.

답 ❶ 1차적 ❷ 2차적

6

밑줄 친 ㉠, ㉡에 대한 옳은 설명만을 〈보기〉에서 고른 것은?

현재 ○○고등학교 ㉠ 교사인 갑은 아들이 외교관이 되기를 희망하셨던 ㉡ 어머니의 기대에 부응하지 못하고 자기만을 생각한 것은 아닌가 하는 생각에 마음이 무겁다.

• 보기 •
ㄱ. ㉠은 성취 지위이다.
ㄴ. ㉡은 후천적으로 얻게 된 지위이다.
ㄷ. ㉠은 ㉡과 달리 한 가지 역할만 기대되는 지위이다.
ㄹ. ㉡은 ㉠과 달리 역할 갈등을 경험하지 않는 지위이다.

① ㄱ, ㄴ ② ㄱ, ㄷ ③ ㄴ, ㄷ ④ ㄴ, ㄹ ⑤ ㄷ, ㄹ

Tip
지위에는 선천적으로 얻게 되는 ❶ [   ] 지위와 후천적으로 얻게 되는 성취 지위가 있다. 이러한 지위에 대해 사회적으로 기대되는 행동 양식을 ❷ [   ](이)라고 한다.

답 ❶ 귀속 ❷ 역할

전략 ① | 사회 집단

● 사회 집단은 복수의 개인들이 소속감과 공동체 의식을 가지고, 지속적인 상호 작용을 하는 집단이다.

● 사회 집단은 접촉 방식, 결합 의지, 소속감 여부 등을 기준으로 분류할 수 있다.

✧ **접촉 방식**: 구성원 간 직접적인 대면 접촉을 통해 전인격적인 관계를 맺는 [❶   ], 간접적인 접촉이 이루어지는 2차 집단으로 구분한다.

✧ **결합 의지**: 본질 의지에 의해 자연 발생적으로 형성되는 [❷   ], 선택 의지에 의해 결합된 이익 사회로 구분한다.

✧ **소속감**: 소속감을 느끼는 집단인 내집단, 소속감을 느끼지 않는 집단인 외집단으로 구분한다.

✧ **준거 집단**: 한 개인이 자신의 행동이나 판단의 기준으로 삼는 집단이다.

➡ 준거 집단과 소속 집단이 일치하는 경우 만족도가 높지만, 일치하지 않는 경우 만족도가 낮아질 수 있다.

📖 ❶ 1차 집단 ❷ 공동 사회

필수 예제 ①

(1) 다음에서 설명하고 있는 사회 집단의 유형을 쓰시오.

구성원들의 본질적인 의지를 바탕으로 자연 발생적으로 형성된 사회 집단입니다.

(2) 다음에서 설명하고 있는 사회학적 개념이 무엇인지 쓰시오.

• 인간의 모든 측면에서 관심을 가지며 구성원 간의 인간관계 그 자체를 목적으로 형성된 관계를 의미함

• 주로 1차 집단에서 볼 수 있는 관계

풀이

(1) 공동 사회는 구성원의 본질 의지에 의해 자연 발생적으로 형성된 집단으로 가족이나 친족, 전통 사회에서의 마을 공동체 등을 사례로 들 수 있다.

📖 공동 사회

(2) 1차 집단에서는 인간의 특정 측면에 관심을 갖는 수단적 관계 또는 목적 지향적 관계가 아니라, 인간의 모든 측면에서 관심을 가지며 형성하는 전인격적 관계를 바탕으로 집단이 구성된다.

📖 전인격적 관계

1-1

사회 집단의 사례로 옳은 것만을 〈보기〉에서 고른 것은?

┌─ 보기 ─────────────────────
ㄱ. 야구 경기를 관람하는 관중들
ㄴ. 정류장에서 버스를 기다리는 사람들
ㄷ. 수학여행을 간 ○○고등학교 학생들
ㄹ. 금연 캠페인을 실시하는 시민 단체 회원들
└────────────────────────

① ㄱ, ㄴ   ② ㄱ, ㄷ   ③ ㄴ, ㄷ
④ ㄴ, ㄹ   ⑤ ㄷ, ㄹ

1-2

다음과 같은 특징을 가지고 있는 집단으로 옳은 것만을 〈보기〉에서 고른 것은?

• 선택 의지에 의해 결합된 집단
• 특정한 목적을 달성하기 위해 구성된 집단

┌─ 보기 ─────────────────────
ㄱ. 가족   ㄴ. 학교
ㄷ. 회사   ㄹ. 친족
└────────────────────────

① ㄱ, ㄴ   ② ㄱ, ㄷ   ③ ㄴ, ㄷ
④ ㄴ, ㄹ   ⑤ ㄷ, ㄹ

전략 ❷ | 사회 조직

● 사회 조직은 사회 집단 중 목표와 경계가 뚜렷하고 구성원의 지위와 역할이 명확한 집단으로, 조직의 목적을 달성하기 위한 공식적 절차와 규범이 체계적으로 조직된 집단을 의미한다.

🌟 **공식 조직**: 일반적으로 ❶ [   ]을/를 의미한다.

🌟 **비공식 조직**: 공식 조직의 구성원 중 일부가 친밀한 인간관계를 바탕으로 자발적으로 구성한 집단이다.

🌟 **자발적 결사체**: 공통의 관심사나 목표를 가진 사람들이 ❷ [   ]으로 결성한 집단이다.
➡ 조직 목표에 대한 구성원들의 신념이 뚜렷하며, 가입과 탈퇴가 자유롭다.
➡ 종류: 친목 집단, 이익 집단, 시민 단체

🔖 ❶ 사회 조직 ❷ 자발적

 필수 예제 2

(1) 다음 사회 조직의 공통점이 무엇인지 쓰시오.

> • ○○전자 사원 축구 모임
> • △△상사 등산 동호회

(2) 다음에서 설명하는 사회 조직이 무엇인지 쓰시오.

> 공통의 관심사나 목표를 가진 사람들이 자발적으로 결성한 집단으로 형태가 다양하고 민주적으로 운영되는 경향이 강함

풀이

(1) ○○전자나 △△상사와 같은 공식 조직 안에서 공식 조직의 목표와 별개로 자신들만의 공통의 관심사를 추구하는 집단을 비공식 조직이라고 한다.

🔖 비공식 조직

(2) 자발적 결사체의 종류는 다음과 같다.

친목 집단	구성원의 취미나 친목에 관심을 두고 결성 예 동호회, 향우회 등
이익 집단	특정 집단의 이익을 증진하고자 결성 예 노동조합, 직능 단체 등
시민 단체	공익을 추구하기 위해 결성 예 환경 단체, 소비자 단체 등

🔖 자발적 결사체

2-1

다음과 같은 특징을 가진 집단의 사례로 옳은 것만을 〈보기〉에서 고른 것은?

> • 구성원들의 조직 활동에 대한 열의가 높음
> • 조직 목표에 대한 구성원들의 신념이 뚜렷함

> ┌ 보기 ┐
> ㄱ. 가족   ㄴ. 학교
> ㄷ. 노동조합   ㄹ. 환경 단체

① ㄱ, ㄴ   ② ㄱ, ㄷ   ③ ㄴ, ㄷ
④ ㄴ, ㄹ   ⑤ ㄷ, ㄹ

2-2

그림은 사회 조직 A~C의 포함 관계를 나타낸다. 그림의 A, B, C에 해당하는 말을 각각 쓰시오. (단, A~C는 각각 이익 사회, 비공식 조직, 자발적 결사체 중 하나이다.)

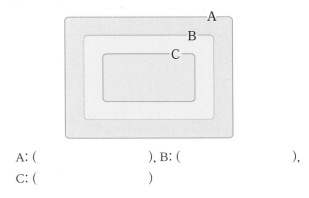

A: (   ), B: (   ),
C: (   )

전략 ❸ │ 관료제와 탈관료제

★ **관료제**: 특정 목표를 달성하기 위해 구성원의 역할을 명확하게 구분하고 공식적인 규칙과 규정에 따라 운영하는 대규모 위계 조직이다.

→ 특징: 업무의 세분화와 전문화, 위계의 서열화, 규칙과 절차에 따른 과업 수행, 몰인격적 인간관계, ❶ [＿＿＿＿＿]주의
→ 순기능: 효율성, 안정성, 지속성, 예측 가능성, 권한과 책임이 명확
→ 역기능: 인간 소외 현상, 목적 전치 현상, 무사안일주의

★ **탈관료제**: ❷ [＿＿＿＿＿]의 전형적인 문제점을 극복하기 위해 대안적으로 나타난 새로운 조직 형태이다.

→ 특징: 수평적 조직 체계, 유연한 조직 구조, 능력에 따른 보상, 중간 관리층의 비중 감소
→ 유형: 팀제 조직, 네트워크형 조직, 아메바형 조직

🔒 ❶ 연공서열 ❷ 관료제

필수 예제 3

(1) 다음과 같은 구조를 가진 조직 형태를 쓰시오.

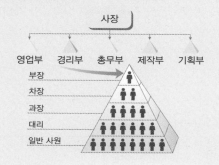

(2) 다음과 같은 구조를 가진 조직 형태를 쓰시오.

풀이

(1) 관료제 조직은 대규모 조직을 보다 효율적으로 관리하기 위해 서열의 위계화를 바탕으로 중간 관리층의 역할이 큰 조직 유형을 의미한다.

🔒 관료제(조직)

(2) 탈관료제 조직은 사회 변동으로 인해 나타나는 관료제 조직의 비효율 성을 극복하고자 중간 관리층의 역할을 줄이고 의사 결정 과정을 축소 시키는 경향이 있다.

🔒 탈관료제

3-1

다음 그림의 A, B가 무엇인지 쓰시오. (단, A, B는 각각 관료제와 탈관료제 조직 중 하나이다.)

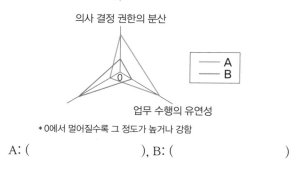

의사 결정 권한의 분산

—— A
—— B

업무 수행의 유연성

*0에서 멀어질수록 그 정도가 높거나 강함

A: (   ), B: (   )

3-2

표의 (가)에 들어갈 말로 옳은 것만을 〈보기〉에서 고른 것은? (단, A, B는 각각 관료제와 탈관료제 조직 중 하나이다.)

중간 관리층의 역할 비중 정도	A < B
(가)	A < B

• 보기 •
ㄱ. 능력에 따른 보상 정도
ㄴ. 경력에 따른 보상 정도
ㄷ. 수평적 조직 체계 정도
ㄹ. 업무 권한과 책임의 분명성

① ㄱ, ㄴ　　　② ㄱ, ㄷ　　　③ ㄴ, ㄷ
④ ㄴ, ㄹ　　　⑤ ㄷ, ㄹ

전략 ④ | 일탈 이론

❀아노미 이론
- 뒤르켐: 급속한 사회 변동으로 인해 지배적인 사회 규범의 부재로 일탈이 발생한다.
➡ 해결책: 사회 규범의 통제력 회복
- 머튼: 문화적 목표를 달성할 수 있는 **❶** [   ] 수단을 갖지 못한 집단이 비합법적 수단을 활용할 때 일탈이 발생한다.
➡ 해결책: 문화적 목표를 달성할 수 있는 적절한 제도적 수단의 제공

❀차별 교제 이론: 일탈에 우호적인 집단과의 **❷** [   ] 을/를 통해 일탈을 학습한다.
➡ 해결책: 일탈자와의 접촉 및 교류 차단

❀낙인 이론: 특정 행동을 일탈 행동으로 규정한 후, 그러한 행동을 한 사람들에게 일탈자라는 낙인을 가한다.
➡ 해결책: 신중한 사회적 낙인

📋 ❶ 합법적 ❷ 교류(교제)

4

(1) 다음에서 설명하는 일탈 이론이 무엇인지 쓰시오.

물질적 성공에 대한 욕구
↓
제도적 수단을 통한 욕구 충족 실패
↓
목표와 수단 간 괴리
↓
일탈

(2) 다음에서 설명하는 일탈 이론이 무엇인지 쓰시오.

일탈자와의 친밀한 교류
↓
일탈자와 상호 작용을 통한 일탈 학습
↓
일탈에 대한 긍정적 가치관 함양
↓
일탈

풀이

(1) 제도적 수단을 통해 자신의 문화적 목표를 달성하지 못한 경우 목표 달성을 위해 일탈이 발생한다고 보는 이론은 머튼의 아노미 이론이다.

📋 머튼의 아노미 이론

(2) 일탈 행동자와의 교제를 통해 일탈에 대한 긍정적 가치관을 함양한 후 일탈을 저지른다는 이론은 차별 교제 이론이다.

📋 차별 교제 이론

4-1

다음과 같이 일탈 행동이 발생한다고 보는 일탈 이론은?

- 사회 규범의 부재 또는 상반된 규범의 동시 존재
- 사회 구성원들의 혼란
- 일탈 행동 발생

① 갈등 이론　　　② 낙인 이론
③ 차별 교제 이론　　④ 머튼의 아노미 이론
⑤ 뒤르켐의 아노미 이론

4-2

다음 일탈을 설명하는 이론에 대한 진술이 맞으면 O, 틀리면 X 를 표시하시오.

(1) 낙인 이론은 2차적 일탈 행동이 발생하는 과정에 주목하는 일탈 이론이다. (　　)
(2) 낙인 이론은 보편적인 일탈 행동이 정형화되어 있다고 본다. (　　)

1 다음 설명에 모두 해당하는 사회 집단은?

- 원래 목적은 따로 있지만 부수적으로 사회화를 수행하는 기관
- 구성원 간 직접적인 대면 접촉을 통해 전인격적 관계를 맺는 집단

① 가족　　　　② 정당　　　　③ 정부　　　　④ 학교　　　　⑤ 회사

2 다음과 같은 집단의 공통점으로 옳은 것은?

- 구성원들만의 특수한 이익을 추구하기 위해 결성한 집단
- 사회 문제의 해결과 같이 공익을 추구하기 위해 결성한 집단
- 구성원 간 취미나 여가를 공유하고 친밀감과 유대감을 갖기 위해 결성한 집단

① 공식 조직 내에서 형성된 집단이다.
② 형식적이고 수단적인 인간관계만 나타난다.
③ 구성원 간 본질 의지를 바탕으로 결합된 집단이다.
④ 구성원들의 사회화를 목적으로 하여 결성된 집단이다.
⑤ 가입과 탈퇴가 자유로우며, 구성원들의 조직 활동에 대한 열의가 높다.

3 다음 글에 제시된 관료제 조직의 특징과 가장 관계 깊은 문제점은?

관료제 조직에서는 조직의 목적을 효율적으로 달성하기 위해 규칙이 만들어졌지만, 규약과 절차를 따르는 데 집착하여 규칙을 지키는 것 자체가 목적이 되어버리는 현상이 발생한다.

① 무사안일주의
② 목적 전치 현상
③ 인간 소외 현상
④ 권력의 독점과 남용
⑤ 업무 처리의 비효율성

4 다음 글에 나타난 상황과 관련 있는 개념은?

> 경제적 성공을 추구하는 사회적 분위기에서 정당한 방법으로 아무리 노력해도 부를 축적할 수 없는 상황에 처한 사람들이 있다. 이들 중 일부는 정당하지 않은 방법을 동원해서라도 꼭 경제적인 성공을 이루고자 한다.

① 낙인 이론
② 아노미 이론
③ 객관적 일탈
④ 2차적 일탈
⑤ 차별 교제 이론

5 다음에 나타난 일탈 이론에 대한 설명으로 옳은 것은?

> 일탈 행동은 특정한 개인의 행위 자체가 문제라기보다는 다른 사람들이 그 행위를 일탈이라고 규정하고 부정적인 시선으로 바라보면서 시작되는 것이다.

① 일탈자와의 접촉을 차단하면 해결된다고 본다.
② 일탈을 규정하는 객관적인 기준이 있다고 본다.
③ 타인에 대한 신중한 낙인의 중요성을 강조한다.
④ 일탈 행동은 선천적인 요인에 의해 결정된다고 본다.
⑤ 1차적 일탈이 발생하는 과정을 설명하는 데 적합하다.

6 다음 그림에서 강조하는 일탈 행동에 대한 설명으로 옳은 것은?

① 2차적 일탈 과정에 주목하는 일탈 이론이다.
② 급격한 사회 변동이 일탈 행동의 원인이라고 본다.
③ 도덕적 혼란이나 무규범 상태에서 일탈이 발생한다고 본다.
④ 타인과의 상호 작용 과정에서 일탈 행동을 학습하게 된다고 보는 일탈 이론이다.
⑤ 일탈 행동에 대한 해결 방안으로 문화적 목표를 이룰 수 있는 적절한 제도적 수단의 제공을 제시한다.

교과서 대표 전략 ①

대표 예제 ①

다음 글에 나타난 개인과 사회의 관계를 보는 관점에 대한 설명으로 옳은 것은?

> 회사의 실적을 올리기 위해 가장 중요한 것은 직원 개개인의 능력이다. 특히 가장 시급한 곳에 능력이 뛰어난 사람을 배치하면 그 회사는 더 빠른 시간 내에 좋은 성과를 나타낼 것이다.

① 사회가 개인들의 속성으로 환원될 수 없다고 본다.
② 개인의 능동성보다 사회 규범의 구속성을 중시한다.
③ 개인이 사회 속에서만 존재 의미를 갖게 된다고 본다.
④ 개인은 사회에 의해 구조화된 행동을 한다고 본다.
⑤ 개인의 속성에 의해 사회의 속성이 결정된다고 본다.

개념 가이드

사회 명목론에서는 사회가 개인들의 속성으로 [❶]될 수 있다고 본다. 개인이 사회에 의해 구조화된 행동을 한다고 보는 관점은 [❷]이다.

　　　　　　　　　　　　　🅐 ❶ 환원 ❷ 사회 실재론

대표 예제 ②

다음 글에 나타난 개인과 사회의 관계를 보는 관점에 대한 설명으로 옳은 것은?

> 뛰어난 구성원의 능력도 중요하지만, 조직 전반적인 분위기가 그렇지 못하다면 그 누구도 최선의 노력을 하지 않을 수 있다. 좋은 성과를 내기 위해서는 동기를 부여하는 조직 문화 조성이 더 시급하다고 볼 수 있다.

① 사회는 실체가 없다고 본다.
② 개인에 대한 사회 구조의 영향력을 간과한다.
③ 사회적 사실은 개인적 행위로 환원될 수 있다고 본다.
④ 사회의 구속성이 개인의 능동성보다 우선한다고 본다.
⑤ 사회 규범은 개인들이 옳다고 생각하기 때문에 존재한다.

개념 가이드

사회 실재론에서는 사회의 [❶]이 개인의 능동성보다 우선한다고 본다. 사회의 실체가 없다고 보는 관점은 [❷]이다.

　　　　　　　　　　　　　🅐 ❶ 구속성 ❷ 사회 명목론

대표 예제 ③

밑줄 친 ㉠, ㉡에 대한 옳은 설명만을 〈보기〉에서 고른 것은?

> 인간은 태어나서 죽을 때까지 끊임없이 타인들과의 지속적인 상호 작용을 통해 사회화를 경험한다. 이러한 사회화는 각 개인들에게 미치는 영향력의 정도에 따라 ㉠ 1차적 사회화와 ㉡ 2차적 사회화로 구분할 수 있다.

• 보기 •
ㄱ. ㉠은 청소년기 이전에서만 경험한다.
ㄴ. ㉡은 학교, 회사 등에서 경험할 수 있다.
ㄷ. ㉠은 ㉡과 달리 무의식적으로 경험한다.
ㄹ. ㉠, ㉡ 모두 일생에 걸쳐 경험할 수 있다.

① ㄱ, ㄴ　② ㄱ, ㄷ　③ ㄴ, ㄷ　④ ㄴ, ㄹ　⑤ ㄷ, ㄹ

개념 가이드

개인의 자아 정체성과 인성이 형성되는 데 영향을 미치는 사회화는 [❶] 사회화라고 한다. 이를 심화하거나 전문화하여 이루어지는 사회화는 [❷] 사회화이다.

　　　　　　　　　　　　　🅐 ❶ 1차적 ❷ 2차적

대표 예제 ④

다음 주장에 나타난 사회화를 바라보는 관점에 대한 설명으로 옳은 것은?

> 학교 교육은 지배 집단의 이데올로기를 피지배 집단에게 주입시키는 과정이라고 볼 수 있습니다. 이러한 사회화를 통해 지배 집단의 가치들이 자연스럽게 전수됩니다.

① 사회화의 결과 사회가 유지, 발전된다고 본다.
② 사회화의 내용은 사회적으로 합의된 것으로 본다.
③ 사회화를 통해 계급 재생산이 이루어진다고 본다.
④ 타인과의 상호 작용을 통해 사회화가 이루어진다고 본다.
⑤ 사회화의 방법은 구성원들의 자발적 합의에 의한 것이라고 본다.

개념 가이드

사회화의 내용이나 방법이 사회 구성원 간 자발적 합의에 의해 결정된다고 보는 것은 [❶]의 입장이고, [❷]에서는 지배 집단의 가치관이 반영되었다고 본다.

　　　　　　　　　　　　　🅐 ❶ 기능론 ❷ 갈등론

대표 예제 5

다음 두 사례에 대한 설명으로 옳은 것은?

> • ○○고등학교 교사인 갑은 내년에 교감이 되기 위해 퇴근 후 교감 자격 연수를 받고 있다.
> • 을은 회사를 그만두고 요리사의 꿈을 이루기 위해 요리 학원에 다니며 조리사 자격증을 준비하고 있다.

① 갑은 예기 사회화를 경험하고 있다.
② 을은 비공식적 사회화 기관에서 사회화를 경험하고 있다.
③ 갑은 을과 달리 사회화를 경험하고 있지 않다.
④ 을은 갑과 달리 2차적 사회화를 경험하고 있다.
⑤ 갑, 을은 모두 내집단에 소속되어 있다.

개념 가이드

미래에 얻게 될 지위에 따른 역할을 미리 배우고 준비하는 것은 **❶** 사회화이다. 요리 학원은 요리사 양성을 위한 사회화를 목적으로 하는 **❷** 사회화 기관이다.

🔲 ❶ 예기 ❷ 공식적

대표 예제 6

밑줄 친 ㉠~㉢에 대한 설명으로 옳은 것은?

> 갑: 우리 이번 지필평가 끝나면 주말에 ㉠ 방송국에 같이 갈래?
> 을: 나는 근처에서 ㉡ 가족 결혼식이 있어서 결혼식이 끝나고 갈게.
> 병: 그럼, 나도 아빠가 근무하시는 ㉢ 회사에 들러서 주말 근무 응원해 드리고 갈게.

① ㉠은 사회화를 목적으로 설립된 기관이다.
② ㉡은 2차적 사회화 기관이다.
③ ㉢은 재사회화를 담당하지 않는다.
④ ㉡은 ㉠, ㉢과 달리 사회화 기관이 아니다.
⑤ ㉠~㉢은 모두 비공식적 사회화 기관이다.

개념 가이드

방송국, 가족, 회사는 모두 사회화 이외의 목적으로 형성된 **❶** 사회화 기관이며, 그중에서 가족은 기초적 수준의 사회화를 담당하는 **❷** 사회화 기관이다.

🔲 ❶ 비공식적 ❷ 1차적

대표 예제 7

다음은 신인상을 수상한 야구 선수 인터뷰의 일부이다. 밑줄 친 ㉠~㉣에 대한 옳은 설명만을 〈보기〉에서 고른 것은?

지난 시즌 ㉠신인상을 수상하셨는데, 야구를 처음 하게 된 계기는 무엇이었나요?

초등학교 4학년 때, ㉡ 선생님께서 제가 공을 던지는 모습을 보시고 추천해주셔서 처음으로 야구를 접하게 되었습니다.

전문가들이 예측한 내년 시즌 MVP를 받을 것으로 예상되는 ㉢ 선수 1위에도 선정되었습니다. 앞으로의 각오나 소감 한마디 부탁드립니다.

어려서 아버지께서 돌아가신 후, 저를 홀로 키우신 ㉣ 어머니께 이제야 효도를 할 수 있게 된 것 같아 기쁩니다. 앞으로 팬 분들께 더 큰 기쁨을 드릴 수 있도록 더 열심히 노력하겠습니다. 감사합니다.

> ● 보기 ●
> ㄱ. ㉠은 갑의 역할 행동에 대한 보상이다.
> ㄴ. ㉡은 ㉢과 달리 성취 지위이다.
> ㄷ. ㉢은 ㉣과 달리 귀속 지위이다.
> ㄹ. ㉡~㉣은 모두 후천적으로 얻은 지위이다.

① ㄱ, ㄴ   ② ㄱ, ㄹ   ③ ㄴ, ㄷ
④ ㄴ, ㄹ   ⑤ ㄷ, ㄹ

개념 가이드

보상이나 제재는 **❶** 에 대한 사회적 반응이다. 아버지와 어머니는 결혼과 출산 또는 입양을 통해 자녀가 있어야만 얻을 수 있는 **❷** 지위이다.

🔲 ❶ 역할 행동 ❷ 성취

대표 예제 8

밑줄 친 ⊙~②에 대한 설명으로 옳은 것은?

> 갑은 조카인 을이 고아라는 것을 ⊙ 애틋하게 생각하여 입양한 후 자신의 ⓒ 아들들과 함께 최선을 다해 양육하였다. 을은 갑의 정성에 보답하기 위해 군인이 되어 ⓒ 열심히 복무하며 여러 분야에서 공을 세웠고, 이를 인정받아 ② 육군 참모총장으로 임명되었다.

① ⊙은 갑의 역할 갈등이다.
② ⓒ은 성취 지위이다.
③ ⓒ은 을의 역할 행동이다.
④ ②은 을의 역할에 대한 보상이다.
⑤ ⊙과 ⓒ은 모두 갑의 역할 행동이다.

개념 가이드

아들은 태어나면서부터 얻게 되는 **❶** 이다. 보상이나 제재는 역할이 아닌 **❷** 에 대한 사회적 반응이다.

冒 ❶ 귀속 지위 ❷ 역할 행동

대표 예제 10

그림은 사회 조직의 관계를 표현한 것이다. 이에 대한 설명으로 옳은 것은? (단, A~C는 각각 이익 사회, 비공식 조직, 자발적 결사체 중 하나이다.)

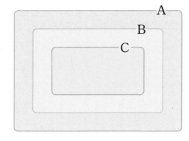

① 가족은 A에 해당한다.
② 학교는 B, C에 모두 해당한다.
③ A는 자발적 결사체, C는 이익 사회이다.
④ 노동조합은 A~C에 모두 해당하지 않는다.
⑤ 직장 내 등산 동호회는 A~C에 모두 해당한다.

개념 가이드

이익 사회, 비공식 조직, 자발적 결사체 중 개념의 범위가 가장 넓은 것은 이익 사회이다. 비공식 조직은 구성원들이 자발적으로 결성한다는 것이 전제이기 때문에 A는 **❶** , B는 **❷** , C는 비공식 조직이다.

冒 ❶ 이익 사회 ❷ 자발적 결사체

대표 예제 9

다음 자료에 대한 옳은 설명만을 〈보기〉에서 고른 것은?

> • 사회 집단은 접촉 방식을 기준으로 A, B로, 결합 의지를 기준으로 C, D로 구분할 수 있다.
> • 표는 위 설명을 나타낸 것이다.

구분	A	B
C	학교	
D		⊙

┌─ 보기 ─────────────────────────┐
ㄱ. A는 B와 달리 전인격적인 인간관계가 나타난다.
ㄴ. B는 A와 달리 공식적인 방식으로 구성원을 통제한다.
ㄷ. C는 D와 달리 선택적 결합 의지를 바탕으로 형성된다.
ㄹ. ⊙에는 가족이 들어갈 수 있다.
└────────────────────────────────┘

① ㄱ, ㄴ ② ㄱ, ㄷ ③ ㄴ, ㄷ ④ ㄴ, ㄹ ⑤ ㄷ, ㄹ

개념 가이드

A와 C의 사례로 2차 집단이자 이익 사회인 학교가 제시되었기 때문에 A는 **❶** , B는 1차 집단, C는 **❷** , D는 공동 사회이다.

冒 ❶ 2차 집단 ❷ 이익 사회

대표 예제 11

다음은 갑의 이번 주 일정을 나타낸 것이다. 이에 대한 설명으로 옳은 것은?

요일	일정
월요일	△△고등학교 방문
화요일	◇◇전자 주주 총회 참석
수요일	△△고등학교 총동문회 참석
목요일	□□특례시 시민 포럼 참석
금요일	◎◎당 전당 대회 참석

① 월요일에는 공식 조직에서의 일정이 있다.
② 화요일에는 자발적 결사체에서의 일정이 있다.
③ 수요일에는 공식적 사회화 기관에서의 일정이 있다.
④ 목요일에는 공동 사회에서의 일정이 있다.
⑤ 금요일에는 비공식 조직에서의 일정이 있다.

개념 가이드

학교는 학생들의 사회화라는 목표와 공식적이고 명시적인 규약과 절차가 있는 **❶** 이다. 고등학교 총동문회는 같은 학교를 졸업한 사람들이 자발적으로 친목을 다지기 위해 조직한 **❷** 이다.

冒 ❶ 공식 조직 ❷ 자발적 결사체

대표 예제 12

그림은 사회 조직 유형 A, B의 특징을 나타낸 것이다. 이에 대한 설명으로 옳은 것은? (단, A, B는 각각 관료제와 탈관료제 조직 중 하나이다.)

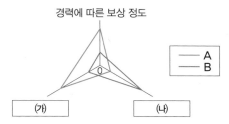

경력에 따른 보상 정도

A
B

(가)   (나)

* O에서 멀어질수록 그 정도가 높거나 강함

① (가)에는 '조직 운영의 유연성'이 들어갈 수 있다.
② (나)에는 '중간 관리층의 역할'이 들어갈 수 있다.
③ A는 B에 비해 구성원 간 친밀성이 강하다.
④ B는 A에 비해 위계의 서열화 정도가 강하다.
⑤ A, B는 모두 효율적인 과업 수행을 지향한다.

개념 가이드

경력에 따른 보상 정도는 관료제 조직이 ❶ [   ] 조직에 비해 크다. 중간 관리층의 역할은 ❷ [   ] 조직이 탈관료제 조직에 비해 크다.

🅐 ❶ 탈관료제 ❷ 관료제

대표 예제 14

다음 글에 대한 설명으로 가장 적절한 것은?

> 상대방이 거절하는데도 끈질기게 구애하는 것이 사랑을 얻기 위한 의지의 표현이라고 생각했던 때도 있었다. 하지만 지금은 상대방 의사에 반하여 지속적으로 접근을 시도해 교제를 요구하면 '지속적 괴롭힘'으로 보고 처벌한다.

① 잘못된 사회화로 인해 일탈 행동이 발생한다.
② 일탈 행동은 시대나 장소에 따라 판단 기준이 달라진다.
③ 사회 구성원 간 상호 작용 과정에서 일탈 행동이 발생한다.
④ 불평등을 야기하는 사회 구조로 인해 일탈 행동이 발생한다.
⑤ 일탈 행동이 발생하는 이유 중 가장 큰 원인은 급속한 사회 변동이다.

개념 가이드

시대와 장소에 따라 가치관이 변하면서 ❶ [   ]에 대한 판단 기준도 달라진다. 이와 같은 일탈 행동의 특성을 일탈 행동의 ❷ [   ](이)라고 한다.

🅐 ❶ 일탈 행동 ❷ 상대성

대표 예제 13

다음 글에 나타난 관료제 조직의 문제점으로 가장 적절한 것은?

> 관료제 조직에서는 조직의 위계가 서열화되어 있어 소수에게 권한이 집중되어 있다. 이로 인해 구성원 사이의 의사소통이 왜곡되고, 소수가 자신들의 이익을 극대화하기 위해 조직을 이용할 위험성이 커지게 된다.

① 무사안일주의   ② 목적 전치 현상
③ 인간 소외 현상   ④ 권력의 독점과 남용
⑤ 업무 처리의 비효율성

개념 가이드

피라미드 형태를 띠고 있는 관료제 조직에서 위계의 ❶ [   ]는 지위에 따라 권한과 책임이 명확하다는 장점이 있지만 ❷ [   ]에게 권한이 집중된다는 문제점이 발생할 수 있다.

🅐 ❶ 서열화 ❷ 소수

대표 예제 15

다음 속담 및 고사성어에 공통으로 적용 가능한 일탈 행동에 대한 이론 및 개념으로 옳은 것은?

> • 까마귀 노는 곳에 백로야 가지 마라.
> • 近朱者赤 近墨者黑(근주자적 근묵자흑)

① 낙인 이론   ② 2차적 일탈
③ 차별 교제 이론   ④ 머튼의 아노미 이론
⑤ 뒤르켐의 아노미 이론

개념 가이드

차별 교제 이론은 일탈 행동을 일으키는 사람들과의 상호 작용 과정에서 일탈 행동을 ❶ [   ]한다는 입장이고, ❷ [   ]은 일탈자라는 낙인에 대해 부정적 자아가 형성되어 나타나는 일탈 행동을 의미한다.

🅐 ❶ 학습 ❷ 2차적 일탈

교과서 대표 전략 ②

01 그림은 개인과 사회의 관계를 보는 관점 A, B를 나타낸 것이다. 이에 대한 옳은 설명만을 〈보기〉에서 고른 것은?

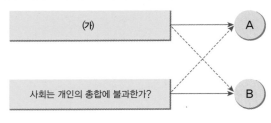

⟶ 예 ⤏ 아니요

보기
- ㄱ. (가)에는 '사회가 개인의 외부에 실제로 존재하는 가?'가 들어갈 수 있다.
- ㄴ. A는 B와 달리 사회가 개인으로 환원될 수 있는 고유한 존재라고 본다.
- ㄷ. B는 A와 달리 사회는 개인의 목표를 실현시켜 주는 수단에 불과하다고 본다.
- ㄹ. A, B는 모두 사회는 독자적 힘을 가진 유기적 존재라고 본다.
---

① ㄱ, ㄴ   ② ㄱ, ㄷ   ③ ㄴ, ㄷ
④ ㄴ, ㄹ   ⑤ ㄷ, ㄹ

Tip
사회는 개인의 총합에 불과하다는 관점은 ❶[   ]이다. 사회는 독자적 힘을 가진 유기적 존재라고 보는 관점은 ❷[   ]이다.

目 ❶ 사회 명목론 ❷ 사회 실재론

02 다음 자료에 대한 설명으로 옳은 것은?

- 사회화 기관은 (가)를 기준으로 A, B로 구분하며, (나)를 기준으로 C, D로 구분할 수 있다.
- 표는 위 설명을 나타낸 것이다.

구분	A	B
C	학교	㉠
D		가족

① (가)가 '사회화의 내용'이면, A는 공식적 사회화 기관이다.
② (가)가 '사회화의 내용'이면, ㉠에는 대중 매체가 들어갈 수 있다.
③ (가)가 '기관의 형성 목적'이면, ㉠에는 회사가 들어갈 수 있다.
④ (나)가 '사회화의 내용'이면, C는 1차적 사회화 기관이다.
⑤ (나)가 '기관의 형성 목적'이면, D의 사례로 요리 학원을 들 수 있다.

Tip
학교는 2차적 사회화 기관이면서 ❶[   ] 사회화 기관이다. 가족은 비공식적 사회화 기관이면서 ❷[   ] 사회화 기관이다.

目 ❶ 공식적 ❷ 1차적

03 다음 글에 대한 옳은 설명만을 〈보기〉에서 고른 것은?

개인이 사회 속에서 차지하는 위치를 사회적 지위라고 한다. 사회적 지위에는 역할이 수반되는데, 이는 지위에 따라 사회적으로 기대하는 행동 양식을 의미한다.

보기
- ㄱ. 아버지와 어머니는 성취 지위이다.
- ㄴ. 역할 행동은 개인에 따라 다르게 나타난다.
- ㄷ. 개인은 동시에 여러 개의 지위를 가질 수 없다.
- ㄹ. 보상과 제재는 역할에 대한 사회적인 반응이다.
---

① ㄱ, ㄴ ② ㄱ, ㄷ ③ ㄴ, ㄷ ④ ㄴ, ㄹ ⑤ ㄷ, ㄹ

Tip
개인은 동시에 여러 개의 ❶[   ]를 가질 수 있으며, 보상과 제재는 ❷[   ]에 대한 사회적인 반응이다.

目 ❶ 지위 ❷ 역할 행동

04 다음 사회 집단들의 특징으로 옳은 설명만을 〈보기〉에서 고른 것은?

> • 학교   • 회사   • 정당

> **• 보기 •**
> ㄱ. 구성원 간 인간관계 자체가 목적이다.
> ㄴ. 구성원의 본질 의지에 의해 형성되었다.
> ㄷ. 수단적 만남과 간접적 접촉이 이루어진다.
> ㄹ. 공식적 제재 방식을 통한 통제가 이루어진다.

① ㄱ, ㄴ   ② ㄱ, ㄷ   ③ ㄴ, ㄷ
④ ㄴ, ㄹ   ⑤ ㄷ, ㄹ

> **Tip**
> 학교, 회사, 정당은 구성원 간 접촉 방식을 기준으로 분류했을 때 ❶⬚ 의 사례이며, 결합 의지를 기준으로 분류했을 때 ❷⬚ 의 사례이다.
>
> 답 ❶ 2차 집단 ❷ 이익 사회

05 표는 사회 집단 및 사회 조직의 유형을 정리한 것이다. A~D에 대한 설명으로 옳은 것은?

유형	특징
A	구성원 간 간접적이고 부분적인 접촉
B	구성원 간 직접 접촉 및 전인격적 관계
C	사회 집단 중에서 목표와 경계가 뚜렷하고 절차가 체계화된 집단
D	C의 구성원 중에서 친밀한 인간관계를 바탕으로 자발적으로 형성된 집단

① A는 구성원의 본질 의지에 따라 의도적으로 만들어진 집단이다.
② B는 개인이 소속되어 있으며 소속감을 느끼고 있는 집단이다.
③ C의 사례로 학교와 회사를 들 수 있다.
④ D는 공동 사회를 의미한다.
⑤ A~C는 모두 자발적 결사체이다.

> **Tip**
> A, B는 접촉 방식을 기준으로 구분할 수 있다. A는 ❶⬚ , B는 1차 집단을 의미한다. C는 사회 조직(공식 조직)이고, D는 공식 조직의 구성원들이 친밀감을 바탕으로 자발적으로 결성한 ❷⬚ 조직이다.
>
> 답 ❶ 2차 집단 ❷ 비공식

06 사회 조직 운영 원리 A, B에 대한 옳은 설명만을 〈보기〉에서 고른 것은? (단, A, B는 각각 관료제와 탈관료제 중 하나이다.)

질문	A	B
연공서열보다 능력과 업적에 따른 보상을 중시하는가?	아니요	예
(가)	예	예

> **• 보기 •**
> ㄱ. A는 중간 관리층의 역할이 필요 없는 조직이다.
> ㄴ. B는 산업 사회에서 정보 사회로 진입하면서 필요성이 증가하였다.
> ㄷ. A는 B에 비해 의사 결정 권한의 분산 정도가 강하다.
> ㄹ. (가)에는 '공식적인 통제 방식으로 갈등을 해결하는가?'가 들어갈 수 있다.

① ㄱ, ㄴ ② ㄱ, ㄷ ③ ㄴ, ㄷ ④ ㄴ, ㄹ ⑤ ㄷ, ㄹ

> **Tip**
> 연공서열보다 능력을 중시하는 조직 운영 원리는 ❶⬚ 이다. 의사 결정 권한의 분산 정도는 ❷⬚ 보다 탈관료제에서 더 강하게 나타난다.
>
> 답 ❶ 탈관료제 ❷ 관료제

07 다음 대화에 나타난 갑, 을의 일탈 이론에 대한 설명으로 옳은 것은?

> 너무 빠른 사회 변동으로 인해 구성원들을 통제할 수 있는 지배적인 규범이 사라지게 되면서 일탈이 발생하고 있습니다.
>
> 갑

> 객관적인 일탈 기준은 없습니다. 사람들이 특정한 행위를 일탈로 규정하고 그 행위를 한 사람에게 일탈자라는 낙인을 찍기 때문에 일탈이 발생하는 것입니다.

> 을

① 갑은 아노미 이론을 토대로 일탈 행동을 보고 있다.
② 을은 1차적 일탈이 발생하는 과정에 주목하고 있다.
③ 갑은 을과 달리 타인과의 상호 작용 과정에서 일탈이 발생하는 것을 이야기하고 있다.
④ 을은 갑과 달리 거시적인 관점에서 일탈 행동을 보고 있다.
⑤ 갑과 을은 모두 일탈 행동의 해결 방안으로 사회 규범의 통제력 회복을 주장할 것이다.

> **Tip**
> 지배적인 규범의 부재를 일탈 행동의 원인으로 제시하는 이론은 ❶⬚ 이고, 사회적 낙인으로 인해 2차적 일탈이 발생하는 데 주목하는 이론은 ❷⬚ 이다.
>
> 답 ❶ 뒤르켐의 아노미 이론 ❷ 낙인 이론

01 다음 그림은 개인과 사회의 관계를 보는 관점에 대한 것이다. 이에 대한 옳은 설명만을 〈보기〉에서 고른 것은?

> 여러 대학마다 다양한 학풍이 있어서 학생들이 구조화된 행동을 하는 경향이 있는 것 같아. 이러한 학풍은 그 학교의 전통으로 만들어지는 것 같아.

• 보기 •
ㄱ. 개인은 자유 의지에 따라 행동한다.
ㄴ. 개인은 사회의 영향을 받아 행동한다.
ㄷ. 사회는 개인의 외부에 실제로 존재한다.
ㄹ. 사회는 개인들의 합에 이름을 붙인 것이다.

① ㄱ, ㄴ ② ㄱ, ㄷ ③ ㄴ, ㄷ
④ ㄴ, ㄹ ⑤ ㄷ, ㄹ

02 다음 개인과 사회의 관계를 보는 관점에 부합하는 진술로 가장 적절한 것은?

> 숲의 특성은 그 숲을 구성하고 있는 나무들의 특성에 따라 결정된다. 각각의 나무들이 침엽수인지 활엽수인지, 혹은 열매를 맺는 나무인지 등 다양한 나무들의 특성에 의해 좌우되는 것이다. 이는 사회도 마찬가지다. 예를 들어, 어떤 학생들이 입학하느냐에 따라 학교의 분위기와 명성이 달라지는 것이 대표적인 사례이다.

① 개인이 사회에 의해 구조화된 행동을 한다고 본다.
② 사회가 개인의 외부에서 독자적으로 작동한다고 본다.
③ 사회는 개인의 목표를 실현시켜 주는 수단에 불과하다고 본다.
④ 개인은 사회와의 관련 속에서만 존재 의미를 지닌다고 본다.
⑤ 사회 문제의 해결을 위해서는 제도 개혁이 개인의 의식 개선보다 중요하다고 본다.

03 밑줄 친 ㉠~㉣에 대한 옳은 설명만을 〈보기〉에서 고른 것은?

> 현재 ㉠ ○○방송국의 축구 해설 위원인 갑은 가난했던 어린 시절 축구부에 들어오면 간식을 준다는 이야기를 듣고 ㉡ △△초등학교 축구부에 입단했다. 갑은 자신의 환경을 원망하지 않고 열심히 축구를 하여 대학 졸업 후 ㉢ 프로 구단에 입단했다. 이후 국가대표에 선발되어 국민들에게 큰 기쁨을 안겨 주었던 갑은 미스코리아 출신 을과 결혼하여 두 명의 자녀까지 두며 ㉣ 가족들과 화목하게 살아가고 있다.

• 보기 •
ㄱ. ㉠은 2차적 사회화 기관이자 공식적 사회화 기관이다.
ㄴ. ㉡은 1차적 사회화 기관이자 공식적 사회화 기관이다.
ㄷ. ㉢은 2차적 사회화 기관이자 비공식적 사회화 기관이다.
ㄹ. ㉣은 1차적 사회화 기관이자 비공식적 사회화 기관이다.

① ㄱ, ㄴ ② ㄱ, ㄷ ③ ㄴ, ㄷ
④ ㄴ, ㄹ ⑤ ㄷ, ㄹ

04 밑줄 친 ㉠~㉤에 대한 설명으로 옳은 것은?

> 유명한 ㉠ 농구 선수 출신 갑은 2년 전부터 각종 예능 프로그램에서 ㉡ 방송인으로 맹활약하고 있다. 선수 시절 여러 대회에서 우승을 경험했던 갑은 현역 은퇴 후 감독이 되어서도 팀의 ㉢ 우승을 이끌며 ㉣ 최우수 감독상을 수상하며 국가 대표 감독에도 발탁되었다. 농구에 대한 애착이 큰 갑은 계속해서 방송인으로 활동을 해야 하는지, 다시 농구 감독으로 돌아가서 후배들을 가르쳐야 할지 ㉤ 고민에 빠져 있다.

① ㉠은 선천적으로 얻게 된 지위이다.
② ㉡은 후천적으로 얻게 된 지위이다.
③ ㉢은 갑의 역할에 대한 보상이다.
④ ㉣은 갑의 역할 행동이다.
⑤ ㉤은 갑이 겪고 있는 역할 갈등이다.

05 다음 대화에 대한 설명으로 옳은 것은?

> 교사: ____㉠____ 을 기준으로 분류된 사회 집단의
> 유형 A, B 중에서 A의 사례를 말해 볼까요?
> 갑: 저는 학교라고 생각합니다.
> 교사: 학교는 A의 사례로 적합하지 않은 것 같은데,
> 그렇게 생각한 이유를 말해 볼까요?
> 갑: 선생님께서도 저를 인간적으로 대해 주시고, 친
> 구들과도 친밀한 관계를 유지하면서 지내고 있기
> 때문입니다.
> 교사: 학교에서도 A의 인간관계가 나타날 수 있어
> 요. 하지만 학교는 학생들의 사회화라는 공식적인
> 목적을 달성하기 위한 간접적이고 수단적인 만남
> 이 중심이 되는 B의 사례에 더 적합합니다.

① A는 공동 사회, B는 이익 사회이다.
② 노동조합은 B가 아닌 A의 사례이다.
③ A와 B는 모두 가입과 탈퇴가 자유롭다.
④ A에서는 B에서와 달리 주로 공식적인 통제가 이루어진다.
⑤ ㉠에는 '구성원 간 접촉 방식'이 들어갈 수 있다.

06 사회 조직 A~C에 대한 설명으로 옳은 것은? (단, A~C는 각각 공식 조직, 비공식 조직, 자발적 결사체 중 하나이다.)

> • A는 C와 같은 형태로 조직될 수도 있고, 그렇지 않을 수도 있다.
> • B는 반드시 C와 같은 형태로만 조직된다.
> • B의 구성원은 반드시 A의 구성원이어야 한다.

① A는 구성원들의 본질 의지를 바탕으로 형성되었다.
② B는 2차 집단의 성격이 강하고, 1차 집단적 성격은 나타나지 않는다.
③ C는 과업 달성에 기여한 정도를 기준으로 구성원을 평가한다.
④ B는 A에 긍정적인 영향을 주기도 하지만, 부정적인 영향을 줄 수도 있다.
⑤ A~C는 모두 가입과 탈퇴가 자유롭지 못하다.

07 표에 대한 설명으로 옳은 것은? (단, A, B는 각각 관료제와 탈관료제 중 하나이다.)

기준	A	B
권한과 책임의 명확성	++	+
(가)	++	+
(나)	+	++

※ +의 개수가 많을 수록 그 정도가 높거나 강함

① A는 B보다 조직 운영의 유연성이 높다.
② B는 A보다 조직 내 하향식 의사 결정 성향이 강하다.
③ A, B는 모두 조직 운영의 효율성을 추구한다.
④ (가)에는 '능력에 따른 보상 정도'가 들어갈 수 있다.
⑤ (나)에는 '중간 관리층의 비중'이 들어갈 수 있다.

08 일탈 이론 A~C에 대한 옳은 설명만을 〈보기〉에서 고른 것은? (단, A~C는 각각 낙인 이론, 차별 교제 이론, 뒤르켐의 아노미 이론 중 하나이다.)

> • A는 일탈에 대한 해결 방안으로 일탈 집단과의 교제를 중단할 것을 제시한다.
> • B는 일탈 행동의 원인을 급격한 사회 변동으로 인한 지배적인 규범의 부재라고 주장한다.
> • C는 다른 사람들에 의해 일탈 행동자라고 규정되면 일탈자로서의 정체성을 가지고 지속적으로 일탈을 반복하는 ____㉠____ 에 주목한다.

〈보기〉
ㄱ. A는 일탈 행동을 규정하는 객관적인 기준이 없다고 본다.
ㄴ. B는 일탈 행동에 대한 대책으로 사회 규범의 통제력 강화를 강조한다.
ㄷ. C는 목표와 수단 간 괴리로 인해 일탈 행동이 발생한다고 본다.
ㄹ. ㉠에는 '2차적 일탈'이 들어갈 수 있다.

① ㄱ, ㄴ ② ㄱ, ㄷ ③ ㄴ, ㄷ
④ ㄴ, ㄹ ⑤ ㄷ, ㄹ

창의·융합·코딩 전략

1 개인과 사회의 관계를 보는 관점

표는 개인과 사회의 관계를 보는 관점 A, B를 나타낸 것이다. 이에 대한 설명으로 옳은 것은?

> 교사: 개인과 사회의 관계를 보는 두 관점 A와 B에 대해 발표해 볼까요?
>
> 갑: A는 개인의 행동은 사회에 의해 구속된다고 보는 관점입니다.
>
> 을: B는 집합적 속성은 개인적 속성의 총합이라고 보는 관점입니다.
>
> 교사 : 갑, 을 모두 정확하게 발표했습니다.

갑, 을의 발표를 바탕으로 다음과 같은 표를 작성할 수 있다.

구분	A	B
(가)	예	아니요
(나)	아니요	예
(다)	예	예

① (가)에는 '개개인의 의식 변화가 사회 변동의 선행 조건인가?'가 들어갈 수 있다.

② (나)에는 '사회는 구성원들의 필요에 의해 합의된 하나의 도구로서의 존재인가?'가 들어갈 수 있다.

③ (다)에는 '사회는 구성 요소인 개인들의 합으로 환원될 수 있다고 보는가?'가 들어갈 수 있다.

④ A는 B와 달리 구성원의 수준이 사회의 수준을 결정한다고 본다.

⑤ B는 A와 달리 개인이 사회에 의해 구조화된 행동을 한다고 본다.

Tip

개인과 사회의 관계를 보는 관점 중 개인의 행동이 사회에 의해 구속받는다고 보는 **①** 은 개인이 사회에 의해 구조화된 행동을 한다고 본다. 그에 비해 사회 명목론은 개인의 속성에 의해 집합적 속성이 결정된다고 보아 **②** 는 개인들의 필요에 의한 도구적인 존재라고 본다.

🔑 **①** 사회 실재론 **②** 사회

2 개인과 사회의 관계를 보는 관점

개인과 사회의 관계를 보는 관점 A, B에 대한 옳은 설명만을 〈보기〉에서 고른 것은?

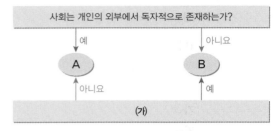

보기

ㄱ. A는 사회 규범의 구속성보다 개인의 능동성을 중시한다.

ㄴ. B는 사회는 개인들의 합에 이름을 붙인 것에 불과하다고 본다.

ㄷ. 사회 문제 해결을 위해서 A는 사회 구조의 개혁을, B는 개인의 의식 개혁을 주장한다.

ㄹ. (가)에는 '사회가 발전해야 개인도 발전한다고 보는가?'가 들어갈 수 있다.

① ㄱ, ㄴ ② ㄱ, ㄷ ③ ㄴ, ㄷ ④ ㄴ, ㄹ ⑤ ㄷ, ㄹ

Tip

사회가 개인들의 **①** 에 이름을 붙인 것에 불과하다고 보는 관점은 **②** 이다.

🔑 **①** 합 **②** 사회 명목론

3 사회화 기관

밑줄 친 ㉠~㉢에 대한 설명으로 옳은 것은?

- 월요일: ㉠육군 훈련소 입소식 다큐멘터리
- 화요일: ㉡◎◎당 경선 후보자 초청 토론회
- 수요일: ㉢△△시민 단체 주최 시민 포럼
- 목요일: ㉣○○대학교와 ◇◇대학교 정기전

① ㉠은 ㉡과 달리 1차적 사회화 기관이다.

② ㉡은 ㉢과 달리 공식적 사회화 기관이다.

③ ㉢은 ㉣과 달리 2차적 사회화 기관이다.

④ ㉣은 ㉠과 달리 비공식적 사회화 기관이다.

⑤ ㉠, ㉣은 ㉡, ㉢과 달리 구성원들의 사회화를 목적으로 설립된 기관이다.

Tip

육군 훈련소, 대학교는 구성원들의 **①** 를 목적으로 설립된 **②** 이다.

🔑 **①** 사회화 **②** 공식적 사회화 기관

4 사회화 기관

(가)~(다)에 들어갈 사례를 바르게 짝지은 것은?

질문 \ 사회화 기관	(가)	(나)	(다)
형성 목적 자체가 사회화인가?	예	아니요	아니요
전문적 수준의 사회화를 담당하는가?	예	예	아니요

	(가)	(나)	(다)
①	학교	회사	가족
②	가족	학교	회사
③	회사	가족	학교
④	학교	가족	회사
⑤	가족	회사	학교

Tip

사회화를 목적으로 형성된 사회화 기관은 [❶]이고, 전문적 수준의 사회화를 담당하기 위해 설립된 사회화 기관은 [❷]이다.

🔑 ❶ 공식적 사회화 기관 ❷ 2차적 사회화 기관

5 지위와 역할

밑줄 친 ㉠~㉣에 대한 옳은 설명만을 〈보기〉에서 고른 것은?

사회자: 방송국 연예 대상에서 영예의 대상을 수상하셨습니다. 소감 한 말씀 부탁드립니다.

갑: ㉠ 배우와 감독으로 영화만 알던 제가 예능 프로그램에 나와서 이렇게 큰 상을 받게 되어 저도 얼떨떨하면서도 보내주신 성원에 진심으로 감사드립니다.

사회자: 방송에서 더 큰 활약이 기대됩니다. 앞으로 어떤 활동을 이어가실지 궁금합니다.

갑: 시청자 여러분들께 더 큰 기쁨을 드리기 위해 열심히 활동하겠습니다. 그리고 저의 ㉡ 아내와 ㉢ 아들들에게도 자랑스러운 남편, ㉣ 아버지가 되도록 열심히 살겠습니다.

보기

ㄱ. ㉠은 갑의 성취 지위이다.
ㄴ. ㉡은 ㉣과 마찬가지로 자연적으로 얻게 되는 지위이다.
ㄷ. ㉢은 ㉠, ㉡, ㉣과 달리 귀속 지위이다.
ㄹ. ㉡, ㉢, ㉣은 ㉠과 달리 귀속 지위이다.

① ㄱ, ㄴ ② ㄱ, ㄷ ③ ㄴ, ㄷ
④ ㄴ, ㄹ ⑤ ㄷ, ㄹ

Tip

아들은 태어나면서 얻게 되는 [❶]이고, 배우, 아내, 아버지는 후천적인 노력과 능력으로 얻을 수 있는 [❷]이다.

🔑 ❶ 귀속 지위 ❷ 성취 지위

6 지위와 역할

밑줄 친 ㉠~㉤에 대한 설명으로 옳은 것은?

갑은 부모를 잃은 ㉠ 조카의 배고픔을 해결하기 위해 빵 한 조각을 훔치다 잡혀 ㉡ 감옥살이를 하게 되었다. 출소 후 갑은 정직하게 살아가다가 불미스러운 일에 휘말려 또다시 ㉢ 경찰에게 쫓기는 신세가 되었다. 도주에 성공하고 자신의 신분을 숨긴 채 작은 도시의 시장이 된 후 ㉣ 사람들에게 존경받는 지자체장으로 살고 있던 갑은 다른 사람이 무고하게 누명을 쓰게 되자 죄책감에 ㉤ 고민하던 중 결국 자수를 하였다.

① ㉠은 성취 지위이다.
② ㉡은 갑의 역할 행동이다.
③ ㉢은 귀속 지위이다.
④ ㉣은 갑의 역할 행동에 대한 보상이다.
⑤ ㉤은 갑의 역할 갈등이다.

Tip

사례에서 감옥살이는 잘못된 역할 행동에 대한 사회적인 [❶]이고, 죄책감으로 인한 심리적 고민은 [❷]이 아니다.

🔑 ❶ 제재 ❷ 역할 갈등

7 지위와 역할

다음 글에 대한 옳은 설명만을 〈보기〉에서 고른 것은?

○○고등학교 ㉠ 교사인 갑은 최근 두 가지 고민으로 인해 마음이 무겁다. 평소 쾌활한 성격인 갑은 수업 중 학생들이 수업과 관계없는 질문을 던져도 가볍게 잘 받아주는데, 교장 선생님께서 갑에게 ㉡ 학생들에게 보다 엄격하게 수업을 진행하는 것이 어떻겠느냐는 의견을 전달하셨다. 또한 갑은 수업 준비를 위해 저녁까지 학교에 남아 ㉢ 수업 연구에 매진하고 있는데, 갑의 두 자녀들은 아빠가 빨리 퇴근해서 자신들과 놀아 주기를 기대하고 있다.

보기

ㄱ. ㉠은 귀속 지위이다.
ㄴ. ㉡은 성취 지위이다.
ㄷ. ㉢은 갑의 역할이다.
ㄹ. 갑은 현재 역할 갈등을 경험하고 있다.

① ㄱ, ㄴ ② ㄱ, ㄷ ③ ㄴ, ㄷ ④ ㄴ, ㄹ ⑤ ㄷ, ㄹ

Tip

교사와 학생은 모두 자신의 노력의 결과로 얻게 되는 [❶]이다. 수업 연구는 교사라는 지위에 대한 [❷]이다.

🔑 ❶ 성취 지위 ❷ 역할 행동

8 사회 집단

사회 집단 A~D의 적절한 사례를 바르게 짝지은 것은?

기준	집단	특징
결합 의지	A	본질 의지를 바탕으로 결합
	B	선택 의지를 바탕으로 결합
접촉 방식	C	구성원 간 직접 접촉을 바탕으로 형성
	D	구성원 간 간접적이고 부분적 접촉을 바탕으로 형성

	A	B	C	D
①	가족	회사	또래 집단	학교
②	가족	학교	회사	또래 집단
③	학교	회사	가족	또래 집단
④	학교	가족	또래 집단	회사
⑤	회사	또래 집단	학교	가족

Tip

A는 공동 사회, B는 **❶** [　　　], C는 1차 집단, D는 **❷** [　　　]이다.

🔒 ❶ 이익 사회 ❷ 2차 집단

9 사회 집단 및 사회 조직

다음은 갑의 주말 일정이다. 밑줄 친 ㉠~㉣에 대한 옳은 설명만을 〈보기〉에서 고른 것은?

- 금요일 : ㉠ 가족과 레스토랑에서 저녁 식사
- 토요일 오전 : 아내와 ㉡ ○○대학교 산책로 조깅하기
- 토요일 오후 : ㉢ △△고등학교 교사 축구 동호회 시합
- 일요일 오전 : 교회에 출석하여 예배
- 일요일 오후 : ㉣ ◇◇시 야구 동호회 시합

━ 보기 ━

ㄱ. ㉠은 비공식 조직이면서 1차 집단이다.

ㄴ. ㉡은 공식 조직이면서 자발적 결사체이다.

ㄷ. ㉢은 자발적 결사체이면서 비공식 조직이다.

ㄹ. ㉣은 자발적 결사체이지만 비공식 조직은 아니다.

① ㄱ, ㄴ 　② ㄱ, ㄷ 　③ ㄴ, ㄷ

④ ㄴ, ㄹ 　⑤ ㄷ, ㄹ

Tip

비공식 조직은 자발적 결사체이면서 **❶** [　　　]에 소속된 구성원들로 결성되어야 한다. 가족은 사회 집단이지만 **❷** [　　　]은 아니다.

🔒 ❶ 공식 조직 ❷ 사회 조직

10 자발적 결사체

(가)~(다)에 대한 설명으로 옳은 것은?

(가)		소방 공무원, 산불 진화대 감시원, 지방 자치 단체에서 산림 관련 업무를 담당하는 직원들이 업무의 일부로 산불 예방 활동을 하고 있다.
(나)		환경 운동 시민 단체 회원들이 공업용 폐수를 바다에 불법 배출하는 행위를 근절하기 위한 활동을 하고 있다.
(다)		같은 동네에 사는 고등학생들이 모여 마을 봉사단을 만들었다. 이들은 봉사단 모임을 통해 자신의 동네에서 봉사 활동을 할 수 있는 정보를 교환하고 활동을 계획하기도 한다.

① (가)에는 비공식 조직으로서의 자발적 결사체가 소개되고 있다.

② (나)에는 사회 조직이 아닌 사회 집단이 소개되고 있다.

③ (다)에는 자발적 결사체가 아닌 공식 조직의 사례가 소개되고 있다.

④ (가)에는 (나), (다)와 달리 자발적 결사체가 아닌 공식 조직의 활동이 소개되고 있다.

⑤ (가)~(다)에는 모두 비공식 조직으로서 자발적 결사체의 활동이 소개되고 있다.

Tip

공공 기관은 구성원들이 자발적으로 형성하여 활동하는 조직이 아니기 때문에 **❶** [　　　]에 해당하지 않는다. 환경 운동 시민 단체는 자발적 결사체이면서 조직의 명시적 규범과 절차가 존재하며, 구성원의 지위와 역할이 명확한 **❷** [　　　]인 경우가 많다.

🔒 ❶ 자발적 결사체 ❷ 공식 조직

11 관료제와 탈관료제

다음은 사회 조직의 운영 원리 A, B를 구분한 것이다. 이에 대한 설명으로 옳은 것은? (단, A, B는 각각 관료제와 탈관료제 중 하나이다.)

기준	A	B
업적에 따른 보상 정도	+	++
(가)	++	+
(나)	++	++

※ +의 개수가 많을 수록 그 정도가 높거나 강함

① A는 B와 달리 창의적 과업 수행을 중시한다.
② B는 A에 비해 정보 사회에 더 적합한 조직 운영 원리이다.
③ A, B는 모두 무사안일주의의 역기능이 발생할 수 있다.
④ (가)에는 '수평적 의사소통 정도'가 들어갈 수 있다.
⑤ (나)에는 '조직 운영의 유연성'이 들어갈 수 있다.

Tip

관료제 조직은 탈관료제 조직에 비해 보상의 기준으로 ❶ 을 중시하는 경향이 강하다. 탈관료제 조직은 관료제 조직에 비해 조직 운영이 유연하기 때문에 ❷ 에 적합하다.

目 ❶ 연공서열 ❷ 정보 사회

12 관료제와 탈관료제

표는 사회 조직의 운영 원리 A, B를 비교한 것이다. 이에 대한 옳은 설명만을 〈보기〉에서 고른 것은? (단, A, B는 각각 관료제와 탈관료제 중 하나이다.)

기준	A	B
조직 운영의 유연성	강함	약함
의사 결정 방향	상향식	하향식

• 보기 •
ㄱ. A는 탈관료제이다.
ㄴ. B는 관료제이다.
ㄷ. A는 B에 비해 산업 사회에 더 적합한 조직 운영 원리이다.
ㄹ. B는 A와 달리 효율성을 추구하는 조직 운영 원리이다.

① ㄱ, ㄴ ② ㄱ, ㄷ ③ ㄴ, ㄷ
④ ㄴ, ㄹ ⑤ ㄷ, ㄹ

Tip

조직 운영의 유연성이 강하고, 상향식 의사 결정을 하는 것은 ❶ 조직의 특성이다. 관료제는 ❷ , 탈관료제는 정보 사회에 더 적합한 조직 운영 원리이다.

目 ❶ 탈관료제 ❷ 산업 사회

13 일탈 행동

다음은 일탈 행동에 대한 대화이다. 이에 대한 설명으로 옳은 것은? (단, A~C는 각각 낙인 이론, 차별 교제 이론, 뒤르켐의 아노미 이론 중 하나이다.)

교사: 각자가 조사해 온 일탈 행동을 설명하는 이론 A~C에 대해 발표해봅시다. 조사한 내용에서 하나가 맞을 때마다 1점씩 부여하겠습니다.

갑: 저는 A와 비교되는 B의 특징을 다음과 같이 조사했습니다.

> 1. 차별적인 제재가 일탈 행동의 원인임
> 2. 일탈자로 규정하는 것에 대해 신중하게 접근할 필요가 있음
> 3. 일탈 행동이 발생하는 과정에서 나타나는 일탈의 학습에 주목함

을: 저는 B와 비교되는 C의 특징을 다음과 같이 조사했습니다.

> 1. 부정적인 자아 형성이 일탈 행동의 원인 중 하나임
> 2. 일탈 행동을 규정하는 객관적 기준이 존재하지 않음
> 3. 일탈 행동을 해결하기 위해 사회 규범의 통제력 회복이 필요함

병: 저는 C와 비교되는 A의 특징을 다음과 같이 조사했습니다.

> 1. (가)
> 2. 일탈 행동을 중단하기 위해서는 정상적인 집단과의 교류가 필요함
> 3. 일탈 행동에 대한 부정적인 사회적 반응으로 인해 지속적으로 일탈 행동이 발생함

교사: 잘 했습니다. 채점 결과 갑은 2점, 을은 ⊙점, 병은 1점을 획득했습니다.

① A는 1차적 일탈보다 2차적 일탈에 주목한다.
② B는 거시적인 측면에서 일탈 행동을 보고 있다.
③ C는 뒤르켐의 아노미 이론이다.
④ ⊙에는 '3'이 들어갈 수 있다.
⑤ (가)에는 '비행 청소년과의 접촉은 일탈 행동의 원인 중 하나임'이 들어갈 수 있다.

Tip

A는 차별 교제 이론, B는 낙인 이론, C는 ❶ 이다. (가)에는 머튼의 아노미 이론이나 ❷ 의 특징이 들어가야 한다.

目 ❶ 뒤르켐의 아노미 이론 ❷ 낙인 이론

시험대비 마무리 전략

핵심 개념 ① 사회·문화 현상을 바라보는 관점

최근 우리나라에서 고독사가 증가하는 이유를 각자 기능론과 갈등론, 상징적 상호 작용론의 입장에서 말해 보세요.

빈곤 노인 1인 가구들이 경제력이 낮고 사회적으로 존재감도 인정받기 어려워 고독감과 우울감이 증폭되어서 고독사에 이르게 된다고 봅니다.

증가하고 있는 1인 가구의 경제적, 심리적 어려움을 지원하는 다양한 사회 제도가 제 역할을 하지 못하기 때문이라고 봅니다.

최근 경기 침체에 부익부 빈익빈 현상이 심화되고 있다고 생각합니다. 그 과정에서 소외된 사람들이 고독사에 이르고 있습니다.

핵심 개념 ② 자료 수집 방법

당국 '코로나 후유증'에 대한 실태 조사 "치료지침 마련"

저는 코로나 감염 후의 정서적, 신체적 후유증에 대해 심층적으로 조사하고자 코로나 감염 경험이 있는 사람들 20명을 대상으로 6개월간 면담을 진행했습니다.

저는 코로나 후유증과 관련해 유형, 지속 기간, 나이, 성별로 구분하여 정리하였습니다.

저는 코로나 감염 후에 겪은 다양한 후유증과 그 비율을 알아보고자 코로나 환자 1,000명을 대상으로 조사하였습니다.

이어서 공부할 내용

☑ 신유형·신경향·서술형 전략　　　　☑ 적중 예상 전략 ❶, ❷회

핵심 개념 ③　사회 집단과 사회 조직

핵심 개념 ④　일탈 행동

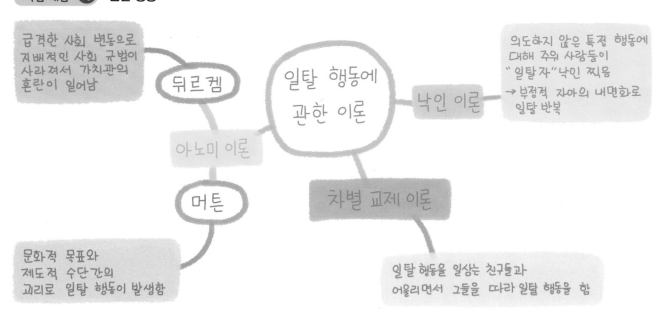

신유형·신경향·서술형 전략

신유형 전략

01 사회·문화 현상의 특징

다음 예보의 밑줄 친 ㉠~㉣과 같은 현상의 일반적인 특징에 대한 설명으로 옳은 것은?

○○ 신문

㉠ 필리핀 인근 해상에서 발생한 강력한 저기압이 우리나라를 관통해 하루 만에 700mm가 넘는 비를 뿌렸습니다. 기상학자들은 ㉡ 태풍을 동반한 집중호우는 앞으로 더 빈번해질 것이라고 경고했습니다. 문제는 이를 ㉢ 대비할 수 있는 국가 차원의 대책이 충분하지 못하다는 것입니다. ㉣ 태풍이 이동할 때는 비와 함께 강한 바람을 동반하기 때문에 각별한 대비가 요구됩니다.

---

① ㉠과 같은 현상은 ㉡과 같은 현상에 비해 특수성이 강하다.
② ㉡과 같은 현상은 ㉢과 같은 현상과 달리 보편성이 나타난다.
③ ㉢과 같은 현상은 ㉣과 같은 현상과 달리 가치 함축적이다.
④ ㉣과 같은 현상은 ㉠과 같은 현상과 달리 인과 관계가 분명하다.
⑤ ㉠, ㉢과 같은 현상은 필연성의 원리가, ㉡, ㉣과 같은 현상은 개연성의 원리가 적용된다.

Tip
㉠과 ㉣은 인간의 의지와 상관없이 나타나는 **❶** 이고, ㉡과 ㉢은 인간의 의지로 인해 나타나는 **❷** 이다.

답 ❶ 자연 현상 ❷ 사회·문화 현상

02 사회·문화 현상의 특징

갑이 연구한 현상의 일반적 특징에 대한 설명으로 옳은 것은?

저는 회사 내에서의 호칭이 회사 내 의사소통에 미치는 영향을 연구하였습니다.

갑

① 몰가치적이다.
② 확률의 원리에 따른다.
③ 존재 법칙의 지배를 받는다.
④ 인과 관계가 명확하여 예외가 존재하지 않는다.
⑤ 시대나 장소에 따른 특수성이 나타나지 않는다.

03 사회·문화 현상을 바라보는 관점

표는 사회·문화 현상을 바라보는 관점 A~C를 구분한 것이다. 이에 대한 옳은 설명만을 〈보기〉에서 고른 것은? (단, A~C는 각각 기능론, 갈등론, 상징적 상호 작용론 중 하나이다.)

구분	A	B	C
(가)	예	아니오	아니오
기득권층의 이익을 대변하는 논리로 사용된다는 비판을 받는가?	아니오	아니오	예
사회·문화 현상을 사회 구조적 측면에서 설명하는가?	아니오	예	예

보기
ㄱ. A는 B와 달리 집단 간 갈등과 대립을 사회 변동의 원동력으로 본다.
ㄴ. B는 C와 달리 사회 각 부분의 통합과 균형을 강조한다.
ㄷ. C는 A와 달리 다양한 사회 제도들의 상호 의존 관계에 주목한다.
ㄹ. (가)에는 '인간의 행위는 사회로부터 구속되지 않고 주체적으로 나타나는가?'가 들어갈 수 있다.

① ㄱ, ㄴ
② ㄱ, ㄷ
③ ㄴ, ㄷ
④ ㄴ, ㄹ
⑤ ㄷ, ㄹ

Tip
기득권층의 이익을 대변하는 논리로 사용된다는 비판을 받는 관점은 **❶** 이고, 사회·문화 현상을 사회 구조적 측면보다 개인들 간의 상호 작용에 초점을 두어 설명하는 관점은 **❷** 이다.

답 ❶ 기능론 ❷ 상징적 상호 작용론

04 사회·문화 현상의 연구

다음 연구에 대한 설명으로 옳은 것은?

연구자 갑	㉠ "학업 성취도에 자기 통제력이 정(+)의 영향을 미칠 것이다." 라는 가설을 검증하기 위해 아동 100명을 대상으로 연구하였다. 갑은 아동에게 "초콜릿 1개를 받고 바로 먹어도 되지만 30분 동안 먹지 않고 기다리면 1개를 더 먹을 수 있다."는 조건에서 자신의 ㉡ 기다림 행동 정도(바로 먹음, 기다리다 중간에 먹음, 끝까지 기다림)를 예측하여 기입하게 하였다. 추후 해당 아동의 ㉢ 학업 성적을 구하여 통계 분석한 결과, '끝까지 기다림' 집단이 나머지 집단보다 학업 성적이 높았다.
연구자 을	갑의 가설을 재검증하기 위해 아동 500명을 대상으로 '아동의 기다림 행동 정도와 학업 성적의 관계'를 갑의 연구와 동일하게 진행하였다. 그리고 추가적으로 해당 아동에 대한 부모의 사회·경제적 위치를 조사하여 연구 대상자를 ㉣ 두 집단으로 구분한 후 자료를 분석하였다. 갑의 가설과 자신이 추가한 가설을 모두 검증한 결과, 기다림 행동 정도에 따른 학업 성적의 차이는 통계적으로 유의미하지 않았고, ㉤ 부모의 사회·경제적 위치에 따른 학업 성적의 차이는 통계적으로 유의미한 것으로 나타났다.

① 갑은 양적 연구, 을은 질적 연구를 하였다.

② ㉠은 갑, 을의 연구 모두에서 수용되었다.

③ ㉡은 갑, 을의 연구 모두에서 독립 변수가 조작적으로 정의된 것이다.

④ ㉢은 갑의 연구에서, ㉤은 을의 연구에서 종속 변수이다.

⑤ ㉣은 을의 연구에서 실험 집단과 통제 집단을 구분하기 위한 과정이다.

Tip

갑과 을이 사용한 자료 수집 방법은 모두 [❶]이다. 갑, 을은 모두 자기 통제력을 독립 변수로, 학업 성취도를 종속 변수로 설정하였다. 을은 가정의 경제적 배경을 [❷]로 추가하여 연구를 진행하였다.

🔒 ❶ 질문지법 ❷ 독립 변수

05 인간의 사회화

㉠에 들어갈 사회학적 개념으로 가장 적절한 것은?

사회 변화에 적응하기 위해 새롭게 등장한 정보나 가치 등을 습득하는 과정을 [㉠]라고 합니다.

① 사회화   ② 재사회화   ③ 예기 사회화

④ 1차적 사회화   ⑤ 공식적 사회화

Tip

재사회화는 [❶]에 적응하기 위해 필요한 새로운 지식이나 가치 등을 습득하는 과정이다. 예기 사회화는 [❷]에 속하게 될 집단에서 요구하는 행동 양식을 미리 학습하는 과정이다.

🔒 ❶ 사회 변화 ❷ 미래

06 사회화를 바라보는 관점

사회화를 바라보는 갑, 을의 관점에 대한 설명으로 옳은 것은?

사회화는 개인이 다른 사람들과 끊임없이 상호 작용하며 자신의 자아를 형성하는 과정입니다.

아닙니다. 사회화는 현재의 불평등한 구조를 정당화하기 위한 과정에 불과합니다.

① 갑의 관점은 사회화 과정에서 개인의 능동성을 중시한다.

② 을의 관점은 사회화의 내용이 사회적으로 합의되었다고 본다.

③ 갑의 관점은 을의 관점과 달리 사회화 과정에서 사회 구조의 영향력을 중시한다.

④ 을의 관점은 갑의 관점과 달리 사회화가 가지는 사회 통합 기능을 강조한다.

⑤ 갑, 을의 관점 모두 사회화 내용에는 지배 집단의 가치가 반영되어 있다고 본다.

Tip

사회화가 개인이 타인과의 상호 작용을 통해 자아를 형성하는 과정이라고 보는 관점은 [❶]이고, 사회화 내용에 지배 집단의 가치가 반영되어 있다고 보는 관점은 [❷]이다.

🔒 ❶ 상징적 상호 작용론 ❷ 갈등론

07 사회화 기관

그림은 사회화 기관 A~C를 분류한 것이다. 이에 대한 설명으로 옳은 것은?

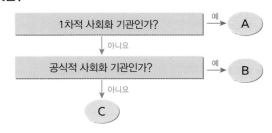

① A의 사례로 가족이 들어갈 수 있다.

② B의 사례로 또래 집단이 들어갈 수 있다.

③ C의 사례로 학교가 들어갈 수 있다.

④ A, B는 설립 목적 자체가 사회화이다.

⑤ A, C는 B와 달리 청소년기 이전 사회화만을 담당한다.

Tip

또래 집단은 1차적 사회화 기관이면서 [❶] 사회화 기관이고, 학교는 2차적 사회화 기관이면서 [❷] 사회화 기관이다. 가족은 1차적 사회화 기관이면서 비공식적 사회화 기관이다.

🔒 ❶ 비공식적 ❷ 공식적

08 관료제와 탈관료제

그림은 사회 조직 운영 원리에 대한 것이다. 이에 대한 분석 및 추론으로 가장 적절한 것은? (단, A, B는 각각 관료제와 탈관료제 중 하나이다.)

갑: 현재 우리 기업은 정보 사회로의 변화에 대해 신속하고 유연하게 대응하기 위해 여러 방면에서 노력을 해 왔습니다. 특히 5가지 측면에서 우리 회사의 상황을 그래프로 표현하면 다음과 같습니다.

을: 우리 회사는 현재 A와 같은 모습을 보이고 있으며, B로의 변환이 필요하다고 생각합니다. 이에 성공한다면 급변하는 정보 사회에서 보다 효율적인 기업으로 혁신에 성공할 것이라고 자신 있게 말씀드립니다.

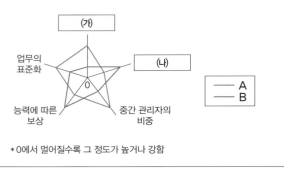

* 0에서 멀어질수록 그 정도가 높거나 강함

① A는 B에 비해 주로 상향식 의사 결정이 이루어질 것이다.
② B는 A에 비해 의사 결정 권한이 집중될 가능성이 높다.
③ A는 B와 달리 비효율적인 조직 운영 원리이다.
④ B는 A와 달리 연공서열을 중시한 보상 체계를 선택할 것이다.
⑤ (가)에는 '위계의 서열화', (나)에는 '조직 운영의 유연성'이 들어갈 수 있다.

Tip
A는 업무의 표준화 정도와 중간 관리층의 비중이 높은 것으로 보아 ❶ ☐ 조직이고, B는 능력에 따른 보상 정도가 높은 것으로 보아 ❷ ☐ 조직이다.

🔒 ❶ 관료제 ❷ 탈관료제

09 자료 수집 방법

다음 자료에 대한 설명으로 옳은 것은? (단, A~C는 각각 면접법, 질문지법, 참여 관찰법 중 하나이다.)

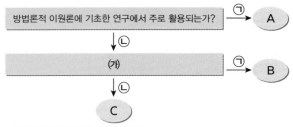

* ⊙과 ⓒ은 각각 '예'와 '아니요' 중 하나임

① ⊙은 '예', ⓒ은 '아니요'이다.
② A는 주로 질적 자료 수집을 위해 활용된다.
③ B가 면접법이라면, (가)에 '의사소통이 곤란한 집단을 조사하는 데 적합한가?'가 들어갈 수 있다.
④ C가 면접법이라면, (가)에 '연구자와 연구 대상자 간 언어적 상호 작용이 필수적인가?'가 들어갈 수 없다.
⑤ (가)에 '표준화를 중시하는 자료 수집 방법인가?'가 들어갈 수 있다.

Tip
세 가지 자료 수집 방법 중 방법론적 이원론에 기초한 연구에서 주로 활용되는 방법은 면접법과 ❶ ☐ 이다. 또한 ❷ ☐ 은 연구자와 연구 대상자 간 언어적 상호 작용이 필수적이다.

🔒 ❶ 참여 관찰법 ❷ 면접법

10 관료제와 탈관료제

그림은 조직 운영 원리 A, B를 분류한 것이다. 이에 대한 설명으로 옳은 것은? (단, A, B는 각각 관료제와 탈관료제 중 하나이다.)

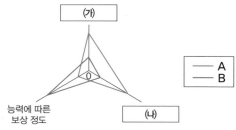

* 0에서 멀어질수록 그 정도가 높거나 강함

① A는 B에 비해 유연한 조직 구조를 보여 준다.
② B는 A와 달리 효율성을 추구한다.
③ A, B는 모두 상향식 의사 결정을 한다.
④ (가)에는 '중간 관리층의 비중 정도'가 들어갈 수 있다.
⑤ (나)에는 '수평적 조직 체계 정도'가 들어갈 수 있다.

11 일탈 행동

일탈 이론을 활용한 다음 게임에 대한 설명으로 옳은 것은?

〈게임의 규칙〉

· 상자 안에 총 6장의 카드가 있다. 카드마다 점수를 부여하는데, 각 카드의 내용이 낙인 이론, 머튼의 아노미 이론, 뒤르켐의 아노미 이론 중 하나에만 해당하면 1점, 두 개에만 해당하면 2점, 세 개 모두에 해당하면 3점을 부여한다.

· 갑과 을은 상자에서 총 3장의 카드를 뽑으며 한번 뽑은 카드는 상자에 다시 넣지 않는다.

· 3장의 카드 점수를 합산하여 총점이 높은 사람이 승리한다.

· 갑은 카드 1, 3, 5를 뽑았고, 을은 카드 2, 4, 6을 뽑았다.

※ 다음은 상자 안의 카드 1~6이다.

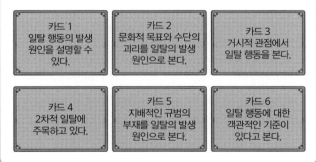

① 상자 안에 3점짜리 카드는 없다.

② 갑이 을보다 더 높은 점수를 받았다.

③ 갑은 을과 달리 낙인 이론에 대한 카드만을 뽑았다.

④ 을은 갑과 달리 세 가지 이론에 대한 카드를 모두 뽑았다.

⑤ 갑과 을은 모두 3점짜리 카드를 하나씩 뽑았다.

서술형 전략

12 사회 조직과 자발적 결사체

다음 글에 소개된 모임에 해당하는 개념을 〈보기〉에서 모두 골라 쓰고, 그 이유를 서술하시오.

〈○○고등학교 교사 축구 모임 회칙〉

1. 명칭 : 본 모임은 '○○고등학교 교사 축구 모임'이라 한다.
2. 회원 : ○○고등학교 교사이면서 축구를 좋아하는 사람들 중 본 모임에 참여하고자 희망하는 사람은 회원이 될 수 있다.
3. 회비 : 본 모임의 회원은 매달 5,000원의 회비를 납부해야 하며, 3개월 이상 미납 시 탈퇴하는 것으로 간주한다.

● 보기 ●

· 관료제 　 · 공동 사회 　 · 비공식 조직 　 · 자발적 결사체

(1) 개념: _____

(2) 이유: _____

_____

13 일탈 이론

다음 글에서 소개하는 일탈 행동의 발생 원인과 해결 방안을 서술하시오.

부모의 사회적 지위보다 더 높은 수준의 지위를 얻고 싶은 갑은 열심히 공부하여 자신이 원하는 일을 하면서 경제적, 정치적, 사회·문화적 측면에서 성공하고자 한다. 하지만 자신의 노력만으로는 극복할 수 없는 벽이 존재한다는 것을 알고 나서부터 수단과 방법을 가리지 않고 무조건 성공을 향해 나아가기로 결심하였다.

(1) 발생 원인: _____

(2) 해결 방안: _____

_____

01

밑줄 친 ㉠~㉡과 같은 현상의 일반적인 특징에 대한 설명으로 옳은 것은?

> **연구원 갑**: ㉠ 겨울이 지나면서 남극 빙하 면적이 감소하고 있습니다.
>
> **연구원 을**: 캐나다 연구팀은 ㉡ 빙하가 녹으면서 생태계에 어떤 변화가 발생하는지 관찰하고 있습니다.

① ㉠과 같은 현상은 가치 함축적이다.
② ㉠과 같은 현상은 당위 법칙을 따른다.
③ ㉡과 같은 현상은 필연성의 원리가 작용한다.
④ ㉠과 같은 현상은 ㉡과 같은 현상에 비해 인과 관계가 명확하다.
⑤ ㉡과 같은 현상은 ㉠과 같은 현상과 달리 보편성을 지닌다.

02

그림은 사회·문화 현상을 바라보는 관점을 분류한 것이다. 이에 대한 설명으로 옳은 것은? (단, A, B는 각각 갈등론, 상징적 상호 작용론 중 하나이다.)

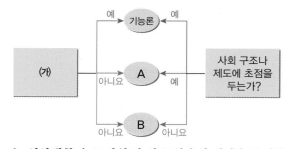

① A는 일상생활 속 구성원 간 상호 작용의 맥락을 중시한다.
② B는 기득권층의 이익을 대변한다는 비판을 받는다.
③ A는 B와 달리 개인의 주체성 및 능동성을 중시한다.
④ A, B 모두 사회의 각 부분들이 유기적으로 연관되어 있다고 본다.
⑤ (가)에는 "사회가 스스로 균형을 유지하려는 속성이 있는가?"가 들어갈 수 있다.

03

사회·문화 현상의 연구 방법 A, B의 일반적인 특징에 대한 설명으로 옳은 것은? (단, A와 B는 각각 양적 연구 방법, 질적 연구 방법 중 하나이다.)

구분	A	B
사회·문화 현상에 대한 통계 분석이 의미 있다고 보는가?	예	아니요

① A는 방법론적 이원론을 바탕으로 한다.
② A는 개념을 조작적으로 정의하는 과정을 통해 계량화된 자료를 수집한다.
③ B는 경험적 자료를 통해 사회·문화 현상을 탐구할 수 없다.
④ A는 B와 달리 연구자의 직관적 통찰을 중시한다.
⑤ A는 B와 달리 현상과 관련된 특수한 상황에 대해 관심이 많다.

04

다음 연구에 대한 옳은 설명만을 〈보기〉에서 고른 것은?

> · **연구 주제**: 1960~70년대 해외 파견 근로자들의 삶과 가족들의 생애
> · **연구 대상**: 해당 기간 5년 이상 해외 파견 경험을 했던 근로자 5명
> · **자료 수집**: 연구 대상 5명과 함께 이야기를 나눔

> ● 보기 ●
> ㄱ. 질적 연구를 수행하였다.
> ㄴ. 참여 관찰법을 활용하였다.
> ㄷ. 자료 수집을 위해 연구자와 연구 대상자 간 친밀한 관계 형성이 요구된다.
> ㄹ. 수집된 자료는 통계 분석을 통해 법칙 발견 및 일반화에 활용되었을 것이다.

① ㄱ, ㄴ   ② ㄱ, ㄷ   ③ ㄴ, ㄷ
④ ㄴ, ㄹ   ⑤ ㄷ, ㄹ

05

자료 수집 방법 A~C의 일반적인 특징에 대한 설명으로 옳은 것은? (단, A~C는 각각 질문지법, 참여 관찰법, 실험법 중 하나이다.)

자료 수집 방법	특징
A>B	시간과 비용 측면에서의 효율성이 높음
C>B	자료 수집 상황의 조작 및 통제 정도가 높음
A>C	언어적 자료 수집 도구를 통한 응답에 의존함

① A는 주로 질적 연구에서 활용된다.
② A를 통해 수집된 자료는 연구자의 직관적 통찰을 통해 얻어진다.
③ B를 통해 수집된 자료는 자료의 실제성이 높다.
④ B는 A보다 구조화된 도구를 활용한다.
⑤ C는 하나의 연구 과정에서 문헌 연구법과 함께 사용할 수 없다.

06

그림은 자료 수집 방법 A와 B를 구분한 내용이다. 이에 대한 옳은 설명만을 〈보기〉에서 모두 고른것은? (단, A와 B는 각각 실험법, 질문지법, 참여 관찰법, 면접법 중 하나이다.)

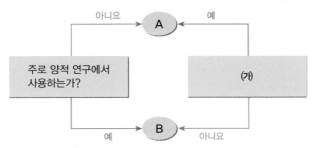

• 보기 •
ㄱ. A는 질문지법 또는 실험법이 될 수 있다.
ㄴ. B를 통해 자료를 수집할 때, 연구자의 감정 이입이 작용한다.
ㄷ. (가)에 '연구 대상자가 문맹자의 경우 활용이 제한되는가?'가 들어가면, B는 실험법이다.
ㄹ. (가)에 '인위적 상황을 조성하여 독립 변인을 처지하는 과정이 필요한가?'가 들어갈 수 없다.

① ㄱ, ㄴ   ② ㄱ, ㄷ   ③ ㄴ, ㄷ
④ ㄴ, ㄹ   ⑤ ㄷ, ㄹ

07

다음 연구에 대한 설명으로 옳지 <u>않은</u> 것은?

> ○○연구팀은 폭력적인 게임이 ㉠ 중학생의 공격성에 미치는 영향을 알아보기 위한 실험을 했다. ㉡ 중학생 100명을 두 그룹으로 나누어 ㉢ A그룹은 폭력적인 게임을, ㉣ B그룹은 평소와 같이 생활하도록 했다. 이후 두 그룹의 학생들은 공격성을 측정하는 질문지에 응답하였다. 수집한 자료를 분석한 결과 '폭력적 게임은 공격성을 유발한다.'는 결론을 얻었다.

① ㉠은 개념의 조작적 정의가 필요하다.
② ㉠은 종속 변수에 해당된다.
③ ㉡은 연구에서 모집단에 해당한다.
④ ㉢은 실험 집단, ㉣은 통제 집단이다.
⑤ 연구 대상자에게 악영향을 미칠 수 있는 연구를 했다는 점에서 문제가 있다.

08

개인과 사회의 관계를 바라보는 갑, 을의 관점에 대한 설명으로 옳은 것은?

> 부정부패에 대한 국민들의 의식 수준이 국가별 청렴도의 정도를 결정합니다. 국민 개개인들이 부정부패로 인한 문제를 인식하고 본인부터 책임감을 가지고 청렴한 사회를 만들기 위해 노력해야 합니다.
>
> 갑

> 아닙니다. 국가의 청렴 정도는 국민들이 부정부패에 대한 부정적인 인식을 갖도록 유도하는 사회 구조적인 역량에 따라 달라집니다. 부정한 방법으로 자신의 목적을 달성하기 보다는 제도적으로 정해진 올바른 방법으로 목적을 달성하는 것이 중요하다는 사회적 분위기를 만들기 위해 노력해야 합니다.

을

① 갑의 관점은 사회가 개인에 외재하며 독자적으로 작동한다고 본다.
② 을의 관점은 사회의 구속력이 개인의 자유 의지보다 우위를 점한다고 본다.
③ 갑의 관점은 을의 관점과 달리 개인은 사회를 구성하는 하나의 요소에 불과하다고 본다.
④ 을의 관점은 갑의 관점과 달리 사회는 개인의 이익을 실현해 주는 수단에 불과하다고 본다.
⑤ 갑, 을의 관점 모두 미시적인 관점에서 개인과 사회의 관계를 바라보고 있다.

09

밑줄 친 ㉠~㉻에 대한 설명으로 옳은 것은?

㉠ 교사가 되고 싶었던 갑은 자신의 사업을 물려받기를 희망하는 ㉡ 아버지의 뜻에 따라 사업을 물려받았다. 회사의 물품을 납품하기 위해 ㉢ 금품과 향응을 제공해야 한다는 현실에 큰 충격을 받았다. 갑은 ㉣ 고민 끝에 회사를 더 잘 경영할 수 있는 ㉤ 동생에게 물려주고 임용 시험에 응시하여 교사가 되었다. 하지만 자신이 꿈꾸었던 교직과는 다른 상황에 충격을 받은 갑은 다른 학교로 전근을 갈지, 아니면 다시 회사로 돌아갈지를 ㉥ 고민하고 있다.

① ㉠은 ㉡과 달리 선천적으로 얻게 된 지위이다.
② ㉡은 ㉠, ㉤과 달리 성취 지위이다.
③ ㉢은 갑의 역할 행동이다.
④ ㉤은 ㉠, ㉡과 달리 귀속 지위이다.
⑤ ㉥은 ㉣과 달리 역할 갈등이다.

10

밑줄 친 ㉠~㉤에 대한 설명으로 옳은 것은?

㉠ 고등학교 졸업 후 ㉡ ◇◇대학교 수학과에 진학한 갑은 수학이 자신의 적성과 맞지 않는다는 판단을 하여 휴학을 신청했다. 휴학 후 어머니가 운영하시는 ㉢ 회사에서 아르바이트를 하며 기업 경영에 대해 배우고자 했으나 역시 자신의 적성과 맞지 않는다는 것을 알게 되었다. 자기에게 맞는 일을 찾기 위해 노력하던 갑은 육군 장교인 형과의 대화를 통해 군인이 자신의 적성과 잘 맞는다는 사실을 확인하고 육군 장교가 되기 위해 ㉣ 육군사관학교에 진학하여 4년 간 교육 및 훈련 과정을 성실하게 마친 후 최전방에 있는 ㉤ 육군 부대로 발령받아 조국을 지키는 일에 보람을 느끼며 군 복무에 최선을 다하고 있다.

① ㉠은 기초적인 사회화가 이루어지는 기관이다.
② ㉡은 2차적 사회화 기관이자 비공식적 사회화 기관이다.
③ ㉢은 사회화를 목적으로 설립된 기관이다.
④ ㉣은 체계적이고 전문적인 내용을 전수하기 위한 공식적 사회화 기관이다.
⑤ ㉤은 사회화를 담당하지 않는다.

11

갑~병이 속해 있는 사회 집단 및 사회 조직에 대한 설명으로 옳은 것은?

단톡방 제목: ◇◇시 교사 사진 동호회 단톡방

회장: 저희 사진 동호회에 가입하신 선생님들 모두 환영합니다. 각자 자기 소개 부탁 드립니다.

갑: 안녕하세요. ○○고등학교에서 근무하고 있습니다. 현재 사회를 가르치고 있으며, 저희 학교 교사 사진 모임에서도 활동하고 있습니다.

을: 안녕하세요. 저도 갑과 같은 학교에서 국어 교사로 근무하고 있습니다. 잘하지는 못하지만 열심히 활동하겠습니다.

병: 안녕하세요. △△중학교에서 영어 교사로 근무하고 있습니다. 같은 향우회에서 활동하는 갑의 권유로 여기에 가입하게 되었습니다. 잘 부탁드립니다.

① 갑은 공식 조직에만 속해 있다.
② 을은 비공식적 사회화 기관에서 근무하고 있다.
③ 병은 공동 사회를 기반으로 한 이익 사회에 속해 있다.
④ 갑은 을과 달리 자발적 결사체에 속해 있다.
⑤ 을은 갑과 달리 공동 사회와 이익 사회 모두에 속해 있다.

12

그림은 사회 조직 운영 원리 A, B의 일반적인 특징을 비교한 것이다. 이에 대한 설명으로 옳은 것은? (단, A, B는 각각 관료제와 탈관료제 중 하나이다.)

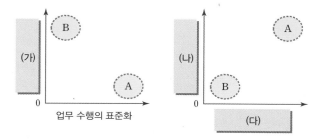

* 0에서 멀수록 그 정도가 강함 또는 높음

① A는 B와 달리 공식적 통제 방식을 사용한다.
② B는 A에 비해 하향식 의사 결정을 선호한다.
③ (가)에는 '중간 관리층의 역할 비중'이 들어갈 수 있다.
④ (나)에는 '조직 운영의 경직성'이 들어갈 수 있다.
⑤ (다)에는 '의사 결정 권한의 분산 정도'가 들어갈 수 있다.

13

갑, 을이 이야기하는 일탈 이론에 대한 설명으로 옳은 것은?

청소년기에는 심리적 요인으로 인해 누구나 실수를 할 수 있습니다. 이러한 상황을 고려하지 않고 무조건 범죄자로 만들어 버린다면 사회적으로 부정적인 시선을 받게 되고, 결국 범죄자로서의 자아 정체성을 형성하게 될 것입니다. 이는 재범의 가능성을 높이게 되기 때문에 반대합니다.

촉법소년의 연령을 낮추고, 비행 청소년들에 대한 형사처벌을 강화하자는 사회적 목소리가 있습니다. 이에 대해 각자의 입장에서 이야기해 주세요.

근묵자흑(近墨者黑)이라는 말이 있습니다. 청소년들이 한 번의 실수로 인해 교정 시설에 감금되면 그 곳에서 또 다른 일탈자들과 교류하며 비행에 대해 긍정적인 가치관을 함양하게 됩니다. 이는 사회로 돌아와서 다시 비행을 저지를 가능성을 높이기 때문에 반대하는 입장입니다.

사회자

갑

을

① 갑은 일탈에 대한 객관적 기준이 있다고 본다.
② 을은 일탈의 원인으로 급격한 사회 변동을 이야기한다.
③ 갑은 을과 달리 2차적 일탈 행동의 발생 과정에 주목하고 있다.
④ 을은 갑과 달리 일탈 행동에 대한 해결 방안으로 신중한 낙인을 주장한다.
⑤ 갑, 을은 모두 거시적인 관점에서 이야기하고 있다.

● 서술형 ●

14

다음을 역할 갈등의 사례로 볼 수 있는지 구체적으로 서술하시오.

○○대학 병원의 의사인 A는 병원 입원 순서를 조정해 달라는 주변 사람들의 잦은 부탁 때문에 고민이다. 병원 내부 규정에 따르면 환자 입원 순서는 특별한 경우가 아니면 접수 순서대로 진행하도록 되어 있다. 그러나 최근에도 입원 대기자인 B가 A의 아버지를 통해 부탁을 해 왔다.

15

다음 대화를 보고 물음에 답하시오.

사회자: 사회·문화 현상을 탐구하는 연구자에게 필요한 태도에는 어떤 것이 있을까요?

전문가: 사회·문화 현상의 연구는 자연 과학의 연구와 크게 다르지 않아요. 정확한 자료를 수집하고 분석해야 합니다. ㉠ 연구자의 가치가 개입되어서는 안됩니다.

(1) 전문가가 이야기한 내용으로 볼 때, 사회·문화 현상을 탐구하는 연구자에게 필요한 태도는 무엇인지 쓰시오.

(2) 양적 연구에서 ㉠이 철저하게 지켜져야 하는 연구 단계를 모두 쓰시오.

16

표는 A조직과 B조직의 운영을 정리한 것이다. 이를 보고 물음에 답하시오. (단, A, B조직은 각각 관료제 조직과 탈관료제 조직 중 하나이다.)

평가 기준	평가 결과(점)	
	A조직	B조직
수직적 인간관계 정도	92	23
한시적 부서 운영 빈도	47	97
업무 보고 체계 위계화 정도	95	24
실무자의 의사 결정 참여 정도	32	97
명시적 규칙에 대한 의존 정도	96	12

(1) A조직과 B조직 중에서 정보 사회에 더 적합한 조직을 쓰시오.

(2) (1)에서 답한 조직이 정보 사회에 더 적합한 이유를 쓰시오.

01

(가), (나)의 연구 대상이 된 현상의 일반적 특징에 대한 설명으로 옳은 것은?

> • (가) 교사의 수업 방식이 학생의 학업 성취도와 수업 집중도에 미치는 영향에 대한 연구
> • (나) 온도의 변화와 포화 수증기량의 관계에 관한 연구

① (가)의 대상이 된 현상은 몰가치적이다.
② (나)의 대상이 된 현상은 당위 법칙의 지배를 받는다.
③ (가)의 대상이 된 현상은 (나)의 대상이 된 현상과 달리 확률의 원리를 따른다.
④ (가)의 대상이 된 현상에 비해 (나)의 대상이 된 현상은 특수성이 강하게 나타난다.
⑤ (나)의 대상이 된 현상은 (가)의 대상이 된 현상과 달리 인과 관계가 나타난다.

02

사회·문화 현상을 이해하는 다음 관점에 부합하는 진술로 옳은 것은?

> 어느 사회에서는 장미꽃이 사랑의 징표이기도 하지만 또 다른 사회에서는 증오에 대한 표현에 사용되기도 한다. 이처럼 어떤 대상이나 현상이 갖는 의미는 그것의 내재적 속성에 의해 결정되는 것이 아니라 사람들의 인식과 의미 부여에 따라 정의되는 것이다. 따라서 대상이 갖는 의미는 고정불변의 것이 아니며 사회 구성원 개개인의 생각과 가치에 따라 달라진다.

① 사회 규범은 기득권 유지 수단에 불과하다.
② 사회·문화 현상은 사회 구조에 의해 좌우된다.
③ 개인들은 사회에 의해 강요된 사고방식 속에 갇혀서 살아간다.
④ 동일한 상황에서라도 개인의 특성에 따라 개인의 행위는 달라진다.
⑤ 사회는 유기체와 같아서 하위 요소들이 각자의 역할을 수행할 때 조화를 이룬다.

03

사회·문화 현상의 연구 방법 (가), (나)에 대한 설명으로 옳은 것은?

> (가) 연구자가 연구 대상에게 감정 이입을 할 때 의미있는 연구 결과를 얻을 수 있다. 감정 이입을 통해 연구 대상자의 진솔한 이야기를 끌어낼 수 있다.
> (나) 만물의 실체는 우리와 독립적으로 존재하는 것이다. 따라서 사회·문화 현상을 통계적인 방법으로 설명해야만 연구의 신뢰도를 확보할 수 있다.

① (가)는 방법론적 일원론을 전제로 한다.
② (가)는 사회·문화 현상에 적용되는 법칙을 발견하는 것을 목표로 한다.
③ (나)는 상황 맥락 속에서 규정되는 현상의 주관적 의미를 이해하는 것을 목표로 한다.
④ (나)는 계량화된 자료를 수집하기 위해 개념의 조작적 정의가 수반된다.
⑤ (가)는 (나)와 달리 두 변수 간의 관계를 나타내는 가설의 설정을 필요로 한다.

04

다음 제시된 연구에 대한 옳은 설명만을 〈보기〉에서 고른 것은?

> 저는 운동 관련 동호회 활동이 삶에 미치는 영향을 연구하였습니다. 골프 동호회 활동을 하고 있는 200명에 대해 설문 조사를 실시했고, 한달 동안 골프 동호회의 활동에 참여하여 회원들의 모습을 가까이에서 지켜보며 자료를 수집하였습니다.

> • 보기 •
> ㄱ. 연구자는 양적 자료만을 수집하였다.
> ㄴ. 연구에는 두 가지의 자료 수집 방법이 사용되었다.
> ㄷ. 연구 대상을 실험 집단과 통제 집단으로 나누었다.
> ㄹ. 설문 조사의 대상이 된 표본 집단은 모집단을 대표하지 못한다.

① ㄱ, ㄴ   ② ㄱ, ㄷ   ③ ㄴ, ㄷ
④ ㄴ, ㄹ   ⑤ ㄷ, ㄹ

05

밑줄 친 ㉠~㉤에 대한 설명으로 옳지 <u>않은</u> 것은?

> 질적 연구는 ㉠ 연구자의 문제 제기로부터 시작된다. 연구 주제가 정해지면 자료 수집 방법과 해석 방법을 정하는 ㉡ 연구 설계가 이루어진다. 그리고 설계된 내용을 따라 ㉢ 자료를 수집하고 ㉣ 자료를 해석한 다음 ㉤ 결론을 얻게 된다.

① ㉠에는 가치 개입이 허용된다.
② ㉡에서 가설이 도출된다.
③ ㉢을 위해 주로 면접법이나 참여 관찰법이 활용된다.
④ ㉢, ㉣의 과정에서 직관적 통찰이나 감정 이입이 활용된다.
⑤ ㉤을 일반화하기는 어렵다.

06

다음 진술이 강조하는 사회·문화 현상의 탐구 태도에 대한 옳은 설명만을 〈보기〉에서 고른 것은?

> 동일한 사회·문화 현상이라도 시대와 장소에 따라 다른 의미를 지닐 수 있습니다. 따라서 연구자는 연구에서 그 사회의 역사적 전통과 특수성, 사회적 맥락을 고려해야 합니다.

• 보기 •
ㄱ. 연구자는 상대주의적 태도를 가져야 한다.
ㄴ. 연구자는 연구의 전 과정에서 철저한 가치 중립을 유지해야 한다.
ㄷ. 연구 결과가 특정 사회에서만 적용된다는 점을 고려해야 한다.
ㄹ. 자신의 주장에 대한 비판을 허용하며 다른 주장을 받아들여야 한다.

① ㄱ, ㄴ   ② ㄱ, ㄷ   ③ ㄴ, ㄷ
④ ㄴ, ㄹ   ⑤ ㄷ, ㄹ

07

다음 글에 나타난 개인과 사회의 관계를 바라보는 관점에 대한 설명으로 옳은 것은?

> 사회 이전 자연 상태에서 각 개인은 평등하게 생명·자유·재산에 대한 권리, 즉 소유의 권리를 누리고 있었다. 그렇다면 개인들은 왜 사회를 형성하는가? 자연 상태에서는 자연법을 위반한 사람을 처벌할 수 있는 권리가 개개인의 손에 위임된다. 그래서 자연 상태에서 소유권의 보호는 매우 불확실하고 타인의 침해를 받을 가능성이 매우 높다. 이러한 이유로 개인들은 자신의 소유권을 보존하기 위해 서로 결합하여 사회와 국가를 형성하게 되는 것이다.

① 사회가 개인의 외부에 실재한다고 본다.
② 개인의 자율성보다 사회의 구속성을 중시한다.
③ 개인이 사회 속에서만 존재의 의미를 갖는다고 본다.
④ 사회의 특성이 개인의 특성으로 환원될 수 있다고 본다.
⑤ 사회 문제의 해결책으로 개인의 의식 개선보다 제도의 개혁을 강조한다.

08

다음 글에 나타난 개인과 사회의 관계를 바라보는 관점에 대한 설명으로 옳은 것은?

> 개인은 다른 누군가의 남편 혹은 아내 또는 이웃, 직장 동료가 된다. 자신이 소속된 조직의 구성원으로 국가의 국민으로 살아간다. 자신을 둘러싸고 있는 환경적인 부분으로부터 지위와 역할을 부여받으며 자기에게 주어진 상황을 받아들이게 된다. 개인들은 누구나 사회의 구성원이라는 정체성을 지니고 살아가며 사회 구조로부터 영향을 받는다.

① 개인의 자율적인 의지에 의해 사회가 형성된다.
② 사회의 속성은 개인의 속성이 반영되어 나타난다.
③ 사회 현상은 개인의 행위나 심리적인 부분으로 환원된다.
④ 사회 규범은 개인들이 바람직하다고 여기기에 존재한다.
⑤ 사회 현상은 개인적 요인보다 사회적 요인으로 설명해야 한다.

09

밑줄 친 ㉠~㉤에 대한 설명으로 옳은 것은?

○○고등학교 ㉠ 학생인 갑은 졸업 후 ㉡ 방송인으로 활동하기 위해 미리 ㉢ 인터넷 개인 방송 운영을 하고 있다. 시원한 화법과 정확한 의미 전달로 10대 청소년들은 물론 2030세대와 중장년 층까지 폭넓은 ㉣ 구독자들에게 인기를 얻은 갑은 여러 ㉤ 방송사로부터 예능 프로그램에 출연해 달라는 연락을 받고 있다. 하지만 아직 고등학생인 갑은 학교생활에 집중할지, 계획보다 빨리 방송인으로 살아갈지 ㉥ 고민 중이다.

① ㉠은 ㉡과 달리 귀속 지위이다.
② ㉢은 ㉡으로서의 갑의 역할이다.
③ ㉣은 갑의 역할 행동에 대한 보상이다.
④ ㉤은 공식적 사회화 기관이다.
⑤ ㉥은 갑의 역할 갈등이다.

10

그림은 사회 집단과 사회 조직의 관계를 나타낸 것이다. A~C에 대한 옳은 설명만을 〈보기〉에서 고른 것은? (단, A~C는 각각 공식 조직, 비공식 조직, 자발적 결사체 중 하나이다.)

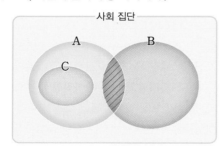
사회 집단

• 보기 •
ㄱ. A는 B에 비해 가입과 탈퇴가 비교적 자유롭다.
ㄴ. B는 C에 비해 구성원의 지위와 역할이 명확하다.
ㄷ. A는 공식 조직, B는 자발적 결사체, C는 비공식 조직이다.
ㄹ. 빗금 친 부분의 사례로 가족과 또래 집단을 들 수 있다.

① ㄱ, ㄴ   ② ㄱ, ㄷ   ③ ㄴ, ㄷ
④ ㄱ, ㄷ, ㄹ   ⑤ ㄴ, ㄷ, ㄹ

11

사회 집단 및 사회 조직 A~D에 대한 옳은 설명만을 〈보기〉에서 고른 것은? (단, A~D는 각각 가족, 학교, 노동조합, 사내 동호회 중 하나이다.)

• '본질 의지에 따라 형성되었는가?'를 기준으로 A, B, C를 구분할 수 없다.
• '공통의 관심사나 목표를 가진 사람들이 자발적으로 결성하였는가?'를 기준으로 A, B와 C, D를 구분할 수 있다.
• '명시적인 규칙과 조직적인 업무 수행 방식을 구축하였는가?'를 기준으로 A, C와 B, D를 구분할 수 있다.

• 보기 •
ㄱ. A는 노동조합이다.   ㄴ. B는 사내 동호회이다.
ㄷ. C는 가족이다.   ㄹ. D는 학교이다.

① ㄱ, ㄴ   ② ㄱ, ㄷ   ③ ㄴ, ㄷ
④ ㄱ, ㄷ, ㄹ   ⑤ ㄴ, ㄷ, ㄹ

12

다음 대화에 나타난 갑, 을의 일탈 이론에 대한 옳은 설명만을 〈보기〉에서 고른 것은?

갑: 사회 구성원들이 일반적으로 받아들이는 문화적 목표를 달성하는 데 필요한 제도적 수단이 매우 제한적이기 때문에 청소년 범죄가 증가하고 있습니다. 이를 해결하기 위해서는 무엇보다도 ___㉠___ 이/가 필요합니다.
을: 어떤 잘못이 사람들에게 알려져 비행 청소년으로 규정되면 본인 스스로 타인들의 반응을 내면화하여 일탈 행동을 반복하게 됩니다. 이를 해결하기 위해서는 무엇보다도 ___㉡___ 이/가 필요합니다.

• 보기 •
ㄱ. 갑의 이론은 일탈 행동을 규정하는 객관적 기준이 존재하지 않는다고 본다.
ㄴ. 을의 이론은 일탈 행동 자체보다 그에 대한 사회적 반응을 중시한다.
ㄷ. ㉠에는 '문화적 목표를 달성할 수 있는 제도적 수단의 제공'이 들어갈 수 있다.
ㄹ. ㉡에는 '정상적인 집단과의 교류'가 들어갈 수 있다.

① ㄱ, ㄴ   ② ㄱ, ㄷ   ③ ㄴ, ㄷ
④ ㄱ, ㄷ, ㄹ   ⑤ ㄴ, ㄷ, ㄹ

서술형

13

다음을 보고 물음에 답하시오.

갑: 현재 우리 사회는 매우 불공평합니다. 사회의 시스템은 상류층이나 사회적 지위가 높은 사람들에게 유리하도록 만들어져 있습니다.

을: 우리 사회에 불필요한 것은 없습니다. 사회의 각 요소들이 사회를 유지하는 데 필요한 각자의 역할을 수행하고 있기에 사회는 유지될 수 있는 것입니다.

(1) 갑, 을의 대화에 나타난 사회·문화 현상을 바라보는 관점을 각각 쓰시오.

_____

(2) 갑, 을의 대화에 나타난 사회·문화 현상을 바라보는 관점이 갖는 한계를 각각 한 가지씩 서술하시오.

_____

14

다음에 제시된 사회·문화 현상의 연구를 보고 물음에 답하시오.

- **연구 주제**: 독서 활동이 폭력성 감소에 미치는 영향
- **가설**: 독서 활동이 활발할수록 폭력 행위가 줄어들 것이다.
- **자료 수집**: 고등학생 100명을 50명씩 A, B 두 집단으로 구분한 후 A집단에는 한 달 동안 꾸준히 독서 활동을 하도록 하였고, B집단은 평소와 같이 생활하게 함
- **자료 분석 및 결론**: 가설이 기각됨

(1) 위 연구에서 사용한 자료 수집 방법을 쓰시오.

_____

(2) 가설에서 독립 변인과 종속 변인을 구분해서 각각 쓰시오.

_____

15

다음 글에 나타난 모든 사회화 기관을 설립 목적에 따라 구분하여 서술하시오.

대학교에 재학 중인 갑은 병역 문제를 해결하기 위해 휴학 후 입대하여 현재 육군 훈련소에서 신병 교육을 받고 있다. 한편, 을은 자신의 꿈이었던 프로듀서가 되어 방송국에 취직하였지만 적성에 맞지 않아 퇴직한 후, 요리사가 되기 위해 요리 학원에 다니며 조리사 자격증 시험을 준비하고 있다.

_____

16

다음 주장을 읽고 물음에 답하시오.

일탈 행동을 해결하기 위해서는 사회 규범의 통제력 회복과 새로운 가치관을 확립하기 위한 사회적 합의가 필요합니다.

(1) 위 주장의 해결 방안을 제시하는 일탈 이론을 쓰시오.

_____

(2) (1)에서 일탈 행동의 원인으로 제시하는 것을 서술하시오.

_____

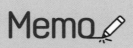

Memo

단기간 고득점을 위한 2주

전략 질주

고등 전략

내신전략 시리즈

국어/영어/수학/사회/과학

필수 개념을 꽉~ 잡아 주는 초단기 내신 전략서!

수능전략 시리즈

국어/영어/수학/사회/과학

빈출 유형을 철저히 분석하여 반영한 고효율·고득점 전략서!

book.chunjae.co.kr

교재 내용 문의 ···················· 교재 홈페이지 ▶ 고등 ▶ 교재상담
교재 내용 외 문의 ·················· 교재 홈페이지 ▶ 고객센터 ▶ 1:1문의
발간 후 발견되는 오류 ··········· 교재 홈페이지 ▶ 고등 ▶ 학습지원 ▶ 학습자료실

중간고사 기말고사
고득점을 예약하자!

시험적중
내신전략
고등 **사회·문화**

BOOK 2

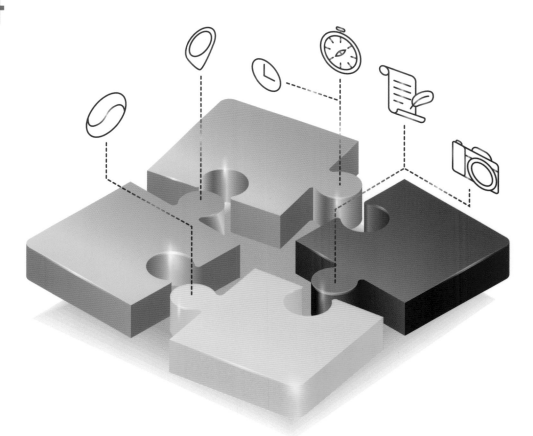

천재교육

내신전략

고등 사회·문화

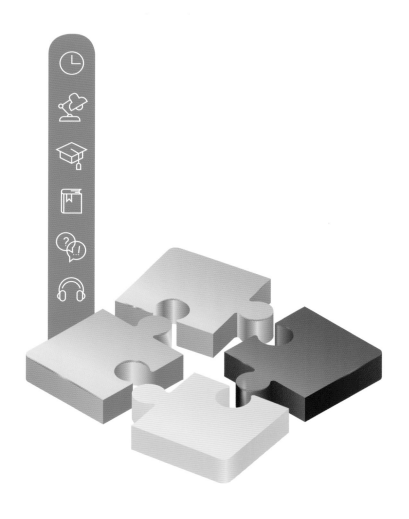

시험적중
내신전략

고등 사회·문화

BOOK 2

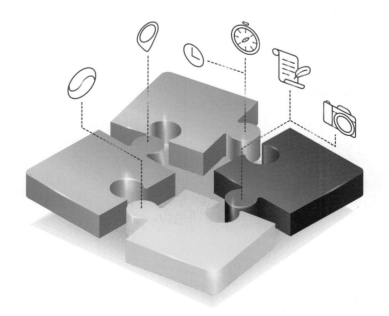

이 책의
구성과 활용

이 책은 3권으로 이루어져 있는데 본책인 BOOK 1·2의 구성은 아래와 같아.

주 도입

본격적인 본문 학습에 앞서, 재미있는 학습 만화를 살펴보며 이번 주에 공부할 내용을 확인할 수 있도록 하였습니다.

1일 개념 돌파 전략

내신을 대비하기 위해 반드시 알아야 할 기본 개념을 익힌 뒤, 확인 문제를 풀며 개념을 확실히 이해했는지 확인할 수 있도록 하였습니다.

2일 3일 필수 체크 전략

실제 내신 시험에 자주 출제되는 유형의 필수 예제와 유제를 풀어 보면서 문제 풀이 과정과 해결 전략을 이해할 수 있도록 하였습니다.

4일 교과서 대표 전략

교과서에서 다루고 있는 주제를 대표 예제로 엄선하여 수록하였으며, 많은 문제를 풀어 봄으로써 문제에 대한 적응력을 높일 수 있도록 하였습니다.

주 마무리와 권 마무리의 특별 코너들로 사회·문화 실력이 더 탄탄해질 거야!

주 마무리 코너

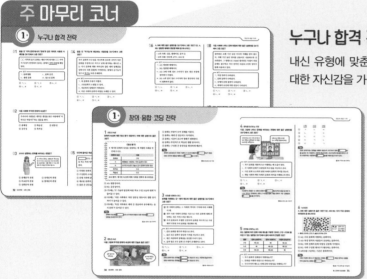

누구나 합격 전략

내신 유형에 맞춘 기본 연습 문제를 풀어 보면서 학습에
대한 자신감을 가질 수 있도록 하였습니다.

창의·융합·코딩 전략

융합적 사고력과 창의력을 키우는 문제를
풀어 보면서 다양한 문제에 대한 적응력을
높일 수 있도록 하였습니다.

권 마무리 코너

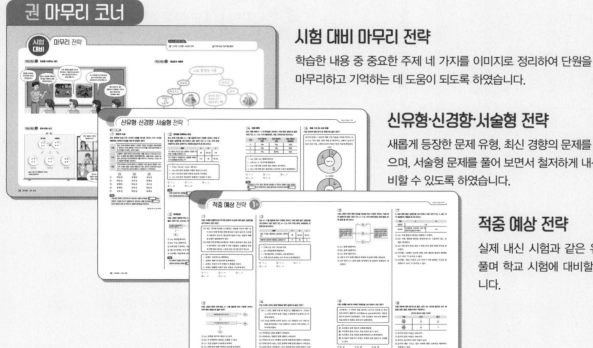

시험 대비 마무리 전략

학습한 내용 중 중요한 주제 네 가지를 이미지로 정리하여 단원을
마무리하고 기억하는 데 도움이 되도록 하였습니다.

신유형·신경향·서술형 전략

새롭게 등장한 문제 유형, 최신 경향의 문제를 다루었
으며, 서술형 문제를 풀어 보면서 철저하게 내신을 대
비할 수 있도록 하였습니다.

적중 예상 전략

실제 내신 시험과 같은 유형의 모의고사를
풀며 학교 시험에 대비할 수 있도록 하였습
니다.

이 책의
차례

📖 **BOOK 1**

Ⅲ. 문화와 일상생활

1강 문화의 이해

2강 하위문화와 대중문화 ~ 문화 변동

오늘 역사 시간에 일본이 단발령을 내려서 의병 운동이 전개되었다는 내용을 배웠어요.

일제 강점기에 일제가 자신들의 문화를 우리나라 사람들에게 강제로 이식하려는 강제적 문화 접변이 이루어졌어요.

그래서 머리카락을 자르고 일본식으로 이름도 바꾸게 된 거군요. 우리나라가 일본보다 먼저 근대화되었다면 식민 지배를 받지 않았을텐데.

일본은 어떻게 우리나라보다 빨리 근대화를 이루게 되었을까요?

일본은 메이지 유신 이후 일본 사람들이 자발적으로 일본의 전통적인 생활 양식을 서구의 생활 양식으로 대체했어요.

맞아요. 일본은 적극적으로 서양의 문화를 받아들였어요.

우리나라와 일본에서 나타난 문화 변동의 공통점과 차이점을 찾아보세요.

우리나라와 일본의 문화 변동은 직접 전파에 의해 문화가 전파되었어요. 다만, 우리나라는 강제적 문화 접변, 일본은 자발적 문화 접변이라는 점이 다릅니다.

맞아요. 일본은 삼국 시대에도 스스로 외래문화를 받아들이는 자발적 문화 접변 과정을 겪었습니다.

삼국 시대에 백제인들이 일본으로 건너가서 직접 전파의 방식으로 백제의 문화를 전했어요.

일본 오사카 지역에는 '코리아타운'처럼 '백제 마을'이 조성되고 문화 동화가 나타났어요.

개념 ❶ │ 문화의 의미와 속성

(1) 문화의 의미

① 좁은 의미의 문화: 인간의 [❶]인 생활 양식 중에서 교양 있거나 세련된 것

② 넓은 의미의 문화: 한 사회나 집단의 구성원들이 만들어 낸 공통의 생활 양식

(2) 문화의 속성

학습성	문화는 타고나는 것이 아니라 후천적으로 습득하는 것임
공유성	문화는 한 사회의 구성원들이 공통으로 지닌 생활 양식임
변동성	문화는 시간이 흐르면서 그 모습이나 내용, 의미 등이 변화함
축적성	문화는 [❷]을/를 통해 다음 세대로 전승됨
총체성	문화는 여러 구성 요소가 상호 유기적인 관련을 맺으면서 부분이 아닌 하나의 전체로서 존재함

🔑 ❶ 후천적 ❷ 상징체계

> **Quiz**
>
> '문화인', '문화생활', '문화 행사' 등에서의 '문화'는 (좁은 의미 , 넓은 의미)의 문화이다.
>
> **Clip!** 문화와 문화가 아닌 것
>
> • 문화 요소에는 기술, 언어, 상징, 예술, 규범, 가치 등이 있음
> • 선천적 행위, 본능에 따른 행위, 유전적 요인에 따른 행위, 혼자만의 독특한 버릇 등은 문화로 보지 않음

개념 ❷ │ 문화를 바라보는 관점

(1) 총체론적 관점: 어떤 문화 현상의 의미를 다른 문화 요소나 [❶]의 맥락 속에서 이해함

(2) 비교론적 관점: 각 사회의 문화는 보편성과 특수성을 지니고 있음을 전제하고, 서로 다른 문화를 [❷]하여 공통점과 차이점을 연구함

(3) 상대론적 관점: 각 사회의 역사적·문화적·사회적 맥락 속에서 해당 문화의 의미를 파악함

🔑 ❶ 전체 ❷ 비교

> **Quiz**
>
> 각 사회의 역사적·문화적·사회적 맥락 속에서 해당 문화의 의미를 이해하는 관점은 ( )이다.
>
> **Clip!** 문화의 보편성과 특수성
>
> 어느 지역을 막론하고 사람들은 주거 공간으로서 가옥을 만들어 왔지만, 가옥의 형태는 자연환경과 역사적 배경 속에서 서로 다른 모습으로 나타날 수 있음

개념 ❸ │ 문화를 이해하는 태도

(1) 자문화 중심주의: 자신의 문화를 가장 [❶]한 것으로 여기는 태도

• 특징: 자신의 문화에 대한 자부심을 높이고 집단 내 결속력을 강화함

(2) 문화 사대주의: 다른 사회의 문화를 숭상하고 자신의 문화는 열등하다고 생각하는 태도

• 특징: 다른 문화의 좋은 점을 받아들여 자기 문화를 발전시키는 계기가 됨

(3) 문화 상대주의: 문화를 그 사회의 특수한 배경, 맥락 등을 고려하여 이해하는 태도

• 특징: 각 문화가 가진 고유성을 인정하여 문화 [❷]을/를 보존할 수 있음

🔑 ❶ 우수 ❷ 다양성

> **Quiz**
>
> 명예 살인과 같이 인간의 존엄성을 훼손하는 문화까지 인정하는 (극단적 문화 상대주의 , 문화 상대주의)를 경계해야 한다.
>
> **Clip!** 문화 절대주의
>
> 문화에는 우열이 있어 우월한 것과 열등한 것으로 평가할 수 있다고 보는 태도로, 어떤 문화를 우월한 문화로 인정하는가에 따라 자문화 중심주의와 문화 사대주의로 나눌 수 있음

01

빈칸에 들어갈 알맞은 말을 쓰시오.

> 오늘날 정보 통신 기술이 발달하여 휴대 전화에는 통화를 하고 문자를 보내는 것뿐만 아니라 카메라, 인터넷 사용 등 다양한 기능이 있다. 우리는 이러한 기능을 이용하여 휴대 전화로 쇼핑을 하고, 영화를 감상하기도 한다. 이와 같이 문화는 한 부분이 변화하면 경제, 사회·문화 등 다른 부분에 연쇄적인 변화가 일어나는데, 이러한 문화의 속성은 _____이다.

(   )

풀이 총체성은 문화의 한 부분에 **①**_____이/가 생기면 다른 부분에도 **②**_____으로 영향을 주는 문화의 속성이다.

답 ❶ 변화 ❷ 연쇄적

01-1

문화의 속성과 예시를 바르게 연결한 것만을 〈보기〉에서 골라 기호를 쓰시오.

> • 보기 •
> ㄱ. 학습성 – 우리나라에서 태어났어도 외국에서 성장하면 한국어보다 외국어를 더 잘한다.
> ㄴ. 변동성 – 우리나라의 주거 양식이 한옥에서 아파트로 바뀌었다.
> ㄷ. 총체성 – 우리나라 사람들은 명절에 가족들이 모이면 윷놀이를 한다.
> ㄹ. 축적성 – 새로운 기술이 쌓이면서 휴대 전화 기능이 다양해졌다.

(   )

02

㉠, ㉡에 들어갈 알맞은 말을 각각 쓰시오.

> 문화를 바라보는 관점 중 ㉠ 은/는 한 사회의 문화를 그 사회의 자연환경이나 사회적 상황, 역사적 맥락 등을 고려하여 파악해야 한다는 점을 강조한다. 이와 달리 ㉡ 은/는 모든 문화가 보편성과 특수성을 갖고 있다는 점에 주목한다.

㉠: (   ), ㉡: (   )

풀이 상대론적 관점은 모든 문화는 고유한 **①**_____을/를 지닌다고 보고, 비교론적 관점은 서로 다른 문화 간 비교를 통해 공통점과 **②**_____을/를 연구한다.

답 ❶ 가치 ❷ 차이점

02-1

다음 자료에서 교사가 설명하는 문화 이해의 관점을 쓰시오.

> 중국의 젓가락은 가늘고 길이가 긴 반면, 일본의 젓가락은 길이가 짧고 끝이 뾰족해요. 한국의 젓가락은 주로 쇠로 만들어졌어요.

(   )

03

㉠, ㉡에 들어갈 알맞은 말을 각각 쓰시오.

> 문화를 평가의 대상으로 보는 태도는 자문화 중심주의와 ㉠ 이다. 반면, 문화를 평가하지 않는 태도는 어떤 사회의 특수한 자연환경, 역사적 전통, 사회적 맥락 등을 고려하여 그 사회의 문화를 이해하는 ㉡ 이다. 이 태도를 가지면 문화의 다양성을 보존하고, 문화 간 갈등 및 분쟁을 예방할 수 있다.

㉠: (   ), ㉡: (   )

풀이 문화 사대주의는 다른 문화의 좋은 점을 받아들여 문화가 **①**_____하는 계기가 될 수 있고, 문화 상대주의는 각 사회의 문화가 가진 **②**_____을/를 인정하는 태도이다.

답 ❶ 발전 ❷ 고유성

03-1

문화를 이해하는 태도에 대한 옳은 설명만을 〈보기〉에서 골라 기호를 쓰시오.

> • 보기 •
> ㄱ. 문화 사대주의는 자기 문화의 주체성을 상실할 수 있다.
> ㄴ. 문화 사대주의는 문화 간 갈등과 국제적 고립을 초래할 수 있다.
> ㄷ. 문화 상대주의는 전통문화 및 고유문화의 발전을 저해할 수 있다.
> ㄹ. 자문화 중심주의는 국수주의나 문화 제국주의로 변질될 우려가 있다.

(   )

개념 ❶ | 하위문화와 대중문화

(1) 하위문화

① **의미** : 한 사회 내의 일부 구성원들이 공유하는 문화로 그 범주는 ❶[_____](으)로 결정됨

② **기능** : 같은 하위문화를 공유하는 사람들 간 소속감과 ❷[_____]을/를 형성함

(2) 대중문화

① **의미** : 한 사회의 대다수 사람인 대중이 즐기고 누리는 문화

② **대중문화와 대중 매체의 관계** : 대중 매체는 대중문화를 학습하고 공유할 수 있게 하고, 대중문화의 전파, 소비, 변화 등에 영향을 줌

답 ❶ 상대적 ❷ 유대감

Quiz

한 사회의 주류 문화를 거부하거나 저항하는 사람들이 공유하는 문화는 하위문화 중에서 ( )이다.

Clip! 대중 매체의 유형

• 일방향 매체: 신문, 잡지, 라디오, 영화, 텔레비전 등 전통적인 대중 매체

• 쌍방향 매체: 누리 소통망(SNS), 맞춤형 누리 방송(IPTV) 등 뉴 미디어

개념 ❷ | 문화 변동 요인

(1) 내재적 요인

① **발명** : 그동안 존재하지 않았던 새로운 문화 요소를 만들어 내는 것

② **발견** : 이미 존재하고 있었지만 알려지지 않았던 문화 요소를 찾아내는 것

(2) 외재적 요인

① **직접 전파** : 이주, 무역, 전쟁 등을 통해 사람이 다른 문화와 직접 ❶[_____]하여 문화 요소가 전해지는 것

② **간접 전파** : 책, 텔레비전, 인터넷 등과 같은 ❷[_____]을/를 통해 문화 요소가 전해지는 것

③ **자극 전파** : 다른 사회의 문화 요소에서 ❸[_____]을/를 얻어 새로운 문화 요소를 만들어 내는 것

답 ❶ 접촉 ❷ 매개체 ❸ 아이디어

Quiz

( )은/는 이미 존재하고 있었지만 알려지지 않았던 문화 요소를 찾아내는 것으로, 생물학자 플레밍이 페니실린을 찾은 사례가 이에 해당한다.

Clip! 전파

한 사회의 문화가 다른 사회의 문화와 교류하고 접촉하는 과정에서 새로운 문화 요소가 전달되는 것

개념 ❸ | 문화 변동 양상과 문제점

(1) 문화 접변 결과

① **문화 동화** : 한 사회의 문화가 다른 사회의 문화로 흡수되거나 대체되는 것

② **문화 병존** : 서로 다른 사회의 문화가 한 사회의 문화 속에서 나란히 존재하는 것

③ **문화 융합** : 서로 다른 사회의 문화 요소가 ❶[_____]하여, 기존 문화 요소들의 성격을 지니면서도 기존 문화 요소들과는 다른 성격을 지닌 제3의 문화를 형성하는 현상

(2) 문화 변동으로 인한 문제점

① **아노미 현상** : 급격한 문화 변동으로 새로운 규범과 가치관이 정립되지 못하여 사회가 혼란과 ❷[_____] 상태에 빠지는 현상

② **문화 지체 현상** : ❸[_____]의 빠른 변동 속도를 비물질문화가 따라가지 못하여 발생하는 부조화 현상

답 ❶ 결합 ❷ 무규범 ❸ 물질문화

Quiz

문화가 급격하게 변동하면 변화 이전 문화 체계의 규범은 붕괴되고, 새로운 문화 체계에 어울리는 규범은 아직 확립되지 않아 마치 규범이 부재하는 것 같은 (아노미 , 문화 지체) 현상이 발생한다.

Clip! 문화 변동 양상

• 문화 동화: A + B = A 또는 B
• 문화 병존: A + B = A와 B
• 문화 융합: A + B = C

01

대중 매체의 종류별 특징으로 옳은 내용만을 〈보기〉에서 골라 기호를 쓰시오.

┌─ 보기 ──────────────────────────┐
ㄱ. 인쇄 매체는 복잡하고 깊이 있는 정보를 전달하는 데 유용하다.
ㄴ. 음성 매체는 적은 비용으로 정보 전달이 가능하다.
ㄷ. 영상 매체는 공감각적 정보 전달이 가능하다.
ㄹ. 뉴 미디어는 정보 수용자가 정보 수정 및 재가공을 하기 어렵다.
└────────────────────────────────┘

(   )

풀이 대중은 ❶ [　　　]을/를 통해 ❷ [　　　]을/를 학습하고 공유할 수 있으므로 동시대의 사람들은 비슷한 문화를 누리고 새로운 문화를 창조할 수 있다.

답 ❶ 대중 매체 ❷ 대중문화

02

빈칸에 공통으로 들어갈 알맞은 말을 쓰시오.

┌────────────────────────────────┐
[　　　]은/는 그동안 존재하지 않았던 새로운 문화 요소를 만들어 내는 것이다. 활, 바퀴, 전화기 등과 같이 존재하지 않았던 것을 새롭게 만들어 내는 1차적 [　　　]와/과 활을 이용한 현악기, 바퀴를 이용한 수레 등 기존의 문화 요소를 활용하여 새로운 문화 요소를 만들어 내는 2차적 [　　　]이/가 있다.
└────────────────────────────────┘

(   )

풀이 문화 변동의 내재적 요인에는 ❶ [　　　]와/과 발견이 있다. ❷ [　　　]은/는 불, 만유인력의 법칙, 바이러스 등과 같이 이미 존재하고 있었지만 알려지지 않았던 문화 요소를 찾아내는 것이다.

답 ❶ 발명 ❷ 발견

03

다음 내용과 관련 있는 문화 변동 양상을 쓰시오.

┌────────────────────────────────┐
• 서로 다른 사회의 문화 요소가 결합하여, 두 문화 요소의 성격을 지니면서도 두 문화 요소와는 다른 새로운 문화가 나타난다.
• 간다라 불상은 인도의 불교 문화와 서양의 미술 문화가 만나 만들어진 독특한 양식의 불상이다.
└────────────────────────────────┘

(   )

풀이 '서로 다른 문화 요소가 결합하는 과정에서 새로운 문화 요소가 만들어지는가?'라는 질문에 ❶ [　　　]은/는 '예'라고 답하고, 문화 동화와 ❷ [　　　]은/는 '아니요'라고 답한다.

답 ❶ 문화 융합 ❷ 문화 병존

01-1

빈칸에 들어갈 알맞은 말을 쓰시오.

┌────────────────────────────────┐
[　　　]의 등장으로 정보 생산자와 소비자가 쌍방향 의사소통이 가능하게 되었지만, 무책임하고 왜곡된 정보를 빠르게 양산하고 전파할 우려가 있다.
└────────────────────────────────┘

(   )

02-1

문화 변동의 내재적 요인과 그 사례가 알맞게 연결된 것만을 〈보기〉에서 골라 기호를 쓰시오.

┌─ 보기 ──────────────────────────┐
ㄱ. 1차적 발명 – 밤을 환히 밝히는 전구
ㄴ. 1차적 발명 – 생물학자 플레밍이 찾은 페니실린
ㄷ. 2차적 발명 – 스팀 청소기
ㄹ. 발견 – 작은 것을 확대해서 볼 수 있는 현미경
└────────────────────────────────┘

(   )

03-1

빈칸에 들어갈 알맞은 말을 쓰시오.

┌────────────────────────────────┐
학습 주제: [　　　]

• 휴대 전화 사용자 수가 증가하였지만 공공장소에서 휴대 전화 사용 예절이 부족한 것
• 자동차 사용이 늘면서 불법 주정차, 음주 운전 등의 문제가 발생하는 것
└────────────────────────────────┘

(   )

개념 돌파 전략 ②

1주 1일

바탕 문제

넓은 의미의 문화와 좁은 의미의 문화의 차이점은?

⇨ 한 사회에서 나타나는 인간의 모든 생활 양식을 의미하는 문화는 **❶ [   ]** 의 문화이고, 고상하고 세련된 것 등 특별한 의미를 가진 생활 양식을 의미하는 문화는 **❷ [   ]** 의 문화이다.

답 **❶** 넓은 의미 **❷** 좁은 의미

1 ㉠, ㉡에 대한 옳은 설명만을 〈보기〉에서 고른 것은?

> 한 사회나 집단에서 나타나는 인간의 사회적인 생활 양식은 모두 **[㉠]** 에 해당하며, 한 사회나 집단에서 나타나는 인간의 사회적인 생활 양식 중 고상하거나 세련된 것은 **[㉡]** 에 해당한다.

> • 보기 •
> ㄱ. ㉠은 좁은 의미의 문화이다.
> ㄴ. '지역 문화'에서의 '문화'는 ㉠에 해당한다.
> ㄷ. '문화생활'에서의 '문화'는 ㉡에 해당한다.
> ㄹ. ㉡에는 인간의 모든 행동이 포함된다.

① ㄱ, ㄴ   ② ㄱ, ㄷ   ③ ㄴ, ㄷ
④ ㄴ, ㄹ   ⑤ ㄷ, ㄹ

바탕 문제

문화는 한 사회 구성원이 공통적으로 가지고 있는 생활 양식이라는 속성은?

⇨ 한 사회 구성원의 행동이 비슷하게 나타나는 것은 문화의 **❶ [   ]** (으)로 설명할 수 있다. 이로 인해 타인의 행동을 예측하고 이해할 수 있으며, 사회 구성원 간에 원활한 **❷ [   ]** 이/가 가능해진다.

답 **❶** 공유성 **❷** 사회적 상호 작용

2 다음 내용이 설명하는 문화의 속성은?

> 우리가 한 사회의 구성원으로서 다른 구성원의 행동을 예측할 수 있는 것은 동일한 사회 구성원 간에 공통적인 생활 양식을 나누고 있기 때문이다. 이를 통해 구성원 간 원활한 사회적 상호 작용이 가능하다.

① 총체성   ② 학습성   ③ 공유성
④ 변동성   ⑤ 축적성

바탕 문제

문화를 평가의 대상으로 바라보는 문화 이해 태도는?

⇨ 자기 문화를 중시한 나머지 다른 문화를 부정적으로 여기고 낮게 평가하는 태도는 **❶ [   ]** 이고, 자기 문화의 가치를 낮게 평가하고 다른 사회의 문화를 숭상하는 태도는 **❷ [   ]** 이다.

답 **❶** 자문화 중심주의 **❷** 문화 사대주의

3 다음과 같은 역기능을 가진 문화 이해 태도에 대한 옳은 설명만을 〈보기〉에서 고른 것은?

> 국수주의에 빠져 국제적 고립을 초래하거나 제국주의적으로 문화 이식을 시도함으로써 문화적 마찰을 초래할 수 있습니다.

> • 보기 •
> ㄱ. 자기 문화의 우수성을 지나치게 강조한다.
> ㄴ. 자기 문화의 정체성을 상실할 우려가 있다.
> ㄷ. 타 문화에 대한 이해와 수용을 어렵게 한다.
> ㄹ. 다른 문화를 바르게 이해하는 데 기여할 수 있다.

① ㄱ, ㄴ   ② ㄱ, ㄷ   ③ ㄴ, ㄷ
④ ㄴ, ㄹ   ⑤ ㄷ, ㄹ

4 ㉠, ㉡에 대한 옳은 설명만을 〈보기〉에서 고른 것은?

> 한 사회의 특정 집단에서만 공유되는 생활 양식을 [㉠](이)라 하며, 이러한 생활 양식의 사례에는 [㉡]이/가 있다.

> • 보기 •
> ㄱ. ㉠은 하위문화이다.
> ㄴ. ㉠은 주류 문화이다.
> ㄷ. ㉡에는 '청소년 문화'가 들어갈 수 있다.
> ㄹ. ㉡에는 '밥을 주식으로 하는 우리나라의 음식 문화'가 들어갈 수 있다.

① ㄱ, ㄴ   ② ㄱ, ㄷ   ③ ㄴ, ㄷ
④ ㄴ, ㄹ   ⑤ ㄷ, ㄹ

5 다음 자료에 나타난 문화 변동 요인은?

신라 시대 설총에 의해 완성된 이두는 한자의 음과 뜻을 빌려 우리말을 표기했던 방식이다.

▲ 이두 표기 원리의 예

① 발명   ② 발견   ③ 직접 전파
④ 간접 전파   ⑤ 자극 전파

6 다음 사례에 대한 옳은 설명만을 〈보기〉에서 고른 것은?

> 갑국은 을국을 식민 지배하였으며, 식민 지배 과정에서 을국 사람들에게 갑국 언어를 사용하도록 하였다. 그 결과 을국 사람들은 을국 고유의 언어와 갑국 언어를 모두 사용하고 있다.

> • 보기 •
> ㄱ. 문화 동화의 사례이다.
> ㄴ. 문화 병존의 사례이다.
> ㄷ. 직접 전파에 따른 문화 변동이다.
> ㄹ. 간접 전파에 따른 문화 변동이다.

① ㄱ, ㄴ   ② ㄱ, ㄷ   ③ ㄴ, ㄷ
④ ㄴ, ㄹ   ⑤ ㄷ, ㄹ

전략 ❶ | 문화의 의미

● 문화는 자연적인 것, 선척적인 것과는 다른 인간의 후천적인 생활 양식이다.

좁은 의미의 문화: 고상하거나 세련된 것 등 **❶ [   ]** 의미를 지닌 사회적이고 후천적인 생활 양식

➡ 문화인, 문화 예술 상품, 문화 공연, 문화생활 등

넓은 의미의 문화: 의식주, 가치 및 규범, 사고방식 등 한 사회의 구성원들이 만들어 낸 **❷ [   ]** 의 생활 양식

➡ 청소년 문화, 지역 문화, 대중문화, 민족 문화 등

답 ❶ 특별한 ❷ 공통

필수 예제 1

(1) 빈칸에 공통으로 들어갈 말을 쓰시오.

[ ] 인 것	[ ] 이/가 아닌 것
• 공통된 생활 양식	• 개인적인 습관이나 버릇
• 후천적으로 학습된 행동	• 선천적·유전적 체질
• 반복적이고 지속적인 생활 양식	• 생리적 현상이나 본능에 따른 행동

(2) 좁은 의미의 문화에 해당하는 것만을 〈보기〉에서 골라 기호를 쓰시오.

┌─ 보기 ─
ㄱ. 문화인　　　　　　ㄴ. 문화생활
ㄷ. 한국 문화　　　　　ㄹ. 주거 문화
ㅁ. 신문 문화면　　　　ㅂ. 다문화 사회
└─

풀이

(1) 인간의 모든 행동이 문화에 해당하는 것은 아니다. 유전적 요인에 의한 행동, 구성원 다수가 공유하지 않는 개인적인 습관이나 버릇, 본능적인 행동이나 선천적으로 타고난 것은 문화로 볼 수 없다. 인간의 행동 중 사회나 집단생활과 관련 있는 사회적 생활 양식이 문화이다.

답 문화

(2) 인간의 모든 사회적 생활 양식 중 고상하거나 세련된 것, 고급스러운 것 등 특별한 의미를 지닌 사회적 생활 양식은 좁은 의미의 문화이다.

답 ㄱ, ㄴ, ㅁ

1-1

문화에 해당하는 것만을 〈보기〉에서 골라 기호를 쓰시오.

┌─ 보기 ─
ㄱ. 긴장을 하면 나도 모르게 손톱을 물어뜯는다.
ㄴ. 엄마를 닮아 손가락이 가늘고 길다.
ㄷ. 비가 오래 내리지 않아 기우제를 지냈다.
ㄹ. 공중 화장실에서 줄을 서서 차례를 기다린다.
└─

(　　　　　　　　)

1-2

다음 그림에 나온 문화와 같은 의미로 사용된 것은?

> 한국 전통문화를 체험해 보고 싶었어요.

① 문화인　　　　　　② 문화생활
③ 문화 공연　　　　　④ 지역 문화
⑤ 문화 예술 상품

전략 ❷ | 문화의 속성

★ **학습성** : 문화는 사회의 다른 구성원과의 상호 작용을 통해 [❶]으로 학습되는 생활 양식이다.

★ **공유성** : 문화는 한 사회의 구성원 다수가 [❷]으로 가지고 있는 생활 양식이다.
→ 사회 구성원 간의 행동을 예측할 수 있게 하여 원활한 사회적 상호 작용을 가능하게 한다.

★ **총체성** : 문화는 부분이 아닌 [❸]로서 의미를 갖는 생활 양식이다.
→ 과학 기술의 발달은 도시화와 정보화, 세계화, 가족 기능의 약화 등 사회의 다른 분야에도 영향을 미친다.

★ **변동성** : 문화는 시간이 흐르면서 그 형태나 내용, 의미가 변화하는 생활 양식이다.

★ **축적성** : 문화는 새로운 요소가 추가되어 점점 더 풍부해지는 생활 양식이다.

답 ❶ 후천적 ❷ 공통적 ❸ 전체

필수 예제 2

(1) 다음 사례에 나타난 문화의 속성을 쓰시오.

> 우리는 검정 옷을 입은 사람을 보면 말하지 않아도 장례식에 참여하는 사람임을 알 수 있다.

(2) 다음 학생이 말하는 내용에 나타난 문화의 속성을 쓰시오.

> 인도의 음식 문화에는 그 지역의 기후, 가족에 대한 전통적 관념, 종교적 신념 등이 잘 나타나 있어요.

풀이

(1) 문화의 공유성으로 인해 사회 구성원의 사고와 행동에 동질성이 형성된다. 이를 통해 타인의 행동을 예측하고 이해할 수 있게 되어 원활한 사회적 상호 작용이 가능해진다.

답 공유성

(2) 문화는 여러 구성 요소들이 상호 유기적으로 결합된 하나로서의 총체이므로 부분이 아닌 전체로서 의미를 갖는 생활 양식이다.

답 총체성

2-1

다음 자료에 나타난 문화의 속성에 대한 진술로 옳은 것은?

뜨거운 국을 먹고 "시원하다!"라고 하는 말의 뜻을 외국인은 이해하지 못하지만, 우리나라 사람은 "뜨거운 국물이 속을 후련하게 한다."라는 뜻으로 받아들인다.

① 문화는 원활한 상호 작용의 토대이다.
② 문화는 시간이 지나면서 의미가 변한다.
③ 문화는 후천적으로 학습된 생활 양식이다.
④ 문화는 부분이 아닌 전체로서 의미를 가진다.
⑤ 문화는 세대 간에 전승되며 더욱 풍부해진다.

2-2

다음 사례에 나타난 문화의 속성에 대한 진술로 옳은 것은?

> ○○ 지역 사람들은 소를 종교적으로 우상시하여 소의 살생을 금지한다. 이는 ○○ 지역에서 소가 농사의 중요한 자원으로 활용되고 있는 것과 관련 있다.

① 문화는 끊임없이 변화한다.
② 문화는 타인의 행동을 예측 가능하게 한다.
③ 문화는 사회 구성원이 후천적으로 습득한다.
④ 문화는 다수가 가지고 있는 공통적 생활 양식이다.
⑤ 문화의 한 부분에서 나타나는 변동은 연쇄적인 변동으로 이어진다.

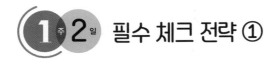

전략 ③ │ 문화를 바라보는 관점

✦**총체론적 관점**: 문화의 의미를 다른 문화 요소 및 $\boxed{①}$ 와/과의 유기적인 관련 속에서 파악하는 관점
➡ 편협하고 왜곡된 문화 이해를 방지하는 데 기여한다.

✦**비교론적 관점**: 서로 다른 문화를 비교하면서 개별 문화가 가진 $\boxed{②}$ 과 차이점을 연구하는 관점
➡ 자기 문화를 보다 객관적으로 이해할 수 있다.
➡ 어느 사회에서나 언어, 종교 등 공통으로 존재하는 생활 양식은 문화의 보편성이고, 각 사회의 문화가 다른 사회와 구분되는 고유한 특징은 문화의 특수성이다.

✦**상대론적 관점**: 해당 문화를 향유하는 사회 구성원들의 입장에서 문화의 고유한 의미를 파악하는 관점
➡ 다른 문화를 편견이나 선입견 없이 이해할 수 있다.

답 ❶ 전체 ❷ 공통점

 3

(1) 다음 내용을 전제로 하는 문화를 바라보는 관점 (가), (나)를 각각 쓰시오.

(가)	(나)
문화의 각 구성 요소는 상호 유기적인 관계를 맺으면서 하나로서의 전체를 이루고 있음	각 사회의 문화는 보편성과 특수성을 동시에 지니고 있음

(2) 다음과 같은 입장을 가지는 문화를 바라보는 관점을 쓰시오.

문화는 그것이 발생한 사회의 역사적·문화적·사회적 맥락 속에서 의미와 가치를 지니므로 해당 문화를 향유하는 사회 구성원들의 입장에서 문화의 고유한 의미를 파악해야 한다.

풀이

(1) 다른 문화 요소 및 전체와의 유기적인 관련 속에서 문화의 의미를 파악하고자 하는 총체론적 관점은 문화의 각 구성 요소가 상호 유기적인 관계를 맺으면서 하나로서의 전체를 이루고 있다고 전제한다. 서로 다른 문화를 비교하면서 개별 문화가 가진 공통점과 차이점을 연구하는 비교론적 관점은 비교를 위해 각 사회의 문화는 보편성과 특수성을 동시에 지니고 있다고 전제한다.

답 (가): 총체론적 관점, (나): 비교론적 관점

(2) 문화를 평가의 대상이 아닌 이해의 대상이므로 바라보는 상대론적 관점은 해당 문화를 향유하는 사회 구성원들의 입장에서 문화의 고유한 의미를 파악하고자 한다.

답 상대론적 관점

3-1

다음 사례에 나타난 문화를 바라보는 관점을 쓰시오.

오늘날 대부분의 산업화된 사회에서는 저출산 현상이 나타나고 있다. 그러나 아시아 지역의 경우 유럽과 다른 모습으로 저출산의 양상이 나타나고 있으며, 특히 우리나라는 저출산의 진행 속도가 **빠르게** 나타나고 있다.

(   )

3-2

다음 사례에 나타난 문화를 바라보는 관점은?

○○ 지역 사람들은 규범을 잘 지키는 것으로 유명하다. 이러한 현상을 이해하기 위해서는 ○○ 지역의 역사, 민주적 시민 의식, 공동체 의식 등과의 연관성에 집중해야 한다.

① 총체론적 관점
② 비교론적 관점
③ 상대론적 관점
④ 절대론적 관점
⑤ 진화론적 관점

전략 ④ | 문화를 이해하는 태도

✿ **자문화 중심주의**: ❶ ☐☐☐☐ 의 우수성을 강조하고, 다른 문화를 부정적으로 여기고 낮게 평가하는 태도
→ 국수주의나 문화 제국주의로 변질될 수 있다.

✿ **문화 사대주의**: ❷ ☐☐☐☐ 의 우수성을 강조하고, 자기 문화의 가치를 낮게 평가하는 태도
→ 자기 문화에 대한 정체성과 자부심을 상실할 수 있다.

✿ **문화 상대주의**: 각 문화가 해당 사회의 맥락에서 갖는 고유한 의미를 이해하고 존중하는 태도
→ 극단적 문화 상대주의를 경계하고 인류의 보편적인 가치를 존중해야 한다.

🅐 ❶ 자문화 ❷ 타 문화

필수 예제 ④

(1) (가)에 들어갈 알맞은 내용을 쓰시오.

구분	자문화 중심주의	문화 사대주의
공통점	(가)	
차이점	자문화의 우수성을 강조함	타 문화의 우수성을 강조함

(2) 각 문화 이해 태도의 순기능을 연결하시오.

ⓐ 문화 상대주의 ·   · a. 선진 문물 수용
ⓑ 문화 사대주의 ·   · b. 사회 통합에 기여
ⓒ 자문화 중심주의 ·   · c. 문화의 다양성 보존

풀이

(1) 자문화 중심주의는 자문화를 중심으로 타 문화를 평가절하한다는 점에서, 문화 사대주의는 타 문화를 중심으로 자문화를 평가절하한다는 점에서 문화를 평가의 대상으로 본다는 공통점이 있다.

🅐 문화를 평가의 대상으로 봄

(2) 문화 사대주의는 선진 문물의 수용에 기여하고, 문화 상대주의는 다른 문화가 갖는 고유한 의미를 존중함으로써 문화의 다양성을 보존하는 데 기여한다. 자문화 중심주의는 자기 문화에 대한 자부심과 집단 내의 일체감을 강화시켜 사회 통합에 기여한다.

🅐 ⓐ-c, ⓑ-a, ⓒ-b

4-1

다음 질문과 응답에 부합하는 문화 이해 태도에 대한 설명으로 옳은 것은?

질문	응답
문화를 평가의 대상으로 바라보는가?	예
자문화의 정체성 유지에 기여하는가?	예

① 문화적 주체성을 상실할 우려가 있다.
② 문화 간 우열의 차이를 인정하지 않는다.
③ 집단 내의 일체감과 자부심을 높일 수 있다.
④ 문화가 가진 사회적 맥락과 의미를 중시한다.
⑤ 선진 문물을 수용하여 자기 문화를 발전시키는 데 기여할 수 있다.

4-2

다음 그림의 병이 가진 문화 이해 태도는?

① 문화 사대주의
② 문화 상대주의
③ 문화 절대주의
④ 타 문화 중심주의
⑤ 자문화 중심주의

1 밑줄 친 ⊙에 대한 옳은 설명만을 〈보기〉에서 고른 것은?

> 지난 주말 동안에 뭐하면서 지냈어?

> 부모님과 미술관도 가고, 뮤지컬 공연도 보면서 오랜만에 ⊙ 문화생활을 했어.

Tip

고상하거나 세련된 것, 고급스러운 것 등 특별한 의미를 지닌 사회적 생활 양식은 ❶ [   ] 의 문화이고, 의식주, 가치 및 규범, 사고방식 등 한 사회의 구성원들이 만들어 낸 모든 사회적 생활 양식은 ❷ [   ] 의 문화이다.

🔒 ❶ 좁은 의미 ❷ 넓은 의미

• 보기 •
ㄱ. 넓은 의미의 문화에 해당한다.
ㄴ. 좁은 의미의 문화에 해당한다.
ㄷ. '세대 문화'에서의 '문화'와 같은 범주의 의미이다.
ㄹ. '문화 공연'에서의 '문화'와 같은 범주의 의미이다.

① ㄱ, ㄴ   ② ㄱ, ㄷ   ③ ㄴ, ㄷ
④ ㄴ, ㄹ   ⑤ ㄷ, ㄹ

2 다음 사례에 부각된 문화의 속성에 대한 진술로 옳은 것은?

> 정보 통신 기술이 발달함에 따라 가족 간의 관계 맺기, 친구 간의 관계 맺기, 회사의 업무 처리 방식 등 사회 여러 영역의 문화가 변화하고 있다.

① 문화는 시간의 흐름에 따라 변화한다.
② 문화는 각 부분이 유기적으로 결합되어 있다.
③ 문화는 구성원 다수가 공유하는 생활 양식이다.
④ 문화는 사회화를 통해 습득하는 생활 양식이다.
⑤ 문화는 새로운 요소가 추가되며 더욱 풍부해진다.

Tip

문화의 속성 중 총체성은 문화의 각 구성 요소가 상호 ❶ [   ] 인 관계를 맺으면서 하나로서의 ❷ [   ] 을/를 이루고 있음을 의미한다.

🔒 ❶ 유기적 ❷ 전체

3 다음 글에 부각된 문화의 속성에 대한 옳은 설명만을 〈보기〉에서 고른 것은?

> 어떤 상황에서의 특정 행동이 문화가 되기 위해서는 그 사회의 구성원 중 누구를 만나더라도 어떤 특정한 상황에서는 특정한 행동이 일반적으로 나타나야 한다. 이를 통해 우리는 한 사회 구성원의 행동을 예측할 수 있다.

Tip

문화의 속성 중 공유성은 문화가 한 사회의 구성원 다수가 ❶ [   ] 으로 가지고 있는 생활 양식임을 말한다. 이로 인해 타인의 행동을 예측하고 이해할 수 있고, 원활한 ❷ [   ] 이/가 가능하다.

🔒 ❶ 공통적 ❷ 사회적 상호 작용

• 보기 •
ㄱ. 문화는 전승 과정을 거치며 더욱 풍부해진다.
ㄴ. 문화는 한 사회 구성원이 공유하는 생활 양식이다.
ㄷ. 문화를 통해 구성원 간 원활한 상호 작용이 가능하다.
ㄹ. 문화를 구성하는 각 부분은 전체와의 관련 속에서 의미를 갖는다.

① ㄱ, ㄴ   ② ㄱ, ㄷ   ③ ㄴ, ㄷ
④ ㄴ, ㄹ   ⑤ ㄷ, ㄹ

4 다음 사례에 나타난 문화를 바라보는 관점에 대한 옳은 설명만을 〈보기〉에서 고른 것은?

> 동북아시아에 위치한 한국, 중국, 일본 세 나라는 차이점이 많지만 공통점도 있다. 세 나라 모두 쌀을 주식으로 하고 있으며, 한자 문화권에 속해 있다. 그러나 반찬의 종류나 숟가락과 젓가락의 모양 등에 있어서는 차이점을 보인다.

> • 보기 •
> ㄱ. 문화 간 우열이 존재하지 않는다고 본다.
> ㄴ. 문화가 보편성과 특수성을 지니고 있음을 전제한다.
> ㄷ. 자기 문화를 보다 객관적으로 이해할 수 있게 해 준다.
> ㄹ. 한 사회의 문화는 해당 사회의 맥락에서 이해해야 한다고 본다.

① ㄱ, ㄴ   ② ㄱ, ㄷ   ③ ㄴ, ㄷ
④ ㄴ, ㄹ   ⑤ ㄷ, ㄹ

Tip
문화를 바라보는 관점 중 비교론적 관점은 각 사회의 문화가 ❶[   ]와/과 특수성을 동시에 지니고 있다고 전제하며, 서로 다른 문화를 비교하면서 개별 문화가 가진 공통점과 ❷[   ]을/를 연구한다.

답 ❶ 보편성 ❷ 차이점

5 다음 글에 나타난 문화 이해 태도에 대한 설명으로 옳은 것은?

> 사람들이 살아가는 모습은 다양하고 이질적이다. 서로 다른 문화는 나름의 고유한 의미와 가치를 지니고 있으므로 그 문화가 발생한 사회의 역사적·문화적·사회적 맥락 속에서 이해해야 한다.

① 문화를 평가의 대상으로 본다.
② 자문화의 정체성이 약화될 수 있다.
③ 문화 간 우열을 가릴 수 없다고 본다.
④ 문화 제국주의로 변질될 우려가 있다.
⑤ 다문화 사회에서 갈등을 초래할 수 있다.

Tip
문화 이해 태도 중 문화 상대주의는 문화를 우열 평가가 아닌 ❶[   ]의 대상으로 간주하며, 각 문화가 해당 사회의 맥락에서 갖는 고유한 ❷[   ]을/를 이해하고 존중하는 태도이다.

답 ❶ 이해 ❷ 의미

6 다음 대화에서 갑이 가진 문화 이해 태도에 대한 설명으로 옳은 것은?

A국 사람들은 손으로 음식을 먹어. 수저를 이용하는 우리나라에 비해 A국 사람들의 음식 문화는 저급하다고 할 수 있어.
갑

A국 사람들이 수저 대신 손으로 식사를 하는 것은 그들의 자연환경이 반영된 행동 양식이라고 할 수 있어.

을

① 자문화의 정체성을 약화시킨다.
② 문화 제국주의로 변질될 수 있다.
③ 외부 문화의 수용에 적극적이다.
④ 문화 간 우열을 인정하지 않는다.
⑤ 각 문화의 사회적 맥락과 의미를 중시한다.

Tip
문화를 이해하는 태도 중 자문화 중심주의는 ❶[   ] 문화의 우수성을 지나치게 강조한 나머지 다른 문화를 부정적으로 여기고 낮게 평가하는 태도이다. 이러한 태도는 다른 사회에 자국의 문화를 강제적으로 이식하려는 과정에서 문화적 ❷[   ]와/과 마찰을 초래할 우려가 있다.

답 ❶ 자기 ❷ 갈등

전략 ① │ 하위문화

- 문화에는 한 사회의 구성원 대다수가 공유하는 주류 문화와 그렇지 않은 하위문화가 있다.

- ✦ **하위문화**: 한 사회 내에서 ❶ [　　　　] 집단의 구성원들 또는 특정 영역의 사람들만이 공유하는 문화
  - ➡ 전체 사회에 역동성과 다양성을 제공하고, 구성원의 소속감을 높이는 데 기여한다.
  - ➡ 하위문화는 시간과 장소에 따라 상대적으로 다르게 규정되어 원래 하위문화였던 것이 나중에 주류 문화가 되기도 한다.
  - ➡ 하위문화에는 지역 문화, 세대 문화, 반문화 등이 있다.

- **반문화**: 한 사회의 지배적인 문화에 ❷ [　　　　] 하거나 대립하는 문화
  - ➡ 기존 문화의 보수성이나 문제점에 대한 성찰의 계기를 마련해 주기도 한다.

답 ❶ 특정 ❷ 저항

필수 예제 ①

(1) ㉠, ㉡에 들어갈 알맞은 말을 각각 쓰시오.

> 집단이나 영역에 관계없이 한 사회의 구성원들이 전반적으로 공유하는 문화를 ㉠ [　　　] (이)라고 하며, 특정 집단이나 영역의 사람들만이 공유하는 문화를 ㉡ [　　　] (이)라고 한다.

(2) 다음 내용이 설명하는 용어를 쓰시오.

> 특정 영역의 사람들만이 향유하는 문화라는 점에서 하위문화의 한 유형에 해당하나, 한 사회의 지배적인 문화에 저항하거나 대립한다는 점에서 다른 하위문화와 차이점이 있다.

풀이

(1) 주류 문화는 한 사회 구성원 대부분이 공유하는 문화이고, 하위문화는 특정 영역의 사람들만이 공유하는 문화이다.

답 ㉠: 주류 문화, ㉡: 하위문화

(2) 반문화는 한 사회의 지배적인 문화에 저항하거나 대립하는 문화로, 하위문화의 한 유형으로 볼 수 있다. 시대와 사회에 따라 반문화를 규정하는 기준이 달라진다.

답 반문화

1-1

다음 사례에 해당하는 하위문화의 유형을 쓰시오.

> 1960년대 미국의 히피족은 정치적으로 베트남전 참전을 위한 징집을 거부하는 등 정부 정책에 저항하며 평화를 추구하고, 물질적 풍요와 편의성보다는 자연과 공존하는 생활 태도를 중시하였다.

(　　　　　　　)

1-2

다음 문화의 공통적인 특징에 해당하는 것은?

> - 비행 청소년 문화
> - 청소년 음식 문화
> - 청소년 놀이 문화

① 사회 혼란을 유발한다.
② 기존 문화에 저항한다.
③ 사회 구성원 대다수가 공유한다.
④ 특정 세대 구성원만이 향유한다.
⑤ 특정 지역 사람들만이 향유한다.

전략 ❷ | 대중문화 및 대중 매체

● 대중문화는 대다수의 사회 구성원인 대중이 공유하면서 향유하는 문화로, ❶ [   ]이/가 발달하면서 확산되었다.

● 대중 매체는 대중문화와 밀접하게 상호 작용을 한다.

✿ 대중 매체의 유형

인쇄 매체	신문, 잡지 등 활자를 통해 정보를 전달하는 매체
음성 매체	라디오 등 소리를 통해 정보를 전달하는 매체
영상 매체	텔레비전, 영화 등 소리와 영상을 통해 정보를 전달하는 매체
뉴 미디어	인터넷, 누리 소통망(SNS), 맞춤형 누리 방송(IPTV) 등 소리, 사진, 영상, 문자 등 다양한 수단으로 정보를 공유하고 소통하는 매체

➡ 일방향 매체(신문, 잡지, 텔레비전 등) : 정보 생산자와 소비자가 뚜렷하게 구별된다.

➡ ❷ [   ](인터넷 등 뉴 미디어) : 정보 소비자가 정보 생산 과정에 능동적·적극적으로 참여한다.

답 ❶ 대중 매체 ❷ 쌍방향 매체

필수 예제 2

(1) 다음 내용이 설명하는 개념을 쓰시오.

> 한 사회 내에 존재하는 다양한 집단을 초월하여 대다수의 사회 구성원인 대중이 공유하면서 향유하는 문화이다. 산업화로 대량 생산 체제가 형성되고, 다수가 동시에 누릴 수 있는 공통의 문화가 보급되면서 나타났다.

(2) ㉠, ㉡에 들어갈 알맞은 말을 각각 쓰시오.

> 대중 매체의 유형 중 [㉠]은/는 신문이나 텔레비전과 같이 정보 생산자와 소비자가 뚜렷하게 구분되는 반면, [㉡]은/는 SNS 등과 같이 정보 생산자와 소비자의 구분이 모호하고 정보 소비자가 정보 생산 과정에 적극 참여한다.

풀이

(1) 대다수 사회 구성원이 향유하는 대중문화는 산업화 이후에 형성되기 시작하였으며, 대중 매체가 발달하면서 활발하게 생산되고 보급되었다.

답 대중문화

(2) 대중 매체의 유형을 다음과 같이 구분한다.

일방향 매체	신문, 잡지, 라디오, 영화, 텔레비전 등 전통적인 대중 매체
쌍방향 매체	SNS, IPTV 등 인터넷을 이용한 뉴 미디어

답 ㉠: 일방향 매체, ㉡: 쌍방향 매체

2-1

대중문화의 형성 및 확산 과정에 대한 설명으로 옳지 <u>않은</u> 것은?

① 선거권 확대로 대중의 사회적 지위가 향상되었다.
② 사회의 특정 계층이 고급 문화를 독점하게 되었다.
③ 대중 매체의 발달로 대중문화가 활발하게 생산되었다.
④ 의무 교육 제도 시행으로 대중의 지적 수준이 향상되었다.
⑤ 산업화에 따른 대량 생산으로 공통의 문화가 보급되었다.

2-2

(가), (나)에 해당하는 대중 매체의 유형을 각각 쓰시오.

질문	(가)	(나)
정보 생산자와 소비자의 구분이 명확한가?	예	아니요
정보 생산 과정에 정보 소비자가 적극 참여하는가?	아니요	예

(가): (   )

(나): (   )

전략 ❸ | 문화 변동 요인

● 문화 변동에는 한 사회 내부에서 일어나는 내재적 요인과 다른 문화와 교류하여 일어나는 외재적 요인이 있다.

✿ **발견**: 존재하고 있었으나 알려지지 않았던 사물이나 원리 등을 찾아내는 행위나 그 결과

✿ **발명**: 존재하지 않았던 기술이나 사물 등을 만들어 내는 행위나 그 결과물

✿ **직접 전파**: 사회 구성원들 간의 ❶ [   ] 접촉 과정에서 문화 요소가 전달되어 정착되는 현상

✿ **간접 전파**: ❷ [   ] 을/를 통해 간접적으로 문화 요소가 전달되어 정착되는 현상

✿ **자극 전파**: 추상적인 개념이나 ❸ [   ] 이/가 전파되어 새로운 문화 요소의 발명이 이루어지는 현상

🔑 ❶ 직접(적인) ❷ 매개체 ❸ 아이디어

**필수 예제 **

(1) (가), (나)에 해당하는 문화 변동의 내재적 요인을 각각 쓰시오.

▲ 한글   ▲ 페니실린

(2) (가), (나)에 해당하는 문화 변동의 외재적 요인을 각각 쓰시오.

(가)	(나)
전쟁 과정에서 다른 나라로 전해진 음식 문화	텔레비전 드라마를 통해 다른 나라에 전해진 음식 문화

풀이

(1) 한글은 존재하지 않았던 문자를 만들어 낸 경우이므로 발명에 해당하고, 페니실린은 곰팡이 균에서 발견한 것이다.

🔑 (가): 발명, (나): 발견

(2) (가)는 전쟁이라는 직접 접촉 과정에서 문화 요소가 전달되었다는 점에서 직접 전파, (나)는 텔레비전 드라마라는 매개체를 통해 문화 요소가 전달되었다는 점에서 간접 전파에 해당한다.

🔑 (가): 직접 전파, (나): 간접 전파

3-1

(가)~(다)에 들어갈 문화 변동 요인에 대한 설명으로 옳은 것은?

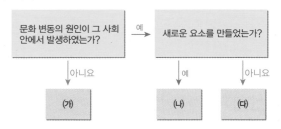

① (가)는 문화 전파에 해당한다.
② (가)의 유형으로 발명, 발견이 있다.
③ (나)를 통해 불, 전기를 사용하게 되었다.
④ (나)의 사례로 신라 시대의 이두 문자가 있다.
⑤ (다)의 사례로 한글, 컴퓨터, 바퀴를 들 수 있다.

3-2

(가), (나)에 해당하는 문화 변동 요인을 각각 쓰시오.

(가) 증기 기관 등의 기계가 만들어지면서 영국에서 산업 혁명이 나타나게 되었다.
(나) 중국으로부터 유럽에 전해진 화약은 전쟁에 이용되어 정복 국가의 출현을 초래하였다.

(가): (   )
(나): (   )

전략 ❹ 문화 변동 양상과 문제점

✦ **문화 동화**: 한 사회의 문화 요소가 다른 사회의 문화 체계 속에 흡수되어 ❶ [   ]을/를 상실하는 현상

✦ **문화 병존**: 서로 다른 사회의 문화 요소가 한 사회의 문화 체계 속에서 나란히 존재하는 현상

✦ **문화 융합**: 서로 다른 문화 요소들이 결합하여 기존 문화와 다른 ❷ [   ]을/를 형성하는 현상

✦ **문화 변동에 따른 문제점**

→ 문화 지체 현상: 물질문화의 변동 속도를 ❸ [   ]이/가 따르지 못하여 나타나는 부조화 현상

→ 아노미 현상: 급속한 변동으로 기존 규범이 약화되고, 새로운 규범이 확립되지 않아 나타나는 혼란

🔒 ❶ 정체성 ❷ 제3의 문화 ❸ 비물질 문화

필수예제 ④

(1) 다음 사례에 나타난 문화 변동 요인과 문화 변동 양상을 쓰시오.

> 동서양을 잇는 길목이었던 간다라 지방에서는 교역 과정에서 인도의 불교 문화와 서양의 미술 문화가 만나 서양인의 외모를 가진 불상 조각이 처음으로 만들어졌다.

(2) 다음 그래프가 나타내는 문화 변동에 따른 문제점은 무엇인지 쓰시오.

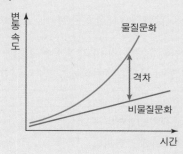

풀이

(1) 인도의 불교 문화와 서양의 미술 문화가 교역 과정에서 접촉하게 되었다는 점에서 직접 전파에 해당하며, 기존 문화와 달리 서양인의 외모를 가진 불상이라는 제3의 문화가 형성되었다는 점에서 문화 융합에 해당한다.

🔒 직접 전파, 문화 융합

(2) 새로운 물질문화는 사회 구성원들이 비교적 쉽게 수용하면서 변동 속도가 빠른 것에 비해, 비물질문화는 수용하는 데 시간이 걸려 변동 속도가 느리다. 이러한 물질문화와 비물질문화 간 격차로 발생하는 부조화 현상을 문화 지체 현상이라고 한다.

🔒 문화 지체 현상

4-1

다음 사례에 나타난 문화 변동 요인과 양상을 각각 〈보기〉에서 골라 기호를 쓰시오.

> 갑국 사람들은 40년 동안 을국과 교역하면서 을국의 언어를 배우고자 노력하였다. 그 결과 현재 갑국 사람들은 을국의 언어와 갑국의 언어를 모두 사용하고 있다.

┌─ 보기 ─────────────────┐
ㄱ. 직접 전파   ㄴ. 간접 전파
ㄷ. 강제적 문화 접변   ㄹ. 문화 병존
└──────────────────────┘

(   )

4-2

다음 사례에 나타난 문화 변동에 따른 문제점을 쓰시오.

> 스마트폰의 대중화가 급속히 이루어지면서 누리 소통망(SNS)을 활용하는 인구가 급증하였다. SNS는 주변 사람에게 자신의 근황이나 감정 상태를 전달하는 데 유용한 수단이지만, 근거 없는 험담이 확산하는 사례가 늘어나고 있다. 더욱이 이를 규제할 도덕적 규범의 통제력이 약하여, 이로 인한 문제가 심각해지고 있다.

(   )

1 빈칸에 들어갈 개념에 대한 설명으로 옳은 것은?

> ⬚은/는 한 사회의 특정 사회 집단에서 나타나는 생활 양식을 의미한다. 지역에 따라 나타나는 도시 문화와 농촌 문화, 연령에 따라 나타나는 청소년 문화와 노인 문화 등이 있다.

① 규정하는 기준이 절대적이다.
② 사회가 다원화될수록 그 수가 감소한다.
③ 해당 사회의 문화적 획일성을 초래한다.
④ 사회 구성원 대다수가 공유하는 문화이다.
⑤ 구성원들에게 소속 집단에 대한 소속감을 부여한다.

> **Tip**
> 하위문화는 전체 사회의 범주를 어떻게 규정하느냐에 따라 그 범주가 **❶** (으)로 결정되며, 특정 집단의 정체성을 형성함으로써 구성원의 **❷** 을/를 높이는 데 기여한다.
>
> 🔑 ❶ 상대적 ❷ 소속감

2 빈칸에 들어갈 개념에 대한 옳은 설명만을 〈보기〉에서 고른 것은?

> 한 사회의 구성원 대다수가 향유하는 지배적인 문화에 반대하거나 대립하는 사람들이 공유하는 문화를 ⬚(이)라 한다.

> • 보기 •
> ㄱ. 상대적으로 규정된다.
> ㄴ. 하위문화에 포함된다.
> ㄷ. 주류 문화에 해당한다.
> ㄹ. 전체 사회의 문화적 다양성을 저해한다.

① ㄱ, ㄴ   ② ㄱ, ㄷ   ③ ㄴ, ㄷ
④ ㄴ, ㄹ   ⑤ ㄷ, ㄹ

> **Tip**
> 반문화는 한 사회의 지배적인 문화에 **❶** 하거나 대립하는 문화이다. 반문화는 하위문화의 한 유형에 해당하며, 시대와 **❷** 에 따라 반문화를 규정하는 기준이 달라진다.
>
> 🔑 ❶ 저항 ❷ 사회

3 표는 대중 매체의 유형인 A~C를 질문에 따라 구분한 것이다. 이에 대한 옳은 설명만을 〈보기〉에서 고른 것은? (단, A~C는 각각 신문, 텔레비전, 인터넷 중 하나이다.)

질문	A	B	C
정보 소비자가 정보 생산 과정에 참여하는가?	아니요	예	아니요
청각 정보를 제공할 수 있는가?	아니요	예	예

> • 보기 •
> ㄱ. A는 신문이다.
> ㄴ. B는 일방향 매체에 해당한다.
> ㄷ. C는 쌍방향 매체에 해당한다.
> ㄹ. C는 A에 비해 신속한 정보 전달이 용이하다.

① ㄱ, ㄴ   ② ㄱ, ㄹ   ③ ㄴ, ㄷ
④ ㄴ, ㄹ   ⑤ ㄷ, ㄹ

> **Tip**
> 정보 생산자와 소비자가 뚜렷하게 구분되는 것은 **❶** 매체이고, 정보 생산자와 소비자의 구분이 명확하지 않은 것은 **❷** 매체이다.
>
> 🔑 ❶ 일방향 ❷ 쌍방향

4 A~C에 대한 옳은 설명만을 〈보기〉에서 고른 것은?

> • A, B, C는 발명, 직접 전파, 간접 전파 중 하나이다.
> • A는 B와 달리 문화 변동의 외재적 요인에 해당한다.
> • A는 C와 달리 구성원 간의 직접적인 접촉 과정에서 문화 요소가 전달된다.

> **•보기•**
> ㄱ. A는 간접 전파이다.
> ㄴ. B의 사례에는 바퀴, 자동차가 있다.
> ㄷ. C는 매개체를 통해 문화 요소가 전달된다.
> ㄹ. B와 C는 모두 문화 변동의 내재적 요인에 해당한다.

① ㄱ, ㄴ   ② ㄱ, ㄷ   ③ ㄴ, ㄷ
④ ㄴ, ㄹ   ⑤ ㄷ, ㄹ

Tip
발명과 발견은 문화 변동의 ❶ [ ] 요인 이고, 직접 전파와 간접 전파 그리고 자극 전파 는 문화 변동의 ❷ [ ] 요인이다.

目 ❶ 내재적 ❷ 외재적

5 표는 문화 접변 결과 A, B를 질문에 따라 구분한 것이다. 이에 대한 설명으로 옳은 것은? (단, A와 B는 각각 문화 동화와 문화 융합 중 하나이다.)

질문	A	B
한 사회의 문화가 다른 사회의 문화 체계 속에 흡수되어 정체성을 상실하였는가?	예	아니요

① A는 문화 융합이다.
② A는 직접 전파에 의해 나타난다.
③ B는 문화 동화이다.
④ B는 기존의 문화와 다른 제3의 문화가 형성된다.
⑤ A와 B 모두 강제적 문화 접변 결과로 나타난다.

Tip
문화 동화는 한 사회의 문화 요소가 다른 사회 의 문화 체계 속에 흡수되어 ❶ [ ]을/를 상실하는 현상이고, 문화 융합은 기존 문화 요 소들과 다른 성격을 지닌 ❷ [ ]을/를 형 성하는 현상이다.

目 ❶ 정체성 ❷ 제3의 문화

6 갑국에 나타난 문화 변동에 대한 옳은 설명만을 〈보기〉에서 고른 것은?

> 갑국에서는 최근들어 을국의 드라마가 크게 인기를 끌고 있으며, 드라마의 영향으로 드라마 주인공들이 입고 있는 을국 의복이 갑국 젊은이들 사이에 서 인기를 끌고 있다. 실제 갑국 젊은이들이 모인 거리에 나가면 절반 정도 는 갑국 고유의 의상을, 나머지 절반은 을국의 의복을 입고 있을 만큼 을국 의상은 갑국 젊은이들 사이에 정착되고 있다.

> **•보기•**
> ㄱ. 간접 전파가 나타났다.   ㄴ. 문화 병존이 나타났다.
> ㄷ. 문화 융합이 나타났다.   ㄹ. 강제적 문화 접변이 나타났다.

① ㄱ, ㄴ   ② ㄱ, ㄷ   ③ ㄴ, ㄷ
④ ㄴ, ㄹ   ⑤ ㄷ, ㄹ

Tip
간접 전파는 ❶ [ ]을/를 통해 간접적으 로 문화 요소가 전달되어 정착되는 현상이고, 문화 병존은 서로 다른 사회의 문화 요소가 한 사회의 문화 체계 속에서 ❷ [ ] 존재하 는 현상이다.

目 ❶ 매개체 ❷ 나란히

대표 예제 **1**

밑줄 친 '문화'에 대한 옳은 설명만을 〈보기〉에서 고른 것은?

> 우리나라 서로 다른 지역의 일상생활을 비교해 보면 말투, 음식, 의복 등에서 차이를 발견할 수 있으며, 이러한 차이는 두 지역의 문화가 상이하기 때문에 나타난다.

• 보기 •
ㄱ. 좁은 의미의 문화에 해당한다.
ㄴ. 고상한 것, 세련된 것을 의미한다.
ㄷ. 모든 사회적 생활 양식을 의미한다.
ㄹ. '청소년 문화'에서의 '문화'와 같은 의미이다.

① ㄱ, ㄴ　　② ㄱ, ㄷ　　③ ㄴ, ㄷ
④ ㄴ, ㄹ　　⑤ ㄷ, ㄹ

개념 가이드

좁은 의미의 문화는 **❶**[　　　] 의미를 지닌 사회적 생활 양식을, 넓은 의미의 문화는 인간의 모든 사회적 **❷**[　　　]을/를 의미한다.

답 ❶ 특별한 ❷ 생활 양식

대표 예제 **2**

빈칸에 들어갈 알맞은 말은?

> 사회학자 갑은 문화의 속성 중 하나인 [　　　]에 대해 연구하기 위하여 어릴 적에 서로 다른 사회에 입양되어 성인으로 성장한 일란성 쌍둥이의 생활 양식 차이에 대한 사례를 수집하고 있다.

① 축적성　　　　② 전체성
③ 학습성　　　　④ 공유성
⑤ 변동성

개념 가이드

학습성은 문화가 선천적·유전적으로 나타나는 행동이 아니라 사회의 다른 구성원과의 상호 작용을 통해 **❶**[　　　]으로 **❷**[　　　]되는 생활 양식임을 의미한다.

답 ❶ 후천적 ❷ 학습

대표 예제 **3**

다음 내용에 부각된 문화의 속성에 대한 진술로 옳은 것은?

> 어느 집단의 문화를 제대로 이해하기 위해서는 그 사회의 신앙, 예술, 도덕, 법, 관습 등에 대한 종합적인 이해가 필요하다. 이는 한 사회의 문화를 구성하는 요소들이 독립적으로 존재하는 것이 아니기 때문이다.

① 문화는 원활한 상호 작용의 토대이다.
② 문화는 시간이 지나면서 의미가 변화한다.
③ 문화는 세대 간 전승되며 더욱 풍부해진다.
④ 문화는 구성원 다수가 가지는 생활 양식이다.
⑤ 문화는 한 부분이 변동하면 다른 부분도 변동한다.

개념 가이드

문화는 사회의 여러 구성 요소들이 상호 **❶**[　　　]적으로 결합된 총체이므로 부분이 아닌 **❷**[　　　]로서 의미를 갖는다.

답 ❶ 유기 ❷ 전체

대표 예제 **4**

다음 교사의 설명에 나타난 문화를 바라보는 관점에 대한 설명으로 옳은 것은?

>
> 갑국에서는 사람이 죽으면 땅에 묻고 무덤을 만들어 예를 표합니다. 반면 을국에서는 사람이 죽으면 화장을 하고, 그 유골을 강에 뿌려 예를 표하는 의식을 가지고 있습니다. 이처럼 국가별로 장례 모습은 다르지만, 망자에게 예를 표한다는 점에는 공통점이 있습니다.

① 총체론적 관점에 해당한다.
② 문화를 이해의 대상으로 바라본다.
③ 문화의 보편성과 특수성을 강조한다.
④ 해당 사회의 맥락 속에서 문화를 바라본다.
⑤ 다른 문화 요소와의 관련 속에서 문화를 바라본다.

개념 가이드

각 사회의 문화는 보편성과 특수성을 동시에 지니고 있다고 전제하는 **❶**[　　　]은/는 서로 다른 문화를 비교하면서 개별 문화가 가진 공통점과 **❷**[　　　]을/를 연구하고자 한다.

답 ❶ 비교론적 관점 ❷ 차이점

대표 예제 5

(가), (나)에 나타난 문화를 바라보는 관점을 바르게 연결한 것은?

> (가) 모든 사회에 입시 제도가 있지만 서양과 달리 동양의 입시 제도는 지나친 경쟁을 초래한다.
> (나) 우리나라 입시 제도는 교육 측면에서의 고찰뿐만 아니라 사회 양극화, 사교육 시장 등 여러 요인들과 연관지어 바라봐야 한다.

	(가)	(나)
①	비교론적 관점	상대론적 관점
②	비교론적 관점	총체론적 관점
③	총체론적 관점	비교론적 관점
④	총체론적 관점	상대론적 관점
⑤	상대론적 관점	총체론적 관점

개념 가이드

서로 다른 문화를 비교하면서 문화를 이해하고자 하는 관점은 **❶**이고, 문화의 의미를 다른 문화 요소와의 관련 속에서 파악해야 한다는 관점은 **❷**이다.

답 ❶ 비교론적 관점 ❷ 총체론적 관점

대표 예제 6

빈칸에 들어갈 문화 이해 태도에 대한 설명으로 옳은 것은?

> **교사:** ☐ 태도로 문화를 바라볼 때 어떤 문제점이 있을까요?
> **학생:** 다른 나라의 문화를 평가절하하여 배척할 수 있습니다.
> **교사:** 정확히 답변하였습니다.

① 문화 상대주의이다.
② 문화 사대주의이다.
③ 문화를 이해의 대상으로 바라본다.
④ 문화 제국주의로 빠질 우려가 있다.
⑤ 자문화의 정체성을 상실할 우려가 있다.

개념 가이드

자기 문화의 **❶**을/를 지나치게 강조한 나머지 다른 문화를 부정적으로 여기고 낮게 평가하는 태도는 **❷**이다.

답 ❶ 우수성 ❷ 자문화중심주의

대표 예제 7

다음 글에 나타난 문화 이해 태도에 대한 옳은 설명만을 〈보기〉에서 고른 것은?

> 각 문화는 그 사회 특유의 역사적, 사회적, 환경적 필요성에 의해 형성되었기 때문에 타 문화에서 찾아볼 수 없는 고유한 가치를 지닌다.

● 보기 ●
ㄱ. 문화 다양성 유지에 기여한다.
ㄴ. 타 문화를 이해의 대상으로 본다.
ㄷ. 문화 간 우열이 존재한다고 본다.
ㄹ. 자문화를 중심으로 타 문화를 바라본다.

① ㄱ, ㄴ ② ㄱ, ㄷ ③ ㄴ, ㄷ
④ ㄴ, ㄹ ⑤ ㄷ, ㄹ

개념 가이드

문화를 우열 평가가 아닌 **❶**의 대상으로 간주하며, 각 문화가 해당 사회의 맥락에서 갖는 고유한 의미를 이해하고 존중하려는 태도는 **❷**이다.

답 ❶ 이해 ❷ 문화 상대주의

대표 예제 8

갑과 을의 문화 이해 태도에 대한 옳은 설명만을 〈보기〉에서 고른 것은?

> 거위의 간을 음식 재료로 활용하는 A국의 음식 문화는 우리 눈에 야만적으로 보입니다. 갑

> 음식 문화는 우리 기준이 아니라 해당 사회의 역사적·환경적 측면에서 바라볼 필요가 있습니다. 을

● 보기 ●
ㄱ. 갑의 태도는 문화 사대주의이다.
ㄴ. 갑의 태도는 문화를 평가의 대상으로 본다.
ㄷ. 을의 태도는 문화 상대주의이다.
ㄹ. 을의 태도는 문화 다양성을 저해할 수 있다.

① ㄱ, ㄴ ② ㄱ, ㄷ ③ ㄴ, ㄷ ④ ㄴ, ㄹ ⑤ ㄷ, ㄹ

개념 가이드

문화 상대주의는 각 사회의 문화가 가진 **❶**을/를 인정함으로써 문화의 **❷**을/를 보존하는 데 기여한다.

답 ❶ 고유성 ❷ 다양성

대표 예제 **9**

빈칸에 들어갈 개념에 대한 옳은 설명만을 〈보기〉에서 고른 것은?

> 학습 주제: [　　　　　]
> • 우리나라의 노인 문화
> • 우리나라의 영남 지역 문화
> • 과거 우리나라의 운동권 문화
> • 우리나라의 30~40대 직장인 문화

> • 보기 •
> ㄱ. 규정하는 기준이 절대적이다.
> ㄴ. 사회가 다원화될수록 증가한다.
> ㄷ. 항상 주류 문화에 저항하거나 대립한다.
> ㄹ. 전체 사회의 문화 다양성을 높일 수 있다.

① ㄱ, ㄴ　　② ㄱ, ㄷ　　③ ㄴ, ㄷ
④ ㄴ, ㄹ　　⑤ ㄷ, ㄹ

개념 가이드

전체 사회의 범주를 어떻게 규정하느냐에 따라 [❶　　　]의 범주가 [❷　　　](으)로 결정된다.

　　　　　　　　　　　　　　　　🖺 ❶ 하위문화 ❷ 상대적

대표 예제 **10**

다음 글에서 추론할 수 있는 하위문화의 기능은?

> 처음 만난 사이지만 대화를 나누는 과정에서 같은 지역의 사투리를 사용하고 있음을 깨닫는 순간 동질감을 느끼게 된다.

① 문화의 발전에 기여한다.
② 지역 사회의 발전에 기여한다.
③ 집단의 정체성 형성에 기여한다.
④ 문화의 다양성 신장에 기여한다.
⑤ 구성원의 욕구 충족에 기여한다.

개념 가이드

하위문화는 해당 문화를 공유하는 구성원 간에 [❶　　　]을/를 형성함으로써 구성원의 [❷　　　]을/를 높이는 데 기여한다.

　　　　　　　　　　　　　　　　🖺 ❶ 정체성 ❷ 소속감

대표 예제 **11**

대중 매체의 유형 A, B에 대한 옳은 설명만을 〈보기〉에서 고른 것은? (단, A와 B는 텔레비전과 인터넷 중 하나이다.)

질문	A	B
정보 소비자의 정보 생산 참여 가능성	높음	낮음
(가)	낮음	높음

> • 보기 •
> ㄱ. A는 텔레비전이다.
> ㄴ. B는 쌍방향 매체이다.
> ㄷ. A는 뉴 미디어, B는 전통적 매체에 해당한다.
> ㄹ. (가)에는 '정보 생산자와 소비자 간의 구분 가능성'이 들어갈 수 있다.

① ㄱ, ㄴ　　② ㄱ, ㄷ　　③ ㄴ, ㄷ
④ ㄴ, ㄹ　　⑤ ㄷ, ㄹ

개념 가이드

인터넷과 같은 [❶　　　] 매체는 정보 생산자와 소비자의 구분이 모호하고, [❷　　　]이/가 정보 생산 과정에 적극적으로 참여한다.

　　　　　　　　　　　　　　　　🖺 ❶ 쌍방향 ❷ 정보 소비자

대표 예제 **12**

다음 사례에 나타난 문화 변동에 대한 옳은 설명만을 〈보기〉에서 고른 것은?

> A 부족 사람들은 원래 수렵 및 채집으로 생활하였으나, B 부족과의 전쟁 과정에서 B 부족의 농경 기술이 전해지면서 농사를 지으며 정착 생활을 하게 되었다.

> • 보기 •
> ㄱ. 강제적 문화 접변이 나타났다.
> ㄴ. 직접 전파에 의해 문화 변동이 나타났다.
> ㄷ. 외재적 요인에 의해 문화 변동이 나타났다.
> ㄹ. 내재적 요인에 의해 문화 변동이 나타났다.

① ㄱ, ㄴ　　② ㄱ, ㄷ　　③ ㄴ, ㄷ
④ ㄴ, ㄹ　　⑤ ㄷ, ㄹ

개념 가이드

문화 요소를 제공하는 사회와 그것을 수용하는 사회 구성원들 간의 직접적인 접촉 과정에서 [❶　　　]이/가 전달되어 정착되는 현상은 [❷　　　]이다.

　　　　　　　　　　　　　　　　🖺 ❶ 문화 요소 ❷ 직접 전파

대표 예제 13

표는 문화 변동 요인 A~C를 질문에 따라 구분한 것이다. 이에 대한 옳은 설명만을 〈보기〉에서 고른 것은? (단, A~C는 각각 발명, 직접 전파, 간접 전파 중 하나이다.)

질문	A	B	C
외재적 요인에 해당합니까?	예	아니요	예
매개체를 통해 문화 요소가 전해집니까?	아니요	아니요	예

• 보기 •
ㄱ. A는 간접 전파이다.
ㄴ. B의 사례에는 자동차가 있다.
ㄷ. C의 사례에는 정복에 따른 문화 전파가 있다.
ㄹ. B는 다른 문화와의 접촉 없이 문화 변동을 초래한다.

① ㄱ, ㄴ ② ㄱ, ㄷ ③ ㄴ, ㄷ ④ ㄴ, ㄹ ⑤ ㄷ, ㄹ

개념 가이드

한 사회 내부에서 새롭게 등장하여 그 사회의 ❶◻◻◻ 에 변동을 초래하는 요인은 문화 변동의 ❷◻◻◻ 이다.

답 ❶ 문화 체계 ❷ 내재적 요인

대표 예제 15

다음 사례에 대한 옳은 설명만을 〈보기〉에서 고른 것은?

갑국은 군사적으로 정복 관계에 있던 을국에 대해 강력하게 문화적인 식민지 정책을 추진하였으며, 그 결과 을국은 자신들의 전통문화를 상실하게 되었다.

• 보기 •
ㄱ. 직접 전파가 나타났다.
ㄴ. 문화 융합이 나타났다.
ㄷ. 강제적 문화 접변이 나타났다.
ㄹ. 내재적 요인에 의해 문화 변동이 발생하였다.

① ㄱ, ㄴ ② ㄱ, ㄷ ③ ㄴ, ㄷ
④ ㄴ, ㄹ ⑤ ㄷ, ㄹ

개념 가이드

정복 등과 같은 상황에서 물리적 ❶◻◻◻ 에 기초하여 문화 요소가 강제적으로 이식되어 나타나는 문화 변동은 ❷◻◻◻ 이다.

답 ❶ 강력력 ❷ 강제적 문화 접변

대표 예제 14

문화 접변의 결과 A~C를 바르게 연결한 것은?

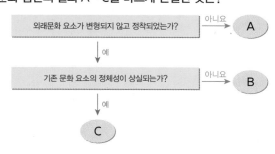

	A	B	C
①	문화 융합	문화 동화	문화 병존
②	문화 융합	문화 병존	문화 동화
③	문화 동화	문화 융합	문화 병존
④	문화 동화	문화 병존	문화 융합
⑤	문화 병존	문화 융합	문화 동화

개념 가이드

문화 동화, 문화 병존, 문화 융합은 모두 ❶◻◻◻ 의 결과이며, 문화 병존과 문화 융합은 기존 문화 요소의 정체성이 ❷◻◻◻ 된다.

답 ❶ 문화 접변 ❷ 유지

대표 예제 16

다음 그래프가 나타내는 문화 변동에 따른 사회 문제에 대한 옳은 설명만을 〈보기〉에서 고른 것은?

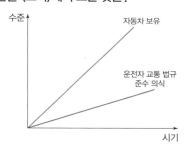

• 보기 •
ㄱ. 아노미에 해당한다.
ㄴ. 문화 지체에 해당한다.
ㄷ. 물질문화의 변동 속도가 빨라서 발생한다.
ㄹ. 기술 지체 현상이 발생하였다.

① ㄱ, ㄴ ② ㄱ, ㄷ ③ ㄴ, ㄷ ④ ㄴ, ㄹ ⑤ ㄷ, ㄹ

개념 가이드

물질문화의 빠른 변동 속도를 ❶◻◻◻ 이/가 따라가지 못하여 문화 요소 간에 부조화가 발생하는 현상을 ❷◻◻◻ (이)라고 한다.

답 ❶ 비물질문화 ❷ 문화 지체

교과서 대표 전략 ②

01 다음 사례에 공통적으로 부각된 문화의 속성에 대한 설명으로 옳은 것은?

> • 우리나라에 오랫동안 거주한 외국인들은 이제는 김치 없이는 식사를 못할 만큼 김치를 즐겨 먹는다.
> • 다문화 가정의 자녀들은 부모의 서로 다른 언어를 모두 자연스럽게 구사할 수 있다.

① 문화는 후천적으로 습득된다.
② 문화는 지속적으로 변화한다.
③ 문화는 세대 간 전승되며 다양해진다.
④ 문화는 부분이 모여 전체로서의 체계를 이룬다.
⑤ 문화는 한 부분의 변동이 연쇄적 변동을 초래한다.

Tip

문화의 **❶**　　　 은/는 문화가 선천적으로 타고나는 행동이 아니라 후천적으로 **❷**　　　 되는 생활 양식임을 보여 준다.

답 ❶ 학습성 ❷ 학습

02 하위문화의 유형 (가), (나)에 대한 옳은 설명만을 〈보기〉에서 고른 것은?

> (가) 2030 세대는 기성 세대에 비해 현재의 삶을 중시하는 삶의 방식을 보이고 있다.
> (나) 미국의 히피족은 정부 정책에 저항하며 물질적 풍요보다 자연과 공존하는 삶을 추구하였다.

> • 보기 •
> ㄱ. (가)는 지역 문화의 사례이다.
> ㄴ. (나)는 반문화의 사례이다.
> ㄷ. (가)와 (나) 모두 전체 사회에 문화 다양성을 제공할 수 있다.
> ㄹ. (나)와 달리 (가)는 기존 문화에 저항하는 특징을 보인다.

① ㄱ, ㄴ　　② ㄱ, ㄷ　　③ ㄴ, ㄷ
④ ㄴ, ㄹ　　⑤ ㄷ, ㄹ

Tip

한 사회 내에서 특정 영역의 사람들만 공유하는 문화는 **❶**　　　 (으)로, 전체 사회에 문화적 **❷**　　　 을/를 제공한다.

답 ❶ 하위문화 ❷ 다양성

03 다음 그림은 질문 (가)로 문화 이해의 태도 A~C를 구분한 것이다. 이에 대한 옳은 설명만을 〈보기〉에서 고른 것은?

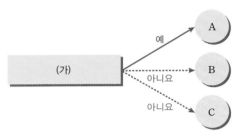

> • 보기 •
> ㄱ. (가)에는 '문화를 평가의 대상으로 보는가?'가 들어갈 수 있다.
> ㄴ. (가)에는 '자기 문화의 정체성 약화를 초래하는가?'가 들어갈 수 있다.
> ㄷ. (가)가 '문화를 이해의 대상으로 보는가?'라면, A는 문화 사대주의이다.
> ㄹ. (가)가 '문화적 다양성 보존에 유리한가?'라면, B와 C는 모두 문화를 평가의 대상으로 본다.

① ㄱ, ㄴ　　② ㄱ, ㄷ　　③ ㄴ, ㄷ
④ ㄴ, ㄹ　　⑤ ㄷ, ㄹ

Tip

자기 문화의 정체성을 약화시키는 태도는 **❶**　　　 이고, 문화를 이해의 대상으로 보는 태도는 **❷**　　　 이다.

답 ❶ 문화 사대주의 ❷ 문화 상대주의

04 대중 매체 A, B에 대한 옳은 설명만을 〈보기〉에서 고른 것은? (단, A와 B는 각각 인터넷과 신문 중 하나이다.)

정보 소비자의 정보 생산 참여 가능성

— A
— B

(가)   (나)

* O에서 멀어질수록 그 정도가 높거나 강함

• 보기 •
ㄱ. A는 신문이다.
ㄴ. B는 쌍방향 매체이다.
ㄷ. (가)에는 '정보 생산자와 수용자의 구분 정도'가 들어갈 수 있다.
ㄹ. (나)에는 '정보 전달의 속도'가 들어갈 수 있다.

① ㄱ, ㄴ   ② ㄱ, ㄷ   ③ ㄴ, ㄷ
④ ㄴ, ㄹ   ⑤ ㄷ, ㄹ

Tip
인터넷과 같은 ❶[   ] 매체는 정보 소비자가 정보 생산 과정에 적극적으로 ❷[   ]할 수 있다.

❶ 쌍방향 ❷ 참여

05 (가), (나)에 대한 옳은 설명만을 〈보기〉에서 고른 것은?

(가) 저개발 국가들이 선진국의 기술을 도입하여 경제 성장을 추진하고 있다.
(나) 중남미 지역 부족들은 유럽인에게 정복되는 과정에서 전통문화를 대부분 상실하였다.

• 보기 •
ㄱ. (가)에서는 문화 융합이 나타났다.
ㄴ. (나)에서는 문화 동화가 나타났다.
ㄷ. (가)에서는 (나)와 달리 직접 전파가 나타났다.
ㄹ. (나)에서는 (가)와 달리 강제적 문화 접변이 나타났다.

① ㄱ, ㄴ   ② ㄱ, ㄷ   ③ ㄴ, ㄷ
④ ㄴ, ㄹ   ⑤ ㄷ, ㄹ

Tip
한 사회의 문화 요소가 다른 사회의 문화 체계 속에 흡수되어 ❶[   ]을/를 상실하는 현상은 ❷[   ]이다.

❶ 정체성 ❷ 문화 동화

06 문화 변동 요인 A~C에 대한 설명으로 옳은 것은? (단, A~C는 각각 발명, 발견, 직접 전파 중 하나이다.)

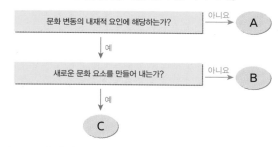

① A는 발명이다.
② B는 직접 전파이다.
③ C의 사례에는 컴퓨터, 휴대 전화가 있다.
④ B와 C는 모두 타 문화와의 접촉으로 문화 변동을 초래한다.
⑤ B와 달리 C는 강제적 문화 접변을 통해서만 나타난다.

Tip
한 사회 내부에서 등장하여 문화 변동을 초래하는 것은 ❶[   ] 요인으로 발명과 ❷[   ]이/가 이에 해당한다.

❶ 내재적 ❷ 발견

07 문화 접변 결과 A~C에 대한 설명으로 옳은 것은? (단, A~C는 각각 문화 병존, 문화 동화, 문화 융합 중 하나이다.)

A와 B는 '자국의 고유한 문화 정체성을 상실하였는가?'라는 질문으로 구분되고, A와 C는 '제3의 문화 요소가 나타났는가?'라는 질문으로 구분되지 않는다.

① A는 문화 융합이다.
② B는 문화 병존이다.
③ C는 문화 동화이다.
④ 온돌 문화와 침대 문화가 결합한 온돌 침대는 B의 사례이다.
⑤ 아메리카 원주민이 백인에게 정복되어 자기 문화를 상실한 것은 C의 사례이다.

Tip
제3의 문화 요소가 나타나는 경우는 ❶[   ]이고, 고유한 문화 정체성을 상실하는 경우는 ❷[   ]이다.

❶ 문화 융합 ❷ 문화 동화

누구나 합격 전략

01 밑줄 친 '지역 문화'에서의 '문화'와 같은 의미로 사용된 사례만을 〈보기〉에서 고른 것은?

> ○○ 지역의 음식 문화는 해안가에 위치한 ○○ 지역의 특성이 반영되어 있다는 점에서 지역 문화에 해당한다.

> • 보기 •
> ㄱ. 문화생활   ㄴ. 문화 공연
> ㄷ. 세대 문화   ㄹ. 청소년 문화

① ㄱ, ㄴ   ② ㄱ, ㄷ   ③ ㄴ, ㄷ
④ ㄴ, ㄹ   ⑤ ㄷ, ㄹ

02 다음 사례에 부각된 문화의 속성은?

> 우리나라 사람들은 대부분 생일을 맞은 사람에게 "미역국은 먹었어?"라는 질문을 한다.

① 총체성   ② 학습성   ③ 변동성
④ 공유성   ⑤ 축적성

03 교사사 설명하는 문화를 바라보는 관점은?

> 각 사회의 문화는 보편성과 특수성을 동시에 지니고 있으므로 서로 다른 문화를 비교하면서 개별 문화가 가진 공통점과 차이점을 연구해야 합니다.

① 총체론적 관점   ② 상대론적 관점
③ 비교론적 관점   ④ 절대론적 관점
⑤ 진화론적 관점

04 밑줄 친 '역기능'에 해당하는 내용만을 〈보기〉에서 고른 것은?

> 자기 문화의 우수성을 지나치게 강조한 나머지 다른 문화를 부정적으로 여기고 낮게 평가하는 태도인 A는 자기 문화에 대한 자부심과 집단 내의 일체감을 강화시켜 사회 통합에 기여한다는 점에서 순기능이 있으나 역기능 또한 존재한다.

> • 보기 •
> ㄱ. 타 문화의 수용이 어렵다.
> ㄴ. 고유문화가 소멸될 수 있다.
> ㄷ. 자문화의 정체성이 약화된다.
> ㄹ. 다른 사회와 문화적 마찰을 초래할 수 있다.

① ㄱ, ㄴ   ② ㄱ, ㄹ   ③ ㄴ, ㄷ
④ ㄴ, ㄹ   ⑤ ㄷ, ㄹ

05 빈칸에 들어갈 개념의 순기능으로 적절하지 않은 것은?

> [   ]은/는 한 사회 내에서 특정 집단의 구성원들 또는 특정 영역의 사람들만 공유하는 문화를 의미한다.

① 다양한 문화적 욕구를 해결한다.
② 구성원의 소속감 고취에 기여한다.
③ 전체 사회에 문화적 다양성을 제공한다.
④ 새로운 문화의 창조와 변화에 기여한다.
⑤ 집단 간 갈등을 유발하여 사회 통합을 저해한다.

06 A, B에 대한 옳은 설명만을 〈보기〉에서 고른 것은? (단, A, B는 일방향 매체와 쌍방향 매체 중 하나이다.)

- A의 사례: 신문, 텔레비전, 잡지 등
- B의 사례: 인터넷, IPTV, SNS 등

• 보기 •
ㄱ. A는 쌍방향 매체이다.
ㄴ. B는 일방향 매체이다.
ㄷ. A는 B에 비해 정보 소비자가 정보 생산 과정에 참여하기 어렵다.
ㄹ. B는 A와 달리 정보 소비자와 정보 생산자의 구분이 명확하지 않다.

① ㄱ, ㄴ ② ㄱ, ㄹ ③ ㄴ, ㄷ
④ ㄴ, ㄹ ⑤ ㄷ, ㄹ

07 (가), (나)에 해당하는 문화 변동 요인을 바르게 연결한 것은?

※ 문화 변동 요인

| (가) | 한 사회 내부에서 새롭게 등장하여 그 사회의 문화 체계에 변동을 초래하는 요인 |
| (나) | 다른 사회의 문화 체계와 접촉하거나 교류한 결과 다른 문화 요소가 전해져 문화 변동을 초래하는 요인 |

	(가)	(나)
①	발명	발견
②	발명	직접 전파
③	직접 전파	간접 전파
④	자극 전파	발명
⑤	간접 전파	직접 전파

08 다음 사례에 나타난 문화 변동에 대한 옳은 설명만을 〈보기〉에서 고른 것은?

필리핀은 오랜 기간 동안 미국의 지배를 받아 왔으며, 지배 기간 동안 영어를 공용어로 사용하도록 강요받았다. 그 영향으로 오늘날 필리핀은 독립이 되었음에도 불구하고 자국 언어인 타갈로그어와 영어가 함께 사용되고 있다.

• 보기 •
ㄱ. 직접 전파가 나타났다.
ㄴ. 문화 동화가 나타났다.
ㄷ. 강제적 문화 접변이 나타났다.
ㄹ. 내재적 요인에 의한 변동이 나타났다.

① ㄱ, ㄴ ② ㄱ, ㄷ ③ ㄴ, ㄷ
④ ㄴ, ㄹ ⑤ ㄷ, ㄹ

09 (가)~(다)에 해당하는 문화 접변 결과를 바르게 연결한 것은?

(가)	북아메리카 원주민이 이주해 온 유럽인의 문화와 접촉하면서 자기 문화를 상실한 것
(나)	우리나라에서 양력과 음력에 따른 날짜를 함께 사용하는 것
(다)	남아메리카 전통문화와 유럽의 정복 문화가 결합하여 메스티소 문화가 나타난 것

	(가)	(나)	(다)
①	문화 병존	문화 동화	문화 융합
②	문화 병존	문화 융합	문화 동화
③	문화 동화	문화 병존	문화 융합
④	문화 동화	문화 융합	문화 병존
⑤	문화 융합	문화 동화	문화 병존

10 다음 사례에 적용할 수 있는 개념은?

정보 통신 기술의 발전으로 SNS가 빠르게 확산되고 있으나 SNS 사용자들의 의식이나 온라인 공간을 규율하는 제도는 아직 이를 따르지 못해 문제가 발생하고 있다.

① 아노미 ② 문화 지체 ③ 문화 충격
④ 문화 동화 ⑤ 문화 융합

1 문화의 속성

문화의 속성에 대한 형성 평가 내용이다. 이에 대한 설명으로 옳은 것은?

〈형성 평가〉

※ 제시된 문화의 속성을 설명하는 데 적합한 사례를 빈칸에 쓰시오.

문화의 속성	사례
총체성	(가)
A	세대별로 사용하는 언어 습관의 차이
B	과거와 비교한 오늘날 음식 문화의 변화 양상
축적성	(나)
학습성	(다)

교사 평가: 제시된 속성에 대해 사례를 정확히 제시하였음

① A는 변동성이다.
② B는 공유성이다.
③ (가)에는 'IT 기술의 발전에 따른 학교 수업 모습의 변화'가 들어갈 수 있다.
④ (나)에는 '다른 사회에서 자란 일란성 쌍둥이의 생활 양식 차이'가 들어갈 수 있다.
⑤ (다)에는 '특정 지역에서 세대 간 전승되며 풍부해지는 음식 문화'가 들어갈 수 있다.

Tip

문화의 속성 중 **❶**[ ]은/는 한 부분의 변동이 다른 부분에 **❷**[ ] 변동을 초래한다고 본다.

답 ❶ 총체성 ❷ 연쇄적

2 문화의 속성

다음 그림에 부각된 문화의 속성에 대한 진술로 옳은 것은?

공부 잘하게 해주세요.

OO 대학교 합격

왜 저런 행동을 하는거지?

① 문화는 부분이 모여 전체를 이룬다.
② 문화는 세대 간 전승되고 축적된다.
③ 문화는 시간이 흐르며 형태가 변화한다.
④ 문화는 후천적으로 학습된 생활 양식이다.
⑤ 문화는 구성원 간 동질성을 형성하게 해 준다.

Tip

문화의 공유성으로 인해 구성원 간 사고와 행동의 **❶**[ ]이/가 형성되며, 타인의 행동을 예측하고 **❷**[ ]할 수 있다.

답 ❶ 동질성 ❷ 이해

3 문화를 이해하는 태도

문화를 이해하는 갑~병의 태도에 대한 옳은 설명만을 〈보기〉에서 고른 것은?

갑: 한 사회의 문화는 그 자체의 의미와 가치에 따라 이해해야 해.

을: 내가 속한 사회의 문화를 기준으로 다른 문화에 대해 판단하는 것은 자연스러운 태도야.

병: 우리 문화보다 우월한 선진국의 문화를 적극적으로 수용해서 낙후된 우리 문화를 개선해야 해.

• 보기 •
ㄱ. 갑은 문화를 평가의 대상으로 본다.
ㄴ. 을은 모든 문화가 동등한 가치를 지닌다고 본다.
ㄷ. 병은 자문화의 정체성을 상실할 우려가 있다.
ㄹ. 을과 병은 모두 문화 간 우열이 존재한다고 본다.

① ㄱ, ㄴ ② ㄱ, ㄷ ③ ㄴ, ㄷ
④ ㄴ, ㄹ ⑤ ㄷ, ㄹ

Tip

문화 상대주의는 문화를 **❶**[ ]의 대상으로 보고, 자문화 중심주의와 문화 사대주의는 문화를 **❷**[ ]의 대상으로 본다.

답 ❶ 이해 ❷ 평가

4 문화를 바라보는 관점

다음 그림에 나타난 문화를 바라보는 관점에 대한 옳은 설명만을 〈보기〉에서 고른 것은?

우리나라와 서구 지역 국가들의 입시 문화의 공통점과 차이점을 비교해 볼 계획입니다.

대학 입시 문화에 대한 조사 계획을 발표해 보세요.

• 보기 •
ㄱ. 자기 문화를 객관적으로 이해하는 데 도움이 된다.
ㄴ. 각 사회의 문화가 보편성과 특수성을 지닌다고 본다.
ㄷ. 다른 문화 요소와의 관련 속에서 문화의 의미를 찾는다.
ㄹ. 해당 사회의 맥락 속에서 문화의 의미를 이해하고자 한다.

① ㄱ, ㄴ   ② ㄱ, ㄷ   ③ ㄴ, ㄷ
④ ㄴ, ㄹ   ⑤ ㄷ, ㄹ

> **Tip**
> 비교론적 관점은 각 사회의 문화가 **❶ [　　　　]** 와/과 특수성을 동시에 지니고 있다고 전제하며, 문화 간 비교를 통해 개별 문화가 가진 공통점과 **❷ [　　　　]** 을/를 연구한다.
>
> 답 ❶ 보편성 ❷ 차이점

5 문화를 이해하는 태도

표는 질문에 따라 문화 이해 태도를 구분한 것이다. (가)~(다)에 들어갈 수 있는 질문을 〈보기〉에서 골라 바르게 연결한 것은?

질문	문화 상대주의	문화 사대주의	자문화 중심주의
(가)	아니요	예	아니요
(나)	예	아니요	아니요
(다)	아니요	아니요	예

• 보기 •
ㄱ. 자기 문화의 정체성이 약화되는가?
ㄴ. 문화를 이해의 대상으로 바라보는가?
ㄷ. 국수주의적 태도로 인해 문화 다양성을 저해하는가?

	(가)	(나)	(다)
①	ㄱ	ㄴ	ㄷ
②	ㄴ	ㄱ	ㄷ
③	ㄴ	ㄷ	ㄱ
④	ㄷ	ㄱ	ㄴ
⑤	ㄷ	ㄴ	ㄱ

> **Tip**
> 문화 상대주의는 문화를 이해의 대상으로 여기므로 문화 **❶ [　　　　]** 을/를 높이는 데 기여한다. 자문화 중심주의는 국수주의적 태도를 보이고, 문화 사대주의는 자문화의 **❷ [　　　　]** 을/를 약화시킬 우려가 있다.
>
> 답 ❶ 다양성 ❷ 정체성

6 하위문화

A, B에 대한 설명으로 옳은 것은? (단, A와 B는 각각 주류 문화와 하위문화 중 하나이다)

◆, △ : 문화 요소
⃝ : 한 사회의 특정 집단

A: ◆를 공유하는 문화, B: △를 공유하는 문화

① A는 주류 문화에 저항하는 문화이다.
② A는 특정 영역의 사람들이 공유하는 문화이다.
③ B는 사회 전체의 문화 다양성 신장에 기여한다.
④ B는 사회 구성원 대다수가 향유하는 문화이다.
⑤ A와 B를 구분하는 기준은 절대적이다.

> **Tip**
> 사회 구성원 대다수가 향유하는 문화는 **❶ [　　　　]** , 특정 영역의 사람들만이 공유하는 문화는 **❷ [　　　　]** 이다.
>
> 답 ❶ 주류 문화 ❷ 하위문화

7 하위문화

A~C에 대한 옳은 설명만을 〈보기〉에서 고른 것은?

> 한 사회 구성원들이 전반적으로 공유하는 문화를 A라 하고, 사회의 일부 구성원들만 공유하여 다른 구성원들과 구분되는 생활 양식을 B라고 한다. B 중에는 그 사회의 지배 문화에 저항하거나 대립하는 문화가 있는데, 이를 C라고 한다.

• 보기 •
ㄱ. A와 달리 C는 사회 통합을 저해하기도 한다.
ㄴ. C는 사회 변화에 따라 A가 되기도 한다.
ㄷ. A는 하위문화, B는 주류 문화, C는 반문화이다.
ㄹ. 사회가 다원화될수록 A가 증가하고 B와 C는 감소한다.

① ㄱ, ㄴ   ② ㄱ, ㄷ   ③ ㄴ, ㄷ
④ ㄴ, ㄹ   ⑤ ㄷ, ㄹ

Tip
일부 구성원들만이 향유하는 문화는 ❶ 이고, 이 중 지배 문화에 저항하거나 대립하는 문화는 ❷ 이다.

目 ❶ 하위문화 ❷ 반문화

8 문화 변동 요인

표는 문화 변동 요인 A~C를 질문에 따라 구분한 것이다. 이에 대한 옳은 설명만을 〈보기〉에서 고른 것은? (단, A~C는 각각 발명, 직접 전파, 자극 전파 중 하나이다.)

질문	A	B	C
외재적 요인에 해당하는가?	예	아니요	예
타 문화의 아이디어가 전해져 문화 변동이 초래되는가?	아니요	아니요	예

• 보기 •
ㄱ. A는 직접 전파이다.
ㄴ. B의 사례에는 불, 지하자원이 있다.
ㄷ. C는 새로운 문화 요소의 등장으로 이어진다.
ㄹ. C는 A와 달리 매개체를 통해 문화 요소가 전해진다.

① ㄱ, ㄴ   ② ㄱ, ㄷ   ③ ㄴ, ㄷ
④ ㄴ, ㄹ   ⑤ ㄷ, ㄹ

Tip
문화 변동의 외재적 요인 중 ❶ 은/는 구성원 간 직접적인 접촉에 의해, ❷ 은/는 매개체를 통해 문화 요소가 전해진다.

目 ❶ 직접 전파 ❷ 간접 전파

9 문화 변동 요인

문화 변동 요인 (가)~(다)에 대한 설명으로 옳은 것은? (단, (가)~(다)는 각각 발견, 간접 전파, 자극 전파 중 하나이다.)

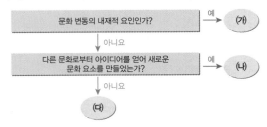

① (가)의 사례에는 자동차, 컴퓨터가 있다.
② (나)의 사례에는 인터넷을 통해 전해진 K-POP이 있다.
③ (다)의 사례에는 일본 식민 지배 과정에서 전해진 일본 음식 문화가 있다.
④ (나)는 간접 전파, (다)는 자극 전파이다.
⑤ (다)는 (나)와 달리 매개체를 통해 문화 요소가 전해진다.

Tip
다른 문화로부터 ❶ 을/를 얻어 새로운 문화 요소가 만들어지는 문화 변동 요인은 ❷ 이다.

目 ❶ 아이디어 ❷ 자극 전파

10 문화 변동 양상

다음 그림은 갑국과 교류한 A국~C국에 나타난 문화 변동 양상을 나타낸다. 이에 대한 옳은 설명만을 〈보기〉에서 고른 것은?

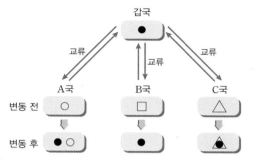

* ⬚ 안의 기호는 각국의 문화 요소이며, ▲는 ●와 △가 혼합되어 나타난 것임

─● 보기 ●─
ㄱ. A국에서는 문화 동화가 나타났다.
ㄴ. B국에서는 문화 병존이 나타났다.
ㄷ. C국에서는 문화 융합이 나타났다.
ㄹ. B국에서는 A국, C국에서와 달리 자문화의 정체성이 상실되었다.

① ㄱ, ㄴ   ② ㄱ, ㄷ   ③ ㄴ, ㄷ
④ ㄴ, ㄹ   ⑤ ㄷ, ㄹ

Tip
문화 접변의 결과 중 **❶**〔   〕은/는 한 사회의 문화 요소가 다른 사회의 문화 요소로 **❷**〔   〕되거나 대체된 경우이다.

🔑 ❶ 문화 동화 ❷ 흡수

11 문화 변동 양상

표는 문화 접변의 결과 (가)~(다)를 나타낸다. 이에 대한 설명으로 옳은 것은?

구분	전통문화 요소		외래문화 요소		결과
(가)	A	+	B	=	B
(나)	A	+	B	=	A, B
(다)	A	+	B	=	C

* C는 A의 성격과 B의 성격을 지니면서도 새로운 성격이 가미된 문화 요소이다.

① (가)는 문화 융합이다.
② (나)는 문화 병존이다.
③ (다)는 문화 동화이다.
④ (나)는 (가)와 달리 외재적 요인에 의해 나타난다.
⑤ (다)는 (나)와 달리 전통문화의 정체성이 상실되었다.

Tip
문화 접변 결과 중 **❶**〔   〕은/는 전통문화의 정체성이 상실되는 반면, 문화 병존과 **❷**〔   〕은/는 전통문화의 정체성이 남아 있다.

🔑 ❶ 문화 동화 ❷ 문화 융합

12 문화 변동 양상

A, B는 문화 접변의 결과로 나타난 문화 변동 양상이다. 다음 표에 대한 옳은 설명만을 〈보기〉에서 고른 것은?

구분	A	B
의미	서로 다른 두 문화가 교류하여 나란히 존재함	(가)
사례	(나)	온돌 문화와 침대 문화가 혼합되어 돌침대가 만들어짐
공통점	(다)	

─● 보기 ●─
ㄱ. A는 문화 융합, B는 문화 병존이다.
ㄴ. (가)에는 '서로 다른 두 문화가 결합하여 새로운 문화를 형성함'이 들어갈 수 있다.
ㄷ. (나)에는 '식민 지배 결과 피지배국의 전통 언어가 사라짐'이 들어갈 수 있다.
ㄹ. (다)에는 '외재적 요인에 의해 나타남'이 들어갈 수 있다.

① ㄱ, ㄴ   ② ㄱ, ㄷ   ③ ㄴ, ㄷ
④ ㄴ, ㄹ   ⑤ ㄷ, ㄹ

Tip
문화 접변 결과 서로 다른 두 문화가 나란히 존재하는 경우는 **❶**〔   〕, 제3의 문화가 형성되는 경우는 **❷**〔   〕이다.

🔑 ❶ 문화 병존 ❷ 문화 융합

3강 사회 계층과 불평등

다음 시간까지 사회의 다양한 계층 구조의 모습과 사례에 대해 조별로 조사하여 발표해 보도록 합시다!

폐쇄형 계층 구조를 검색했더니 인도의 카스트 제도가 나오네요. 카스트 제도는 개인이 태어날 때부터 사회 계층이 정해지고 신분 간에 이동이 차단되어 있는 신분 제도라고 해요.

맞아요. 카스트 제도는 세대 간 수직 이동과 세대 내 수직 이동이 모두 불가능한 구조라고 하네요.

교과서에 폐쇄적 계층 구조와 개방적 계층 구조가 있다고 하네요.

정보화 시대에 바람직한 사회 계층 구조도 있어요?

예. 타원형 계층 구조가 가장 바람직한 사회 구조인데, 중상층과 중하층의 비율이 높아서 사회적으로 가장 안정된 계층 구조예요.

다음은 정보 통신 기술이 발달함에 따라 계층 간 격차가 줄어들면서 나타나는 타원형 사회 계층 구조의 모습입니다.

상
중
하

사회적으로 안정된 계층 구조가 되려면 어떤 문제를 가장 먼저 해결해야 한다고 생각하나요?

빈곤 문제입니다. 빈곤은 사회 갈등을 유발하고, 개인적으로도 불행하게 만듭니다.

장애인 같은 사회적 소수자들에 대한 차별이 없어져야 한다고 생각합니다.

두 학생 모두 잘 말해 주었어요.

4강 현대의 사회 변동

사회의 변동은 기계적 연대에 기초한 단순한 사회에서 유기적 연대의 복합적인 사회로 변화해 가는 과정으로 설명할 수 있습니다.

다음의 그래프처럼 뒤르켐은 진화론적 관점으로 사회가 일정한 방향으로 진보한다고 보았습니다. 이러한 관점에서 사회 변동을 이해할 때 한계가 있을까요?

과거보다 퇴보하거나 멸망한 사회의 변동은 설명하기 어렵습니다.

서구 사회가 발전된 사회로 인식하여 과거 제국주의나 개발 도상국들에 대한 시민 지배를 정당화할 수 있습니다.

두 학생 모두 맞는 답을 하였습니다. 다음 시간에는 "엘리트 순환"을 주장한 파레토의 영상을 볼게요.

오! 우리나라의 저출산·고령화 문제가 조금 나아졌어!

그래, 현재 우리나라는 노년 부양비가 점차 증가해서 2030년에는 약 2.6명의 생산 가능 인구가 노인 1명을 부양하게 될 거라고 예상하고 있어.

노년 부양비가 생산 가능 인구 대비 노인 인구의 비율이죠?

맞아! 생산 가능 인구가 감소하면 노동력이 부족해지고 소비가 위축되어 경제 성장이 둔화되지. 또, 복지 지출 증가로 정부의 재정 건전성도 악화되는 문제가 생길 수 있어.

개념 ❶ | 계급론과 계층론

(1) 계급론

① **의미** : 경제적 요인을 기준으로 이분법적·불연속적으로 사람들의 위치를 구분함

② **특징** : [❶]의 소유 여부에 따라 자본가와 노동자로 구분하고, 경제적 측면의 지위에 사회적·정치적 지위가 종속됨

(2) 계층론

① **의미** : 경제적, 정치적, 사회적 요인이 복합적으로 작용하여 연속적·서열적으로 계층을 범주화함

② **특징** : 경제적 자원의 차이에 따라 계급, 권력 집단 소속 여부에 따라 당파, 사회적 위신이나 명예의 차이에 따라 지위 집단을 형성하며, [❷] 현상이 나타나기도 함

답 ❶ 생산 수단 ❷ 지위 불일치

Quiz

계층론은 경제적 (   ), 정치적 (   ), 사회적 (   )에 따라 상류층, 중류층, 하류층으로 구분한다.

Clip! 계층 비율에 따른 계층 구조

• 피라미드형 계층 구조: 상<중<하
• 다이아몬드형 계층 구조: 상<중>하
• 모래시계형 계층 구조: 하>상>중

개념 ❷ | 빈곤

(1) 의미 인간의 기본적 욕구과 관련된 물질적 결핍이 만성적으로 지속되는 경제적 상태

(2) 유형

① **절대적 빈곤 가구** : 소득이 [❶]인 가구

② **상대적 빈곤 가구** : 소득이 [❷]의 일정 비율 미만인 가구

(3) 해결 방안

① **개인적 측면** : 빈곤에서 벗어나려는 자활 의지와 노력 필요

② **사회적 측면** : 빈곤층을 지원하는 사회 보장 제도 마련, 교육 기회를 균등하게 제공하여 빈곤의 대물림 방지

답 ❶ 최저 생계비 ❷ 중위 소득

Quiz

우리나라에서 (절대적 , 상대적) 빈곤 가구의 구분 기준은 중위 소득의 50%이다.

Clip! 중위 소득

한 나라의 가구를 소득 순으로 일렬로 나열하였을 때, 한 가운데 위치한 가구의 소득

개념 ❸ | 사회 보장 제도

구분	공공 부조	사회 보험	사회 서비스
목적	저소득 계층의 자립 지원	사회적 위험을 보험의 방식으로 대비하는 것	도움이 필요한 모든 국민에게 상담, 재활, 돌봄 등을 제공하여 삶의 질을 향상시키는 것
특징	• 사후 처방적 성격 • 국가, 지방 자치 단체가 비용을 전액 부담 • 수혜자와 부담자가 일치하지 않음	• 사전 예방적 성격 • [❶] 원칙 • 개인, 정부, 기업이 나누어 비용 부담	• 수익자 부담 원칙 • 민간 부문 참여 • [❷] 지원 원칙
종류	국민 기초 생활 보장 제도, 의료 급여 제도, 기초 연금 제도 등	국민연금 제도, 국민 건강 보험 제도, 고용 보험 제도, 산업 재해 보상 보험 제도 등	노인 돌봄 종합 서비스, 산모·신생아 건강 관리 지원 사업 등

답 ❶ 강제 가입 ❷ 비금전적

Quiz

사회 보장 제도 중에서 소득 재분배 효과가 가장 큰 제도는 (공공 부조 , 사회 보험 , 사회 서비스)이다.

Clip! 사회 복지의 유형

• 보편적 복지: 복지를 통한 사회적 분배를 최대한 강조하는 방식으로, 모든 국민을 복지 수혜 대상으로 함
• 선별적 복지: 중산층 이상이 세금을 내면 가장 취약한 계층이 복지 혜택을 받는 방식

01

계층론에 해당하는 설명만을 〈보기〉에서 골라 기호를 쓰시오.

> **• 보기 •**
> ㄱ. 지위 불일치 현상을 설명하는 데 적합하다.
> ㄴ. 다원화된 현대 사회를 설명하는 데 유리하다.
> ㄷ. 사회 계층을 불연속적으로 구분된 상태로 본다.
> ㄹ. 생산 수단의 소유 여부를 기준으로 계급을 구분한다.
> ㅁ. 재산, 권력, 위신 등 다양한 요인으로 계층을 구분한다.

(   )

풀이 계층론은 사회 불평등 현상을 **❶**[   ] 측면에서 파악하고, 계급론은 **❷**[   ] 측면의 지위에 사회적·정치적 지위가 종속된다고 본다.

답 ❶ 다원적 **❷** 경제적

01-1

빈칸에 들어갈 알맞은 말을 쓰시오.

> 계층 비율에 따라 구분해 보면 전통 사회에는 상층에서 하층으로 갈수록 구성원 비율이 높아지는 피라미드형 계층 구조가 주로 나타나고, 고도 산업 사회에는 상층과 하층에 비해 중층 구성원 비율이 높은 [   ] 계층 구조가 주로 나타난다.

(   )

02

(가), (나)의 빈곤 유형을 각각 쓰시오.

(가)	(나)
• 전체 가구 중에서 소득이 최저 생계비 미만인 가구가 해당함 • 선진국에서도 나타나며 대부분의 사회에서 나타남	• 전체 가구 중에서 소득이 중위 소득의 50% 미만인 가구가 해당함 • 생활 수준이 향상되더라도 소득 격차가 심화되면 심해짐

(가): (   ), (나): (   )

풀이 절대적 빈곤선과 상대적 빈곤선은 사회마다 다르지만 **❶**[   ]인 기준이 아니라 **❷**[   ]인 기준에 의해 규정된다.

답 ❶ 주관적 **❷** 객관적

02-1

빈칸에 들어갈 알맞은 말을 쓰시오.

> 기초 생활비, 자녀 양육비 보조 등을 통해 빈곤층의 자립을 지원하고, 빈곤층에 대한 비난이나 사회적 낙인을 찍지 않는 것 등은 [   ] 측면에서의 빈곤 해결 방안이다.

(   )

03

㉠, ㉡에 들어갈 알맞은 말을 각각 쓰시오.

> 사회 서비스는 도움이 필요한 [㉠]이/가 인간다운 생활을 할 수 있도록 지원하는 제도로, [㉡] 지원을 원칙으로 하며 국민의 삶의 질 향상을 목적으로 한다.

㉠: (   ), ㉡: (   )

풀이 사회 보험은 사전 예방적 성격을 가지며, 가입자 간 **❶**[   ]의 원리를 기반으로 한다. 반면, 공공 부조는 사후 처방적 성격을 가지며, 세금을 재원으로 하여 소득 및 재산이 일정 수준 이하인 계층에게 무상으로 지원하므로 **❷**[   ] 효과가 크다.

답 ❶ 상호 부조 **❷** 소득 재분배

03-1

다음 학생이 설명하고 있는 사회 보장 제도는?

> 비용 부담자와 수혜자가 일치하지만, 수혜 정도와는 무관하게 각자의 능력에 따라 비용을 부담합니다.

① 사회 보험　　② 공공 부조
③ 사회 서비스　④ 생산적 복지
⑤ 보편적 복지

②주 ①일 개념 돌파 전략 ①

개념 ① 진화론과 순환론

(1) 진화론

① **특징**: 한 사회의 변동을 생물의 [❶   ] 과정에 비유하여 설명하며, 사회 변동은 곧 진보와 발전을 의미한다고 여김

② **한계**: 현대 사회가 과거 사회보다 모든 면에서 발전했다고 볼 수 없으며, 서구 사회가 비서구 사회를 지배·착취하는 것을 정당화하는 데 이용될 수 있음

(2) 순환론

① **특징**: 사회는 생성, 성장, 쇠퇴, 해체를 반복한다고 여기며, 특정 기간을 주기로 유사한 문명의 특성이 [❷   ]된다고 봄

② **한계**: 앞으로의 사회 변동을 예측하고 대응하기에 적합하지 않으며, 사회 변동을 숙명으로 여겨 이에 대응하는 인간의 노력을 과소평가한다는 비판을 받음

답 ❶ 진화 ❷ 순환

Quiz

진화론은 사회가 단순한 상태에서 복잡하고 분화된 상태로 변화한다고 보는 관점으로, 사회 변동은 일정한 방향으로 (   )하는 것을 의미한다고 여긴다.

Clip! 진화론과 순환론

▲ 진화론

▲ 순환론

개념 ② 저출산·고령화

(1) 저출산·고령화의 원인과 영향

① **원인**: 가치관의 변화, 자녀 양육에 따른 경제적 부담, 생활 수준의 향상, 의료 기술의 발전에 따른 [❶   ] 증가 등

② **영향**: [❷   ] 감소에 따른 노동력 부족 및 소비 위축, 복지 지출 증가로 인한 정부의 재정 건전성 악화 및 세대 간 갈등 심화 등

(2) 저출산·고령화의 대응 방안

① **출산 장려 정책**: 출산·양육에 대한 사회적 책임 강화, 일·가정 양립을 위한 제도 지원

② **고령화 대비 정책**: 노인의 재취업 기회 확대, 노후 소득 보장을 위한 연금 제도 개선 등

답 ❶ 평균 수명 ❷ 생산 가능 인구

Quiz

고령화가 지속되면 노인 부양을 위한 사회적 비용이 (증가 , 감소)한다.

Clip! 고령화의 단계

구분	65세 인구 비율
고령화 사회	7% 이상 14% 미만
고령 사회	14% 이상 20% 미만
초고령 사회	20% 이상

개념 ③ 세계화·정보화

(1) 세계화: 국가 간 활발한 문화 교류, 전 세계 시장의 [❶   ], 지구촌 문제 해결 협력

(2) 정보화: 쌍방향 의사소통, 다품종 소량 생산 방식 확산, 정보 관련 서비스업 발달, [❷   ]적 인간관계 확산, 전자 민주주의 등장

답 ❶ 단일화 ❷ 비대면

Quiz

(   )은/는 초고속 통신망, 대용량 자료 처리 장치 등 정보 산업을 유지하기 위한 기반 시설을 말한다.

Clip! 정보 윤리의 기본 원칙

- 자신과 타인에 대한 존중
- 자신의 행동에 대한 책임
- 타인의 권리를 침해하지 않고 정보의 진실성, 공정성을 추구하는 정의
- 타인에 대한 해악 금지

01

진화론과 순환론에 대한 옳은 설명만을 〈보기〉에서 골라 기호를 쓰시오.

> • 보기 •
> ㄱ. 순환론은 서구 중심적이라는 비판을 받는다.
> ㄴ. 순환론은 미래 사회 변동을 예측하는 데 적합하지 않다.
> ㄷ. 진화론은 사회 변동에 대한 단일한 방향성을 전제로 한다.
> ㄹ. 순환론은 사회 변동이 곧 진보를 의미하여 긍정적이라고 여긴다.

( )

풀이 순환론은 미래의 사회 변동에 대한 ❶☐☐☐ 대응이 곤란하다는 비판을 받고, 진화론은 모든 발전이 곧 ❷☐☐☐임을 전제로 하여 제국주의 지배를 정당화한다는 비판을 받는다.

답 ❶ 역동적 ❷ 서구화

01-1

다음 주장에 가까운 사회 변동 방향을 설명하는 이론을 쓰시오.

> 파레토는 한 유형의 엘리트가 권력을 잡으면 다른 유형의 엘리트가 세력을 키워 권력을 대체하며, 서로 다른 권력이 순환적으로 교체되는 '엘리트의 순환'이 나타난다고 주장하였다.

( )

02

저출산·고령화의 영향으로 옳은 것만을 〈보기〉에서 골라 기호를 쓰시오.

> • 보기 •
> ㄱ. 노동력 부족 및 소비 위축
> ㄴ. 노인층을 대상으로 한 새로운 산업의 성장
> ㄷ. 정부의 재정 건전성 악화 및 세대 간 갈등 완화
> ㄹ. 사회적 의사 결정 과정에서 노인층의 영향력 감소

( )

풀이 저출산·고령화 현상이 지속되면 ❶☐☐☐ 증가로 정부의 재정 건전성이 악화되고, 사회적 의사 결정 과정에서 ❷☐☐☐의 영향력이 커진다.

답 ❶ 복지 지출 ❷ 노인층

02-1

빈칸에 들어갈 알맞은 말을 쓰시오.

> 학습 주제: ☐☐☐ 현상의 대응 방안
> • 청년 일자리 및 주거 대책 강화
> • 출산에 관한 사회 책임 실현
> • 일·가정 양립을 위한 제도적 지원 강화
> • 교육과 보육 환경 개선

( )

03

빈칸에 들어갈 알맞은 말을 쓰시오.

> 뉴 미디어의 등장으로 대중은 정보 생산자와 소비자의 역할을 동시에 수행하고, 다품종 소량 방식이 확산되면서 산업 구조가 변화하였다. 또한 온라인 네트워크에 의한 의사소통이 증대하고 사이버 공론장이 활성화되는 등의 영향으로 정치 참여가 활발해졌다. 이는 모두 ☐☐☐(으)로 나타는 변화 양상이다.

( )

풀이 정보화로 나타난 문제에 대응하는 방안으로 정보 윤리 함양, 올바른 정보 문화 확립, 취약 계층에게 ❶☐☐☐ 지원, ❷☐☐☐을/를 방지하는 법률 마련 등을 들 수 있다.

답 ❶ 정보 기기 ❷ 사이버 범죄

03-1

정보화로 인한 문제로 보기 어려운 것은?

① 정보 격차
② 인간 소외
③ 사이버 범죄
④ 정보의 오남용
⑤ 상품 경쟁력 강화

바탕 문제

사회 불평등 현상을 바라보는 기능론과 갈등론의 차이점은?

⇨ 기능론은 사회 불평등이 사회 유지와 존속을 위해 존재하는 **❶** 인 현상이라고 여기는 반면, 갈등론은 사회 불평등이 지배 집단의 기득권 유지를 위해 사회적 자원을 강제로 차등 분배한 결과이므로 **❷** 해야 한다고 여긴다.

🔑 ❶ 필연적 ❷ 제거

1 사회 불평등 현상을 바라보는 다음 관점에 대한 옳은 설명만을 〈보기〉에서 고른 것은?

우리가 사는 사회에는 기능적으로 중요한 일과 그렇지 않은 일이 존재하기 때문에 중요한 일을 하는 사람에게는 그에 합당한 더 많은 보상을 주어야 합니다.

• 보기 •
ㄱ. 사회 불평등을 제거해야 할 대상으로 본다.
ㄴ. 사회 불평등이 개인의 성취동기를 자극한다고 본다.
ㄷ. 사회 불평등이 기존의 불평등 구조를 재생산한다고 본다.
ㄹ. 사회적 희소가치의 배분 기준을 사회 전체가 합의했다고 여긴다.

① ㄱ, ㄴ   ② ㄱ, ㄹ   ③ ㄴ, ㄷ
④ ㄴ, ㄹ   ⑤ ㄷ, ㄹ

바탕 문제

빈곤의 유형은?

⇨ 인간이 최소한의 생활을 유지하는 데 필요한 자원이나 소득이 절대적으로 부족한 상태는 **❶** 이고, 사회 구성원 대부분이 누리는 생활 수준을 영위하지 못하는 상태는 **❷** 이다.

🔑 ❶ 절대적 빈곤 ❷ 상대적 빈곤

2 다음에서 설명하는 빈곤의 유형에 대한 옳은 설명만을 〈보기〉에서 고른 것은?

인간이 최소한의 생활을 유지하는 데 필요한 자원이나 소득이 절대적으로 부족한 상태이다.

• 보기 •
ㄱ. 절대적 빈곤에 해당한다.
ㄴ. 주로 저개발국에서 나타난다.
ㄷ. 빈곤선은 시대와 사회에 상관없이 동일하다.
ㄹ. 우리나라에서는 중위 소득의 50% 미만 가구가 해당한다.

① ㄱ, ㄴ   ② ㄱ, ㄹ   ③ ㄴ, ㄷ
④ ㄴ, ㄹ   ⑤ ㄷ, ㄹ

바탕 문제

우리나라 사회 보장 제도의 특징은?

⇨ 우리나라 사회 보장 제도 중 사회 보험과 공공 부조는 **❶** 지원을 원칙으로 하고, 사회 서비스는 **❷** 지원을 원칙으로 한다.

🔑 ❶ 금전적 ❷ 비금전적

3 다음 그림에 나타난 우리나라 사회 보장 제도에 대한 설명으로 옳은 것은?

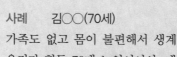

사례   김○○(70세)
가족도 없고 몸이 불편해서 생계 유지가 힘든 70대 노인이여서, 매달 제가 사는 지역 주민 센터를 통해 기초 연금을 수령하고 있습니다.

① 사회 보험에 해당한다.   ② 사후 처방적 성격을 지닌다.
③ 강제 가입을 원칙으로 한다.   ④ 비금전적 지원을 원칙으로 한다.
⑤ 소득 재분배 효과가 나타나지 않는다.

사회 변동의 방향을 설명하는 이론은?

⇨ 사회 변동에 일정한 방향이 있다고 보는 이론은 **❶ [　　　]** 이고, 사회가 시간의 흐름에 따라 생성, 성장, 쇠퇴, 해체의 과정을 반복한다고 보는 것은 **❷ [　　　]** 이다.

답 ❶ 진화론 ❷ 순환론

4 다음 그림에 나타난 사회 변동 이론에 대한 설명으로 옳은 것은?

① 순환론에 해당한다.
② 사회 변동을 사회 발전으로 인식한다.
③ 운명론적 관점에서 사회 변동을 설명한다.
④ 사회가 항상 진보하는 것은 아니라고 본다.
⑤ 흥망성쇠를 거듭한 국가의 사례를 설명하기에 적합하다.

저출산·고령화 현상의 의미는?

⇨ 합계 출산율이 하락하는 현상을 **❶ [　　　]** (이)라고 하며, 전체 인구에서 **❷ [　　　]** 이상 인구의 비율이 증가하는 현상을 고령화라고 한다.

답 ❶ 저출산 ❷ 65세

5 다음 자료에 대한 옳은 분석만을 〈보기〉에서 고른 것은?

구분	t년	t+10년	t+20년
합계 출산율(명)	1.7	1.3	0.7

*합계 출산율: 가임 여성(15~49세) 1명당 출생아 수

• 보기 •
ㄱ. 초혼 연령 상승과 독신 인구의 증가가 원인이다.
ㄴ. 의료 기술 발달에 따른 평균 수명 증가가 원인이다.
ㄷ. 해결 방안으로 출산 보조금과 양육 수당 지급을 들 수 있다.
ㄹ. 해결 방안으로 노인 일자리 및 재취업 기회 확대를 들 수 있다.

① ㄱ, ㄴ　　　② ㄱ, ㄷ　　　③ ㄴ, ㄷ
④ ㄴ, ㄹ　　　⑤ ㄷ, ㄹ

산업 사회와 정보 사회의 차이점은?

⇨ 산업 사회는 노동과 **❶ [　　　]** 을/를 중시하고 제조업을 중심으로 하는 반면, 정보 사회는 지식과 **❷ [　　　]** 을/를 중시하고 3차 산업을 중심으로 한다.

답 ❶ 자본 ❷ 정보

6 다음 내용에 대한 옳은 설명만을 〈보기〉에서 고른 것은? (단, A와 B는 각각 정보 사회와 산업 사회 중 하나이다.)

A는 B에 비해 사회의 다원화 정도가 높은 반면, 관료제 조직의 비중이 낮게 나타난다. [　㉠　]의 경우 B가 A에 비해 높게 나타난다.

• 보기 •
ㄱ. A는 산업 사회, B는 정보 사회이다.
ㄴ. A는 B에 비해 가정과 일터의 결합 정도가 높다.
ㄷ. B는 A에 비해 구성원 간 직업의 이질성이 높다.
ㄹ. ㉠에는 '소품종 대량 생산 방식의 비중'이 들어갈 수 있다.

① ㄱ, ㄴ　　　② ㄱ, ㄹ　　　③ ㄴ, ㄷ
④ ㄴ, ㄹ　　　⑤ ㄷ, ㄹ

2주 2일 필수 체크 전략 ①

전략 ❶ | 사회 불평등 현상

● **사회적 희소가치의 불평등한 분배**

➡ 부, 권력, 명예 등 사회적 희소가치가 차등적으로 배분되어 있어 개인과 집단이 서열화되어 있는 현상을 **❶ [   ]**(이)라고 한다.

✧ **사회 불평등 현상을 바라보는 관점**

• 기능론: 개인의 노력, 능력, 업적 등에 따라 사회적 자원을 **❷ [   ]** 으로 분배하는 것이 당연하다고 본다.

• 갈등론: 사회 불평등은 지배 집단이 기득권을 유지하기 위해 사회적 자원을 **❸ [   ]** 하게 분배한 결과라고 본다.

탭 ❶ 사회 불평등 ❷ 차등적 ❸ 불공정

필수 예제 ①

(1) 다음 학생이 설명하고 있는 것을 쓰시오.

> 부, 명예, 권력 등의 사회적 희소 자원이 차등적으로 분배되어 개인 및 집단이 서열화되어 있는 현상을 의미합니다.

(2) 사회 불평등의 유형을 바르게 연결하시오.

㉠ 소득이나 재산 등의 차이 •   • a. 정치적 불평등

㉡ 권력의 소유와 행사 등의 차이 •   • b. 경제적 불평등

㉢ 사회적 위신, 문화 및 여가 생활 등의 차이 •   • c. 사회·문화적 불평등

풀이

(1) 사회 불평등 현상은 소득, 지위, 권력 등 사회적 희소가치에 대해 소유 정도나 접근 기회 등에 차이가 나타나서 발생하는 현상이다.

탭 사회 불평등 현상

(2) 사회 불평등 현상은 다양한 영역에서 나타난다.

경제적 불평등	가장 일반적이고 전형적으로 나타나는 불평등임
정치적 불평등	투표권의 유무 등으로 나타남
사회·문화적 불평등	명예, 교육 수준, 지식 소유 등 여러 가지 사회·문화적 생활의 기회와 수준의 차이로 나타남

탭 ㉠-b, ㉡-a, ㉢-c

1-1

다음 내용에 해당하는 사회 불평등 현상의 유형을 쓰시오.

> 통계청의 자료에 따르면 고소득층과 저소득층의 사교육비 지출액 차이가 많이 나는 것으로 밝혀졌다. 이 결과에 따르면 부모의 소득이 높을수록 자녀의 사교육 참여율이 높고, 저소득층 가구보다 5배가량 넘는 사교육비를 지출하는 것으로 나타났다.

(   )

1-2

사회 불평등을 바라보는 기능론적 관점에 해당하는 진술만을 〈보기〉에서 골라 기호를 쓰시오.

> • 보기 •
> ㄱ. 사회 발전을 위해 불가피하다.
> ㄴ. 직업의 기능적 중요도에는 차이가 없다.
> ㄷ. 차등 분배는 구성원들의 성취동기를 높인다.
> ㄹ. 사회적 자원은 개인의 능력보다 가정 배경에 따라 불공평하게 분배된다.

(   )

전략 ❷ │ 사회 계층 구조와 사회 이동

✦**사회 계층 구조**: 한 사회의 희소한 자원이 차등적으로 분배되고 이러한 불평등 관계가 지속되면서 나타나는 정형화된 구조

➡ 계층 간 이동 가능성에 따라 폐쇄적 계층 구조와 ❶ [　　　　] 계층 구조로 구분하고, 계층별 구성원 비율에 따라 피라미드형, 다이아몬드형, 모래시계형, 타원형 계층 구조로 구분한다.

➡ 피라미드형 계층 구조는 상층에서 하층으로 갈수록 구성원의 비율이 높아지는 구조로 사회 갈등이 나타날 수 있다.

➡ 다이아몬드형 계층 구조는 중층 구성원의 비율이 가장 높은 구조로 사회가 상대적으로 안정된 특성을 보인다. 정보화로 계층 간 격차가 줄어들어 다이아몬드형 계층 구조보다 중상층과 중하층의 비율이 더 높아진 것이 타원형 계층 구조이다.

✦**사회 이동**: 한 사회의 계층 구조 속에서 개인이나 집단의 위치가 변화하는 현상

➡ 이동 방향에 따라 수직 이동과 수평 이동, 세대 범위에 따라 세대 내 이동과 세대 간 이동, 이동 원인에 따라 개인적 이동과 ❷ [　　　　] 이동으로 구분한다.

🗒 ❶ 개방적 ❷ 구조적

필수 예제 2

(1) 다음 그림에 해당하는 사회 계층 구조의 유형을 쓰시오.

(2) 다음 내용이 설명하는 사회 이동의 유형을 쓰시오.

> 이동 방향을 기준으로 사회 계층 구조 속에서 계층적 위치가 높아지는 상승 이동과 계층적 위치가 낮아지는 하강 이동이 있다.

풀이

(1) 계층 이동 가능성 여부에 따라 폐쇄적 계층 구조와 개방적 계층 구조로 구분할 수 있다.

폐쇄적 계층 구조	개인의 노력과 관계없이 다른 계층으로 상승이나 하강이 극히 제한된 계층 구조
개방적 계층 구조	개인의 능력, 노력에 따라 다른 계층으로의 상승이나 하강 가능성이 열려 있는 계층 구조

🗒 폐쇄적 계층 구조

(2) 사회 이동은 이동 방향에 따라 수직 이동과 수평 이동으로 구분할 수 있다.

수직 이동	계층적 위치가 바뀌는 이동으로, 상승 이동과 하강 이동으로 구분함
수평 이동	동일한 계층 내에서 위치 변화로, 계층적 위치의 높낮이는 바뀌지 않음

🗒 수직 이동

2-1

피라미드형 계층 구조에 대한 옳은 설명만을 〈보기〉에서 골라 기호를 쓰시오.

· 보기 ·
ㄱ. 하층의 비율이 가장 높다.
ㄴ. 사회적 안정도가 비교적 높다.
ㄷ. 모두 폐쇄적 계층 구조에 해당한다.
ㄹ. 봉건적 신분 사회에서 주로 나타난다.

(　　　　　　　　)

2-2

다음 사례에 나타난 사회 이동의 유형을 모두 쓰시오.

> 굶어 죽을 위기에 처한 조카들을 구하기 위해 빵을 훔치다가 감옥에 갇힌 장발장은 전과자였음에도 불구하고 훗날 구슬 공장을 운영하며 선행을 베풀고 그 지역의 시장이 된다.

(　　　　　　　　　　　　　)

필수 체크 전략 ①

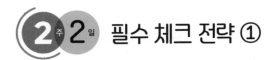

전략 ❸ 다양한 사회 불평등 양상

- **사회적 소수자**: 신체적 또는 문화적 특징 때문에 사회의 다른 구성원으로부터 차별받으며 스스로 차별받는 집단에 속해 있다고 인식하는 사람들
  ➡ 특성: 권력의 열세, 차별적 대우, 차별받는 집단에 속해 있다는 인식, 신체적 또는 문화적으로 다른 사람들과 구별
- **성 불평등 현상**: ❶ ________ 을/를 근거로 불합리한 차별 대우가 이루어지는 현상
- **빈곤**: 인간의 기본적인 욕구를 충족하는 데 필요한 자원이나 소득의 결핍이 지속되는 상태
  ➡ 인간이 최소한의 생활을 유지하는 데 필요한 자원이나 소득이 절대적으로 부족한 절대적 빈곤과 사회 구성원 대다수가 누리는 생활 수준을 누리지 못하는 ❷ ________ 이/가 있다.

답 ❶ 성별 ❷ 상대적 빈곤

필수 예제 3

(1) 다음 내용에 해당하는 집단을 무엇이라 하는지 쓰시오.

- 집단의 성원이라는 이유만으로 차별의 대상이 된다.
- 주류 집단에 비해 사회적 지원의 획득에서 불리한 위치에 있다.
- 자신들이 주류 집단으로부터 차별받는 집단의 구성원이라는 인식을 가지고 있다.

(2) (가), (나)에 해당하는 빈곤의 유형을 각각 쓰시오.

〈빈곤 유형〉
(가): 최소한의 생활을 유지하는 데 필요한 자원이나 생계비가 부족한 상태
(나): 사회의 전반적인 소득 수준과 대비하여 소득 수준이 낮은 상태

풀이

(1) 사회적 소수자는 정치·경제·사회적 측면의 영향력에서 열세에 있는 집단을 말하며, 수적으로 반드시 소수(少數)를 의미하는 것이 아니다.

답 사회적 소수자

(2) 빈곤의 유형에는 인간이 육체적인 건강을 유지하기 위한 기본적인 조건을 갖추지 못한 상태인 절대적 빈곤과 다른 사람들보다 자원이나 소득이 상대적으로 적어 사회 구성원 대다수가 누리는 생활 수준을 누리지 못하는 상대적 빈곤이 있다.

답 (가): 절대적 빈곤, (나): 상대적 빈곤

3-1

사회적 소수자의 성립 요건으로 적절하지 않은 것은?

① 식별 가능성
② 권력의 열세
③ 집합적 정체성
④ 사회적 차별 대우
⑤ 수적으로 소수(少數)

3-2

빈곤의 유형에 대해 옳은 진술을 한 사람을 고르시오.

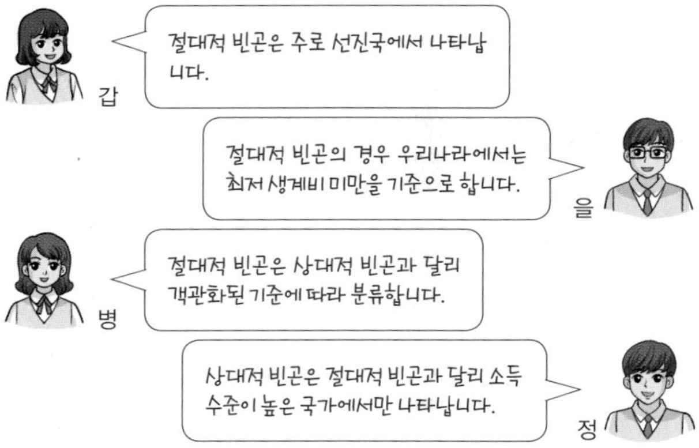

갑
절대적 빈곤은 주로 선진국에서 나타납니다.
을
절대적 빈곤의 경우 우리나라에서는 최저 생계비 미만을 기준으로 합니다.
병
절대적 빈곤은 상대적 빈곤과 달리 객관화된 기준에 따라 분류합니다.
정
상대적 빈곤은 절대적 빈곤과 달리 소득 수준이 높은 국가에서만 나타납니다.

( )

전략 ④ │ 사회 복지 제도

● 사회 복지는 한 사회의 모든 구성원이 행복하고 안정된 삶을 누리도록 하는 사회적 노력과 지원이다.

● 우리나라의 사회 복지 제도

공공 부조: 생활 유지 능력이 없거나 생활이 어려운 국민의 [❶   ]을/를 보장하고 자립을 지원하는 제도

➡ 세금을 재원으로 하여 소득 및 재산이 일정 수준 이하인 국민에게 무상으로 지원함으로 소득 재분배 효과가 크다.

➡ 한계: 국가의 재정 부담이 크다.

사회 보험: 국민에게 미래에 발생할 수 있는 사회적 위험을 보험 방식으로 대처하여 국민의 건강과 [❷   ]을/를 보장하는 제도

➡ 한계: 복지 혜택을 받지 못하는 복지 사각 지대가 발생할 수 있다.

사회 서비스: 도움이 필요한 모든 국민에게 복지 서비스 혜택을 지원하는 제도

➡ 자활 능력을 길러 주고 직접적인 도움을 통해 생활의 어려움을 개선해 줄 수 있다.

➡ 한계: 비금전적 지원이 원칙이므로 사회 보장의 효과가 크지 않을 수 있다.

🔒 ❶ 최저 생활 ❷ 소득

필수 예제 ④

(1) 다음 내용에 해당하는 우리나라 사회 보험 제도를 쓰시오.

> 노령, 장애, 사망 시 본인 및 가족에게 노령 연금, 장애 연금, 유족 연금을 지급함으로써 국민의 생활 안정과 복지 증진을 목적으로 하는 제도이다.

(2) 각 사회 복지 제도를 해당 유형에 맞게 연결하시오.

㉠ 고용 보험 제도 •   • a. 공공 부조

㉡ 기초 연금 제도 •   • b. 사회 보험

㉢ 간병 방문 지원 •   • c. 사회 서비스

풀이

(1) 우리나라 사회 보험 제도 중 국민연금은 가입자, 사용자, 국가로부터 일정액의 보험료를 받고 이를 재원으로 소득이 중단되거나 상실될 가능성이 있는 사람들에게 다양한 급여를 제공하는 제도이다.

🔒 국민연금 제도

(2) 우리나라 사회 보험 제도의 유형별 종류는 다음과 같다.

사회 보험	국민 건강 보험 제도, 국민연금 제도, 고용 보험 제도, 산업 재해 보상 보험 제도, 노인 장기 요양 보험 제도 등
공공 부조	국민 기초 생활 보장 제도, 의료 급여 제도, 기초 연금 제도, 장애인 연금 제도 등
사회 서비스	노인 돌봄 종합 서비스, 산모·신생아 건강 관리 지원 사업, 가사·간병 방문 지원 사업 등

🔒 ㉠-b, ㉡-a, ㉢-c

4-1

공공 부조에 대한 설명으로 옳지 <u>않은</u> 것은?

① 사후 처방적 성격을 지닌다.

② 금전적 지원을 원칙으로 한다.

③ 상호 부조의 원리를 기반으로 한다.

④ 국가 및 지방 자치 단체가 비용을 전액 부담한다.

⑤ 대상자 선정 과정에서 부정적 낙인이 발생할 수 있다.

4-2

다음 내용이 설명하는 개념을 쓰시오.

> 복지 제도에 따른 효율성 저하와 복지 축소에 따른 형평성 저하를 모두 해결하기 위해 등장한 개념으로, 복지와 노동을 연계한 복지 제도이다.

(   )

1 사회 불평등 현상을 바라보는 관점 A, B에 대한 옳은 설명만을 〈보기〉에서 고른 것은? (단, A, B는 각각 기능론과 갈등론 중 하나이다.)

```
        아니요 ┌─────────────────┐ 예
  A  ◄────────┤ 사회 불평등 현상을 불가피한 ├────────►  B
             │ 현상이라고 보는가?        │
             └─────────────────┘
```

┌─ 보기 ●─────────────────────────────┐
│ ㄱ. A는 사회 불평등 현상을 극복해야 할 대상으로 본다.   │
│ ㄴ. B는 차등 보상 체계가 사회 발전에 기여한다고 본다.   │
│ ㄷ. A는 B와 달리 사회 불평등 현상을 보편적이라고 본다.   │
│ ㄹ. A, B는 모두 가정 배경이 사회 불평등에 미치는 영향력을 중시한다. │
└──────────────────────────────────┘

① ㄱ, ㄴ   ② ㄱ, ㄷ   ③ ㄴ, ㄷ
④ ㄴ, ㄹ   ⑤ ㄷ, ㄹ

Tip
사회 불평등 현상이 개인에게 성취동기를 부여한다고 보는 관점은 **❶** 이고, 사회 불평등 현상이 불평등한 계층 구조를 재생산한다고 보는 관점은 **❷** 이다.

🔑 ❶ 기능론 ❷ 갈등론

2 갑국과 을국의 계층 구성 비율이다. 이에 대한 설명으로 옳은 것은? (단, 갑국과 을국은 모두 상층, 중층, 하층으로만 구분된다.)

갑국	상층(10%)	중층(30%)	하층(60%)

을국	상층(20%)	중층(60%)	하층(20%)

① 갑국의 계층 구조는 폐쇄적 계층 구조이다.
② 갑국의 계층 구조는 다이아몬드형 계층 구조이다.
③ 을국의 계층 구조는 귀속 지위가 중심이 된다.
④ 을국의 계층 구조는 봉건적 신분 사회에서 주로 나타난다.
⑤ 을국의 계층 구조는 갑국의 계층 구조에 비해 사회 통합에 유리하다.

Tip
하층의 비율이 가장 높고, 상층의 비율이 가장 낮은 계층 구조는 **❶** 계층 구조이고, 중층의 비율이 상층과 하층의 비율보다 높은 계층 구조는 **❷** 계층 구조이다.

🔑 ❶ 피라미드형 ❷ 다이아몬드형

3 다음 사례에서 찾을 수 있는 사회 이동의 유형만을 〈보기〉에서 있는 대로 고른 것은?

┌──────────────────────────────────┐
│ 흑인 노예로 태어난 갑은 백인 가정에서 힘든 노동을 하며 살았지만, 그가 │
│ 청년이 된 후 노예 해방이 선언되면서 식당에서 평범한 요리사로 일하다가 │
│ 호텔 수석 요리사로 은퇴하였다.   │
└──────────────────────────────────┘

┌─ 보기 ●─────────────────────────────┐
│ ㄱ. 수평 이동   ㄴ. 세대 간 이동   │
│ ㄷ. 구조적 이동   ㄹ. 세대 내 이동   │
└──────────────────────────────────┘

① ㄱ, ㄴ   ② ㄱ, ㄹ   ③ ㄴ, ㄷ
④ ㄱ, ㄷ, ㄹ   ⑤ ㄴ, ㄷ, ㄹ

Tip
노력이나 능력 등 개인적 요인에 의해 계층적 위치가 변화하는 이동은 **❶** 이동이고, 급격한 사회 변동으로 인해 기존의 사회 구조가 변화하면서 계층적 위치가 변화하는 이동은 **❷** 이동이다.

🔑 ❶ 개인적 ❷ 구조적

4 다음은 t 시기 갑국~정국의 여성 의회 의원 비율이다. 이에 대한 옳은 분석 및 추론만을 〈보기〉에서 고른 것은?

갑국	을국	병국	정국
10%	25%	25%	60%

— 보기 •
ㄱ. 갑국이 정치적 측면의 성 불평등 정도가 가장 심하다.
ㄴ. 갑국과 을국의 전체 여성 의회 의원 비율은 35%이다.
ㄷ. 을국과 병국의 여성 의회 의원 수는 동일하다.
ㄹ. 갑국~정국의 전체 의회 의원 수가 동일하다면 정국의 여성 의회 의원 수가 가장 많다.

① ㄱ, ㄴ   ② ㄱ, ㄹ   ③ ㄴ, ㄷ
④ ㄴ, ㄹ   ⑤ ㄷ, ㄹ

Tip
성별을 근거로 불합리한 차별 대우가 이루어지는 현상을 **❶** 현상이라고 하며, **❷** 측면에서는 정치인, 고위 관리직 등 사회적 권한이 강한 직종에 여성의 진출이 저조한 현상으로 나타난다.

답 ❶ 성 불평등 ❷ 정치적

5 다음 표는 빈곤의 유형 A, B를 질문에 따라 구분한 것이다. 이에 대한 옳은 설명만을 〈보기〉에서 고른 것은? (단, A, B는 각각 절대적 빈곤, 상대적 빈곤 중 하나이다.)

질문	A	B
인간이 최소한의 생활을 유지하기 어려운 상태를 의미하는가?	예	아니요

— 보기 •
ㄱ. A는 상대적 빈곤, B는 절대적 빈곤이다.
ㄴ. 우리나라에서는 가구 소득이 최저 생계비 수준에 미치지 못하는 가구를 A 가구로 분류한다.
ㄷ. B는 A와 달리 상대적 박탈감 발생의 원인이 된다.
ㄹ. A, B에 해당하는 가구는 모두 객관화된 기준에 의해 분류된다.

① ㄱ, ㄴ   ② ㄱ, ㄷ   ③ ㄴ, ㄷ
④ ㄴ, ㄹ   ⑤ ㄷ, ㄹ

Tip
우리나라에서 **❶** 가구는 가구 소득이 최저 생계비 수준에 미치지 못하는 가구를 말하고, **❷** 가구는 가구 소득이 중위 소득의 50%에 미달하는 가구를 말한다.

답 ❶ 절대적 빈곤 ❷ 상대적 빈곤

6 다음 제도들이 속하는 우리나라 사회 보장 제도에 대한 설명으로 옳은 것은?

• 국민연금 제도   • 고용 보험 제도

① 강제 가입을 원칙으로 한다.
② 비금전적 지원을 원칙으로 한다.
③ 비용에 따라 수혜 정도가 달라진다.
④ 소득 재분배 효과가 나타나지 않는다.
⑤ 대상자 선정 과정에서 부정적 낙인이 발생할 수 있다.

Tip
우리나라 사회 보장 제도 중 **❶** 은/는 상호 부조의 원리를 기반으로 하며, 공공 부조와 마찬가지로 **❷** 지원을 원칙으로 한다.

답 ❶ 사회 보험 ❷ 금전적

전략 ❶ | 사회 변동과 사회 운동

✿ 인간의 생활 방식, 가치관, 사회적 관계, 사회 제도 등이 총체적으로 변화하는 현상을 사회 변동이라고 한다.

➡ 사회 변동을 설명하는 이론에는 사회 변동의 '방향'을 기준으로 진화론과 ❶ [＿＿＿＿], '사회 구조'와의 관계에서 설명하는 기능론과 갈등론이 있다.

● 사회 운동은 다수의 사람들이 사회 변동을 이루기 위해 지속적·조직적으로 움직이는 운동이다.

• 목표 달성을 위한 구체적인 방법과 계획이 있다.

• 목표와 활동 방향을 정당화하는 ❷ [＿＿＿＿]을/를 가지고 있다.

• 활동을 위한 체계적인 조직을 갖추고 있고, 구성원 간 역할 분담이 이루어진다.

🔖 ❶ 순환론 ❷ 이념

필수 예제 ①

(1) 다음 그림과 관련 있는 사회 변동 이론을 쓰시오.

(2) 다음 사례에서 공통적으로 파악할 수 있는 사회학적 개념을 쓰시오.

• 왕정 복고 운동
• 인종 차별 철폐 운동
• 소비자 주권 향상 운동

풀이

(1) 순환론은 생명을 가진 사회가 유기체처럼 생성, 성장, 쇠퇴, 해체의 과정을 반복한다고 보는 이론이다. 순환론에 의하면, 사회는 진보의 과정을 거친 후 필연적으로 퇴보의 과정으로 나아가는 순환적인 변동을 한다.

🔖 순환론

(2) 사회 운동의 유형은 다음과 같이 구분한다.

복고적 사회 운동	과거의 사회 유형으로 돌아가려는 운동
개혁주의 운동	특정 부분에 대한 개혁을 요구하는 운동
급진적 혁명 운동	사회 구조의 근본적 변화를 추구하는 운동

🔖 사회 운동

1-1

사회 변동을 설명하는 이론 중 순환론에 해당하는 내용만을 〈보기〉에서 골라 기호를 쓰시오.

보기
ㄱ. 사회 변동을 진보와 발전으로 이해한다.
ㄴ. 운명론적 관점에서 사회 변동을 설명한다.
ㄷ. 개발 도상국의 근대화 과정을 설명하는 데 적합하다.
ㄹ. 사회 변동이 일정한 양상을 반복하며 진행된다고 본다.

(　　　　　　)

1-2

사회 운동에 대한 설명으로 옳지 않은 것은?

① 활동을 정당화하는 이념이 존재한다.
② 사회 구성원 간 갈등을 초래할 수 있다.
③ 일시적이고 즉흥적 감정에 따라 발생한다.
④ 조직적인 역할 분담 체계를 바탕으로 한다.
⑤ 뚜렷한 목표를 바탕으로 지속적으로 이루어진다.

전략 ❷ | 저출산·고령화와 다문화 사회

- **저출산 현상:** ❶ [　　　] (가임기 여성 1명당 평균 출생아 수)이/가 하락하는 현상
  - → 우리나라는 장기간 출산율이 매우 낮은 수준이다.

- **고령화 현상:** 전체 인구에서 ❷ [　　　] 이상 인구의 비율이 증가하는 현상
  - → 노년 부양비는 생산 가능 인구(15~64세) 대비 노인 인구의 비율을 말한다.

- **다문화 사회:** 다양한 인종·종교·문화를 가진 사람들이 공존하는 사회
  - → 사회 구성원 전체를 대상으로 다문화 교육을 확대하고, 이주민 지원 제도를 마련해야 한다.

답 ❶ 합계 출산율 ❷ 65세

필수 예제 ❷

(1) 다음 빈칸에 들어갈 알맞은 말을 쓰시오.

- 수업 주제: [　　　]
- 등장 배경
  - 초혼 연령 상승
  - 혼인 및 출산에 대한 가치관 변화
  - 출산, 양육에 따른 경제적 부담 증가 등

(2) 다음 대화의 빈칸에 들어갈 알맞은 말을 쓰시오.

> **교사:** 다문화 사회에서 우리가 가져야 할 바람직한 태도는 무엇일까요?
> **학생:** 사회 구성원 각자가 서로의 문화적 차이를 인정하고 문화 다양성을 존중하기 위해 [　　　]적 태도를 가져야 합니다.

풀이

(1) 합계 출산율이 낮아지는 현상을 저출산이라고 한다. 저출산 현상은 초혼 연령 상승, 교육비 등의 자녀 양육에 따른 경제적 부담 증가, 결혼 및 자녀에 관한 가치관 변화 등의 요인으로 나타났다.

답 저출산 현상

(2) 다문화 사회에 대응하는 방안은 다음과 같다.
- 다문화 사회를 위한 정책 마련, 법과 제도 정비
- 다양한 다문화 교육 기회 제공
- 문화 다양성 존중을 위한 문화 상대주의적 태도 함양

답 문화 상대주의

2-1

고령화에 따른 문제의 대응 방안만을 〈보기〉에서 골라 기호를 쓰시오.

• 보기 •
ㄱ. 노인 대상 재취업 기회 확대
ㄴ. 노후 생활 관련 복지 제도 강화
ㄷ. 일·가정 양립을 위한 제도적 지원 강화
ㄹ. 출산 및 육아 부담을 줄이기 위한 각종 제도 마련

(　　　　　　　)

2-2

다음 글이 시사하는 다문화 사회에서의 바람직한 태도로 가장 적절한 것은?

> 다문화 사회에서 가져야 할 바람직한 태도는 '샐러드 볼' 이론에 비유할 수 있다. 이는 큰 그릇 안에서 다양한 문화들이 각자의 고유한 맛을 유지한 채 샐러드처럼 어울리는 것을 의미한다.

① 주류 집단의 문화를 우선시한다.
② 자문화 중심주의적 입장을 지닌다.
③ 각자의 문화 정체성을 유지할 수 있도록 한다.
④ 이주민이 우리 문화에 동화될 수 있도록 한다.
⑤ 우리 문화 보존을 위한 법과 제도를 마련한다.

전략 ❸ | 세계화와 정보화

✦ 세계화: 국가 간 교류가 활발해지면서 **❶**[   ]이/가 심화되고 개인의 생활 영역이 국가의 경계를 넘어서 확장되는 현상

➡ 세계 시장에서 개인과 기업의 경쟁력을 확보하고, 세계 시민 의식을 바탕으로 인류 전체의 보편적 가치를 추구해야 한다.

✦ 정보화: 정보 통신 기술이 발전하여 **❷**[   ]와/과 정보가 가장 중요한 자원이 되는 현상

➡ 사이버 범죄를 방지할 수 있도록 법과 제도를 정비하고, 정보 격차를 해소하는 방안을 마련하며, 정보 윤리 의식과 비판적 정보 수용 능력을 가져야 한다.

🔑 ❶ 상호 의존성 ❷ 지식

필수 예제 3

(1) 다음 빈칸에 들어갈 알맞은 말을 쓰시오.

> **학생**: 세계 무역 기구(WTO)는 어떤 국제기구인가요?
>
> **교사**: 세계 경제의 지속적인 발전을 위해 자유 무역을 지향하는 국제기구로서 1995년에 만들어졌어. 이 기구를 통해 [   ]이/가 더 가속화되었다고 볼 수 있지.

(2) 다음 빈칸에 들어갈 알맞은 말을 쓰시오.

> **교사**: 정보화로 인해 나타난 변화를 발표해 볼까요?
>
> **학생**: 인터넷을 기반으로 한 [   ]의 등장으로 쌍방향적 정보 전달이 가능해졌어요.
>
> **교사**: 네, 맞습니다.

풀이

(1) 국가 간 인적·물적 교류가 확대되면서 국가 간 상호 의존성이 커지는 세계화는 기업들이 경제 활동의 범위를 세계 시장으로 넓히고 상품, 자본, 노동의 국가 간 이동이 늘어나면서 촉진되었다. 세계 무역 기구(WTO) 출범 역시 이를 가속화시킨 요인 중 하나이다.

🔑 세계화

(2) 정보화가 가져온 대표적인 변화 양상은 다음과 같다.
- 뉴 미디어를 통한 쌍방향 정보 전달
- 다품종 소량 생산 방식 확산
- 온라인 네트워크에 의한 의사소통
- 사이버 공간을 통한 정치 참여 활성화

🔑 뉴 미디어

3-1

다음 기사 제목과 관련 있는 세계화의 영향으로 가장 적절한 것은?

> **△△신문**
>
> 선진국과 개발 도상국 간
> 경제 성장률 격차 점점 심해져……

① 국가 간 빈부 격차 심화
② 문화의 획일화 현상 발생
③ 민주주의 및 인권 가치 확산
④ 지구촌 문제에 대한 공동 대응
⑤ 전 세계가 단일화된 시장으로의 통합

3-2

다음 자료와 관련 있는 정보화의 문제점을 쓰시오.

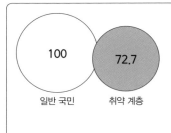

100 일반 국민 / 72.7 취약 계층

일반 국민의 디지털 정보화 수준을 100으로 설정했을 때 장애인, 저소득층, 농어민, 고령층의 평균 디지털 정보화 수준은 72.7에 그쳤다.

(   )

전략 ❹ │ 전 지구적 수준의 문제와 세계 시민

✦ **전 지구적 수준의 문제**: 특정 지역의 문제가 다른 국가나 전 지구적 차원에 영향을 미치는 문제
  ➡ 지구 온난화, 사막화, 열대 우림 파괴 등의 ❶ [　　　　], 자원 문제, 전쟁과 테러 등

✦ **세계 시민**: 세계 공동체 의식을 갖고 지구촌 문제 해결을 위해 협력하는 사람
  ➡ 인류의 보편적 가치 지향, 현재 세대와 미래 세대 인권의 조화로운 인식, 생태적·문화적 다양성 존중, 전 지구적 수준의 문제에 대한 지속적 관심 등의 자질을 갖추어야 한다.

● 지속 가능한 사회는 현세대는 물론 미래 세대의 ❷ [　　　　]이/가 함께 보장되는 사회이다.

🔖 ❶ 환경 문제 ❷ 삶의 질

필수 예제 ❹

(1) 다음 각 사례와 관련 있는 전 지구적 수준의 문제를 바르게 연결하시오.

ㄱ 지구 온난화　　　　　　•　　• a. 자원 문제
ㄴ 에너지 자원 부족 현상 •　　• b. 환경 문제
ㄷ 민족·종교 분쟁　　　　•　　• c. 전쟁과 테러

(2) 다음 빈칸에 들어갈 알맞은 말을 쓰시오.

> [　　　　](이)란 현세대는 물론 미래 세대의 삶의 질이 함께 보장되는 사회를 말한다. 이는 세계 시민 의식 없이 실현되기 어렵고, 전 지구적 수준의 문제를 해결해야 실현이 가능하다.

풀이

(1) 전 지구적 수준의 문제에는 지구 온난화, 사막화, 열대 우림 파괴 등과 관련된 환경 문제, 에너지 자원 부족, 식량 자원 부족, 물 부족 등의 자원 문제, 정치적·종교적 요인 등에 의한 전쟁 및 테러 문제 등이 있다.

🔖 ㄱ-b, ㄴ-a, ㄷ-c

(2) 지속 가능성이란 현재 세대의 필요를 충족하기 위하여 미래 세대가 사용할 경제·사회·환경 등의 자원을 낭비하거나 여건을 저하하지 않고, 서로 조화와 균형을 이루는 상태를 말한다.

🔖 지속 가능한 사회

4-1

전 지구적 수준의 문제를 해결하는 방법에 대해 옳지 않은 내용을 발표한 사람은 누구인지 쓰시오.

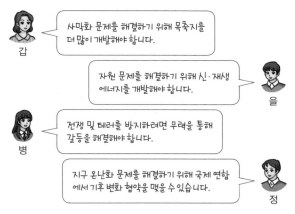

갑: 사막화 문제를 해결하기 위해 목축지를 더 많이 개발해야 합니다.

을: 자원 문제를 해결하기 위해 신·재생 에너지를 개발해야 합니다.

병: 전쟁 및 테러를 방지하려면 무력을 통해 갈등을 해결해야 합니다.

정: 지구 온난화 문제를 해결하기 위해 국제 연합에서 기후 변화 협약을 맺을 수 있습니다.

(　　　　　　　)

4-2

밑줄 친 부분에 해당하는 내용만을 〈보기〉에서 골라 기호를 쓰시오.

> 지속 가능한 사회는 세계 시민 의식 없이 실현하기 어렵기 때문에 세계 시민으로서 필요한 자세를 함양해야 한다.

• 보기 •
ㄱ. 타인과 더불어 살아가려는 태도
ㄴ. 자신의 문화가 타 문화에 비해 우수하다고 여기는 태도
ㄷ. 전 지구적 수준의 문제 해결에 소극적으로 참여하는 태도
ㄹ. 전 지구적 수준의 문제에 대해 지속적인 관심을 보이는 태도

(　　　　　　　)

1 다음 대화에 대한 옳은 설명만을 〈보기〉에서 고른 것은?

교사: 사회 변동을 설명하는 이론 중 변동 방향을 기준으로 하는 이론에는 A와 B가 있습니다. 이에 대해 발표해 봅시다.

갑: A는 사회가 시간의 흐름에 따라 생성, 성장, 쇠퇴, 해체의 과정을 반복한다고 봅니다.

을: B는 서구 사회가 진보된 사회임을 전제로 합니다.

병: [(가)   ]

교사: 모두 옳게 대답했습니다.

• 보기 •

ㄱ. A는 사회 변동을 사회 발전으로 인식한다.

ㄴ. B는 사회가 단순한 상태에서 복잡하고 분화된 상태로 변동한다고 본다.

ㄷ. A는 B와 달리 서구 제국주의 역사를 정당화하는 수단으로 악용될 수 있다는 비판을 받는다.

ㄹ. (가)에는 'B는 A와 달리 사회 변동에 일정한 방향이 있다고 봅니다.'가 들어갈 수 있다.

① ㄱ, ㄴ   ② ㄱ, ㄷ   ③ ㄴ, ㄷ
④ ㄴ, ㄹ   ⑤ ㄷ, ㄹ

Tip

사회가 시간의 흐름에 따라 생성, 성장, 쇠퇴, 해체의 과정을 반복한다고 보는 이론은 [❶] 이고, 서구 사회가 진보된 사회임을 전제하는 이론은 [❷] 이다.

目 ❶ 순환론 ❷ 진화론

2 밑줄 친 ㉠, ㉡에 대한 옳은 설명만을 〈보기〉에서 고른 것은?

• 갑국의 장애인 연대는 대중 교통 이용 시 장애인들이 겪는 어려움을 해결하기 위해 최근 몇 년째 ㉠ 장애인 차별에 대한 개선을 요구하는 집회를 벌이고 있다.

• 축구에 열성적인 팬들이 많은 을국에서는 가장 유명한 팀이 최근 중요한 결승전에서 패배하자, 이에 분노한 팬들이 ㉡ 경기 후 구단주 퇴진을 요구하는 기습 시위를 벌였다.

• 보기 •

ㄱ. ㉠에는 자신들의 권리 보장을 요구하는 뚜렷한 목표가 나타난다.

ㄴ. ㉡은 집단적이고 지속적인 다수의 행동이다.

ㄷ. ㉠에는 ㉡과 달리 체계적인 조직을 바탕으로 집단의 이념을 실현하고자 하는 사회 운동이 나타나 있다.

ㄹ. ㉠, ㉡은 모두 급진적인 사회 변동을 추구한다.

① ㄱ, ㄴ   ② ㄱ, ㄷ   ③ ㄴ, ㄷ
④ ㄴ, ㄹ   ⑤ ㄷ, ㄹ

Tip

사회 운동은 자신의 신념과 가치를 실현하기 위하여 다수의 사람이 명확한 [❶]을/를 가지고 조직적으로 움직이는 [❷] 이다.

目 ❶ 목표 ❷ 집단 행동

3 다음 그래프는 A~C의 일반적인 특징을 비교한 것이다. 이에 대한 설명으로 옳은 것은? (단, A~C는 각각 농업 사회, 산업 사회, 정보 사회 중 하나이다.)

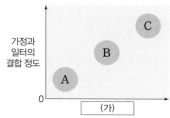

가정과
일터의
결합 정도

(가)

※ 0에서 멀어질수록 강함을 의미함

① A는 정보 사회, B는 산업 사회, C는 농업 사회이다.

② A는 B에 비해 면대면 접촉 비중이 낮다.

③ B는 C에 비해 사회의 다원화 정도가 높다.

④ C는 A, B에 비해 사회 변동의 속도가 빠르다.

⑤ (가)에는 '다품종 소량 생산 비중'이 들어갈 수 있다.

Tip

정보 사회는 ❶ 지식 와/과 정보가 부가 가치를 창출하는 중요한 원천으로 자리 잡은 사회이며 ❷ 다품종 소량 생산 방식이 지배적이다.

🔑 ❶ 지식 ❷ 다품종 소량

4 다음 표에 대한 분석으로 옳은 것은?

〈갑국의 전체 인구 중 유소년 인구와 부양 인구 비율〉

(단위: %)

	t년	t+10년	t+20년
0~14세 인구	40	25	15
15~64세 인구	50	50	55

* 노령화 지수＝노인 인구(65세 이상 인구)/유소년 인구(0~14세 인구)×100
** 총부양비＝[유소년 인구(0~14세 인구)＋노인 인구(65세 이상 인구)]/부양 인구(15~64세 인구)×100
*** 전체 인구에서 노인 인구가 차지하는 비율이 7% 이상이면 고령화 사회, 14% 이상이면 고령 사회, 20% 이상이면 초고령 사회임

① t년과 t+10년의 부양 인구 수는 동일하다.

② t+20년의 노령화 지수는 t+10년의 2배이다.

③ 총부양비는 t년이 가장 크고, t+20년이 가장 작다.

④ 갑국의 t년은 t+10년과 달리 고령 사회에 해당한다.

⑤ t+10년에 부양 인구 100명당 유소년 인구는 25명이다.

Tip

전체 인구에서 노인 인구가 차지하는 비율이 7% 이상이면 ❶ 고령화 사회, 14% 이상이면 고령 사회, 20% 이상이면 ❷ 초고령 사회에 해당한다.

🔑 ❶ 고령화 ❷ 초고령

대표 예제 ①

사회 불평등 현상을 설명하는 이론 A, B에 대한 옳은 설명만을 〈보기〉에서 고른 것은?

> A는 생산 수단의 소유 여부에 따라 집단이 구분된다고 보는 반면, B는 계급, 권력, 지위 등 다양한 요인에 의해 사람들이 서열화된다고 본다.

보기

ㄱ. A는 동일 집단 내의 강한 귀속 의식을 강조한다.
ㄴ. B는 계층이 불연속적으로 서열화되어 있다고 본다.
ㄷ. A는 B와 달리 사회 불평등 구조를 이분법적으로 파악한다.
ㄹ. B는 A와 달리 지위 불일치 현상을 설명할 수 있다.

① ㄱ, ㄴ ② ㄱ, ㄷ ③ ㄴ, ㄷ ④ ㄴ, ㄹ ⑤ ㄷ, ㄹ

개념 가이드

계급론은 ❶ [　　　]적 관점을 바탕으로 하고, 계층론은 ❷ [　　　]적 관점을 바탕으로 한다.

답 ❶ 일원론 ❷ 다원론

대표 예제 ②

다음 내용에 부합하는 사회 불평등 현상을 보는 관점에 대한 설명으로 옳은 것은?

> 사회 불평등 현상은 인재를 적재적소에 배치될 수 있게 하여 사회 전체의 효율성을 향상시킨다.

① 균등 분배가 사회적 효율성을 높인다고 본다.
② 사회 불평등 현상을 극복해야 할 대상으로 본다.
③ 사회 불평등 현상을 미시적 관점에서 바라본다.
④ 사회 불평등 현상을 불가피한 현상으로 여긴다.
⑤ 사회 불평등 현상이 지배와 피지배 관계에서 비롯된다고 본다.

개념 가이드

사회 불평등 현상을 바라보는 ❶ [　　　]은/는 사회적 희소 가치의 배분 기준이 사회 전체적으로 합의되어 있고, ❷ [　　　]이/가 개인의 성취동기를 자극한다고 본다.

답 ❶ 기능론 ❷ 차등 분배

대표 예제 ③

다음 자료에 대한 분석으로 옳은 것은?

> 다음은 갑국의 세대별 계층 구성 및 계층 이동 현황을 조사한 것이다. 갑국은 상층, 중층, 하층으로만 구분하며, 갑국 모든 부모의 자녀는 1명씩이다.

〈갑국의 계층 구성 및 이동 현황〉

(단위: %)

구분		부모 세대		
		상층	중층	하층
자녀 세대	상층	10	4	6
	중층	4	20	26
	하층	1	6	23

① 세대 간 상승 이동이 세대 간 하강 이동보다 적다.
② 세대 간 계층을 대물림한 사람보다 세대 간 계층 이동한 사람이 많다.
③ 자녀 세대의 중층 인구 중 부모와 계층이 일치하는 비율은 50%를 넘지 않는다.
④ 자녀 세대의 계층 구조보다 부모 세대의 계층 구조가 사회 통합 실현에 유리하다.
⑤ 부모 세대에서는 폐쇄적 계층 구조, 자녀 세대에서는 개방적 계층 구조가 나타난다.

개념 가이드

한 세대와 그 다음 세대 간에 걸쳐서 발생하는 계층적 위치의 변화를 ❶ [　　　](이)라고 하며, 세대 간 이동이나 세대 내 이동에 있어서 수직 이동이 엄격하게 제한된 계층 구조를 ❷ [　　　] 계층 구조라고 한다.

답 ❶ 세대 간 이동 ❷ 폐쇄적

대표 예제 ❹

빈곤의 유형 A, B에 대한 설명으로 옳은 것은? (단, A, B는 각각 절대적 빈곤, 상대적 빈곤 중 하나이다.)

> 인간이 최소한의 생활을 유지하는 데 필요한 자원이나 소득이 부족한 상태를 A라고 하고, 다른 사람들보다 자원이나 소득을 상대적으로 적게 가져 사회 구성원 다수가 누리는 생활 수준을 누리지 못하는 상태를 B라고 한다.

① A는 상대적 빈곤, B는 절대적 빈곤이다.

② A는 B와 달리 상대적 박탈감을 유발한다.

③ B는 A와 달리 소득 수준이 높은 국가에서만 나타난다.

④ B에 해당하는 가구는 모두 A에도 해당한다.

⑤ 우리나라에서는 A, B에 해당하는 가구를 선정할 때, 모두 객관화된 기준을 적용한다.

개념 가이드

우리나라에서 절대적 빈곤 가구는 소득이 ❶[   ]에 미치지 못하는 가구를, 상대적 빈곤 가구는 소득이 ❷[   ]의 50%에 미치지 못하는 가구를 의미한다.

답 ❶ 최저 생계비 ❷ 중위 소득

대표 예제 ❺

우리나라 사회 보장 제도 중에서 사회 서비스에 대한 설명으로 옳지 <u>않은</u> 것은?

① 비금전적 지원을 원칙으로 한다.

② 생활이 어려운 국민만을 대상으로 한다.

③ 민간 부문도 복지 제공에 참여할 수 있다.

④ 가사·간병 방문 지원 사업을 사례로 들 수 있다.

⑤ 부담 능력이 있는 국민의 경우 비용은 수익자 부담을 원칙으로 한다.

개념 가이드

사회 서비스는 사회 보장 제도 중 ❶[   ] 지원을 원칙으로 하며, 국민의 ❷[   ] 향상을 지원하는 제도이다.

답 ❶ 비금전적 ❷ 삶의 질

대표 예제 ❻

다음 자료에 대한 옳은 분석만을 〈보기〉에서 고른 것은?

> 연구자 갑은 A국의 경제적 측면의 성 불평등을 측정하기 위하여 '성별 임금 격차 지수'를 개발하여 이를 시기별로 분석하였다. 단, 갑국의 성별 임금 격차 지수 분석 대상 성비는 1:1이다.
>
>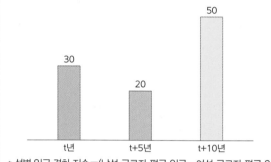
>
> * 성별 임금 격차 지수=(남성 근로자 평균 임금−여성 근로자 평균 임금) / 근로자 전체 평균 임금×100

─ 보기 ─

ㄱ. t년의 남성 근로자 평균 임금은 여성 근로자 평균 임금보다 30% 높다.

ㄴ. 남성 근로자 평균 임금 대비 여성 근로자 평균 임금은 t년에 비해 t+5년이 높다.

ㄷ. t+10년의 여성 근로자 평균 임금은 남성 근로자 평균 임금의 1/2이다.

ㄹ. t+5년 대비 t+10년에 경제적 측면의 성 불평등은 심화되었다.

① ㄱ, ㄴ 　② ㄱ, ㄷ 　③ ㄴ, ㄷ

④ ㄴ, ㄹ 　⑤ ㄷ, ㄹ

개념 가이드

남성과 여성이 차지하는 지위, ❶[   ], 위신 등에서 나타나는 격차를 ❷[   ] 현상이라고 한다.

답 ❶ 권력 ❷ 성불평등

대표 예제 7

빈칸에 들어갈 사회학적 개념에 대한 설명으로 옳지 않은 것은?

> 사회의 전반적인 생활 양식, 사회적 관계, 규범과 가치, 사회 구조 등이 변하는 현상을 _____(이)라고 한다.

① 어느 사회에서나 일어나는 현상이다.
② 속도와 모습은 사회마다 동일하게 나타난다.
③ 다양한 요인이 복합적으로 영향을 미쳐 나타나는 현상이다.
④ 현대 사회의 경우 과학 기술과 교통·통신의 발달로 그 속도가 빨라지고 있다.
⑤ 정치, 경제, 문화 등 사회의 여러 분야에 걸쳐 변화가 동시에 광범위하게 일어난다.

개념 가이드

사회 변동이란 일정한 ❶_____을/를 두고 사회의 전반적인 생활 양식, 사회적 관계, 규범과 가치, ❷_____ 등이 변화하는 현상을 의미한다.

답 ❶ 시간 ❷ 의식 구조

대표 예제 8

밑줄 친 ㉠, ㉡에 대한 옳은 설명만을 〈보기〉에서 고른 것은?

> • 일회용 컵 사용 중단을 요구하는 ㉠ 환경 단체 회원들의 주말 집회
> • 공항에서 항공기 지연에 항의하는 ㉡ 승객들의 시위

• 보기 •
ㄱ. ㉠은 사회 문제 해결에 기여한다.
ㄴ. ㉡은 목표와 활동 방향을 정당화하는 이념을 지닌다.
ㄷ. ㉠은 ㉡과 달리 사회 운동에 해당한다.
ㄹ. ㉠, ㉡은 모두 체계적인 조직을 바탕으로 운영된다.

① ㄱ, ㄴ   ② ㄱ, ㄷ   ③ ㄴ, ㄷ
④ ㄴ, ㄹ   ⑤ ㄷ, ㄹ

개념 가이드

사회 운동은 자신들의 ❶_____와/과 가치를 실현하기 위해 다수의 사람들이 자발적으로 하는 집단적이고 ❷_____인 행동이다.

답 ❶ 신념 ❷ 지속적

대표 예제 9

다음 그림은 사회 변동 이론 (가), (나)를 나타낸 것이다. 이에 대한 설명으로 옳은 것은?

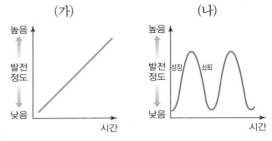

① (가)는 순환론, (나)는 진화론이다.
② (가)는 사회가 생성과 몰락의 과정을 반복한다고 본다.
③ (나)는 사회 변동을 운명론적 관점으로 설명한다.
④ (가)는 (나)와 달리 사회가 퇴보할 수 있다고 본다.
⑤ (나)는 (가)와 달리 서구 제국주의를 정당화하는 근거가 될 수 있다.

개념 가이드

진화론은 사회 변동에 일정한 ❶_____이/가 있다고 보는 반면, 순환론은 사회가 ❷_____와/과 마찬가지로 생성, 성장, 쇠퇴, 해체의 과정을 반복한다고 본다.

답 ❶ 방향 ❷ 유기체

대표 예제 10

A, B에 대한 분석으로 옳은 것은? (단, A, B는 각각 산업 사회와 정보 사회 중 하나이다.)

> 비대면 접촉의 비중: A<B

① A는 정보와 지식이 부가 가치 창출의 주요 원천이다.
② A는 B에 비해 구성원 간 익명성 정도가 높다.
③ A는 B에 비해 직업의 동질성 정도가 낮다.
④ B는 A에 비해 의사 결정의 분권화 정도가 높다.
⑤ B는 A에 비해 소품종 대량 생산 비중이 크다.

개념 가이드

정보 사회에서는 ❶_____을/를 창출하는 원천으로 지식과 ❷_____이/가 중시된다.

답 ❶ 부가 가치 ❷ 정보

대표 예제 11

다음 자료에 대한 분석으로 옳은 것은? (단, A와 B는 각각 사회 보험과 공공 부조 중 하나이다.)

질문	A	B
생활이 어려운 국민의 최저 생활 보장을 목적으로 하는가?	예	아니요
(가)	아니요	예

① A는 사회 보험, B는 공공 부조이다.
② A는 B와 달리 금전적 지원을 원칙으로 한다.
③ A는 B에 비해 소득 재분배 효과가 강하다.
④ B는 A와 달리 사후 처방적 원리가 적용된다.
⑤ (가)에는 '강제 가입의 원칙이 적용되는가?'가 들어갈 수 없다.

개념 가이드

사회 보험과 공공 부조는 ❶[   ] 지원을 원칙으로 한다는 공통점이 있으며, ❷[   ]는 생활이 어려운 국민의 최저 생활 보장을 목적으로 한다.

답 ❶ 금전적 ❷ 공공 부조

대표 예제 12

다음 자료에 대한 분석으로 옳은 것은? (단, t+30년의 전체 인구는 t년의 2배이다.)

구분	t년	t+30년
0~14세 인구 비율(%)	20	20
65세 이상 인구 비율(%)	30	40

* 유소년 부양비=(0~14세 인구/15~64세 인구)×100
** 노년 부양비=(65세 이상 인구/15~64세 인구)×100
*** 노령화 지수=(65세 이상 인구/0~14세 인구)×100

① t년과 t+30년의 0~14세 인구는 동일하다.
② t년에 15~64세 인구 100명당 0~14세 인구는 20명이다.
③ 유소년 부양비는 t년에 비해 t+30년이 작다.
④ 노년 부양비는 t년에 비해 t+30년이 크다.
⑤ 노령화 지수는 t년과 t+30년이 동일하다.

개념 가이드

한 나라의 전체 인구는 0~14세 인구, ❶[   ], ❷[   ](으)로 나눌 수 있다.

답 ❶ 15~64세 인구 ❷ 65세 이상 인구

대표 예제 13

다음 글을 통해 파악할 수 있는 정보 사회의 문제점으로 가장 적절한 것은?

> 최근 급속한 기술의 발전과 함께 식당이나 마트 등에서 주문과 결제를 할 수 있는 키오스크가 많아지고 있다. 키오스크는 가성비가 높고 정보 사회의 혁신적인 발명품이기도 하지만 동시에 키오스크의 급증과 함께 문제점도 나타나고 있다. 그 대표적인 예가 노인들의 키오스크 사용 문제이다. 젊은 사람들은 쉽게 키오스크를 이용하는 반면, 노인들은 어려운 조작 방법과 잘 보이지 않는 스크린 속의 작은 글자 등으로 인해 주문, 결제에 많은 어려움을 느끼고 있다. 키오스크가 생활의 편리함을 불러온 것은 사실이지만, 이와 동시에 많은 노인들이 극심한 부담감을 느끼고 있다.

① 인간 소외 현상이 심화되고 있다.
② 지역 간 정보 격차가 커지고 있다.
③ 정보의 접근 및 이용에서의 격차가 발생하고 있다.
④ 디지털 기술로 인해 세대 간 문화 격차가 좁아지고 있다.
⑤ 정보 기계에 대한 의존도가 높아지면서 부작용이 커지고 있다.

개념 가이드

정보 사회에서는 ❶[   ](으)로 인한 경제적 불평등이 심화될 수 있으므로, 이를 해결하기 위해 정보 ❷[   ]에 대한 지원 방안을 마련해야 한다.

답 ❶ 정보 격차 ❷ 취약 계층

교과서 대표 전략 ②

01 계층 구조 (가), (나)에 대한 설명으로 옳은 것은?

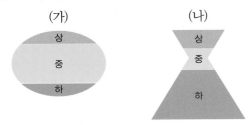

(가)
상
중
하

(나)
상
중
하

① (가)는 다이아몬드형 계층 구조, (나)는 모래시계형 계층 구조이다.

② (가)는 정보 사회에 대해 비관적인 입장일 때 나타날 수 있다.

③ (나)는 정보 격차로 인해 나타날 수 있다.

④ (가)는 (나)와 달리 정보 사회에서 나타날 수 있다.

⑤ (가), (나)는 모두 폐쇄적 계층 구조이다.

Tip

타원형 계층 구조는 **❶** [　　]이/가 대다수를 차지하는 계층 구조이고, **❷** [　　]형 계층 구조는 중층의 비율이 가장 낮고 소수의 상층과 다수의 하층으로 구성되어 있다.

目 ❶ 중층 ❷ 모래시계

02 사회 불평등을 설명하는 이론 A, B에 대한 설명으로 옳은 것은? (단, A, B는 각각 계급론과 계층론 중 하나이다.)

A는 사회 불평등 현상을 이분법적으로 구분하고, B는 사회 불평등 현상을 연속적으로 구분한다.

① A는 계층론, B는 계급론이다.

② A는 다양한 요인에 따라 개인의 위치가 결정된다고 본다.

③ A는 지위 불일치 현상을 설명하기에 용이하다.

④ B는 A와 달리 동일 집단 구성원 간의 강한 연대 의식을 강조한다.

⑤ A, B는 모두 사회 불평등 현상의 원인으로 경제적 요인을 고려한다.

Tip

마르크스의 **❶** [　　]은/는 사회 불평등 현상을 이분법적으로 구분하고, 베버의 **❷** [　　]은/는 사회 불평등 현상을 연속적으로 구분한다.

目 ❶ 계급론 ❷ 계층론

03 다음 사례에 나타난 사회 이동만을 〈보기〉에서 고른 것은?

가난한 노동자의 아들로 태어난 갑은 열심히 공부에 매진하여 공무원 시험에 합격하고 공무원으로 활약하다가, 고향에서 국회의원으로 선출되었다.

보기

ㄱ. 구조적 이동　　ㄴ. 수직 이동

ㄷ. 세대 간 이동　　ㄹ. 수평 이동

① ㄱ, ㄴ　　② ㄱ, ㄷ　　③ ㄴ, ㄷ

④ ㄴ, ㄹ　　⑤ ㄷ, ㄹ

Tip

한 계층에서 다른 계층으로 상승하거나 하강하는 이동은 **❶** [　　]이고, **❷** [　　]은/는 두 세대에 걸쳐 계층적 위치가 변화하는 이동이다.

目 ❶ 수직 이동 ❷ 세대 간 이동

04 다음 사회적 소수자 집단의 성립 요건으로 적절하지 않은 것은?

• 장애인　　• 외국인 노동자

① 식별 가능성　　② 권력의 열세

③ 사회적 차별　　④ 집합적 정체성

⑤ 수적으로 소수(少數)

Tip

사회적 소수자의 규정은 시대나 사회에 따라 달라질 수 있는 **❶** [　　]인 개념이며, 수적으로 **❷** [　　]을/를 의미하는 것은 아니다.

目 ❶ 상대적 ❷ 소수

05 사회 변동에 대해 옳지 않은 답변을 한 사람은?

교사: 사회 변동의 의미와 특징에 대해 발표해 볼까요?

갑: 시간의 흐름에 따라 사회의 전반적인 생활 양식, 규범과 가치 등이 변하는 것을 의미합니다.

을: 어느 사회에서나 발생하는 보편적인 현상입니다.

병: 속도, 방향, 모습 등은 사회마다 다양하게 나타납니다.

정: 과거에 비해 사회 변동 속도는 느려졌습니다.

무: 사회 어느 한 영역의 변화는 다른 영역의 변화를 유발하기도 합니다.

① 갑   ② 을   ③ 병   ④ 정   ⑤ 무

Tip
사회 변동은 어느 사회에서나 나타나는 ❶ ☐인 현상이며, 그 모습은 사회마다 ❷ ☐ 하게 나타난다.

답 ❶ 보편적 ❷ 다양

06 진화론에 대한 옳은 설명만을 〈보기〉에서 고른 것은?

• 보기 •
ㄱ. 운명론적인 입장에서 사회 변동을 이해한다.
ㄴ. 사회 변동이 일정한 양상을 반복하며 진행된다고 본다.
ㄷ. 서구 중심적 사고에 바탕을 두어 사회 변동을 설명한다.
ㄹ. 사회가 미분화된 상태에서 분화된 상태로 변동한다고 본다.

① ㄱ, ㄴ   ② ㄱ, ㄷ   ③ ㄱ, ㄹ
④ ㄴ, ㄷ   ⑤ ㄷ, ㄹ

Tip
진화론은 사회 변동을 생물 유기체의 ❶ ☐ 과정에 비유하여 설명하고, ❷ ☐은/는 사회가 생성, 성장, 쇠퇴, 해체의 과정을 반복한다고 본다.

답 ❶ 진화 ❷ 순환론

07 표는 A~C를 질문에 따라 구분한 것이다. 이에 대한 옳은 설명만을 〈보기〉에서 고른 것은? (단, A~C는 각각 농업 사회, 산업 사회, 정보 사회 중 하나이다.)

질문	A	B	C
2차 산업이 중심이 되는 사회인가?	예	아니요	아니요
다품종 소량 생산 방식의 비중이 높은 사회인가?	아니요	아니요	예

• 보기 •
ㄱ. A는 농업 사회, B는 산업 사회, C는 정보 사회이다.
ㄴ. A는 B에 비해 관료제 조직의 비중이 높다.
ㄷ. B는 C에 비해 사회적 관계를 맺는 공간적 제약이 크다.
ㄹ. C는 A에 비해 구성원 간 비대면 접촉 비중이 낮다.

① ㄱ, ㄴ   ② ㄱ, ㄷ   ③ ㄴ, ㄷ
④ ㄴ, ㄹ   ⑤ ㄷ, ㄹ

Tip
2차 산업이 중심이 되는 사회는 ❶ ☐ 사회이며, 다품종 소량 생산 방식의 비중이 높은 사회는 ❷ ☐ 사회이다.

답 ❶ 산업 ❷ 정보

08 (가)에 들어갈 수 있는 내용만을 〈보기〉에서 고른 것은?

교사: 다문화 사회에서 나타날 수 있는 문제점은 무엇이 있을까요?
학생: ☐(가)☐ 이/가 나타날 수 있습니다.

• 보기 •
ㄱ. 문화 다양성 강화
ㄴ. 노동력 부족 문제 해결
ㄷ. 문화 차이로 인한 적응의 어려움
ㄹ. 외국인 근로자에 대한 부당한 대우

① ㄱ, ㄴ   ② ㄱ, ㄷ   ③ ㄴ, ㄷ
④ ㄴ, ㄹ   ⑤ ㄷ, ㄹ

Tip
다문화 사회에서는 외국인 근로자에 대한 ❶ ☐한 대우와 ❷ ☐ 침해가 나타날 수 있다.

답 ❶ 부당 ❷ 인권

01 빈칸에 들어갈 알맞은 말은?

> 사회 불평등 현상은 사회 구성원 간에 [ ]이/
> 가 차등적으로 배분되어 있는 현상을 말한다.

① 여가 시간   ② 자연 자원

③ 개인의 재능   ④ 정부의 지원

⑤ 사회적 희소가치

02 사회 불평등 현상을 바라보는 기능론에 대한 설명으로 옳은 것은?

① 사회 불평등 현상을 극복해야 할 대상으로 본다.

② 사회 불평등 현상이 지배와 피지배 관계에서 비롯된다고 본다.

③ 사회적 희소가치의 배분 기준이 지배 집단에 유리하다고 본다.

④ 개인의 가정 배경이 사회 불평등에 미치는 영향력을 중시한다.

⑤ 사회적 희소가치의 차등 분배가 개인의 성취동기에 긍정적으로 작용한다고 본다.

03 다음 사회 계층 구조에 대한 설명으로 옳지 <u>않은</u> 것은?

① 피라미드형 계층 구조이다.

② 계층 간 이동이 엄격하게 제한된다.

③ 봉건적 신분 사회에서 주로 나타난다.

④ 상대적으로 사회적 안정도가 떨어질 가능성이 크다.

⑤ 소수의 상층이 자원의 대부분을 독점하기 때문에 불평등이 심하게 나타난다.

04 다음 자료는 빈곤의 유형에 대해 학생이 작성한 평가지이다. 진술에 대한 답이 옳게 표시된 것만을 고른 것은?

> **주제: 빈곤의 유형**
>
> ◇학년 □반 이름 : ○○○
>
> ※ 옳은 진술이면 '예', 틀린 진술이면 '아니요'에 ✔ 표를 하시오.
>
> 1. 절대적 빈곤은 최소한의 생활 수준을 유지하기 곤란한 상태를 의미한다.
>   예 ✔ 아니요 □ ·················· ㉠
>
> 2. 상대적 빈곤에 해당하는 가구는 모두 절대적 빈곤에 해당한다.
>   예 □ 아니요 ✔ ·················· ㉡
>
> 3. 상대적 빈곤은 해당 사회의 소득 분포를 고려하여 파악한다.
>   예 □ 아니요 ✔ ·················· ㉢
>
> 4. 절대적 빈곤에 따른 빈곤율과 상대적 빈곤에 따른 빈곤율의 합은 전체 빈곤율이다.
>   예 ✔ 아니요 □ ·················· ㉣

① ㉠, ㉡   ② ㉠, ㉢   ③ ㉡, ㉢

④ ㉡, ㉣   ⑤ ㉢, ㉣

05 표는 우리나라의 사회 보장 제도 A, B와 그 사례를 나타낸 것이다. 이에 대한 옳은 설명만을 〈보기〉에서 고른 것은?

구분	사례
A	국민 기초 생활 보장 제도, 기초 연금 제도
B	국민연금 제도, (가)

> **• 보기 •**
>
> ㄱ. A는 B에 비해 소득 재분배 효과가 작다.
>
> ㄴ. B는 A와 달리 상호 부조의 원리를 바탕으로 한다.
>
> ㄷ. A와 B는 모두 국가가 비용을 전부 부담한다.
>
> ㄹ. (가)에는 '국민 건강 보험 제도'가 들어갈 수 있다.

① ㄱ, ㄴ   ② ㄱ, ㄷ   ③ ㄴ, ㄷ

④ ㄴ, ㄹ   ⑤ ㄷ, ㄹ

06 다음 글에 나타난 사회 변동 이론에 대한 옳은 설명만을 〈보기〉에서 고른 것은?

> 사회학자 A는 사회 변동이 '기계적 연대'에 기초한 단순 사회에서 '유기적 연대'의 복합 사회로 변화하는 과정에 따라 이루어진다고 본다. 전통 사회에서는 최소한의 분업 상태에서 사회적 결속이 유지되지만, 인구가 증가하고 인구 구성이 다양해지면서 사회는 전문화된 부분들이 상호 의존하는 새로운 사회적 결속을 이루며 복합 사회로 변화한다.

• 보기 •
ㄱ. 사회 변동을 발전으로 인식하며, 긍정적으로 바라본다.
ㄴ. 미래의 사회 변동에 대한 역동적 대응이 곤란하다는 비판을 받는다.
ㄷ. 서구 중심적 사고를 바탕으로 사회 변동을 설명한다는 비판을 받는다.
ㄹ. 사회가 생성, 성장, 쇠퇴, 해체의 과정을 끊임없이 반복한다고 본다.

① ㄱ, ㄴ   ② ㄱ, ㄷ   ③ ㄴ, ㄷ
④ ㄴ, ㄹ   ⑤ ㄷ, ㄹ

07 빈칸에 들어갈 개념에 해당하는 사례로 볼 수 있는 것만을 〈보기〉에서 고른 것은?

> 자신의 신념과 가치를 실현하기 위하여 다수의 사람이 명확한 목표를 가지고 조직적으로 움직이는 집단 행동을 [   ](이)라고 한다.

• 보기 •
ㄱ. 해양 오염물을 줄이기 위한 환경 단체 운동
ㄴ. 아파트 정전이 길어지자 화난 주민들의 관리 사무소 점거
ㄷ. 왕정과 신분 제도를 폐지하고 민주 정부를 수립하고자 하는 민주화 운동
ㄹ. 열차가 지연되었음에도 불구하고 제대로 된 보상을 받지 못한 승객들의 시위

① ㄱ, ㄴ   ② ㄱ, ㄷ   ③ ㄴ, ㄷ
④ ㄴ, ㄹ   ⑤ ㄷ, ㄹ

08 빈칸에 들어갈 내용으로 가장 적절한 것은?

> 세계화를 통해 우리는 패션, 음악, 영화, 음식 등을 비롯하여 세계의 다양한 문화를 누릴 수 있게 되었다. 하지만 세계 문화의 중심은 특정 국가에 기울어져 있다는 것에 주목할 필요가 있다. 이를 '문화의 잠식'이라고 한다. 사람들은 영화, 음악, 패션 등을 통해 특정 국가의 가치관과 양식을 배우게 되고, 어느 순간 자신의 고유 경쟁력과 가치를 잃고 특정 국가의 주변부에 머무르게 된다. 이는 세계화가 [   ]을/를 심화시킬 수 있음을 보여 준다.

① 문화의 획일화
② 문화의 상업성
③ 인간 존엄성 파괴
④ 계층 간 소득 격차
⑤ 개별 국가의 주권 침해

09 저출산·고령화 현상에 대한 설명으로 옳지 <u>않은</u> 것은?

① 저출산 현상은 합계 출산율이 낮아지는 현상이다.
② 저출산 현상의 원인으로 여성의 사회 활동 증가를 들 수 있다.
③ 고령화 현상의 원인으로 의료 기술 발달에 따른 평균 수명 증가를 들 수 있다.
④ 저출산 현상이 지속되면 생산 가능 인구가 감소하여 노동력이 부족해진다.
⑤ 고령화 현상이 지속되면 노년 부양비가 감소할 수 있다.

창의·융합·코딩 전략

1 계급론과 계층론

(가), (나)에 대한 설명으로 옳은 것은? (단, (가), (나)는 각각 계급론, 계층론 중 하나이다.)

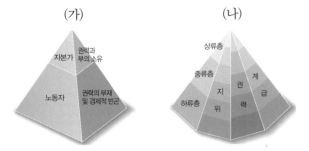

┌─── 보기 ───────────────────────────────────┐
│ ㄱ. (가)를 구분하는 기준은 생산 수단의 소유 여부이다. │
│ ㄴ. (가)는 사회 계층을 서열적, 연속적으로 구분한다. │
│ ㄷ. (나)는 지위 불일치 현상을 설명하기에 적합하다. │
│ ㄹ. (나)는 정치적 불평등이 경제적 불평등에 종속된다고 본다. │
└───┘

① ㄱ, ㄴ   ② ㄱ, ㄷ   ③ ㄴ, ㄷ
④ ㄴ, ㄹ   ⑤ ㄷ, ㄹ

Tip

계급론은 **❶**　　　　의 소유 여부를 기준으로 사회 계층화 현상을 파악하고, **❷**　　　　은/는 다양한 요인을 기준으로 사회 계층화 현상을 설명한다.

🔑 ❶ 생산 수단 ❷ 계층론

2 사회 이동 및 사회 계층 구조

표는 갑국의 연도별 계층 구성 비율을 나타낸 것이다. 이에 대한 분석으로 옳은 것은?

구분	A	B	C
t년	60%	30%	10%
t+20년	20%	60%	20%

* 갑국은 A, B, C 계층으로만 구성되어 있으며 A, B, C는 각각 상층, 중층, 하층 중 하나이다.
** t년에 갑국은 피라미드형 계층 구조이다.

① A는 하층, B는 상층, C는 중층이다.

② t+20년에 갑국은 다이아몬드형 계층 구조이다.

③ t+20년에 상층 비율은 하층 비율보다 높다.

④ t년은 t+20년과 달리 수직 이동이 불가능하다.

⑤ t+20년은 t년에 비해 사회 통합에 불리하다.

Tip

피라미드형 계층 구조는 **❶**　　　　의 비율이 가장 높으며, **❷**　　　　 계층 구조는 중층의 비율이 가장 높다.

🔑 ❶ 하층 ❷ 다이아몬드형

3 사회 계층 구조

(가)~(다)에 나타난 사회 계층 구조에 대해 옳게 분석한 학생을 고른 것은?

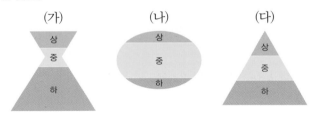

┌───┐
│ **교사**: 계층 구조 (가)~(다)에 대해 분석을 해 볼까요? │
│ **갑**: (가)는 모래시계형 계층 구조, (나)는 다이아몬드형 계층 │
│　　구조, (다)는 피라미드형 계층 구조입니다. │
│ **을**: (가)는 정보 사회에 대하여 비관적으로 예측할 때 나타날 │
│　　수 있는 계층 구조입니다. │
│ **병**: (나)는 계층 간 소득 격차가 클 때 나타나는 사회 계층 구 │
│　　조입니다. │
│ **정**: (다)는 사회 구성원들의 수직 이동이 제한되는 사회 계층 │
│　　구조입니다. │
│ **무**: (다)는 (가), (나)와 달리 사회적 희소 자원이 불평등하게 │
│　　배분되어 나타납니다. │
└───┘

① 갑　　② 을　　③ 병　　④ 정　　⑤ 무

Tip

모래시계형 계층 구조는 **❶**　　　　사회에 대해 비관적인 입장에서 예측하는 사회 계층 구조인 반면, **❷**　　　　계층 구조는 정보 사회에 대해 낙관적인 입장에서 예측된다.

🔑 ❶ 정보 ❷ 타원형

4 빈곤

다음 자료는 갑국의 빈곤율을 나타낸 것이다. 이에 대한 옳은 분석만을 〈보기〉에서 고른 것은? (단, 갑국 모든 가구의 구성원 수는 동일하다.)

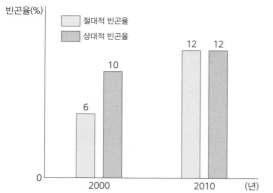

* 절대적 빈곤율(%): 전체 가구 중 절대적 빈곤 가구(가구 소득이 최저 생계비 미만인 가구)의 비율
** 상대적 빈곤율(%): 전체 가구 중 상대적 빈곤 가구(가구 소득이 중위 소득의 50% 미만인 가구)의 비율
*** 중위 소득: 전체 가구를 소득순으로 나열했을 때 한가운데 위치한 가구의 소득

- 보기 -
ㄱ. 2000년에 상대적 빈곤 가구는 모두 절대적 빈곤 가구이다.
ㄴ. 2000년에 상대적 빈곤 가구 인구는 절대적 빈곤 가구 인구의 2배에 미치지 못한다.
ㄷ. 2010년에 상대적 빈곤 가구는 모두 절대적 빈곤 가구이다.
ㄹ. 2010년 중위 소득과 최저 생계비는 동일하다.

① ㄱ, ㄴ ② ㄱ, ㄷ ③ ㄴ, ㄷ
④ ㄴ, ㄹ ⑤ ㄷ, ㄹ

Tip
우리나라에서 절대적 빈곤 가구는 가구 소득이 **❶**_____에 미치지 못하는 가구에 해당하고, 상대적 빈곤 가구는 가구 소득이 **❷**_____의 50%에 미치지 못하는 가구에 해당한다.

답 ❶ 최저 생계비 ❷ 중위 소득

5 성 불평등 문제

다음 대화에 대한 옳은 설명만을 〈보기〉에서 고른 것은?

성 불평등 문제는 가부장제적 사회 구조가 그 원인이라고 볼 수 있어.

아니야, 나는 남아와 여아를 다르게 기르는 부모의 양육 태도와 성 불평등 의식을 양산하는 대중 매체 때문에 성 불평등이 심화된다고 생각해.

갑   을

- 보기 -
ㄱ. 갑은 거시적 관점에서 성 불평등 문제의 원인을 찾는다.
ㄴ. 갑은 해결책으로 개인의 의식 개선을 제시할 것이다.
ㄷ. 을은 차별적인 사회화 과정을 성 불평등 문제의 요인으로 본다.
ㄹ. 을은 현재의 교육과 대중 매체에서 전달하는 내용만으로 사회 불평등을 해결할 수 있다고 본다.

① ㄱ, ㄴ ② ㄱ, ㄷ ③ ㄴ, ㄷ ④ ㄴ, ㄹ ⑤ ㄷ, ㄹ

Tip
성 불평등 현상의 원인은 **❶**_____적 사회 구조와 성별에 따른 **❷**_____인 사회화 과정에서 찾을 수 있다.

답 ❶ 가부장제 ❷ 차별적

6 사회 복지 제도

다음 자료와 관련 있는 사회 보장 제도에 대한 설명으로 옳지 않은 것은?

〈산모/신생아 건강 관리 지원 사업〉

① 사회 서비스에 해당한다.
② 삶의 질 향상을 목표로 한다.
③ 저소득층만을 대상으로 한다.
④ 비금전적 지원을 원칙으로 한다.
⑤ 부담 능력이 있는 국민은 수익자 부담을 원칙으로 한다.

Tip
사회 서비스는 **❶**_____ 지원을 원칙으로 하며, 국민의 **❷**_____ 향상을 목표로 한다.

답 ❶ 비금전적 ❷ 삶의 질

7 진화론과 순환론

다음 자료에 대한 옳은 분석만을 〈보기〉에서 고른 것은?

교사: 오늘은 사회 변동을 설명하는 이론 (가), (나)에 대해 공부할 예정입니다.

위의 그림은 사회 변동을 보는 ﹇ (가) ﹈와/과 관련이 있습니다. 다음 자료를 이어 보겠습니다.

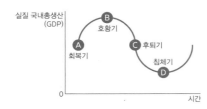

위 그래프는 경기의 변동 과정을 보여주는 것으로, 이는 사회 변동을 보는 ﹇ (나) ﹈와/과 관련이 있습니다.

━ 보기 ━
ㄱ. (가)는 진화론, (나)는 순환론이다.
ㄴ. (가)는 사회가 단순한 형태에서 복잡한 형태로 진화한다고 본다.
ㄷ. (나)는 모든 발전이 곧 서구화임을 전제로 한다.
ㄹ. (가), (나)는 모두 사회 변동을 미시적 관점에서 이해한다.

① ㄱ, ㄴ   ② ㄱ, ㄷ   ③ ㄴ, ㄷ
④ ㄴ, ㄹ   ⑤ ㄷ, ㄹ

Tip
진화론은 사회 변동을 사회 **❶** ﹇﹈와/과 동일시하며, **❷** ﹇﹈은/는 운명론적 관점에서 사회 변동을 바라본다.

🔖 ❶ 발전 ❷ 순환론

8 사회 운동

다음 사진에 나타난 사회 운동에 대한 분석 및 추론으로 옳지 <u>않은</u> 것은?

▲ 반전 시위를 하는 시민 단체

① 뚜렷한 목표를 가지고 이루어진다.
② 필요에 따라 일시적으로 나타난다.
③ 체계적인 조직을 바탕으로 이루어진다.
④ 사회 변동을 달성하려는 의도를 지닌다.
⑤ 개별적인 행동보다는 집단 행동으로 나타난다.

Tip
사회 운동은 자신의 신념과 가치를 실현하기 위하여 다수의 사람이 명확한 **❶** ﹇﹈을/를 가지고 조직적으로 움직이는 **❷** ﹇﹈을/를 의미한다.

🔖 ❶ 목표 ❷ 집단 행동

9 정보화

다음 그림을 통해 파악할 수 있는 정보화로 인한 문제점으로 가장 적절한 것은?

① 정보 격차   ② 정보의 오남용
③ 사생활 침해   ④ 인간 소외 현상
⑤ 불건전한 정보 유포

Tip
정보화의 부정적인 영향으로는 개인 정보 유출로 인한 **❶** ﹇﹈ 침해, 사이버 범죄 증가, **❷** ﹇﹈(으)로 인한 사회·경제적 불평등 심화 등을 들 수 있다.

🔖 ❶ 사생활 ❷ 정보 격차

10 저출산·고령화

다음과 같은 현상이 지속될 경우 나타날 수 있는 내용으로 가장 적절한 것은?

〈합계 출산율〉
단위: 명

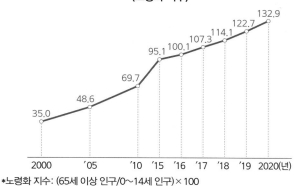

〈노령화 지수〉

*노령화 지수: (65세 이상 인구/0~14세 인구)×100

① 생산 가능 인구가 증가할 것이다.
② 노인 복지 분야의 재정 부담이 감소할 것이다.
③ 인구 정체 또는 감소로 인해 소비가 위축될 것이다.
④ 노인 부양을 둘러싼 세대 간 갈등이 완화될 것이다.
⑤ 고령 친화 산업에 대한 국가적 지원이 감소할 것이다.

Tip
저출산 현상은 [❶] 이/가 감소하는 현상이며, 노령화 지수는 유소년 인구 대비 [❷] 을/를 나타낸다.

🗒 ❶ 합계 출산율 ❷ 고령 인구(65세 이상 인구)

11 다문화 사회

다음 대화의 밑줄 친 ㉠~㉤ 중에서 옳지 <u>않은</u> 내용을 고른 것은?

영미: 우리 이번 사회·문화 발표 주제가 '다문화 사회'인데, 각자 조사한 내용을 정리해 보자.
해인: ㉠ '다문화 사회'는 다양한 인종·종교·문화를 가진 사람들이 공존하는 사회야.
석진: 다문화 사회의 등장 배경에는 ㉡ 노동력의 자유로운 이동, ㉢ 국제결혼의 감소, ㉣ 세계화로 인한 국가 간 교류 활성화 등이 있어.
정희: 다문화 사회의 긍정적 측면은 ㉤ 문화의 다양성이 높아져 풍요로운 문화생활을 누릴 수 있다는 거야.

① ㉠ ② ㉡ ③ ㉢ ④ ㉣ ⑤ ㉤

Tip
다문화 사회가 등장한 배경에는 [❶] 의 자유로운 이동, 국제결혼의 증가, [❷] (으)로 인한 국가 간 교류 활성화 등을 들 수 있다.

🗒 ❶ 노동력 ❷ 세계화

12 지속 가능한 사회

(가)에 들어갈 개념에 대한 옳은 설명만을 〈보기〉에서 고른 것은?

교사: 오늘 배울 주제는 [(가)] 입니다. 이는 현재 세대뿐만 아니라 미래 세대도 풍요로운 삶이 보장되는 사회를 의미합니다.

• 보기 •
ㄱ. (가)는 '지속 가능한 사회'이다.
ㄴ. 환경 보전보다는 경제 성장을 추구한다.
ㄷ. 국제기구보다는 각국 정부의 협력이 필요하다.
ㄹ. 인류의 생존을 위협하는 전 지구적 수준의 문제가 증가하면서 등장한 개념이다.

① ㄱ, ㄴ ② ㄱ, ㄹ ③ ㄴ, ㄷ
④ ㄴ, ㄹ ⑤ ㄷ, ㄹ

Tip
지속 가능한 사회란 현재 세대뿐만 아니라 [❶] 세대도 안정적이고 풍요로운 삶을 이어나갈 수 있도록 [❷] 이/가 이루어진 사회이다.

🗒 ❶ 미래 ❷ 조화

핵심 개념 ① 문화를 이해하는 태도

문화를 이해하는 바람직한 태도는 무엇일까요?

문화가 발생한 맥락과 환경을 이해하는 문화 상대주의입니다.

다른 문화를 열등한 것으로 평가하는 자문화 중심주의보다 문화 상대주의적 태도가 바람직합니다.

자기 문화를 낮게 평가하는 문화 사대주의보다 문화 상대주의가 바람직합니다.

'명예 살인'과 같은 관습까지 인정하는 극단적 문화 상대주의는 경계해야 해요.

핵심 개념 ② 문화 변동 요인

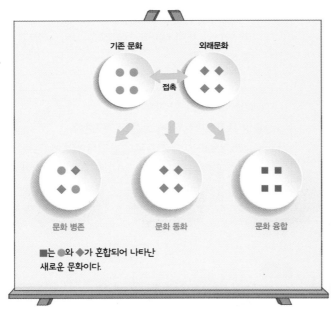

기존 문화   외래문화
접촉

문화 병존   문화 동화   문화 융합

■는 ●와 ◆가 혼합되어 나타난 새로운 문화이다.

문화 접변은 어떻게 발생하나요?

문화 접변은 내재적 요인과 외재적 요인으로 발생합니다.

맞아요. 이번에는 문화 접변의 결과로 나타나는 문화 변동의 모습을 살펴볼까요?

핵심 개념 ❸ **계급론과 계층론**

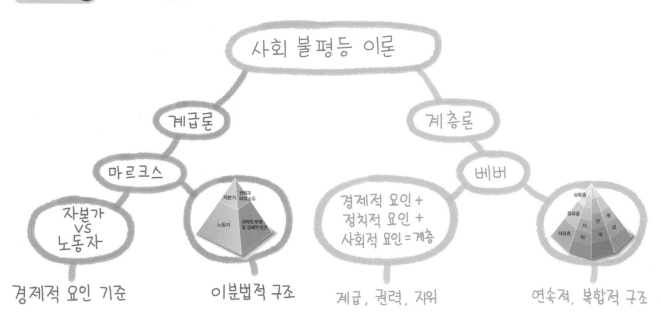

핵심 개념 ❹ **정보화**

신유형·신경향·서술형 전략

01 문화의 속성

표는 문화의 속성 (가)~(다)의 사례를 제시한 것이다. (가)~(다)에 해당하는 문화의 속성을 바르게 연결한 것은?

(가)	최근 우리나라에서 태어난 다문화 가정의 자녀들은 아버지에게는 한국어, 어머니에게는 어머니의 모국어를 자연스럽게 배워 이중 언어를 구사하는 경우가 많다.
(나)	뉴질랜드 전통 부족인 마오리족은 코를 비비거나 부딪쳐서 인사한다. 뉴질랜드를 방문한 관광객들에게는 코를 비비는 모습이 낯설어 보이지만 마오리족에게 코를 비비거나 부딪치는 인사는 아주 정중한 예의를 나타낸다.
(다)	우리나라에서 김치의 종류가 다양해진 것은 불교의 영향이 크다. 고려 시대에 숭불 사상의 영향으로 채소 음식이 선호되면서 동치미나 나박김치 등 김치의 종류가 다양해지기 시작하였다.

	(가)	(나)	(다)
①	학습성	총체성	공유성
②	학습성	공유성	총체성
③	총체성	학습성	공유성
④	총체성	공유성	학습성
⑤	공유성	학습성	총체성

Tip

학습성은 문화가 후천적으로 학습되는 생활 양식임을, ❶ [ ] 은/는 문화가 구성원 다수가 공통적으로 공유하는 생활 양식임을, ❷ [ ] 은/는 문화가 상호 유기적으로 결합된 총체임을 의미한다.

🔑 ❶ 공유성 ❷ 총체성

02 문화를 이해하는 태도

표는 문화 이해 태도 A~C를 질문에 따라 구분한 것이다. 이에 대한 옳은 설명만을 〈보기〉에서 고른 것은? (단, A~C는 각각 문화 사대주의, 문화 상대주의, 자문화 중심주의 중 하나이다.)

질문	A	B	C
각 사회가 지니고 있는 문화의 고유한 의미와 가치를 인정하는가?	예	아니요	(가)
자기 문화가 우월하다는 믿음을 바탕으로 타 문화를 판단하는가?	(나)	예	아니요

• 보기 •

ㄱ. (가)는 '아니요', (나)는 '예'이다.
ㄴ. A는 B와 달리 문화를 이해의 대상으로 본다.
ㄷ. B는 C와 달리 문화 다양성 보존에 기여한다.
ㄹ. C는 A와 달리 자문화의 정체성이 상실될 수 있다.

① ㄱ, ㄴ   ② ㄱ, ㄷ   ③ ㄴ, ㄷ
④ ㄴ, ㄹ   ⑤ ㄷ, ㄹ

Tip

문화 상대주의는 문화를 ❶ [ ] 의 대상으로 보는 반면, 문화 사대주의와 자문화 중심주의는 문화를 ❷ [ ] 의 대상으로 본다.

🔑 ❶ 이해 ❷ 평가

03 하위문화

다음 그림은 질문에 따라 A, B를 구분한 것이다. 이에 대한 설명으로 옳은 것은? (단, A와 B는 각각 주류 문화와 하위문화 중 하나이다.)

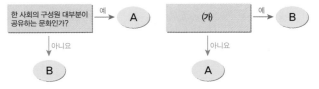

① A는 하위문화이다.
② B는 주류 문화이다.
③ A와 B를 구분하는 기준은 절대적이다.
④ 청소년 문화는 B가 아니라 A에 해당한다.
⑤ (가)에는 '반문화적 성격을 띨 수 있는가?'가 들어갈 수 있다.

Tip

한 사회의 구성원 대다수가 공유하는 문화는 ❶ [ ] , 특정 영역의 구성원이 공유하는 문화는 ❷ [ ] 이다.

🔑 ❶ 주류 문화 ❷ 하위문화

04 대중 매체

표는 대중 매체 A~C의 특징을 나타낸다. 이에 대한 설명으로 옳은 것은? (단, A~C는 각각 텔레비전, 신문, 인터넷 중 하나이다.)

구분	시각 정보의 전달	청각 정보의 전달	정보 전달의 쌍방향성
A	가능	가능	낮음
B	가능	가능	높음
C	가능	불가능	낮음

• 보기 •

ㄱ. A는 신문, B는 텔레비전이다.

ㄴ. A와 B는 뉴 미디어에 해당한다.

ㄷ. A는 C에 비해 신속한 정보 전달이 용이하다.

ㄹ. B는 C에 비해 정보 생산자와 소비자의 구분이 불명확하다.

① ㄱ, ㄴ   ② ㄱ, ㄷ   ③ ㄴ, ㄷ

④ ㄴ, ㄹ   ⑤ ㄷ, ㄹ

Tip

인터넷은 누구나 정보 생산에 참여할 수 있다는 점에서 정보 전달이 [❶   ]으로 이루어지고, 정보 생산자와 소비자의 구분이 [❷   ] 하다.

📖 ❶ 쌍방향 ❷ 불명확

05 문화 변동 요인

다음 그림은 문화 변동 요인 A~C를 구분한 것이다. 이에 대한 설명으로 옳은 것은? (단, A~C는 발명, 직접 전파, 자극 전파 중 하나이다.)

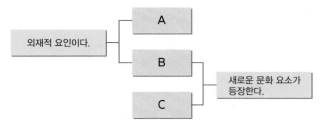

① A는 자극 전파이다.

② B는 발명이다.

③ C는 직접 전파이다.

④ B는 타 문화의 아이디어를 기초로 한다.

⑤ C의 사례에는 불과 지하자원이 있다.

Tip

외재적 요인에는 직접 전파, 간접 전파, [❶   ]이/가 있고, 내재적 요인에는 발명과 [❷   ]이/가 있다.

📖 ❶ 자극 전파 ❷ 발견

06 계층 구조 및 사회 이동

다음 자료에 대한 분석 및 추론으로 옳은 것은?

갑국의 t년과 t+50년의 계층 구성 비율을 나타낸 것이다. 단, A~C는 각각 상층, 중층 하층 중 하나이고, A에서 C로의 이동은 상승 이동, A에서 B로의 이동은 하강 이동에 해당한다.

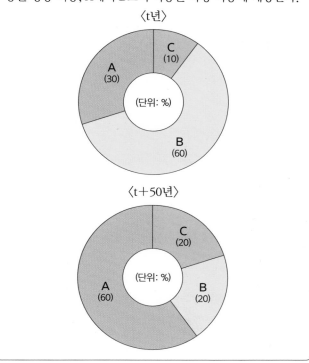

① t년의 중층 비율은 상층 비율의 2배이다.

② t년의 하층과 t+50년의 중층 인구는 같다.

③ t년은 t+50년과 달리 폐쇄적 계층 구조가 나타난다.

④ 중층 비율 대비 상층 비율은 t년과 t+50년이 동일하다.

⑤ t년은 모래시계형 계층 구조, t+50년은 다이아몬드형 계층 구조이다.

Tip

사회 이동 중 수직 이동은 [❶   ] 이동과 [❷   ] 이동으로 구분한다.

📖 ❶ 상승 ❷ 하강

07 진화론과 순환론

다음은 사회 변동 이론 A, B를 구분하는 질문에 대한 학생의 답변과 교사의 채점 결과이다. 이에 대한 옳은 설명만을 〈보기〉에서 고른 것은? (단, A, B는 각각 진화론과 순환론 중 하나이다.)

질문	답변	
	갑	을
A는 운명론적 관점에서 사회 변동의 방향을 이해하는가?	예	아니요
A는 B와 달리 사회 변동이 일정한 방향을 가지고 있다고 보는가?	아니요	아니요
(가)	예	아니요
B는 사회 변동이 곧 발전이라고 보는가?	⊙	ⓒ
점수	4점	2점

(맞으면 1점, 틀리면 0점)

• 보기 •
ㄱ. A는 사회가 주기적으로 동일한 과정을 반복하며 변동한다고 본다.
ㄴ. B는 사회 변동에 대응하는 인간의 노력을 과소평가한다는 비판을 받는다.
ㄷ. (가)에는 'A는 흥망성쇠를 거듭한 국가의 사례를 설명하기에 적합한가?'가 들어갈 수 있다.
ㄹ. ⊙은 '예', ⓒ은 '아니요'이다.

① ㄱ, ㄴ ② ㄱ, ㄷ ③ ㄴ, ㄷ
④ ㄴ, ㄹ ⑤ ㄷ, ㄹ

Tip
운명론적 관점에서 사회 변동을 이해하는 것은 [❶_____]이고, 사회 변동이 곧 발전이라고 보는 것은 [❷_____]이다.

🔖 ❶ 순환론 ❷ 진화론

08 기능론과 갈등론

다음은 사회 불평등 현상을 보는 관점을 구분하기 위한 질문과 답변이다. 기능론과 갈등론 중 하나의 관점에서 일관되게 응답한 학생은?

질문 \ 학생	갑	을	병	정	무
사회적 희소가치의 차등 분배가 개인의 성취동기에 긍정적으로 작용한다고 보는가?	○	○	×	×	×
사회 불평등 현상을 극복해야 할 대상으로 보는가?	×	○	○	×	×
사회 불평등 현상이 불가피하다고 보는가?	○	○	○	○	×

① 갑 ② 을 ③ 병 ④ 정 ⑤ 무

Tip
기능론은 [❶_____]이/가 개인의 성취동기에 긍정적으로 작용하며 사회적 효율성을 높이기 때문에 사회 불평등 현상이 [❷_____]하다고 본다.

🔖 ❶ 차등 분배 ❷ 불가피

09 사회 보장 제도

다음 자료의 A~C에 대한 설명으로 옳은 것은? (단, A~C는 각각 공공 부조, 사회 보험, 사회 서비스 중 하나이다.)

• '금전적 지원을 원칙으로 하는가?'라는 질문으로 B와 C를 구분할 수 없다.
• '강제 가입을 원칙으로 하는가?'라는 질문으로 A와 B를 구분할 수 있다.

① A는 사회 서비스, B는 공공 부조, C는 사회 보험이다.
② B는 사후 처방적 성격이 강하다.
③ C는 국가나 지방 자치 단체가 비용을 전액 부담하는 것을 원칙으로 한다.
④ A는 B와 달리 상호 부조의 원리가 적용된다.
⑤ B는 C에 비해 소득 재분배 효과가 크다.

Tip
공공 부조와 사회 보험은 [❶_____] 지원을 원칙으로 한다는 공통점이 있으며, [❷_____]은/는 강제 가입을 원칙으로 한다.

🔖 ❶ 금전적 ❷ 사회 보험

10 문화를 이해하는 태도

다음 그림은 문화 이해의 태도 A~C를 질문 (가)로 구분한 것이다. (가)에 들어갈 수 있는 질문을 세 개 쓰시오.

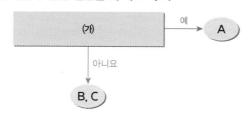

Tip

문화 상대주의는 문화를 ❶ ⬚ 의 대상으로 바라보고, 자문화 중심주의와 문화 사대주의는 문화를 ❷ ⬚ 의 대상으로 바라본다.

🈂 ❶ 이해 ❷ 평가

11 문화 접변 양상

다음 그림은 문화 접변의 양상을 질문 (가), (나)로 구분한 것이다. (가), (나)에 들어갈 수 있는 질문을 각각 하나씩 서술하시오.

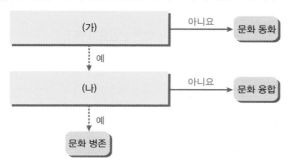

• (가): _____

• (나): _____

Tip

문화 접변의 결과 고유문화 요소가 사라지는 경우는 ❶ ⬚ , 서로 다른 문화 요소가 나란히 존재하는 경우는 ❷ ⬚ 이다.

🈂 ❶ 문화 동화 ❷ 문화 병존

12 인구 부양비

다음 표를 바탕으로 아래 물음에 답하시오.

표는 갑국의 총부양비와 유소년 부양비를 나타낸 것이다. 단, t년에 갑국의 부양 인구는 100명이며, t+30년에 2배로 증가하였다.

구분	t년	t+30년
총부양비	50	100
유소년 부양비	20	50

* 총부양비: [유소년 인구(0~14세 인구)+노인 인구(65세 이상 인구)]/부양 인구(15~64세 인구)×100

** 유소년 부양비: 유소년 인구(0~14세 인구)/부양 인구(15~64세 인구)×100

*** 전체 인구에서 노인 인구가 차지하는 비율이 7% 이상이면 고령화 사회, 14% 이상이면 고령 사회, 20% 이상이면 초고령 사회임

(1) 위의 표를 바탕으로 갑국의 t년과 t+30년의 각 연령대별 인구를 계산하여 표를 완성하시오.

(단위: 명)

구분	t년	t+30년
0~14세 인구		
15~64세 인구		
65세 이상 인구		
전체 인구		

(2) 위의 자료를 바탕으로 t년과 t+30년이 각각 고령화 사회, 고령 사회, 초고령 사회 중 어디에 해당하는지 쓰시오.

• t년: _____

• t+30년: _____

Tip

전체 인구에서 노인 인구가 차지하는 비율이 7% 이상이면 고령화 사회, 14% 이상이면 ❶ ⬚ 사회, 20% 이상이면 ❷ ⬚ 사회이다.

🈂 ❶ 고령 ❷ 초고령

01

다음 사례에 공통적으로 부각된 문화의 속성에 대한 옳은 설명만을 〈보기〉에서 고른 것은?

> (가) 적도 지역에 위치한 A국에서는 여름에 기온이 매우 높아 음식 부패 방지를 위해 향신료가 많이 들어간 조리법이 사용되고 있으며, 향신료의 원료가 되는 작물의 재배 및 유통이 활성화되어 있다.
>
> (나) 북반구에 위치한 B국에서는 목재가 풍부하여 연료 공급이 용이하다. 이로 인해 이 지역 사람들은 오랫동안 천천히 약한 불로 끓이는 스튜와 같은 음식을 즐겨 먹는다.

> • 보기 •
> ㄱ. 문화는 지속적으로 변화한다.
> ㄴ. 문화는 세대 간 전승되며 풍부해진다.
> ㄷ. 문화는 부분이 모여 전체로서 체계를 이룬다.
> ㄹ. 문화는 원활한 사회적 상호 작용을 가능하게 한다.

① ㄱ, ㄴ   ② ㄱ, ㄷ   ③ ㄴ, ㄷ
④ ㄴ, ㄹ   ⑤ ㄷ, ㄹ

02

다음 그림은 문화 이해 태도 A~C를 질문에 따라 구분한 것이다. 이에 대한 설명으로 옳은 것은?

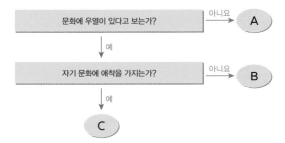

① A는 문화를 평가의 대상으로 본다.
② B는 타 문화와의 갈등을 초래할 수 있다.
③ C는 선진 문물의 수용에 유리하다.
④ A는 B와 달리 문화 다양성 보존에 유리하다.
⑤ C는 B와 달리 자문화의 정체성이 약화될 수 있다.

03

표는 A~C를 질문에 따라 구분한 것이다. 이에 대한 옳은 설명만을 〈보기〉에서 고른 것은? (단, A~C는 각각 주류 문화, 하위문화, 반문화 중 하나이다.)

질문	A	B	C
사회 구성원 대부분이 공유하는 문화인가?	예	아니요	아니요
지배적인 문화에 저항하는 문화인가?	㉠	예	㉡

> • 보기 •
> ㄱ. ㉠과 ㉡은 모두 '아니요'이다.
> ㄴ. A는 하위문화에 해당한다.
> ㄷ. C를 향유하는 구성원도 A를 향유한다.
> ㄹ. 비행 청소년 문화는 B가 아니라 A에 해당한다.

① ㄱ, ㄴ   ② ㄱ, ㄷ   ③ ㄴ, ㄷ
④ ㄴ, ㄹ   ⑤ ㄷ, ㄹ

04

(가), (나)에 나타난 문화 변동에 대한 설명으로 옳은 것은?

> (가) ○○족은 원래 수렵 및 채집으로 생활하였으나, 이웃인 △△족으로부터 농경 기술을 도입하면서 농경민으로 바뀌게 되었다.
>
> (나) A국을 정복한 B국의 강요로 A국 사람들은 B국 의복 문화를 받아들였고, 이로 인해 B국 고유의 의복 문화는 사라지게 되었다.

① (가)에서는 문화 융합이 나타났다.
② (나)에서는 자발적 문화 접변이 나타났다.
③ (가)와 (나) 모두 외재적 요인에 의해 문화 변동이 나타났다.
④ (가)와 달리 (나)는 간접 전파에 의해 문화 변동이 나타났다.
⑤ (나)와 달리 (가)에서는 자극 전파에 따른 문화 변동이 나타났다.

05

다음 그림은 문화 접변 양상을 현상에 따라 구분한 것이다. 이에 대한 설명으로 옳은 것은? (단, A~C는 각각 문화 동화, 문화 병존, 문화 융합 중 하나이다.)

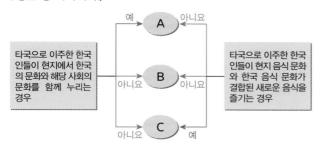

① A는 문화 동화이다.
② B는 문화 융합이다.
③ C는 문화 병존이다.
④ A와 B 모두 문화 변동의 외재적 요인에 의해 나타난다.
⑤ A와 달리 C는 문화 접변 과정에서 한 문화의 정체성이 상실된다.

06

다음 사례를 바르게 이해한 학생만을 〈보기〉에서 고른 것은?

A국에서는 그 지역의 전통 음악과 A국으로 이주해 온 흑인들의 음악이 결합되어 로큰롤(Rock and Roll)이라는 새로운 장르의 음악이 등장하였다. 이후 로큰롤은 라디오와 텔레비전을 통해 전 세계로 전파되어 유행하였다.

• 보기 •
갑: 로큰롤은 문화 병존의 사례에 해당해.
을: 로큰롤의 형성 요인은 직접 전파로 볼 수 있어.
병: 로큰롤은 간접 전파를 통해 세계적으로 확산되었어.
정: 로큰롤이 만들어진 과정은 강제적 문화 접변으로 설명할 수 있어.

① 갑, 을   ② 갑, 병   ③ 을, 병
④ 을, 정   ⑤ 병, 정

07

A, B에 대한 옳은 설명만을 〈보기〉에서 고른 것은? (단, A, B는 각각 계급론과 계층론 중 하나이다.)

구분	A	B
공통점	(가)	
차이점	다원론에 기초하여 사회 계층화 현상을 분석한다.	(나)

① A는 지위 불일치 현상을 설명하기 어렵다.
② B는 사회 계층화 현상을 불연속적으로 구분되어 있는 상태로 파악한다.
③ A는 B와 달리 동일 집단 구성원 간의 강한 연대 의식을 강조한다.
④ (가)에는 '경제적 요인에 의해 사회 계층화 현상이 발생한다고 본다.'가 들어갈 수 없다.
⑤ (나)에는 '생산 수단의 소유 여부가 사회 불평등 구조를 결정한다고 본다.'가 들어갈 수 없다.

08

다음 자료에 대한 분석으로 옳은 것은? (단, 갑국와 을국은 모두 계층을 상층, 중층, 하층으로만 구분한다.)

〈갑국과 을국의 계층 구성비〉

구분	갑국	을국
$\frac{중층}{하층}$	$\frac{1}{2}$	$\frac{1}{6}$
$\frac{상층}{중층}$	$\frac{1}{3}$	3

① 갑국의 하층 비율은 20%이다.
② 을국의 중층 비율은 30%이다.
③ 갑국은 을국보다 상층 비율이 높다.
④ 을국의 계층 구조는 정보 사회에 대한 낙관적인 예측에서 비롯될 수 있다.
⑤ 갑국과 을국의 하층 비율은 동일하다.

09

다음 자료에 대한 옳은 분석 및 추론만을 〈보기〉에서 고른 것은?

갑국은 남녀 성 불평등 문제를 개선하기 위하여 각종 제도를 만들어 시행하였다. 다음 자료는 성차별 개선 제도 시행 전과 후의 변화를 보여 준다.

구분	제도 시행 전	제도 시행 후
남성 대비 여성 임금 비율(%)	50	70
여성 의원 비율(%)	30	50

* 남성 대비 여성 임금 비율(%)=여성 근로자 평균 임금/남성 근로자 평균 임금 ×100
** 여성 의원 비율(%)=여성 의원 수/전체 의원 수×100

● 보기 ●
ㄱ. 제도 시행 전 남성 근로자 평균 임금은 여성 근로자 평균 임금의 절반이다.
ㄴ. 제도 시행 후 여성 근로자 평균 임금이 남성 근로자 평균 임금의 절반을 넘는다.
ㄷ. 제도 시행 전과 제도 시행 후 여성 의원 수 차이는 20명이다.
ㄹ. 제도 시행 후 남녀 성 불평등 문제가 개선되었다.

① ㄱ, ㄴ
② ㄱ, ㄷ
③ ㄴ, ㄷ
④ ㄴ, ㄹ
⑤ ㄷ, ㄹ

10

표는 우리나라 사회 보장 제도 A, B를 구분한 것이다. 이에 대한 분석으로 옳은 것은? (단, A, B는 각각 공공 부조, 사회 보험 중 하나이다.)

질문	A	B
강제 가입을 원칙으로 하는가?	예	아니요
(가)	예	예

① A는 공공 부조, B는 사회 보험이다.
② A는 B에 비해 소득 재분배 효과가 크다.
③ A는 B와 달리 상호 부조의 원리를 바탕으로 한다.
④ B는 A와 달리 사전 예방적 성격을 지닌다.
⑤ (가)에는 '금전적 지원을 원칙으로 하는가?'가 들어갈 수 없다.

11

다음은 사회 변동 이론에 대한 교사와 학생의 대화이다. 이에 대한 옳은 설명만을 〈보기〉에서 고른 것은? (단, A, B는 각각 순환론과 진화론 중 하나이다.)

교사: 사회 변동 이론 A, B에 대하여 발표해 봅시다.
갑: A는 모든 사회가 동일한 방향으로 변동한다고 봅니다.
을: B는 모든 사회가 생성·성장·쇠퇴·해체의 과정을 반복한다고 봅니다.
병: ＿＿＿＿＿(가)＿＿＿＿＿
교사: 모두 옳게 대답했습니다.

● 보기 ●
ㄱ. A는 진화론, B는 순환론이다.
ㄴ. A는 사회 변동을 생물 유기체의 진화 과정에 비유하여 설명한다.
ㄷ. B는 개발 도상국의 서구식 근대화 과정을 설명하기에 적합하다.
ㄹ. (가)에는 'A, B는 모두 운명론적 관점으로 사회 변동을 설명합니다.'가 들어갈 수 있다.

① ㄱ, ㄴ
② ㄱ, ㄷ
③ ㄴ, ㄷ
④ ㄴ, ㄹ
⑤ ㄷ, ㄹ

12

다음 자료에 대한 분석으로 옳은 것은? (단, A~C는 각각 농업 사회, 산업 사회, 정보 사회 중 하나이다.)

• 직업의 동질성 정도: B＞A＞C
• ＿＿＿(가)＿＿＿: A＞C＞B

① A는 정보 사회, B는 농업 사회, C는 산업 사회이다.
② A는 C에 비해 구성원 간 비대면 접촉 정도가 높다.
③ B는 A에 비해 사회 변동의 속도가 빠르다.
④ C는 A에 비해 다품종 소량 생산 방식의 비중이 낮다.
⑤ (가)에는 '가정과 일터의 분리 정도'가 들어갈 수 있다.

서술형

13

다음을 읽고 물음에 답하시오.

> (가) 과거 한때 한국인들은 품질과 상관없이 국내 기업이 생산한 가전제품은 하찮게 여기고 수입 가전제품을 일방적으로 선호하고 동경하였다.
>
> (나) 16세기에 아메리카 대륙으로 이주한 유럽인들은 원주민들의 문화가 서구에 비해 낙후되었다고 평가하며 강제적으로 서구 문화를 이식하였다.

(1) (가)의 한국인과 (나)의 유럽인이 갖고 있는 문화 이해 태도를 각각 쓰시오.

_____

(2) (1)에서 각각 쓴 문화 이해 태도의 공통점을 두 가지 서술하시오.

_____

_____

_____

14

다음을 읽고 물음에 답하시오. (단, A~C는 발견, 발명, 자극 전파 중 하나이다.)

> • '새로운 문화 요소를 만들어 내는가?'라는 질문으로 A와 B를 구분할 수 있다.
> • '문화 변동의 외재적 요인에 해당하는가?'라는 질문으로는 B와 C를 구분할 수 없다.
> • A와 C를 구분할 수 있는 질문에는 [(가)]가 있다.

(1) A~C에 해당하는 요인을 각각 쓰시오.

_____

(2) (가)에 들어갈 수 있는 질문을 두 개 쓰시오.

_____

15

다음 자료를 보고 물음에 답하시오.

(1) 위 자료와 관련 있는 복지 유형을 쓰시오.

_____

(2) 위와 같은 복지 유형이 등장한 배경을 서술하시오.

_____

_____

16

다음 글을 읽고 물음에 답하시오.

> 다문화 정책 중 '다문화주의' 정책은 소위 '[(가)]' 이론이라고 부르기도 한다. 소수의 문화를 주류 문화로 편입하는 것이 아니라, 다양한 문화가 대등하게 공존하는 것에 가장 큰 가치를 두기 때문이다. 학교에서 소수 민족 전통 언어 또는 역사를 가르치는 것을 사례로 들 수 있다.

(1) (가)에 들어갈 용어를 쓰시오.

_____

(2) (가)와 같은 정책을 시행할 경우 나타날 수 있는 긍정적인 영향과 부정적인 영향을 각각 서술하시오.

_____

_____

01

밑줄 친 ㉠~㉣에 대한 옳은 설명만을 〈보기〉에서 고른 것은?

> 우리나라의 대표적 음식 ㉠ 문화는 김치이다. ㉡ 우리나라 사람은 누구나 밥을 먹을 때면 자연스럽게 김치를 찾고, 식당에서 밥을 주문할 때도 당연히 ㉢ 빨간 김치가 반찬으로 나올 것이라고 기대한다. 이는 우리나라 사람뿐만 아니라 우리나라에서 오랫동안 거주한 외국인들에게도 나타나는 생활 양식인데, 바로 ㉣ 입맛이 김치에 익숙해진 것이라 할 수 있다.

> ● 보기 ●
> ㄱ. ㉠은 좁은 의미의 문화를 의미한다.
> ㄴ. ㉡은 김치가 하위문화임을 보여 준다.
> ㄷ. ㉢에 부각된 문화의 속성은 공유성이다.
> ㄹ. ㉣에 부각된 문화의 속성은 학습성이다.

① ㄱ, ㄴ   ② ㄱ, ㄷ   ③ ㄴ, ㄷ
④ ㄴ, ㄹ   ⑤ ㄷ, ㄹ

02

표는 문화 이해의 태도 A~C를 질문에 따라 구분한 것이다. 이에 대한 설명으로 옳은 것은?

질문	A	B	C
자문화의 정체성이 약화될 가능성이 있는가?	○	×	×
(가)	×	×	○
문화를 평가가 아닌 이해의 대상으로 보는가?	×	○	×

(예: ○, 아니요: ×)

① A는 국수주의를 초래할 수 있다.
② B는 문화 간 우열이 존재한다고 본다.
③ C는 선진 문화를 일방적으로 추종한다.
④ C는 B에 비해 타 문화에 대한 이해를 어렵게 한다.
⑤ (가)에는 '문화 다양성 증진에 기여하는가?'가 들어갈 수 있다.

03

다음 그림은 대중 매체 A, B의 특징을 비교한 것이다. 이에 대한 옳은 설명만을 〈보기〉에서 고른 것은? (단, A와 B는 각각 신문과 SNS 중 하나이다.)

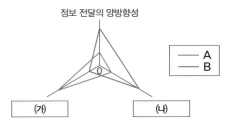

정보 전달의 양방향성

(가)   (나)

*O에서 멀어질수록 그 정도가 높거나 강함

> ● 보기 ●
> ㄱ. A는 B에 비해 정보 전달의 속도가 빠르다.
> ㄴ. B는 A에 비해 정보의 복제와 재가공이 어렵다.
> ㄷ. (가)에는 '정보 생산자와 소비자 간의 경계의 명확성'이 들어갈 수 있다.
> ㄹ. (나)에는 '정보 생산자와 소비자 간의 상호 작용 정도'가 들어갈 수 있다.

① ㄱ, ㄴ   ② ㄱ, ㄷ   ③ ㄴ, ㄷ
④ ㄴ, ㄹ   ⑤ ㄷ, ㄹ

04

다음 사례에 대한 설명으로 옳은 것은?

> • A국에서는 동영상을 녹화하고 전송할 수 있는 휴대용 카메라가 만들어져 널리 보급되었다.
> • B국은 원래 고유의 문자가 없었으나, 주변국의 문자에서 아이디어를 얻어 새로운 문자를 만들어 사용하였다.
> • C국에서는 서구의 지배 과정에서 C국 고유의 토속 종교와 크리스트교가 결합된 제3의 종교가 형성되었다.

① A국에서는 외재적 요인에 의한 문화 변동이 나타났다.
② B국에서는 내재적 요인에 의한 문화 변동이 나타났다.
③ C국의 문화 변동은 문화 융합에 해당한다.
④ A국과 B국의 사례는 모두 발명에 해당한다.
⑤ B국은 직접 전파, C국은 간접 전파의 사례에 해당한다.

05

표는 문화 접변 결과 A~C의 사례를 제시한 것이다. 이에 대한 옳은 설명만을 〈보기〉에서 고른 것은? (단, A~C는 각각 문화 동화, 문화 병존, 문화 융합 중 하나이다.)

구분	사례
A	갑국에서는 토속 종교와 외래 종교를 모두 국교로 인정함
B	을국의 식민 지배를 당한 갑국은 자기 언어를 상실하고 을국의 언어를 사용함
C	(가)

┌─ 보기 ─
│ ㄱ. A는 B와 달리 자문화의 정체성이 약화된다.
│ ㄴ. B는 C와 달리 강제적 문화 접변으로만 나타난다.
│ ㄷ. C는 A와 달리 제3의 문화 요소가 등장한다.
│ ㄹ. (가)에는 '전통 신앙과 전래된 불교가 결합하여 새로운 불교 문화가 나타남'이 들어갈 수 있다.
└

① ㄱ, ㄴ   ② ㄱ, ㄷ   ③ ㄴ, ㄷ
④ ㄴ, ㄹ   ⑤ ㄷ, ㄹ

06

다음은 A국과 B국의 문화 변동을 나타낸다. 이에 대한 설명으로 옳은 것은?

구분	T기	T+1기
A국	고유 문자 있음	갑국의 식민 지배 과정에서 갑국의 문자가 강제로 이식되어 A국의 문자를 대체하게 됨
B국	고유 문자 없음	갑국과 교역하는 과정에서 갑국의 문자로부터 아이디어를 얻어 새로운 문자가 만들어짐

① A국에서는 문화 병존이 나타났다.
② B국에서는 문화 융합이 나타났다.
③ A국과 B국 모두 간접 전파에 의해 문화 변동이 나타났다.
④ B국과 달리 A국의 사례는 강제적 문화 접변에 해당한다.
⑤ A국과 달리 B국은 내재적 요인에 의한 문화 변동을 겪었다.

07

사회 불평등 현상을 바라보는 관점 A, B에 대한 설명으로 옳은 것은?

┌─────────────────────────────
│ A는 더 중요한 직업을 수행하는 사람들에게 차등 보상이 필요하다는 B의 주장에 대해 이와 같은 현상은 오로지 지배 집단이 자신들의 기득권을 정당화하려는 논리에 불과하다고 비판한다.
└─────────────────────────────

① A는 기능론, B는 갈등론이다.
② A는 사회 불평등 현상을 극복해야 할 대상으로 본다.
③ A는 사회적 희소가치의 분배 기준이 전체 사회의 합의를 통해 결정된다고 본다.
④ B는 사회 불평등 현상이 보편적이지만 필수 불가결하지는 않다고 본다.
⑤ A, B는 모두 사회 불평등 현상이 인재를 적재적소에 배치하는 데 기여한다고 본다.

08

(가), (나)에 공통으로 나타나는 사회 이동만을 〈보기〉에서 고른 것은?

┌─────────────────────────────
│ (가) 갑은 대기업에 평사원으로 입사한 후, 마케팅 부서와 인사부 등에서 활약하며 능력을 인정받고 결국 회사의 임원으로 승진하였다.
│ (나) 을은 소작농의 아들로 태어나 가난한 어린 시절을 보냈지만, 뛰어난 재주로 장사꾼이 되어 그 지역의 가장 큰 부자가 되었다. 하지만 전쟁으로 인해 을은 전 재산을 잃고 쓸쓸하게 생을 마감하였다.
└─────────────────────────────

┌─ 보기 ─
│ ㄱ. 수직 이동   ㄴ. 구조적 이동
│ ㄷ. 개인적 이동   ㄹ. 세대 간 이동
└

① ㄱ, ㄴ   ② ㄱ, ㄷ   ③ ㄴ, ㄷ
④ ㄴ, ㄹ   ⑤ ㄷ, ㄹ

09

다음 그림은 빈곤의 유형 A, B를 구분한 것이다. 이에 대한 설명으로 옳은 것은? (단, A, B는 각각 상대적 빈곤, 절대적 빈곤 중 하나이다.)

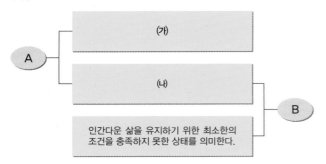

① A는 절대적 빈곤, B는 상대적 빈곤이다.
② B를 판단하는 기준선은 시대와 사회에 상관없이 동일하다.
③ A에 해당하는 가구는 모두 B에도 해당한다.
④ (가)에는 '실제 소득 규모와 상관없이 개인이 체감하는 빈곤 상태를 의미한다.'가 들어갈 수 있다.
⑤ (나)에는 '우리나라에서 객관화된 기준에 따라 분류한다.'가 들어갈 수 있다.

10

표는 A, B를 제시된 기준에 따라 비교한 것이다. 이에 대한 옳은 설명만을 〈보기〉에서 고른것은? (단, A, B는 각각 공공 부조, 사회 보험 중 하나이다.)

구분	비교 결과
수혜 대상자 범위	A>B
(가)	B>A

⎯ 보기 ⎯
ㄱ. A는 수혜 정도에 따른 비용 부담을 원칙으로 한다.
ㄴ. B는 사전 예방적 성격이 강하다.
ㄷ. A는 B와 달리 상호 부조의 원리를 적용한다.
ㄹ. (가)에는 '소득 재분배 효과'가 들어갈 수 있다.

① ㄱ, ㄴ   ② ㄱ, ㄷ   ③ ㄴ, ㄷ
④ ㄴ, ㄹ   ⑤ ㄷ, ㄹ

11

다음 글의 밑줄 친 '이 이론'에 대한 설명으로 옳은 것은?

사회 변동을 설명하는 '이 이론'은 앞으로의 변동 방향을 예측하기에 적합하지 않다는 점과 단기적 사회 변동 과정을 설명하기 어렵다는 한계가 있다.

① 서구 중심적 사고라는 비판을 받는다.
② 운명론적 관점에서 사회 변동을 설명한다.
③ 사회가 일정한 방향으로 진화한다고 본다.
④ 사회 변동이 곧 진보와 발전의 과정이라고 본다.
⑤ 사회의 안정과 조화를 유지하기 위해 사회 각 부분들이 조정되는 과정을 사회 변동으로 본다.

12

표는 갑국의 노년 부양비와 유소년 부양비를 나타낸 것이다. 이에 대한 분석으로 옳은 것은? (단, t년과 t+10년의 갑국 15~64세 인구는 동일하다.)

구분	t년	t+10년
유소년 부양비	30	20
노년 부양비	20	40

* 유소년 부양비=(0~14세 인구/15~64세 인구)×100
** 노년 부양비=(65세 이상 인구/15~64세 인구)×100
*** 전체 인구에서 노인 인구가 차지하는 비율이 7% 이상이면 고령화 사회, 14% 이상이면 고령 사회, 20% 이상이면 초고령 사회임

① t년과 t+10년의 전체 인구는 동일하다.
② 0~14세 인구는 t+10년이 t년에 비해 많다.
③ 전체 인구에서 15~64세 인구가 차지하는 비율은 t+10년이 t년에 비해 크다.
④ 0~14세 인구 1명당 65세 이상 인구는 t년이 t+10년에 비해 크다.
⑤ t년은 고령화 사회, t+10년은 초고령 사회에 해당한다.

13

다음 대화를 보고 물음에 답하시오.

> 교사: 문화 이해 태도 A~C에 대해 설명해 볼까요?
> 갑: 타 문화를 받아들임에 있어서 A는 B에 비해 수용적입니다.
> 을: 자기 문화의 정체성을 보존하는 데는 B가 A보다 유리합니다.
> 병: 문화의 다양성 신장을 위해서는 A, B보다 C가 필요합니다.
> 교사: 모두 정확히 설명하였습니다.

(1) A~C에 해당하는 문화 이해 태도를 각각 쓰시오.

_____

(2) A~C 중 두 가지 이상의 문화 이해 태도에 공통적으로 적용 가능한 특징을 서술하시오.

_____

_____

_____

14

다음 그림은 대중 매체의 특징을 상대적으로 나타낸 것이다. 물음에 답하시오. (단, A와 B는 각각 신문과 SNS 중 하나이다.)

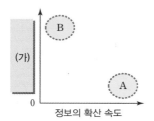

(1) A, B에 해당하는 대중 매체를 각각 쓰시오.

_____

(2) (가)에 들어갈 수 있는 특징을 한 가지 서술하고, B에 비해 A가 높은 특징을 두 가지 서술하시오.

_____

_____

15

다음 자료를 보고 물음에 답하시오.

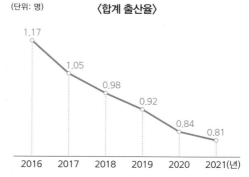

(1) 위 자료에 나타난 현상이 무엇인지 쓰시오.

_____

(2) 위 현상이 지속될 경우 나타날 수 있는 문제점과 해결 방안을 서술하시오.

_____

_____

_____

16

다음 자료를 보고 물음에 답하시오.

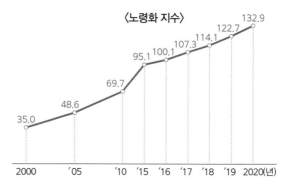

(1) 위 자료에 나타난 현상이 무엇인지 쓰시오.

_____

(2) 위 현상이 지속될 경우 나타날 수 있는 문제점과 해결 방안을 서술하시오.

_____

Memo
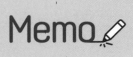

포기와
누군가는 **포기**하는 시간

시작
누군가는 **시작**하는 시간

코앞으로 다가온 시험엔
최단기 내신·수능 대비서로 막판 스퍼트!

7일 끝 (중·고등)

10일 격파 (고등)

book.chunjae.co.kr

교재 내용 문의 ························· 교재 홈페이지 ▶ 고등 ▶ 교재상담
교재 내용 외 문의 ····················· 교재 홈페이지 ▶ 고객센터 ▶ 1:1문의
발간 후 발견되는 오류 ············· 교재 홈페이지 ▶ 고등 ▶ 학습지원 ▶ 학습자료실

중간고사 기말고사
고득점을 예약하자!

시험적중
내신전략
고등 **사회·문화**

BOOK 3
정답과 해설

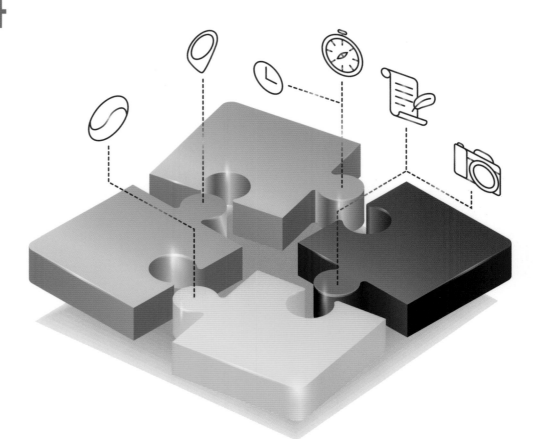

천재교육

정답과 해설
포인트 ❸가지

▶ 혼자서도 이해할 수 있는 친절한 문제 풀이

▶ 예시 답안과 구체적 평가 요소 제시로
  실전 서술형 문항 완벽 대비

▶ 오답도 자세하게 분석하여
  고등 사회·문화를 한층 더 쉽게!

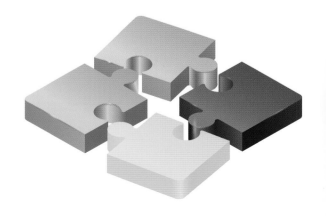

Book 1

정답과 해설

1주 I. 사회·문화 현상의 탐구

1주 1일 개념 돌파 전략 ①

Book 1 8~11쪽

1강_사회·문화 현상의 이해 ~ 사회·문화 현상의 연구 방법

8쪽	개념 ❶ 보편성	개념 ❷ 발전
9쪽	01 ㄱ, ㄴ, ㄷ, ㄹ	01-1 ④	02 기능론
	02-1 ①	03 갈등론	03-1 ②

2강_자료 수집 방법 ~ 사회·문화 현상의 탐구 태도와 윤리

10쪽	개념 ❶ 일반화	개념 ❷ 감각적
11쪽	01 조작적 정의	01-1 ㄱ, ㄹ	02 가설 설정
	02-1 ㄱ, ㄹ	03 (가): 면접법, (나): 실험법
	03-1 문헌 연구법

1주 1일 개념 돌파 전략 ②

Book 1 12~13쪽

1 ⑤ **2** ⑤ **3** ① **4** ⑤ **5** ② **6** ③

1 자연 현상과 사회·문화 현상의 특징

㉠은 자연 현상, ㉡은 사회·문화 현상이다.

ㄷ. 사회·문화 현상은 자연 현상과 달리 인과 관계가 명확하지 않고, 예외가 발생한다. 또한 사회·문화 현상에는 확률적으로 나타나는 법칙이 있고, 이 법칙이 일반적으로 적용될 가능성이 높기 때문에 사회·문화 현상은 개연성으로 설명된다.

ㄹ. 사회·문화 현상은 가치가 함축되어 있다.

오답 피하기 ㄱ. 자연 현상은 인간의 의지나 가치가 개입되지 않고 나타나는 현상으로 존재 법칙을 따른다. 반면, 사회·문화 현상은 당위 법칙에 따라 나타난다.

ㄴ. 사회·문화 현상은 인간의 의지나 가치가 개입되어 발생하는 것으로 가치가 함축되어 있다.

2 사회·문화 현상을 바라보는 관점

글에 제시된 사회·문화 현상을 보는 관점은 거시적 관점이다. 사회적 행위자인 구성원 간의 상호 작용보다 사회 제도나 구조에 초점을 두기 때문이다. 거시적 관점으로는 기능론과 갈등론이 있다.

오답 피하기 ① 상징적 상호 작용론은 미시적 관점이다.
② 사회 구성원의 주관적 동기를 중시하는 것은 미시적 관점에 알맞은 설명이다.
③ 행위의 의미를 해석하는 것을 중시하는 관점은 미시적 관점이다.
④ 사회 구성원 간의 상호 작용을 중시하는 관점은 미시적 관점이다.

3 사회·문화 현상을 바라보는 관점(갈등론)

갈등론에서는 갈등과 대립을 희소가치가 배분되는 과정에서 나타나는 불가피한 현상으로 본다. 지배 집단이 자신들의 기득권을 유지하는 데 유리한 방향으로 피지배 집단을 억압하기 때문에 갈등과 대립이 발생한다고 보기 때문이다.

선택지 바로 보기

① 갈등과 대립을 불가피한 현상으로 본다. (○)
→ 갈등론에서 갈등과 대립은 필연적으로 발생한다고 본다.
② 사회를 하나의 유기적 통합 체계로 본다. (×)
→ 사회를 하나의 유기적 통합 체계로 보는 관점은 기능론이다..
③ 구성원 간의 합의된 가치와 규범을 중시한다. (×)
→ 구성원 간의 합의된 가치와 규범을 중시하는 관점은 기능론이다.
④ 혁명과 같은 급격한 사회 변동을 설명하기 어렵다. (×)
→ 갈등론에서는 혁명과 같은 급격한 사회 변동을 통해서만 사회의 갈등 요소를 줄일 수 있다고 본다.
⑤ 사회 제도나 집단이 상호 연관성을 갖고 기능을 수행함으로써 사회가 유지된다고 본다. (×)
→ 사회 제도나 집단이 서로 유기적으로 연관되어 기능을 수행할 때 사회가 잘 유지된다고 보는 관점은 기능론이다.

4 사회·문화 현상의 연구 방법(양적 연구)

계량화된 자료를 분석하고 증명하는 방법은 양적 연구에 해당한다. ⑤ 양적 연구 방법에서는 개념을 조작적으로 정의하여 수량화된 자료를 통계적으로 분석하고 가설을 검증하여 일반화하는 과정을 중시한다.

오답 피하기 ① 사회적 맥락을 바탕으로 행해진 행위에 대한 관찰과 심층적 이해는 해석적 연구(질적 연구)에서 사용하는 과정이다.
② 양적 연구는 일반화나 법칙 발견을 목적으로 행해진다.
③ 직관적 통찰은 해석적 연구(질적 연구)에서 사용하는 과정이다.
④ 양적 연구 방법에서는 사회·문화 현상의 연구와 자연 현상에 대한 연구 방법이 서로 같다는 방법론적 일원론을 전제로 한다.

5 자료 수집 방법

(가)는 표본의 대표성이 중요하며 많은 사람을 대상으로 자료를 수집할 때 주로 사용되므로 질문지법에 대한 설명이다. (나)는 대화를 통해 심층적 자료를 수집할 수 있는 면접법이다.

6 사회·문화 현상의 탐구 태도

사회·문화 현상을 표면적으로 파악하는 것이 아니라 이면의 의미를 살펴보거나 연구 과정에 대해 되짚어 보는 태도는 성찰적 태도이다.

오답 피하기 ① 객관적 태도는 연구자의 주관이 개입되는 것을 경계하는 것을 말한다
② 개방적 태도는 자신이 수행한 연구 결과와 다른 입장이 등장하면 자신의 연구 결과를 고집하지 않고 최대한 열린 태도로 새로운 연구 결과를 받아들이는 것을 말한다.
④ 상대주의적 태도는 사회·문화 현상의 특수성을 고려하는 태도이다.
⑤ 가치 중립적 태도는 연구자의 가치나 이해관계가 개입되지 않도록 하는 것을 말한다.

1-1 ④　1-2 자연 현상은 보편성의 원리에 따라 시대와 장소에 따라 같은 조건에서는 동일한 현상이 나타나지만, 사회·문화 현상은 보편성뿐만 아니라 시대나 사회적 상황에 따라 특수한 양상이 나타난다.　2-1 ⑤　2-2 ⑤　3-1 상징적 상호 작용론　3-2 ②　4-1 양적 연구 방법(실증적 연구 방법)　4-2 ③

1-1 자연 현상과 사회·문화 현상의 특징

인간의 의도가 개입되어 발생하는 현상으로 인간의 가치나 신념이 반영되어 있는 현상은 사회·문화 현상이다.

④ 가뭄에 대비하여 댐을 건설하는 것은 인간의 의도가 개입된 사회·문화 현상이다.

오답 피하기 ①, ②, ③, ⑤는 인간의 의도와는 관계없이 자연적으로 나타나는 자연 현상이다.

1-2 자연 현상과 사회·문화 현상의 특징

자연 현상은 보편성의 원리에 따라 시대와 장소에 따라 같은 조건하에서는 동일한 현상이 나타나지만, 사회·문화 현상은 보편성뿐만 아니라 시대나 사회적 상황에 따라 구체적으로 다른 특수한 양상을 띤다.

2-1 사회·문화 현상을 바라보는 관점(기능론)

청소년 범죄가 증가하는 원인을 학교와 교육 관련 법이 역할을 수행하지 못하기 때문이라고 분석하고 있는데, 이와 같이 사회·문화 현상을 보는 관점은 기능론이다.

⑤ 기능론은 사회를 구성하는 하위 영역과 요소들이 각자의 기능을 수행함으로써 사회가 안정적으로 유지됨을 강조한다.

오답 피하기 ① 기능론은 구성원의 행위가 아닌 사회 구조에 관심을 두는 거시적 관점이다.
② 기능론은 구성원 간 합의된 규범을 중시한다.
③ 사회 질서와 통합을 강조하는 관점은 기능론이다.
④ 사회를 지배 계급과 피지배 계급으로 양분하는 입장은 갈등론이다.

더 알아보기+ 기능론의 '사회 유기체설'

유기체란 많은 부분이 일정한 목적 하에 조직되어 각 부분과 전체가 필연적 관계를 가지는 조직체를 말한다.
기능론에서는 유기체와 같은 형태로 사회를 이해한다. 기능론은 사회를 하나의 유기적 통합 체계로 보고 사회를 구성하는 제도나 집단 등이 상호 의존하면서 각자의 기능을 수행함으로써 사회가 유지된다고 보고 있다.

2-2 사회·문화 현상을 바라보는 관점(갈등론)

교육을 기득권을 가진 지배 집단을 위한 도구로 보고 있는 관점은 갈등론이다.

⑤ 갈등론은 사회 제도와 구조가 지배 집단에 유리하도록 설계되어 있다고 본다.

오답 피하기 ① 갈등론은 거시적 관점이다.
② 구성원 간 상호 작용에 초점을 두는 것은 미시적 관점이다.
③ 갈등론은 대립과 갈등을 필연적인 것으로 인식하며 갈등을 통해 사회 변혁을 이루어야 한다고 생각한다.
④ 사회에서 나타나는 협동과 통합을 중시하는 것은 기능론이다.

3-1 사회·문화 현상을 바라보는 관점(상징적 상호 작용론)

결혼과 출산에 대한 구성원들의 가치관 변화와 인식의 전환을 비혼의 원인으로 인식하는 관점은 상징적 상호 작용론이다.

3-2 사회·문화 현상을 바라보는 관점(상징적 상호 작용론)

성 불평등의 원인을 자녀가 부모님과의 상호 작용 과정에서 성차별적 사고와 행동을 학습하게 되고 성 정체성을 형성해 가는 것으로 파악하고 있는 상징적 상호 작용론에 대한 글이다.

② 상징적 상호 작용론은 구성원 간의 상호 작용을 중심으로 사회·문화 현상을 이해한다.

오답 피하기 ① 상징적 상호 작용론은 미시적 관점이다.
③ 역할을 제대로 수행하지 못하는 제도들의 개선과 정비를 통해 사회 문제를 해결하고자 하는 입장은 기능론이다.
④ 사회 제도가 지배 집단에 유리하도록 설계되어 있다고 보는 입장은 갈등론이다.
⑤ 대립과 갈등을 해결하는 과정에서 사회 발전이 이루어짐을 강조하는 입장은 갈등론이다.

더 알아보기+ 상징적 상호 작용론의 '상징'

상징이란 기호, 언어, 문자, 소리 , 얼굴 표정, 옷차림과 같이 인간의 행위나 언어에 담긴 특정한 의미를 말한다. 사회는 공유된 상징을 통해 개인 간의 상호 작용을 분석할 수 있다. 예를 들어 경찰이 수신호를 하면 거리에서 자동차가 그 수신호를 보고 가기도 하고 멈추기도 한다. 이것은 경찰 제복과 수신호가 갖는 상징을 다른 사람들이 이해하고 수용하기 때문이다.
상징적 상호 작용론에서는 일상에서 나타나는 사람들의 행동에 나타나는 무수한 상징에 담긴 의미를 파악하면서, 구성원 간의 상호 작용에 초점을 두어 사회·문화 현상을 파악한다.

4-1 사회·문화 현상의 연구 방법(양적 연구)

사회·문화 현상의 연구는 자연 현상의 연구 방법과 다르지 않다고 보는 것이 방법론적 일원론이다. 이러한 연구 방법을 양적 연구 방법이라고 하며, 양적 연구는 계량화된 자료를 분석하여 변수 간의 상관관계를 밝히고 이를 일반화하는 것을 목적으로 한다.

4-2 사회·문화 현상의 연구 방법(질적 연구)

제시된 자료는 청소년 3명과 접촉하여 심층적 자료를 수집하였고, 사회·문화 현상을 깊이 있게 연구한 질적 연구 방법이다.

③ 질적 연구는 현상의 표면에 드러난 법칙을 발견하는 것이 아닌 사회·문화 현상에 대한 심층적 이해를 목적으로 행해진다.

오답 피하기 ① 통계 분석 활용은 양적 연구에서 사용된다.
② 방법론적 일원론을 전제로 하는 것은 양적 연구이다.
④ 사회·문화 현상에 대한 심층적 이해를 목적으로 하는 질적 연구에서는 직관적 통찰과 감정 이입이 요구된다.
⑤ 사회·문화 현상에 대한 법칙 발견을 중시하는 연구는 양적 연구이다.

1 ④　**2** ①　**3** ③　**4** ⑤　**5** ⑤　**6** ③

1 자연 현상과 사회·문화 현상의 특징

자연 현상은 인간의 의지나 의도, 가치가 개입되지 않고 자연적으로 나타나는 현상이다. 일출과 일몰은 대표적인 자연 현상이다.

④ 자연 현상은 당위 법칙이 아닌 존재 법칙에 따른다.

오답 피하기 ① 가치가 함축되어 있는 현상은 사회·문화 현상이다.

② 사회·문화 현상은 확실성이 아닌 확률성에, 필연성이 아닌 개연성에 따른다.

③ 자연 현상은 인과 관계가 명확하며 예외가 존재하지 않는다. 인과 관계가 명확하지 않고 예외가 존재하는 것은 사회·문화 현상이다.

⑤ 사회·문화 현상은 인간에 의해 발생하는 현상이기 때문에 사회적 맥락에 따라 특수한 모습으로 나타난다.

2 사회·문화 현상의 특징

전문가들이 비누로 손 씻는 것을 강조하는 것은 전문가들이 의도를 갖고 주장하는 것으로 사회·문화 현상의 사례이다.

① 가치가 개입되어 있지 않는 현상은 자연 현상이다.

오답 피하기 ② 사회·문화 현상은 확실성이 아닌 확률성에 따른다.

③ 사회·문화 현상은 인간의 의지가 개입되어 나타나기 때문에 당위 법칙의 지배를 받는다.

④ 자연 현상과 사회·문화 현상 모두 경험적 자료로 연구가 가능하다.

⑤ 사회·문화 현상도 인과 관계가 성립하지만, 자연 현상에 비해서는 인과 관계가 명확하지 않다.

3 사회·문화 현상을 바라보는 관점(갈등론)

희소가치가 지배 집단에게 유리한 방향으로 불평등하게 분배되고 있다고 비판하는 입장은 갈등론이다.

③ 갈등론은 대립과 갈등을 필연적인 것으로 보며, 이를 통해 사회가 발전할 수 있다고 인식한다.

오답 피하기 ① 갈등론은 사회 구조나 제도를 통해 사회·문화 현상을 설명하는 관점으로 거시적 관점 중 하나이다.

② 사회가 유기체와 유사한 특성을 지니고 있다고 보는 관점은 기능론이다.

④ 사회 구성원의 주관적 상황 정의와 상호 작용을 통해 사회·문화 현상을 보는 관점은 상징적 상호 작용론이다.

⑤ 사회의 유지와 안정을 중시하는 기능론은 기득권층의 이익을 대변하는 논리로 이용된다는 비판을 받는다.

4 사회·문화 현상을 바라보는 거시적 관점

(가)는 사회화가 현재의 불평등한 구조를 재생산하는 도구라고 보는 갈등론이다. (나)는 사회의 유지와 통합을 중시하며 이를 위한 사회화의 역할을 인정하는 기능론이다.

ㄷ. 기능론과 달리 갈등론은 현재의 사회화는 불평등을 재생산하기 위한 도구일 뿐이기 때문에 변화가 필요하다고 본다.

ㄹ. 기능론과 갈등론은 모두 사회 구조나 제도를 중심으로 사회·문화 현상을 이해하는 거시적 관점이다.

오답 피하기 ㄱ. 사회화의 내용이 사회적으로 합의되었다고 보는 것은 기능론이다.

ㄴ. 사회화가 기존의 권력 구조를 재생산한다고 보는 입장은 갈등론이다.

5 사회·문화 현상의 연구 방법

사회·문화 현상에 대한 심층적 이해를 위해 연구자의 '직관적 통찰'이나 연구 대상자에 대한 '감정 이입'의 과정이 필요하다고 보는 연구는 질적 연구(해석적 연구)이다.

⑤ 질적 연구는 사회·문화 현상에 대한 심층적 이해를 목적으로 하기 때문에 '직관적 통찰'이나 '감정 이입'이 요구된다.

오답 피하기 ① 방법론적 일원론을 전제로 하는 것은 양적 연구이다.

② 통계 분석을 통한 법칙 발견을 목적으로 하는 것은 양적 연구이다.

③ 양적 연구는 실증적 연구와 같다.

④ 양적 연구는 수량화된 자료를 분석하여 가설을 증명하는 과정을 거친다.

6 사회·문화 현상의 연구 방법

변수들 간 관계 파악을 통한 법칙 발견을 목적으로 하는 A는 양적 연구이고, B는 질적 연구이다.

③ 질적 연구는 현상에 대한 심층적 이해를 목적으로 하는 해석적 연구이다.

오답 피하기 ① 연구자의 직관적 통찰을 중시하는 것은 질적 연구이다.

② 양적 연구는 방법론적 일원론을 바탕으로 한다.

④ 개념의 조작적 정의를 통해 계량화된 자료를 수집하고 이를 분석하여 법칙 발견에 이르는 것을 목적으로 하는 것은 양적 연구이다.

⑤ 양적 연구, 질적 연구 모두 경험적 자료를 통해 사회·문화 현상을 연구할 수 있다.

1-1 (가) 집단: 실험 집단, (나) 집단: 통제 집단
1-2 ①　**2-1** ④　**2-2** ③　**3-1** (나)-(라)-(가)-(다)
3-2 을　**4-1** (1)-ⓒ, (2)-ⓒ, (3)-ⓐ, (4)-ⓓ　**4-2** ⑤

1-1 자료 수집 방법(실험법)

실험법은 두 집단 중 한 집단에는 처치를 하고 다른 집단에는 아무런 처치를 하지 않고 결과를 비교하는 자료 수집 방법이다. 처치가 이루어진 집단을 실험 집단, 비교 대상이 되는 집단을 통제 집단이라고 한다. 제시된 자료의 가설에서 독립 변수는 '감사한 마음을 말로 표현하는 것'이고, 종속 변수는 '자아 존중감 점수'이다.

1-2 자료 수집 방법(질문지법)

질문지법은 모집단에서 표본을 추출하여 표본을 대상으로 질문지에 응답하게 함으로써 자료를 수집하는 방법이다. 따라서 질문지법이 의미를 갖기 위한 중요한 전제는 표본이 모집단을 대표할 수 있도록 표본을 추출하는 것이다.

2-1 자료 수집 방법(면접법)

면접법은 연구자가 연구 대상자와 대화를 통해 심층적인 정보를 얻기 위해 사용된다. 따라서 면접법은 양적 연구보다는 질적 연구에서 활용도가 높다.

2-2 자료 수집 방법(참여 관찰법)

갑이 사용한 자료 수집 방법은 참여 관찰법이다. 참여 관찰법은 연구자가 직접 관찰한 결과를 기록하기 때문에 생동감 있는 실제적 자료를 수집할 수 있고, 연구자가 연구 대상자와 직접 대화를 하거나 질문지에 응답하게 하는 것이 아니기 때문에 문맹자에게도 실시가 가능하다.

3-1 양적 연구의 탐구 절차

양적 연구는 문제 인식 및 연구 주제 선정-가설 설정-연구 설계-자료 수집 및 분석-가설 검증 및 결론 도출의 과정으로 이루어진다. 따라서 연구 문제가 제시된 후, 가설 설정은 (나)이고, 개념의 조작적 정의 과정이 포함된 연구 설계에 해당하는 것은 (라)이다. 자료 수집은 (가)이고, 가설 검증 및 결론 도출은 (다)이다. 따라서 (나)-(라)-(가)-(다)의 순서로 연구가 진행되었다.

3-2 질적 연구의 탐구 절차

갑은 인간의 활동은 자연과 별반 다르지 않기 때문에 사회·문화 현상도 자연 현상의 연구와 동일한 방법으로 연구할 수 있다는 방법론적 일원론에 기초하여 진술하고 있다. 반면, 을은 가치가 포함된 사회·문화 현상은 자연 현상과 본질적으로 다르기 때문에 다른 방법으로 연구해야 한다는 방법론적 이원론에 기초하여 진술하고 있다. 따라서 질적 연구 방법을 선택하여 사회·문화 현상을 연구할 학생은 을이다.

4-1 사회·문화 현상의 탐구 태도

객관적 태도는 연구자의 주관이 최대한 배제되어야 하는 것을 말한다. 개방적 태도는 자신의 연구 결과에 대한 비판을 허용하는 태도이며, 성찰적 태도는 자신의 연구 과정 전반에 대해 되돌아보며 이면의 의미가 있을 수 있음을 고려하여 반성적으로 연구를 점검하는 것이다. 상대적 태도는 각 사회의 맥락 속에서 사회·문화 현상이 나타나는 것이기 때문에 자신의 연구 결과가 특정 사회에서만 적용될 수 있음을 인정하는 태도이다.

4-2 사회·문화 현상의 탐구 태도

㉠은 사회·문화 현상의 특수성을 전제로 연구 결과가 어느 사회에서나 보편적으로 적용되는 것이 아님을 인정하는 상대주의적 태도이다.

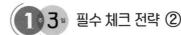

1주 3일 필수 체크 전략 ②

Book 1 24~25쪽

1 ② **2** ④ **3** ② **4** ⑤ **5** ⑤ **6** ③

1 자료 수집 방법(질문지법)

언어에는 말과 글이 포함된다. 따라서 언어적 상호 작용이 필수적인 자료 수집 방법은 질문지법과 면접법이다. 그중 계량화된 자료를 수집하는 데 활용되는 방법은 질문지법이다.

② 질문지법은 사전에 구조화된 질문지를 통해 자료를 수집하기 때문에 다수를 대상으로 자료를 수집할 때 적합하다.

오답 피하기 ① 질문지법은 연구자가 연구 대상자와 직접 대면하지 않고도 자료를 수집할 수 있기 때문에 시·공간의 제약을 받지 않는다.
③ 기존 연구의 정확성이 미치는 영향이 매우 큰 자료 수집 방법은 문헌 연구법이다.
④ 연구 대상자의 행위 동기를 심층적으로 파악할 수 있는 자료 수집 방법은 질적 연구에서 주로 사용되는 면접법, 참여 관찰법이다.
⑤ 연구자의 의도를 연구 대상자가 알지 못하도록 해야 하는 대표적인 자료 수집 방법은 참여 관찰법이다. 참여 관찰법에서 연구 대상자가 연구자의 의도를 알게 되면, 평소의 행동이 자연스럽게 이루어지지 않을 가능성이 있기 때문이다.

2 자료 수집 방법(질문지법)

갑의 연구에서 사용된 자료 수집 방법은 질문지법이다.
④ 질문지에 대한 응답자로 추출된 ㉢은 표본 집단이다.

오답 피하기 ① 아버지의 육아 참여와 자녀의 인지 발달의 상관관계를 알아보기 위해 가설을 설정하였으므로, ㉠은 독립 변인, ㉡은 종속 변인이다.
② 양적 연구에서 독립 변인과 종속 변인은 모두 통계적으로 분석이 이루어져야 하므로, 개념의 조작적 정의를 통한 계량화의 과정이 필요하다.
③ 양적 연구의 목적은 사회·문화 현상에 적용되는 법칙을 발견하는 것이다.
⑤ 질문지법은 대량으로 통계 자료를 수집하고 분석하는 데 유리하므로 양적 연구에서 주로 활용된다.

3 자료 수집 방법

갑은 면접법, 을은 참여 관찰법, 병은 질문지법을 활용하였다.
② 참여 관찰법은 연구자가 연구 대상자를 직접 관찰하면서 자료를 수집하기 때문에 생생한 자료를 수집하는 데 유리하다.

오답 피하기 ① 면접법은 대화를 통한 자료 수집이 이루어지므로 문맹자에게 활용할 수 있다.
③ 질문지법은 동시에 많은 사람들을 대상으로 자료를 수집하는 것이 가능하기 때문에, 다수를 대상으로 하는 자료 수집이 필요할 때 적합하다.
④ 연구자와 연구 대상자 간 신뢰 형성이 중요한 자료 수집 방법은 면접법이다.
⑤ 시간과 비용 측면에서 효율적인 자료 수집 방법은 질문지법이다.

4 양적 연구의 탐구 과정

제시된 연구는 수집한 자료를 분석하여 사교육과 성적 간의 관계로 설정된 가설을 검증하고, 사회·문화 현상에 적용되는 법칙 발견을 목적으로 이루어지는 양적 연구이다.

① 양적 연구이다. (○)
→ 두 변수 간 상관관계를 밝히고자 행해진 연구는 양적 연구이다.
② 통계 분석을 활용하였다. (○)
→ 양적 연구는 수량화된 자료를 분석하는 것으로 통계 분석 활용이 요구된다.
③ 사회·문화 현상에 대한 법칙 발견이 목적이다. (○)
→ 양적 연구는 사회·문화 현상에 적용되는 법칙을 발견하는 것을 목적으로 한다.
④ 질문지에 응답한 고등학생 300명은 표본 집단이다. (○)
→ 모집단은 전체 중학생이고, 질문지법을 시행한 300명이 모집단 중 추출된 표본 집단이다.
⑤ 연구 결과 사교육을 많이 받을수록 성적이 높다는 것이 증명되었다. (×)
→ 가설이 기각된 것으로 보아 사교육과 성적의 상관관계는 없는 것으로 밝혀졌다.

5 양적 연구의 탐구 절차

제시된 사례는 연구 주제 선정-가설 설정-연구 설계-자료 수집-자료 분석 및 가설 검증으로 진행되는 양적 연구이다.
⑤ 양적 연구는 사회·문화 현상에 적용되는 법칙 발견을 목적으로 행해진다.

오답 피하기 ① 양적 연구는 방법론적 일원론에 입각한 연구이다.
② 질문지법에서 연구 대상자의 선정이란 모집단에서 표본을 추출하는 것을 말한다.
③ 질문지법을 통해 얻어진 자료는 다량의 수량화된 자료이므로 통계 분석에 적합하다.
④ 양적 연구에서는 수량화된 자료의 분석과 이를 통한 가설 검증이 중요하기 때문에 개념의 조작적 정의가 필요하다.

6 사회·문화 현상에 대한 탐구 태도

사회·문화 현상에 대한 연구에서 연구자에게 필요한 태도는 객관적 태도, 성찰적 태도, 개방적 태도, 상대주의적 태도 등이 있다. 그중 제시된 자료에서 연구자는 자신의 연구에 대한 비판에 대해 개방적인 자세가 필요하다고 주장하고 있다.

1주 4일 교과서 대표 전략 ①

Book 1 26~29쪽

대표 예제	1 ④	2 ③	3 ②	4 ①	5 ④
6 ⑤	7 ③	8 ⑤	9 ⑤	10 ②	11 ②
12 ⑤	13 ③	14 ⑤			

1 자연 현상과 사회·문화 현상의 비교

㉠은 자연 현상, ㉡은 사회·문화 현상이다. ○○바이러스가 호흡기를 통해 전파되는 것은 인간의 의지에 의해 나타나는 것이 아닌 자연적인 현상이다. 이를 해결하기 위해 정부가 백신 접종을 권장하는 것은 가치가 함축되어 있는 사회·문화 현상이다.

④ 자연 현상은 사회·문화 현상과 달리 예외가 존재하지 않으므로 보편성에 따른다. 사회·문화 현상도 보편성에 따르지만 특수성도 함께 나타난다.

오답 피하기 ① 자연 현상은 몰가치적이다.
② 사회·문화 현상은 확률성의 원리가 적용된다.
③ 자연 현상, 사회·문화 현상 모두 경험적 자료를 활용한 연구가 가능하다.
⑤ 자연 현상이 사회·문화 현상에 비해 인과 관계가 분명하다.

2 사회·문화 현상을 바라보는 관점(갈등론)

제시된 의견은 갈등론이다. 갈등론은 사회에서 집단 간 대립과 갈등을 필연적인 현상으로 보며, 이를 통해 사회가 발전할 수 있다고 주장한다.
③ 갈등론은 사회의 안정보다 사회 변동을 중시한다. 사회의 안정을 중시하는 것은 기능론이다.

오답 피하기 ① 갈등론은 기능론과 함께 거시적 관점이다.
② 사회 제도를 합의된 것으로 보는 관점은 기능론이다.
④ 사회 구성 요소들이 갖는 각각의 사회적 기능과 역할을 중시하는 것은 기능론이다.
⑤ 개인의 행위와 개인 간 상호 작용에 주목하는 것은 상징적 상호 작용론이다.

3 사회·문화 현상을 바라보는 관점

A는 상징적 상호 작용론, B는 기능론, C는 갈등론이다.
② 기능론은 사회의 안정을 중시한다.

오답 피하기 ① 상징적 상호 작용론은 미시적 관점이다.
③ 행위의 동기에 주목하는 것은 상징적 상호 작용론이다.
④ 기득권층의 입장을 대변한다는 비판을 받는 것은 기능론이다.
⑤ 기능론과 갈등론은 사회 구조를 구성원의 행위보다 중시한다.

4 사회·문화 현상을 바라보는 관점

A는 기능론, B는 갈등론, C는 상징적 상호 작용론이다.
① 기능론은 사회의 균형과 안정을 강조한다.

오답 피하기 ② 사회 구성 요소들의 통합을 강조하는 것은 기능론이다.
③ 현상에 대한 주관적 상황 정의를 중시하는 것은 상징적 상호 작용론이다.
④ 갈등을 사회 발전의 원동력으로 보는 입장은 갈등론이다.
⑤ 사회 안정보다 사회 변동을 중시하는 것은 갈등론이다.

5 스포츠를 바라보는 관점(기능론과 갈등론)

갑은 올림픽 등 세계적 스포츠 대회가 강대국들에게 유리하도록 작동하고 있다고 보는 갈등론의 입장이다. 반면, 을은 스포츠 대회가 갖는 긍정적 기능에 주목하고 있는 기능론의 입장이다.
④ 기능론은 사회 구성 요소의 유기적 관계와 조화를 중시한다.

오답 피하기 ① 개인의 상황 정의를 중시하는 입장은 상징적 상호 작용론이다.
② 개인들의 인식 변화에 주목하는 입장은 상징적 상호 작용론이다.
③ 기능론은 현재 사회의 안정과 조화를 중시함으로써 기득권층을 대변한다는 비판을 받는다.
⑤ 갈등론, 기능론 모두 거시적 관점이다.

6 양적 연구의 탐구 절차

(가)는 가설 설정이고, (나)는 가설 검증 및 결론 도출의 단계이다. ⑤ 제시된 내용은 수집된 자료를 활용하여 가설을 검증하고 결론에 이르는 양적 연구이다.

> **더 알아보기⁺** 경험적 자료
>
> 연구자가 어떤 현상에 대하여 직접적인 관찰이나 조사를 통해 습득한 자료를 말한다. 경험적 자료는 양적 연구뿐만 아니라 질적 연구에서도 중요하게 다루어진다. 경험적 자료와 계량화된 자료는 다른 개념이다.

7 질적 연구 방법의 특징

소수의 연구 대상으로부터 면접을 통해 심층적 자료를 수집하고 이를 통해 사회·문화 현상의 의미를 탐구하는 연구 방법은 질적 연구 방법이다. ③ 질적 연구는 사회·문화 현상에 적용되는 법칙을 발견하는 것보다는 인간 행위 이면에 담긴 의미 파악을 중시한다.

오답 피하기 ① 연구자는 심층 면접이라는 질적 연구 방법에 맞는 자료 수집 방법을 선택하였다.
② 가설을 설정하고 검증하는 연구 방법은 양적 연구이다.
④ 변인 간의 인과 관계를 파악하고 법칙을 발견하는 것은 양적 연구이다.
⑤ 개념의 조작적 정의는 추상적 개념을 계량화하여 분석하는 양적 연구의 탐구 절차에 필요하다.

8 양적 연구의 탐구 절차와 특징

제시된 사례는 양적 연구이다. 연구 주제 선정은 (가), 가설 설정은 (나), 연구 설계 이후 자료 수집 단계는 (라), 가설 검증의 단계는 (다)이다. ⑤ (가)-(나)-(라)-(다)의 순서로 연구가 진행되었다.

오답 피하기 ① (가)는 연구 주제 선정 단계이다.
② 연구 주제 선정은 연구자의 가치 개입이 허용된다.
③ (나)는 가설 설정 단계이다.
④ 가설 검증 과정에는 연구자의 가치가 개입되어서는 안 된다.

9 질적 연구의 목적과 특징

사회·문화 현상은 특정한 상황에서 발생하는 것으로 사회·문화 현상의 특수성을 밝히는 것을 목적으로 하는 연구는 질적 연구이다. ⑤ 질적 연구에서 연구자는 연구 대상자가 행한 행위의 심층적이고 심오한 의미를 파악하기 위해 직관적 통찰이나 감정 이입이 필요하다.

오답 피하기 ① 질적 연구는 방법론적 이원론을 전제로 한다.
② 질적 연구에서는 수집되는 자료의 양보다는 심층적 자료가 활용되기 때문에 질문지법보다는 면접법이 주로 활용된다.
③ 가설 설정과 검증을 통해 사회·문화 현상에 적용되는 법칙을 발견하는 것을 목적으로 하는 연구는 양적 연구이다.
④ 수치화된 자료에 대한 통계 분석이 사용되는 연구는 양적 연구이다.

10 자료 수집 방법(질문지법)

다수의 연구 대상자로부터 구조화된 질문에 대해 응답하도록 하여 자료를 수집하는 방법은 질문지법이다.

② 질문지법은 심층적 자료이기보다는 통계 분석에 용이하도록 수치화된 자료를 수집하게 된다. 따라서 연구 대상자의 내면 세계를 심층적으로 파악하기에는 적합하지 않다.

오답 피하기 ① 기존 연구의 정확성에 따라 연구의 신뢰도가 결정되는 자료 수집 방법은 문헌 연구법이다.
③ 연구자가 인위적으로 통제한 상황에서 연구 대상자를 관찰하는 방식으로 이루어지는 자료 수집 방법은 실험법이다.
④ 실험법 시행 시 유의 사항이다.
⑤ 연구 대상자와 연구자 간의 신뢰 형성이 중시되는 자료 수집 방법은 면접법이다.

11 자료 수집 방법

갑이 사용한 자료 수집 방법 A는 참여 관찰법, 을이 사용한 자료 수집 방법 B는 실험법이다.
ㄱ. A는 주로 질적 연구에서, B는 양적 연구에서 활용된다.
ㄷ. A는 나타나는 현상을 그대로 관찰하는 반면, B는 인위적으로 상황을 통제하여 결과를 측정한다. 자료 수집 상황에 대한 통제 수준은 실험법이 높다.

오답 피하기 ㄴ. A, B 모두 언어적 상호 작용이 필수적으로 필요한 자료 수집 방법은 아니다.
ㄹ. A, B는 모두 연구자와 연구 대상자 간 정서적 교감을 중시하지 않는다. 연구 대상자와의 정서적 교감을 중시하는 것은 면접법이다.

12 자료 수집 방법

문제에 제시된 세 가지 자료 수집 방법 중 질적 연구에서 활용되는 자료 수집 방법은 면접법과 참여 관찰법이다. 양적 연구에서 활용되는 방법은 질문지법이다. 따라서 C는 질문지법이다. 자료 수집 과정에서 언어적 상호 작용이 필수적인 것은 면접법과 질문지법이므로, A는 면접법, B는 참여 관찰법이다.
⑤ 질문지법은 모집단에서 표본을 추출할 때 대표성을 확보하는 것이 매우 중요하다.

오답 피하기 ① 면접법은 소수의 연구 대상으로부터 심층적 자료를 수집할 때 주로 활용된다.
② 조사 자료의 통계 분석이 수반되는 연구는 양적 연구이다.
③ 면접법과 참여 관찰법 모두 질적 연구에서 주로 사용되며, 심층적 자료 수집에 적합하다.
④ 참여 관찰법은 질문지법에 비해 시간과 비용이 많이 든다.

> **더 알아보기⁺** 자료 수집 방법의 일반적 특징 비교
>
> | 구분 | 경제성 | 계량화 가능성 | 주관 개입 가능성 |
> | --- | --- | --- | --- |
> | 질문지법 | + | ++ | − |
> | 실험법 | − | ++ | − − |
> | 면접법 | − | − | + |
> | 참여 관찰법 | − | − | + |
>
> (+는 강함 내지 높음을 나타내고 −는 약함 내지 낮음을 나타내며, +와 −의 개수가 많을수록 정도가 큼)

13 사회·문화 현상의 탐구 태도

A는 상대주의적 태도, B는 성찰적 태도이다.

① A는 연구자가 주관을 배제하는 태도이다.(×)
→ 연구자가 주관을 배제하는 태도는 객관적 태도이다.

② A는 다른 연구자의 비판을 허용하는 태도이다.(×)
→ 다른 연구자의 비판을 허용하는 태도는 개방적 태도이다.

③ B는 연구가 초래할 결과에 대해 적극적으로 살펴보는 것을 포함한다.(○)
→ 성찰적 태도는 연구 과정에 대한 검토뿐만이 아니라, 연구가 초래할 결과에 대해서도 관심을 기울이는 것을 포함한다.

④ B는 특정 집단을 대상으로 이루어진 연구 결과를 쉽게 일반화하지 않아야 하는 태도이다.(×)
→ 특정 집단을 대상으로 이루어진 연구 결과를 쉽게 일반화하지 않아야 하는 태도는 상대주의적 태도로 A에 해당한다.

⑤ A, B 모두 자신의 연구에는 적용되지 않는다. (×)
→ 상대주의적 태도와 성찰적 태도 모두 자신의 연구에 적용해야 할 연구 태도이다.

14 양적 연구의 사례 분석

갑이 수행한 연구는 가설 설정과 검증 과정이 포함되어 있는 양적 연구이다.

ㄷ. 가설이 기각된 것으로 볼 때, 독립 변수와 종속 변수 간 양(+)의 상관관계를 확인할 수 없었음을 알 수 있다.

ㄹ. 갑은 조별 활동이 포함된 수업을 받은 학급과 받지 않은 학급으로 나눠 조별 활동이 포함된 수업과 의사소통 능력과의 상관관계를 파악하려고 하였다. 즉 실험법을 사용하여 연구를 진행하였다.

오답 피하기 ㄱ. 의사소통 능력은 종속 변수이다. 조별 활동이 포함된 수업이 독립 변수이다.

ㄴ. 조별 활동이라는 처치가 행해진 2학년 1반이 실험 집단, 기존 방식대로 수업을 진행한 2학년 2반이 통제 집단이다.

 4일 교과서 대표 전략 ② Book 1 30~31쪽

01 ④ 02 ② 03 ② 04 ③ 05 ② 06 ① 07 ④

01 자연 현상과 사회·문화 현상의 특징

㉠은 자연 현상, ㉡은 사회·문화 현상이다.

④ 사회·문화 현상은 예외가 존재한다.

오답 피하기 ① 자연 현상은 존재 법칙의 지배를 받는다.
② 자연 현상은 보편성에 따른다.
③ 사회·문화 현상에는 가치가 함축되어 있다.
⑤ 자연 현상은 확실성, 사회·문화 현상은 확률성에 따른다.

02 사회·문화 현상을 바라보는 관점

갑은 기능론, 을은 상징적 상호 작용론의 입장에서 사회·문화 현상을 바라보고 있다.

① 갑은 인간이 상황 정의에 기초하여 행동한다고 전제한다.(×)
→ 인간이 상황 정의에 기초하여 행동한다고 전제하는 관점은 상징적 상호 작용론이다.

② 갑은 사회를 이루는 각 부분들이 사회의 유지와 안정에 기여한다고 본다. (○)
→ 기능론은 사회의 하위 요소들이 사회 유지와 안정에 기여한다고 본다.

③ 을은 급진적 사회 변동을 설명하기 용이하다.(×)
→ 급진적 사회 변동을 설명하기 어려운 관점은 기능론이다..

④ 을은 집단 간 갈등이 사회 변동의 힘이라고 본다. (×)
→ 이해관계가 다른 집단 간 대립과 갈등이 사회 변동의 원동력이라고 보는 관점은 갈등론이다.

⑤ 갑, 을 모두 거시적 관점에서 사회·문화 현상을 바라본다. (×)
→ 기능론은 거시적 관점, 상징적 상호 작용론은 미시적 관점이다.

03 사회화를 바라보는 관점

"개인의 사회화에 미치는 사회 구조의 영향력을 강조하는가?" 라는 질문을 통해 A, B는 거시적 관점, C는 미시적 관점이라는 것을 알 수 있다. "사회화의 내용과 방법이 특정 집단의 필요에 의해 합의된 것이라 보는가?"라는 질문에 대해 긍정으로 답한 A는 갈등론임을 알 수 있다. 여기서 '특정 집단'이라는 것은 갈등론에서 이야기하는 지배 집단을 의미한다. 따라서 A는 갈등론, B는 기능론, C는 상징적 상호 작용론이다.

② 갈등론에서는 사회 구성 요소들이 지배 집단에 유리하도록 만들어진 도구라고 본다.

오답 피하기 ① 사회화의 사회 통합 기능을 강조하는 관점은 기능론이다.
③ 개인의 자율성과 능동성을 강조하는 관점은 상징적 상호 작용론이다.
④ 갈등을 사회 변화를 위한 원동력으로 보는 관점은 갈등론이다.
⑤ 사회 안정을 위한 사회화의 역할을 중시하는 관점은 기능론이다.

04 자료 수집 방법

A는 면접법, B는 질문지법, C는 문헌 연구법이다.

③ 질문지법은 면접법에 비해 연구자의 주관이 개입될 가능성이 낮다.

오답 피하기 ① 양적 연구에 주로 활용되는 자료 수집 방법은 면접법이 아닌 질문지법이다.
② 자료 수집 시 시·공간의 제약이 없는 것은 문헌 연구법이다.
④ 질문지법은 주로 양적 연구에서 활용되는 자료 수집 방법으로 심층적 자료 수집에는 적합하지 않다. 문헌 연구법도 심층적 자료 수집에는 적합하지 않다. 심층적 자료 수집에는 면접법이 적합하다.
⑤ 자료의 실제성 확보나 생생한 자료는 참여 관찰법을 통해 연구자가 얻을 수 있다.

05 사회·문화 현상의 연구 방법

세 가지 연구 주제는 모두 가설을 설정하고 자료 수집을 통해 가설을 검증하여 사회·문화 현상에 적용되는 법칙을 발견하는 양적 연구에 적합하다.

ㄱ. 양적 연구는 독립 변수와 종속 변수 간 관계를 밝히는 것을 목적으로 한다.

8 내신전략 • 사회·문화

ㄷ. 수량화된 자료를 바탕으로 변수 간 관계를 밝히기 위해 통계 분석이 요구된다.

오답 피하기 ㄴ. 심층적 자료 수집은 질적 연구에서 요구된다.

ㄹ. 양적 연구에서 주로 활용되는 자료 수집 방법은 질문지법이나 실험법인데, 이러한 자료 수집 과정에서 연구자와 연구 대상자의 친밀도가 미치는 영향은 거의 없다.

06 사회·문화 현상의 탐구 태도

사회·문화 현상의 탐구 태도 중 (가)는 객관적 태도, (나)는 개방적 태도에 대한 설명이다.

① 제3자의 관점에서 현상을 관찰하는 태도는 객관적 태도이다. 이를 위해서는 연구 과정에서 편견이나 고정 관념, 자신의 이해관계가 적용되지 않도록 해야 한다.

오답 피하기 ② 자신의 연구가 특정 시대나 장소에서만 성립할 수 있음을 인정하는 태도는 상대주의적 태도이다.

③ 객관적 태도나 개방적 태도 모두 특정 주장이나 이론을 무조건적으로 배격하지 않아야 함을 주장한다.

④ 사실과 가치를 엄격히 분리해야 함을 강조하는 것은 객관적 태도이다. 객관적 태도는 가치 중립과도 관련이 있다.

⑤ 방법론적 일원론을 전제로 하는 연구는 양적 연구인데, 객관적 태도나 개방적 태도 모두 양적 연구, 질적 연구에서 공통적으로 필요한 태도이다.

07 자료 수집 방법(실험법)

그림은 실험법을 활용한 자료 수집 방법이다. 실험법은 주로 양적 연구에서 활용되며, 연구자가 의도한 처치가 시행된 실험 집단과 처치가 이루어지지 않은 통제 집단을 비교하여 처치가 갖는 효과를 검증하는 방식으로 진행된다.

ㄴ. 독립 변인 처치가 이루어진 집단은 실험 집단이고, 처치가 이루어지지 않은 집단은 통제 집단이다.

ㄹ. 실험법은 때로는 실험에 영향을 주는 외부 변수의 개입을 철저하게 통제하는 데 어려움이 발생할 수 있다.

오답 피하기 ㄱ. 실험법은 주로 양적 연구에서 활용된다.

ㄷ. 두 집단에 대한 사후 검사에서 유의미한 차이가 있었다면 독립 변수의 영향이 검증된 것이다.

누구나 합격 전략
Book 1 32~33쪽

01 ④　02 ②　03 ⑤　04 ②　05 ②　06 ③
07 ③　08 ③

01 자연 현상과 사회·문화 현상의 특징

㉠은 자연 현상, ㉡은 사회·문화 현상이다. ㉠의 원인이 이산화탄소 농도 증가라고 명시되어 있는데, 이산화탄소 농도 증가에 인간의 행위가 개입되어 있을 수는 있겠지만, 지구의 평균 기온이 상승한 현상을 보면 이것은 자연 현상이다. 반면, 환경 친화적 소비를 유도하는 행위는 인간의 의도가 개입되어 있으므로, 사회·문화 현상에 해당한다.

④ 자연 현상은 사회·문화 현상과 달리 예외가 존재하지 않으므로 보편성이 강하다. 사회·문화 현상도 보편성에 따르지만 특수성도 함께 나타난다.

오답 피하기 ① 자연 현상은 몰가치적이다.

② 사회·문화 현상은 확률성의 원리가 적용된다.

③ 자연 현상, 사회·문화 현상 모두 경험적 자료를 활용한 연구가 가능하다.

⑤ 자연 현상이 사회·문화 현상에 비해 인과 관계가 분명하다.

02 법률을 바라보는 관점(갈등론)

우리 사회에 제정되어 있는 여러 법들을 기득권을 갖고 있는 사람들이 자신들의 이익을 위해 만들어 놓은 도구에 불과하다고 보는 입장은 갈등론이다.

② 갈등론에서는 사회를 지배 계급과 피지배 계급으로 이원화된 것으로 인식하고, 대립과 갈등의 표출을 통한 사회 변동을 중시한다.

오답 피하기 ① 사회를 유기체와 같은 것으로 보는 관점은 기능론이다.

③ 사회·문화 현상이 갖는 의미가 행위자의 해석에 따라 달라진다고 보는 관점은 상징적 상호 작용론이다.

④ 사회 구조나 제도가 사회 구성원 간 합의에 의해 만들어졌다고 보는 관점은 기능론이다.

⑤ 갈등론에서는 갈등과 대립을 필연적인 것으로 보며, 갈등이 표출되고 해결되어야 사회가 발전한다고 본다.

더 알아보기+ 갈등론의 '희소가치'

갈등론에서 언급하는 '희소가치'는 자본이나 재화와 같은 경제적 가치에만 한정되는 것은 아니다. 직업이나 학업 결과, 사회 계층, 정치적 권력이나 사회적 명예 등에서 다양하게 나타날 수 있다.
갈등론에서는 지배 집단의 경우 희소가치를 이미 차지하고 있고 이를 유지하기 위해 사회 제도나 구조를 이용한다고 본다.

03 사회·문화 현상을 바라보는 미시적 관점

사회 구성원의 능동성을 강조하고, 사회·문화 현상을 구성원의 행위에 초점을 맞추어 이해하려는 관점은 상징적 상호 작용론이다.

선택지 바로 보기

① 사회 규범은 기득권 보호 수단에 불과하다. (×)
→ 갈등론에 대한 설명이다.

② 사회·문화 현상은 사회 구조에 의해 결정된다. (×)
→ 거시적 관점에 대한 설명이다.

③ 한 사회의 구성원들의 행위는 동일하게 나타난다. (×)
→ 상징적 상호 작용론은 구성원들의 능동성을 전제로 행위에는 각기 다른 행동과 의미가 내포되어 있다고 본다.

④ 사회는 유기적으로 연결된 하위 영역들이 자기 역할을 다하기 때문에 안정적으로 유지된다. (×)
→ 기능론에 대한 설명이다.

⑤ 사회·문화 현상을 이해하기 위해서는 사회 구조보다는 개인 행위의 의미를 살펴보아야 한다. (○)
→ 미시적 관점에서는 사회·문화 현상의 이해를 위해 사회 구조보다는 구성원의 행위를 중시한다.

04 사회·문화 현상의 연구 방법

(가)는 양적 연구, (나)는 질적 연구이다.

ㄱ. 양적 연구는 방법론적 일원론을 바탕으로 한다.
ㄷ. 질적 연구는 연구자의 '직관적 통찰'과 연구 대상에의 '감정 이입'을 통해 사회·문화 현상을 이해하기 때문에 통계 자료 분석을 통해 결론에 이르는 양적 연구에 비해 연구자의 주관적 가치가 개입될 가능성이 높다.

오답 피하기 ㄴ. 통계 자료를 분석하여 가설을 검증하는 방식은 양적 연구이다.
ㄹ. 양적 연구에서도 연구 대상의 주관적 인식을 조사하여 연구에 활용할 수 있다.

05 자료 수집 방법(질문지법)
(가)는 질문지법이다.
ㄱ. 질문지법은 구조화된 질문을 활용하여 단기간 동안 다수의 연구 대상으로부터 응답을 얻어낼 수 있어 시간과 비용 측면에서 효율성이 높은 편이다.
ㄷ. 사전에 계획된 질문을 사용하여 자료를 수집한다.

오답 피하기 ㄴ. 인위적 처치의 효과를 비교하는 데 적합한 자료 수집 방법은 실험법이다.
ㄹ. 질문지법은 통계 분석이 요구되는 양적 연구에서 주로 활용된다.

06 자료 수집 방법(참여 관찰법)
갑이 사용한 자료 수집 방법은 참여 관찰법이다.
③ 참여 관찰법은 연구 대상자와 함께 생활하면서 연구 대상자의 있는 그대로의 생활을 관찰하는 자료 수집 방법이다. 따라서 사전에 구조화되거나 표준화된 도구 없이 주로 현장에서 관찰을 통해 자료 수집이 이루어진다.

오답 피하기 ① 인위적인 조작의 효과를 관찰하는 것은 실험법에 해당한다.
② 통계 분석을 수행할 목적으로 활용되는 자료 수집 방법은 질문지법과 실험법 등 양적 연구에서 활용되는 방법이다.
④ 두 변수 간의 관계를 증명하는 데 용이한 자료 수집 방법은 질문지법과 실험법 등 양적 연구에서 활용되는 방법이다.
⑤ 사전에 제작된 질문을 통해 자료를 수집하는 방식은 질문지법과 면접법이다. 단, 면접법의 경우에는 사전에 제작된 질문과 함께 자료 수집 과정에서 추가적인 질문이 이루어지기도 한다.

07 사회·문화 현상의 탐구 태도
제시된 자료에서 강조하고 있는 사회·문화 현상의 탐구 태도는 성찰적 태도이다. 성찰적 태도는 자신의 연구가 단편적으로 결론에 이르지는 않는지, 연구 과정에서 오류가 있지 않았는지 등에 대해 되돌아보는 것을 포함한다.

08 양적 연구 방법의 사례
갑의 연구는 문헌 연구법과 실험법을 활용하여 이루어졌다. ㉠은 연구 주제에 해당하고, ㉡은 연구 결과이다.
ㄴ. 실험법에서는 처치가 이루어진 실험 집단과 처치가 행해지지 않은 통제 집단을 비교하여 결론에 이르게 된다.

ㄷ. 연구 주제 선정에 해당하는 ㉠의 단계는 자료 분석 및 결론 도출 과정에 해당하는 ㉡의 단계와 달리 연구자의 가치 개입이 허용된다.
오답 피하기 ㄱ. 양성평등 지수는 종속 변수이다.
ㄹ. 갑은 기존 연구들의 문헌 분석을 통해 고등학생의 성 역할 고정 관념에 영향을 주는 2차 자료를 수집하였고, 양성평등적인 학습 자료 학습 전후의 효과를 측정하여 1차 자료를 수집하였다.

1주 창의·융합·코딩 전략 Book 1 34~37쪽

| 1 ④ | 2 ③ | 3 ⑤ | 4 ④ | 5 ① | 6 ⑤ |
| 7 ⑤ | 8 ④ | 9 ② | 10 ③ | 11 ⑤ | |

1 자연 현상과 사회·문화 현상의 특징
㉠은 자연 현상, ㉡은 사회·문화 현상이다.
④ 자연 현상은 명확한 인과 관계를 갖지만, 사회·문화 현상은 자연 현상에 비해 인과 관계가 명확하지 않다.

오답 피하기 ① 자연 현상은 인간의 의도나 가치가 개입되어 있지 않아 몰가치적이고, 사회·문화 현상은 인간의 가치가 함축되어 나타난다.
② 자연 현상은 필연성의 원리, 사회·문화 현상에는 개연성의 원리가 작용한다.
③ 자연 현상은 존재 법칙, 사회·문화 현상은 당위 법칙을 따른다.
⑤ 자연 현상과 사회·문화 현상 모두 보편성이 나타나며, 사회·문화 현상은 특수성도 함께 나타난다.

2 사회·문화 현상을 바라보는 관점(기능론)
기능론에서는 집단 간의 갈등이 사회 전체의 일시적인 불균형과 혼란을 초래하지만, 사회는 스스로 균형과 질서를 회복할 수 있는 힘을 지니고 있다고 본다.
③ 사회 각 부분 간의 상호 의존성을 강조하는 관점은 기능론이다. 기능론은 사회 유기체론을 전제로 한다.

오답 피하기 ① 인간의 능동성을 강조하는 입장은 상징적 상호 작용론이다.
② 사회의 안정보다 변동을 중시하는 입장은 갈등론이다.
④ 갈등론은 집단 간 발생하는 대립과 갈등을 필연적이고 불가피한 현상으로 본다. 왜냐하면 사회 구조가 지배 집단에게만 유리하도록 작용한다고 보기 때문이다.
⑤ 사회·문화 현상의 의미가 행위 주체에 따라 달라질 수 있음을 전제로 하는 입장은 상징적 상호 작용론이다.

3 대중 매체가 사회에 미치는 영향을 바라보는 관점
갑은 관점은 대중 매체의 순기능에 주목하고 있는 기능론이고, 을의 관점은 대중 매체가 지배 집단에게 유리하게 작동하고 있다고 보는 갈등론이다.
⑤ 갈등론은 사회에서 나타나는 대립과 갈등을 사회의 본질적 속성으로 본다.

오답 피하기 ① 기능론은 개인들의 주관적 상황 정의보다는 사회 구조나 제도에 주목한다.
② 사회를 유기체에 비유하여 설명하는 관점은 기능론이다.

③ 기능론, 갈등론은 모두 사회 구조를 중시하는 거시적 관점이다.
④ 갈등론은 기능론과 달리 사회 제도가 지배 집단에 유리하게 작용한다고 본다.

4 교육 제도를 바라보는 관점

갑은 기능론, 을은 갈등론에 해당한다.
ㄱ. 기능론은 사회 유기체설에 근거하여 사회의 여러 부분들이 사회의 안정과 균형을 위해 맡은 역할을 수행한다고 주장한다.
ㄹ. 기능론과 갈등론 모두 사회 구조의 측면에서 사회·문화 현상을 바라보는 거시적 관점이다.

오답 피하기 ㄴ. 구성원들의 상황 정의와 행동의 의미 부여에 초점을 두는 것은 상징적 상호 작용론이다.
ㄷ. 기능론은 사회 제도와 구조 속에서 사회 구성원의 역할과 기능에 초점을 둔다. 개인 간의 상호 작용을 중심으로 사회·문화 현상을 이해하는 것은 상징적 상호 작용론이다.

5 사회·문화 현상의 연구 사례

자료 분석

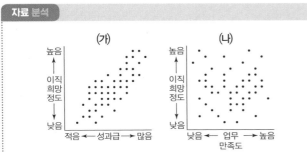

* 각 점에 해당하는 설문 응답자 수는 모두 동일함

(가)에서 성과급과 이직 희망 정도는 양(+)의 상관관계가 나타나고 있다. (나)에서 업무 만족도와 이직 희망 정도는 응답이 분산되어 있는 것으로 보아 아무 관계도 나타나 있지 않다.

㉠, ㉡이 이직 희망 정도에 미치는 영향을 검증하는 양적 연구이다. 따라서 ㉠, ㉡은 독립 변수, '직장인의 이직 희망 정도'는 종속 변수이다.
ㄱ. 갑은 가설을 설정하고 이를 통계적으로 분석하여 검증하는 양적 연구를 수행했다.
ㄴ. 물질적 보상 수준과 자신의 업무에 대한 주관적인 만족도는 모두 독립 변수이다.

오답 피하기 ㄷ. 모집단은 30~40대 직장인이고, A기업 사원 중 400명은 모집단에서 추출한 표본 집단이다.
ㄹ. (가)는 성과급이 많을수록 이직 희망 정도가 높게 나타났기 때문에, 이는 〈가설 1〉이 수용되는 근거이다. (나)는 독립 변수와 종속 변수 간의 상관관계를 확인할 수 없으므로 〈가설 2〉가 기각되는 근거가 된다.

6 사회·문화 현상의 연구 방법

갑은 기부 문화의 형성에 영향을 주는 요인을 파악하기 위해 경제적 수준, 직업, 사회적 지위 등을 통계적으로 분석하는 양적 연구를 실시했고, 을은 이주민들이 한국 사회에 적응해가는 과정을 통해 한국 사회에 대한 이들의 인식을 조사하는 질적 연구를 실시했다.

선택지 바로 보기
① 갑은 연구 대상자에 대한 감정 이입적 이해를 중시하였다. (×)
→ 양적 연구는 통계 분석을 통한 가설 검증을 중시한다.
② 을은 변수들 간 관계에 대한 법칙 발견을 목적으로 하였다. (×)
→ 질적 연구는 현상의 심층적 의미에 대한 이해를 목적으로 한다.
③ 갑은 을과 달리 경험적 자료를 토대로 사회·문화 현상을 연구하였다. (×)
→ 양적 연구와 질적 연구 모두 경험적 자료를 통해 사회·문화 현상을 연구한다.
④ 을은 갑과 달리 개념의 조작적 정의 과정이 필요로 하였다.(×)
→ 개념을 조작적으로 정의하여 변수를 계량화하는 과정은 양적 연구에서 이루어진다.
⑤ 갑은 방법론적 일원론을, 을은 방법론적 이원론을 전제로 하였다. (○)
→ 양적 연구는 질적 연구와 달리 자연 현상에 대한 연구 방법과 사회·문화 현상에 대한 연구 방법이 같다고 전제한다.

7 양적 연구의 탐구 절차

문제에서 제시하였듯 '소득세율 인상이 노동 공급에 미치는 영향'은 양적 연구로 연구하기에 알맞은 주제이다. 양적 연구는 연구 문제를 인식한 후 가설을 설정하고, 가설 검증에 적합한 자료 수집 방법을 결정하는 등의 연구 설계를 한다. 이후, 자료를 수집하고 분석하여 결론을 도출하게 된다. ㉠에는 '가설 설정' 단계에서 이루어질 연구 활동이 들어가야 한다.
⑤ 소득세율 인상이 노동 공급의 감소를 초래할 것이라는 잠정적 결론은 가설이다. 가설은 독립 변수(소득세율 인상)와 종속 변수(노동 공급의 감소)의 관계가 드러나도록 제시되어야 한다.

오답 피하기 ① 소득세율의 변화 자료를 조사하는 것은 자료 수집 단계이다.
② 수집한 자료를 통계 기법을 활용하여 분석하는 것은 자료 분석 단계에서 행해진다.
③ 소득세율이 노동 공급에 미치는 영향에 대한 관심이 생긴 것은 연구 문제를 인식하는 단계에 해당한다.
④ 노동 공급의 정도를 1년 동안의 구직 활동 경험으로 측정하기로 한 것은 개념의 조작적 정의로, 연구 설계 단계에서 이루어진다.

8 사회·문화 현상의 연구 방법

A는 양적 연구, B는 질적 연구이다. 갑은 양적 연구에서 주로 면접법이 활용된다고 이야기하고 있는데, 이는 옳지 않다. 왜냐하면 양적 연구는 통계 분석을 통해 결론에 도달하는 연구이기 때문에 주로 질문지법이나 실험법을 통해 자료를 수집한다. 이에 대해 교사는 두 학생만 옳은 설명을 했다고 이야기하고 있으므로, 을과 병의 설명은 모두 옳은 설명이다.

선택지 바로 보기
ㄱ. A는 사회·문화 현상에 규칙성이 존재하지 않음을 강조합니다. (×)
→ 양적 연구는 사회·문화 현상에 적용되는 법칙을 발견하고자 하는 목적에서 시행되기 때문에 사회·문화 현상에 규칙성이 있음을 전제로 한다.
ㄴ. B는 연구자의 직관적 통찰을 통한 자료 수집을 중시합니다. (○)
→ 질적 연구는 연구자의 직관적 통찰을 통한 자료 수집을 중시한다.

ㄷ. A는 B와 달리 사회·문화 현상에 대한 심층적인 이해를 목적으로 합니다. (×)
→ 양적 연구는 질적 연구와 달리 통계 분석을 통한 법칙 발견이나 일반화를 목적으로 실시된다.
ㄹ. 소득과 행복 간의 상관관계를 파악하려는 연구에는 B보다 A가 적합합니다. (○)
→ 소득과 행복 간의 상관 관계를 파악하기 위한 연구는 양적 연구가 적합하다.

9 자료 수집 방법

선아가 추천하는 자료 수집 방법인 A는 질문지법이고, 용환이 추천하는 B는 실험법이다. 연지가 추천하는 C는 면접법이다.

10 자료 수집 방법(질문지 작성)

질문지법을 활용할 때 질문지의 한 문항에서는 한 가지 내용만 묻는다. 문항 3에서는 여가 비용 또는 여가 시간 둘 중 하나만 질문하거나, 질문을 두 개로 구성해야 한다.

더 알아보기⁺ 질문지 작성 시 유의 사항

① 한 문항에서는 한 가지 내용만 묻는다.
② 묻는 내용이 명료하지 않아서 응답에 혼란을 주어서는 안 된다.
③ 특정한 답을 유도하거나 가치를 개입한 내용을 넣어 질문해서는 안 된다.
④ 선택지는 서로 겹치지 않고 상호 배타성을 띠도록 해야 한다.
⑤ 선택지는 어느 한 방향으로 치우치지 않고 균형 있게 구성해야 한다.
⑥ 선택지는 특정한 경우가 배제되지 않도록 예측 가능한 모든 경우를 포함해야 한다.

11 사회·문화 현상의 연구 윤리

갑과 을은 모두 자신이 설정한 의도에 따라 수집한 자료를 취사 선택하여 결론을 도출하는 행위를 하였다. 이는 연구자가 지켜야 할 연구 윤리에 어긋나는 행위이다.

2주 II. 개인과 사회 구조

2주 1일 개념 돌파 전략 ①
Book 1 40~43쪽

1강_인간의 사회화

40쪽	개념❶ 사회 계약설	개념❷ 재사회화	개념❸ 역할
41쪽	01 ㄱ, ㄴ, ㄹ	01-1 사회 계약설	02 예기 사회화
	02-1 ㄱ, ㄷ, ㄹ	03 ⓒ	03-1 역할 갈등

2강_사회 집단과 사회 조직 ~ 일탈 행동의 원인과 대책

42쪽	개념❶ 자연적	개념❷ 자발적	개념❸ 차단
43쪽	01 ⊙: 외집단, ⓛ: 내집단		01-1 ⑤
	02 ㄱ, ㄴ	02-1 ②	03 사회화
	03-1 ㄱ, ㄷ		

2주 1일 개념 돌파 전략 ②
Book 1 44~45쪽

1 ② 2 ③ 3 ③ 4 ③ 5 ⑤ 6 ①

1 개인과 사회의 관계를 보는 관점(사회 명목론)

제시된 그림은 사회 명목론을 나타내는 그림이다.
ㄱ. 사회 명목론은 사회보다 개인의 우월성을 강조한다.
ㄹ. 사회 명목론이라는 이름 자체가 개인들의 집합체에 사회라는 이름을 붙인 것이라는 뜻이다.

오답 피하기 ㄴ. 사회 전체를 위한 개인의 희생이 불가피하다고 보는 관점은 사회 실재론이다.
ㄷ. 사회 실재론에서는 사회가 실존하며 독자적인 특성을 지니고 있다고 본다.

2 인간의 사회화

○○고등학교는 공식적 사회화 기관, 신입생 오리엔테이션은 예기 사회화이다.

오답 피하기 ㄱ, ㄹ. 재사회화와 비공식적 사회화 기관은 나타나 있지 않다.

3 사회화 기관

그림은 또래 집단을 표현한 것이다. 또래 집단은 1차적 사회화 기관이면서 비공식적 사회화 기관이다.

선택지 바로 보기

① 주로 재사회화를 담당한다. (×)
→ 어린이들의 또래 집단에서는 주로 초기 사회화를 담당한다.
② 공식적으로 사회화를 담당한다. (×)
→ 또래 집단은 비공식적 사회화 기관이다.
③ 사회화 기능을 부수적으로 수행한다. (○)
→ 또래 집단은 사회화 기능을 부수적으로 수행하는 비공식적 사회화 기관이다.
④ 전문적인 지식과 기능의 사회화를 담당한다. (×)
→ 전문적인 지식과 기능의 사회화는 2차적 사회화 기관에서 담당한다.
⑤ 설립 목적을 기준으로 분류할 경우, 1차적 사회화 기관에 해당한다. (×)
→ 설립 목적을 기준으로 분류할 경우, 또래 집단은 비공식적 사회화 기관에 해당한다.

4 지위와 역할

⊙은 갑의 역할 행동, ⓛ은 성취 지위, ⓒ은 갑의 역할 행동에 대한 보상, ⓔ은 역할 갈등이 아닌 단순한 심리적 고민이다.

5 사회 집단

군대, 학교, 회사는 모두 이익 사회이자 2차 집단이라는 공통점이 있다.
⑤ 이익 사회이자 2차 집단에서는 주로 이해타산적인 인간관계가 나타난다.

오답 피하기 ① 공동 사회의 특징이다.
② 공동 사회의 특징이다.
③ 1차 집단의 특징이다.
④ 1차 집단의 특징이다.

6 일탈 이론(낙인 이론)

낙인 이론

그림에는 다른 사람들로부터 부정적인 낙인이 찍힌 사람이 이를 내면화하게 되는 장면이 제시되어 있다. 이는 사회적 낙인에 의해 2차적 일탈이 발생하는 과정을 보여주는 것이다. 낙인 이론에서는 2차적 일탈이 발생하는 과정에 초점을 두어 신중한 낙인을 일탈의 해결 방안으로 제시하고 있다.

ㄱ. 낙인 이론에서는 2차적 일탈이 발생하는 과정에 주목한다.

ㄴ. 낙인 이론에서는 일탈을 규정하는 객관적인 기준이 없다고 본다.

오답 피하기 ㄷ. 타인과의 상호 작용 과정에서 일탈 행동을 학습한다고 보는 이론은 차별 교제 이론이다.

ㄹ. 문화적 목표와 수단 간의 괴리에 의해 일탈 행동이 발생한다고 보는 이론은 머튼의 아노미 이론이다.

2주 2일 필수 체크 전략 ①   Book 1 46~49쪽

1-1 사회 실재론   1-2 ②   2-1 사회 명목론   2-2 ⑤
3-1 ㄱ   3-2 ②   4-1 ⑤   4-2 역할 갈등

1-1 개인과 사회의 관계를 보는 관점(사회 실재론)

감독이 선수들에게 조직력과 각자 맡은 역할을 강조하는 것으로 보아 사회 실재론적 관점임을 알 수 있다.

1-2 개인과 사회의 관계를 보는 관점(사회 실재론)

사회 유기체설은 사회 실재론을 설명하기에 매우 좋은 학설 중 하나이다.

선택지 바로 보기

① 공익보다 사익을 중시한다. (×)
→ 사회 실재론에서는 사익보다 공익을 중시한다.
② 개인보다 사회의 우월성을 강조한다. (○)
→ 사회 실재론은 개인의 외부에 실재하는 사회의 우월성을 강조한다. 개인은 사회를 구성하는 요소에 불과하다.
③ 극단적인 개인주의를 부추길 수 있다. (×)
→ 극단적인 개인주의는 사회 명목론적 관점을 가지고 있을 때 우려된다. 사회 실재론에서는 극단적인 전체주의를 우려해야 한다.
④ 개인의 발전이 사회의 발전이라고 본다. (×)
→ 사회 명목론의 주장이다.
⑤ 사회는 개인들의 집합체에 불과하다고 본다. (×)
→ 사회 명목론의 주장이다.

2-1 개인과 사회의 관계를 보는 관점(사회 명목론)

그림에서 연전연승의 요인으로 화려한 개인기를 강조하는 것으로 보아 사회 명목론적 관점에서 보고 있음을 알 수 있다.

2-2 개인과 사회의 관계를 보는 관점(사회 명목론)

제시문의 내용은 사회 계약설을 요약한 것이다. 사회 계약설은 사회 명목론을 설명하는 데 적합한 학설 중 하나이다.

⑤ 사회 명목론에서는 사회가 개인의 목표를 실현시켜 주는 수단에 불과하다고 본다.

오답 피하기 ① 사회 실재론의 주장이다.
② 사회 실재론의 주장이다.
③ 사회 실재론의 주장이다.
④ 사회 실재론의 주장이다.

3-1 재사회화

새로운 조직 운영 방식은 사회 변화로 인해 요구되는 지식이나 기술이다. 이러한 것들을 습득하는 과정은 재사회화이다.

더 알아보기⁺ 재사회화

재사회화는 사회 변화에 적응하기 위해 새롭게 등장한 정보나 가치 등을 습득하는 과정으로, 노인을 대상으로 하는 평생 교육이나 직장 내 재교육 등을 사례로 들 수 있다.

3-2 사회화 기관

요리 학원과 ◇◇ 고등학교는 모두 공식적 사회화 기관이면서 2차적 사회화 기관이다.

4-1 지위와 역할

딸과 아들은 귀속 지위, 아버지와 어머니는 성취 지위이다.

자료 분석 지위

지위는 한 개인이 집단이나 사회 속에서 차지하는 위치를 의미한다. 한 개인은 통상적으로 여러 개의 지위를 가지며, 시간이 지남에 따라 지위는 변하기도 한다.
지위에는 개인의 능력이나 노력과는 별개로 선천적, 자연적으로 얻게 되는 귀속 지위와 개인의 의지나 노력, 능력의 차이로 인해 후천적으로 얻게 되는 성취 지위가 있다. 귀속 지위의 사례로는 딸, 아들, 장남, 노인 등이 있고, 성취 지위의 사례로는 엄마, 아빠, 남편, 아내, 할머니, 할아버지 등이 있다.
현대 사회로 접어들면서 귀속 지위보다는 성취 지위의 중요성이 더 커지고 있다는 점도 기억해 두면 좋다.

4-2 역할 갈등

밑줄 친 '이것'은 역할 갈등이다. 역할 갈등은 한 개인에게 요구되는 역할들이 충돌하여 나타나는 갈등이다.

더 알아보기⁺ 역할 갈등

역할 갈등은 한 개인에게 요구되는 역할들이 충돌하여 나타나는 심리적 갈등이다. 역할 갈등은 한 개인이 두 가지 이상의 지위를 가지고 있을 때 각 지위에 요구되는 역할이 서로 충돌하는 경우에 발생하거나, 하나의 지위에 대해 상반된 역할이 요구되어 역할 간 충돌이 발생할 때 경험하게 된다. A와 B 사이에서 단순한 선택으로 인해 하게 되는 심리적 고민과 혼동해서는 안 된다.

2주 2일 필수 체크 전략 ② | Book 1 50~51쪽

1 ⑤ 2 ① 3 ③ 4 ④ 5 ⑤ 6 ①

1 개인과 사회의 관계를 보는 관점(사회 실재론)

제시문에서 사회적 환경과 분위기를 강조한 것으로 보아 사회 실재론의 관점을 가지고 있다는 것을 알 수 있다.

⑤ 사회 실재론에서는 사회가 개인의 외부에 실제로 존재하며 독자적인 특성을 지니고 있다고 본다.

[오답 피하기] ① 사회 명목론의 주장이다.
② 사회 명목론의 특징이다.
③ 사회 명목론의 주장이다.
④ 사회 명목론의 주장이다.

2 개인과 사회의 관계를 보는 관점

A는 사회 명목론, B는 사회 실재론이다.

사회 계약설은 사회를 자유로운 개인의 계약의 산물로 보는 관점으로 사회 명목론과 같은 맥락이다. 사회 계약설에서는 인간은 태어나면서부터 자유와 평등의 권리를 가지며, 이 권리를 보다 잘 보장하기 위해서 서로 계약을 맺어 국가를 구성할 필요가 있다고 보고, 사회보다 개인을 중시한다.

① 사회 명목론은 사회는 개인의 합에 불과한 것이기 때문에 사회를 만들어 낸 주체인 개인이 사회에 우선한다고 본다.

[오답 피하기] ② 사회 명목론의 주장이다.
③ 공익을 사익보다 우선하는 것은 사회 실재론이다.
④ 개인의 의지와 자율성을 중시하는 것은 사회 명목론이다.
⑤ 사회 실재론의 주장이다.

3 개인과 사회의 관계를 보는 관점

(가)는 사회 실재론, (나)는 사회 명목론을 나타낸 그림이다.

ㄴ. 공익보다 사익을 중시하는 것은 사회 명목론의 입장이다.
ㄷ. 사회의 실체를 인정하는 관점은 사회 실재론이다.

[오답 피하기] ㄱ. 개인이 사회에 우선한다고 보는 것은 사회 명목론의 입장이다.
ㄹ. 사회 구조적인 측면은 사회 실재론에서만 강조한다.

4 사회화 기관

가족과 또래 집단은 모두 1차적 사회화 기관이면서 비공식적 사회화 기관이다.

ㄴ. 또래 집단은 비공식적 사회화 기관이다.
ㄹ. 가족과 또래 집단은 모두 비공식적 사회화 기관이기 때문에 원래 목적과 별개로 부수적인 사회화를 담당한다.

[오답 피하기] ㄱ. 가족은 비공식적 사회화 기관이다.
ㄷ. 사회화를 목적으로 설립된 기관은 공식적 사회화 기관이다.

5 사회화 기관

(가)는 회사, (나)는 대중 매체이다. 회사와 대중 매체는 모두 2차적 사회화 기관이면서 비공식적 사회화 기관이다.

⑤ 회사와 대중 매체는 모두 2차적 사회화 기관이다.

[오답 피하기] ① 회사는 2차적 사회화 기관이다.
② 기초적 수준의 사회화를 담당하는 사회화 기관은 1차적 사회화 기관이다.
③ 회사와 대중 매체는 모두 비공식적 사회화 기관이다.
④ 회사와 대중 매체는 모두 비공식적 사회화 기관이다.

6 지위와 역할

㉠, ㉡은 모두 성취 지위이다.

ㄱ. 교사는 개인의 노력에 의해 얻게 되는 성취 지위이다.
ㄴ. 어머니는 결혼과 출산, 또는 입양이라는 노력의 결과로 얻게 되는 성취 지위이다.

[오답 피하기] ㄷ. 교사와 어머니 모두 동시에 여러 개의 역할이 기대되기도 한다.
ㄹ. 교사와 어머니 모두 동시에 여러 개의 역할이 기대되는 역할 갈등을 경험하기도 한다.

2주 3일 필수 체크 전략 ① | Book 1 52~55쪽

1-1 ⑤ 1-2 ③ 2-1 ⑤ 2-2 A: 이익 사회, B: 자발적 결사체, C: 비공식 조직 3-1 A: 탈관료제, B: 관료제 3-2 ④
4-1 ⑤ 4-2 (1) O (2) X

1-1 사회 집단

ㄷ. ○○고등학교 학생들은 학교 소속이라는 소속감과 지속적인 상호 작용이 있기 때문에 사회 집단이다.
ㄹ. 시민 단체 회원들은 자기가 가입한 단체에 소속감과 지속적인 상호 작용이 있기 때문에 사회 집단이다.

[오답 피하기] ㄱ, ㄴ은 소속감이나 지속적인 상호 작용이 없기 때문에 사회 집단으로 볼 수 없다.

1-2 이익 사회

제시문에서 설명하는 집단은 이익 사회이다. 가족과 친족은 공동 사회, 학교와 회사는 이익 사회이다.

2-1 자발적 결사체

제시문에서 설명하는 집단은 자발적 결사체이다. 가족과 학교는 자발적 결사체가 아니며, 노동조합과 환경 단체는 자발적 결사체에 해당한다.

2-2 사회 집단의 유형

A는 이익 사회, B는 자발적 결사체, C는 비공식 조직이다.

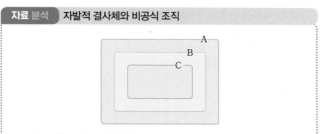

자료 분석 | 자발적 결사체와 비공식 조직

비공식 조직은 공식 조직에 속한 구성원들이 조직 내에서 구성원 간의 친밀한 인간관계에 바탕을 두고 자발적으로 형성한 사회 집단을 의미한다. 그렇기 때문에 모든 비공식 조직은 모두 자발적 결사체에 해당하며, 모든 자발적 결사체는 이익 사회에 포함된다.
위 그림은 이러한 각각의 개념들 간의 포함 관계를 나타내고 있는 것이다.

3-1 관료제와 탈관료제

A는 의사 결정 권한의 분산과 업무 수행의 유연성이 강한 것으로 보아 탈관료제 조직이며, B는 관료제 조직이다.

3-2 관료제와 탈관료제의 특징

중간 관리층의 역할 비중 정도가 큰 B는 관료제 조직, A는 탈관료제 조직이다. (가)에는 관료제 조직이 탈관료제 조직에 비해 강하게 나타나는 특성이 들어가야 한다.
ㄴ. 관료제 조직은 연공서열을 중시하기 때문에 탈관료제 조직에 비해 경력에 따른 보상 정도가 강하게 나타난다.
ㄹ. 관료제에서는 업무 권한과 책임이 명확하다.

오답 피하기 ㄱ. 능력에 따른 보상 정도는 탈관료제 조직이 관료제 조직에 비해 강하게 나타난다.
ㄷ. 관료제 조직은 수직적, 탈관료제 조직은 수평적 조직 체계가 나타난다.

4-1 일탈 이론(뒤르켐의 아노미 이론)

제시문에서 설명하는 일탈 행동에 대한 이론은 뒤르켐의 아노미 이론이다.

4-2 일탈 이론(낙인 이론)

(1) 낙인 이론은 사회적 낙인으로 인한 부정적 자아 정체성 함양과 이를 토대로 발생하는 2차적 일탈에 주목하는 이론이다.
(2) 낙인 이론에서는 일탈의 상대성을 강조한다. 즉 일탈 행동의 객관적 기준이 존재하지 않는다고 본다.

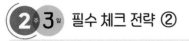

필수 체크 전략 ② Book 1 56~57쪽

1 ① **2** ⑤ **3** ② **4** ② **5** ③ **6** ④

1 사회 집단

제시문에 소개되고 있는 사회 집단은 순서대로 비공식적 사회화 기관, 1차 집단이다.

① 가족은 비공식적 사회화 기관이면서 1차 집단이다.

오답 피하기 ② 정당은 비공식적 사회화 기관이면서 2차 집단이다.
③ 정부는 비공식적 사회화 기관이면서 2차 집단이다.
④ 학교는 공식적 사회화 기관이면서 2차 집단이다.
⑤ 회사는 비공식적 사회화 기관이면서 2차 집단이다.

2 사회 집단

제시된 사회 집단을 순서대로 나열하면 이익 사회, 시민 단체, 자발적 결사체이다. 시민 단체는 이익 사회이면서 자발적 결사체의 대표적인 사례이다.
⑤ 자발적 결사체는 가입과 탈퇴가 자유로우며, 구성원들의 조직 활동에 대한 열의가 높다.

오답 피하기 ① 공식 조직 내에서 형성된 집단은 비공식 조직이다.
② 자발적 결사체의 경우 1차 집단적 성격과 2차 집단적 성격이 동시에 나타나기도 한다.
③ 구성원 간 본질 의지를 바탕으로 결합된 집단은 공동 사회이다.
④ 구성원들의 사회화를 목적으로 하여 결성된 집단은 공식적 사회화 기관이다. 일반적으로 공식적 사회화 기관의 경우 자발적 결사체인 경우는 거의 없다.

3 관료제의 역기능

제시문에는 관료제의 역기능 중 목적 전치 현상이 소개되고 있다.

4 일탈 이론(머튼의 아노미 이론)

경제적 성공을 추구하지만 정당한 방법으로는 부를 축적할 수 없어서 정당하지 않은 방법(일탈)을 동원해서라도 성공을 하고자 한다는 내용에서 머튼의 아노미 이론에 대한 설명임을 알 수 있다.

5 일탈 이론(낙인 이론)

낙인 이론에서는 일탈에 대한 객관적 기준이 있는 것이 아니라 특정한 행위에 대해 다른 사람들이 일탈이라고 규정한 후, 부정적인 시선으로 바라보면 이에 대해 부정적인 자아를 내면화 한 행위자가 지속적으로 일탈을 반복한다고 본다.

선택지 바로 보기

① 일탈자와의 접촉을 차단하면 해결된다고 본다. (×)
→ 차별 교제 이론에서 제시하는 일탈 행동에 대한 해결 방안이다.
② 일탈을 규정하는 객관적인 기준이 있다고 본다. (×)
→ 낙인 이론에서는 다른 일탈 이론과 달리 일탈을 규정하는 객관적인 기준이 없다고 본다.
③ 타인에 대한 신중한 낙인의 중요성을 강조한다. (○)
→ 낙인 이론에서는 일탈 행동자라는 낙인으로 인해 발생하는 2차적 일탈에 주목하고 있기 때문에 일탈에 대한 신중한 낙인이 2차적 일탈을 줄이는 데 기여한다고 본다.
④ 일탈 행동은 선천적인 요인에 의해 결정된다고 본다. (×)
→ 아노미 이론, 차별 교제 이론, 낙인 이론 모두 선천적인 요인에 의해 일탈이 발생한다고 보지 않는다.
⑤ 1차적 일탈이 발생하는 과정을 설명하는 데 적합하다. (×)
→ 낙인 이론은 2차적 일탈의 발생 과정에 주목하는 일탈 이론이다.

6 일탈 이론(차별 교제 이론)

그림은 일탈자를 쉽게 접촉할 수 있는 교도소 같은 곳에서 일탈자가 일탈에 대해 긍정적인 가치관을 함양하여 일탈에 더 동참한다는 것을 보여 주고 있다.

④ 차별 교제 이론은 타인(기존의 일탈 행동자)과의 상호 작용 과정에서 일탈 행동을 학습하게 된다고 보는 이론이다.

오답 피하기 ① 2차적 일탈에 주목하는 일탈 이론은 낙인 이론이다.
② 급격한 사회 변동이 일탈 행동의 원인이라고 보는 일탈 이론은 뒤르켐의 아노미 이론이다.
③ 도덕적 혼란이나 무규범 상태의 원인이 급격한 사회 변동이며, 이로 인해 일탈이 발생한다고 보는 일탈 이론은 뒤르켐의 아노미 이론이다.
⑤ 일탈 행동에 대한 해결 방안으로 문화적 목표를 이룰 수 있는 적절한 제도적 수단의 제공을 제시하는 일탈 이론은 머튼의 아노미 이론이다.

자료 분석 차별 교제 이론

그림에는 교도소에서 만난 수형자끼리의 친목을 통해 추가적인 일탈 행동을 하는 장면이 나타나 있다. 차별 교제 이론에서는 일탈을 일삼는 사람들과의 교제와 접촉을 통해 일탈 행동이 지속된다고 주장한다.

2주 4일 교과서 대표 전략 ①   Book 1 58~61쪽

|대표 예제|	1 ⑤	2 ④	3 ④	4 ③	5 ①
6 ⑤	7 ②	8 ③	9 ⑤	10 ⑤	11 ①
12 ⑤	13 ④	14 ②	15 ③		

1 개인과 사회의 관계를 보는 관점(사회 명목론)

회사의 실적을 올리기 위해 가장 중요한 것이 직원 개개인의 능력이며 시급한 곳에 뛰어난 사람을 배치하면 좋은 성과를 낼 수 있다는 내용에서 사회 명목론의 입장에서 이야기하고 있음을 알 수 있다.

⑤ 사회 명목론에서는 개인의 속성에 의해 사회의 속성이 결정된다고 본다.

오답 피하기 ① 사회가 개인들의 속성으로 환원될 수 없다고 보는 관점은 사회 실재론이다.
② 개인의 능동성보다 사회 규범의 구속성을 중시하는 관점은 사회 실재론이다.
③ 개인이 사회 속에서만 존재 의미를 갖게 된다고 보는 관점은 사회 실재론이다.

④ 개인은 사회에 의해 구조화된 행동을 한다고 보는 관점은 사회 실재론이다.

2 개인과 사회의 관계를 보는 관점(사회 실재론)

구성원의 능력보다 조직의 전반적인 분위기나 조직 문화 조성이 더 중요하다는 내용에서 사회 실재론적 관점을 가지고 있음을 알 수 있다.

선택지 바로 보기

① 사회는 실체가 없다고 본다. (×)
→ 사회 명목론의 주장이다. 사회 실재론은 사회가 개인의 외부에 실제로 존재한다고 보는 관점이다.
② 개인에 대한 사회 구조의 영향력을 간과한다. (×)
→ 사회 명목론의 주장이다. 사회 실재론에서 개인은 사회 구조의 영향력을 받아 구조화된 행동을 한다고 본다.
③ 사회적 사실은 개인적 행위로 환원될 수 있다고 본다. (×)
→ 사회 명목론의 주장이다. 사회 실재론에서 사회는 개인들의 합 이상의 존재이기 때문에 사회와 개인을 환원할 수 없다고 본다.
④ 사회의 구속성이 개인의 능동성보다 우선한다고 본다. (○)
→ 사회 실재론에서 사회는 개인보다 우월한 존재이기 때문에 사회의 구속성이 개인의 능동성보다 우선해야 한다고 본다.
⑤ 사회 규범은 개인들이 옳다고 생각하기 때문에 존재한다. (×)
→ 사회 명목론의 주장이다. 사회 명목론에서는 개인의 우월성을 강조하기 때문에 모든 사회 규범이 능동성을 지닌 개인들의 의지에 의해 만들어진다고 본다.

3 인간의 사회화

ㄴ. 학교와 회사는 대표적인 2차적 사회화 기관이다.
ㄹ. 인간은 평생에 걸쳐 사회화를 경험한다. 1차적 사회화의 경우 주로 어린 연령에서 경험하지만 성인이 되어서도 경험할 수 있다.

오답 피하기 ㄱ. 1차적 사회화는 주로 청소년기 이전에 경험하지만 이후에도 경험할 수 있다.
ㄷ. 사회화는 의식적으로 이루어지는 경우가 대부분이다.

4 사회화를 바라보는 관점

제시문에서 학교 교육을 통한 사회화는 지배 집단의 이데올로기를 피지배 집단에게 주입시키는 과정이라는 부분을 근거로 갈등론적 관점에서 사회화를 바라보고 있음을 알 수 있다.

③ 갈등론에서 사회화는 계급 재생산을 위한 도구라고 본다.

오답 피하기 ① 사회화의 결과 사회가 유지, 발전된다고 보는 관점은 기능론이다.
② 사회화의 내용이 사회적으로 합의된 것이라고 보는 관점은 기능론이다.
④ 타인과의 상호 작용을 통해 사회화가 이루어진다고 보는 관점은 상징적 상호 작용론이다.
⑤ 사회화의 방법이 구성원들의 자발적인 합의에 의한 것이라고 보는 관점은 기능론이다.

5 인간의 사회화

갑은 아직 교감이 되지 않았지만 교감이 되기 위해 필요한 내용을 배우고 있기 때문에 예기 사회화를 경험하고 있다. 을은 직장을 그만두고 요리사가 되기 위해 공식적 사회화 기관인 요리 학원에서 교육을 받으며 조리사 자격증을 준비하는 재사회화를 경험하고 있다.

① 아직 교감이 되지 않은 상황에서 받고 있는 교감 자격 연수는 예기 사회화에 해당한다.

오답 피하기 ② 을이 다니고 있는 요리 학원은 요리사 양성을 목적으로 하는 공식적 사회화 기관이다.
③ 갑은 예기 사회화, 을은 재사회화를 경험하고 있다.
④ 갑과 을은 모두 2차적 사회화를 경험하고 있다.
⑤ 자신이 속해 있으면서 강한 소속감과 공동체 의식을 느끼는 집단을 내집단이라고 한다. 제시문에서 갑은 내집단에 소속되어 있으나, 을의 경우 제시된 글로만 보아서는 요리 학원이 을의 내집단인지 알 수 없다.

6 사회화 기관
방송국은 2차적 사회화 기관이자 비공식적 사회화 기관, 가족은 1차적 사회화 기관이자 비공식적 사회화 기관, 회사는 2차적 사회화 기관이자 비공식적 사회화 기관이다.
⑤ 방송국, 가족, 회사는 모두 비공식적 사회화 기관이다

오답 피하기 ① 사회화를 목적으로 설립된 기관은 공식적 사회화 기관이다. 제시문에는 공식적 사회화 기관이 언급되지 않았다.
② 가족은 기초적인 내용의 사회화를 담당하는 1차적 사회화 기관이다.
③ 회사에서도 사회 변동에 따라 새롭게 요구되는 지식이나 가치 등을 전수하는 재사회화 기능을 수행한다.
④ 가족은 1차적, 비공식적 사회화 기관이다.

7 지위와 역할
신인상은 야구 선수로서 열심히 활약한 역할 행동에 대한 보상이다. 선생님, 선수, 어머니는 모두 개인의 노력과 의지가 있어야만 얻을 수 있는 성취 지위이다.
ㄱ. 신인상은 선수로서 갑의 역할 행동에 대한 보상이다.
ㄹ. 선생님, 선수, 어머니는 모두 개인의 노력과 의지가 있어야만 얻을 수 있는 성취 지위이다.

오답 피하기 ㄴ. 선생님과 선수는 모두 성취 지위이다.
ㄷ. 선수와 어머니는 모두 성취 지위이다.

8 지위와 역할
역할 갈등은 개인에게 요구되는 여러 역할들이 충돌하여 나타나는 심리적 갈등 상황이다. 보상은 역할 행동에 대한 사회적 반응이다.
③ 열심히 복무한 것은 을의 군인으로서의 역할 행동이다.

오답 피하기 ① 조카가 고아인 것을 애틋하게 여기는 것은 역할 갈등이 아닌 단순한 심리적 상태이다.
② 아들은 귀속 지위이다.
④ 육군 참모총장 임명은 을의 역할 행동에 대한 보상이다.
⑤ 애틋하게 여기는 것이 삼촌으로서의 역할 행동은 아니며, 군인으로서 열심히 복무한 것은 을의 역할 행동이다.

9 사회 집단
사회 집단은 접촉 방식을 기준으로 1차 집단과 2차 집단으로 구분할 수 있으며, 결합 의지를 기준으로 공동 사회와 이익 사회로 구분할 수 있다. 학교의 경우, 2차 집단이면서 이익 사회이기 때문에 이를

근거로 하여 A는 2차 집단, B는 1차 집단, C는 이익 사회, D는 공동 사회임을 알 수 있다.
ㄷ. 선택적 결합 의지를 바탕으로 형성된 집단은 이익 사회이다. 공동 사회는 본질적 결합 의지를 바탕으로 형성된다.
ㄹ. 가족은 1차 집단이자 공동 사회에 해당한다.

오답 피하기 ㄱ. 구성원 간 전인격적인 인간관계가 나타나는 사회 집단은 1차 집단이다.
ㄴ. 공식적인 방식으로 구성원을 통제하는 사회 집단은 2차 집단이다.

10 사회 조직
모든 비공식 조직은 반드시 자발적 결사체이고, 모든 자발적 결사체는 반드시 이익 사회이기 때문에 이들의 포함관계를 정리하면 A는 이익 사회, B는 자발적 결사체, C는 비공식 조직이다.
⑤ 직장 내 등산 동호회는 비공식 조직이기 때문에 A~C에 모두 해당한다.

오답 피하기 ① 가족은 공동 사회이기 때문에 A~C 어디에도 해당하지 않는다.
② 학교는 이익 사회이면서 자발적 결사체가 아닌 공식 조직이다.
③ A는 이익 사회, C는 비공식 조직이다.
④ 노동조합은 이익 사회이면서 자발적 결사체인 공식 조직이다.

11 사회 조직
사례 속에서 사회 조직의 유형을 파악한다.

선택지 바로 보기

① 월요일에는 공식 조직에서의 일정이 있다. (○)
→ 월요일에는 △△고등학교에 방문한다. 고등학교는 조직적인 체계를 갖춘 공식 조직이다.
② 화요일에는 자발적 결사체에서의 일정이 있다. (×)
→ 회사는 자발적 결사체가 아니다. 또한 주주 총회 역시 자발적으로 모이는 결사체의 성격을 갖고 있지 않다.
③ 수요일에는 공식적 사회화 기관에서의 일정이 있다. (×)
→ 총동문회는 공식 조직의 형태를 갖추고 있는 친목 집단으로서 자발적 결사체이기 때문에 비공식적 사회화 기관이다.
④ 목요일에는 공동 사회에서의 일정이 있다. (×)
→ 시민 포럼은 이익 사회에 해당한다.
⑤ 금요일에는 비공식 조직에서의 일정이 있다. (×)
→ 정당은 공식 조직이며, 전당 대회 역시 공식 조직으로서의 정당의 공식적인 행사이다.

12 관료제와 탈관료제
사회 조직 유형 A가 B에 비해 경력에 따른 보상 정도가 강한 것을 볼 때, A는 관료제, B는 탈관료제임을 알 수 있다. 이를 근거로 하여 (가)에는 관료제 조직의 특징을 묻는 말이 들어가야 하고, (나)에는 탈관료제 조직의 특징을 묻는 말이 들어가야 함을 알 수 있다.
⑤ 관료제와 탈관료제 모두 조직 운영의 효율성을 추구하는 조직 운영 원리이다.

오답 피하기 ① (가)에는 관료제의 특징을 묻는 말이 들어가야 한다. 조직 운영의 유연성은 탈관료제 조직에서 더 강하게 나타나는 특징이다.

② (나)에는 탈관료제의 특징을 묻는 말이 들어가야 한다. 중간 관리층의 역할은 관료제 조직에서 더 강하게 나타나는 특징이다.
③ 관료제와 탈관료제 모두 2차 집단이다. 탈관료제 조직에서 구성원 간 수평적 관계의 강조가 구성원 간 친밀성을 의미하지는 않는다.
④ 위계의 서열화는 탈관료제 조직보다 관료제 조직에서 더 강하게 나타나는 특징이다.

더 알아보기⁺ 관료제

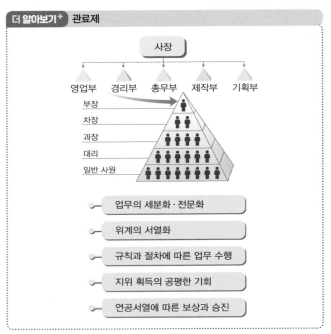

13 관료제의 역기능
위계의 서열화로 인한 권한의 집중은 자칫 권력의 독점과 남용의 문제로 나타날 수 있다.

14 일탈의 상대성
제시문에서는 끈질긴 구애가 과거에는 일탈이 아니었지만 지금은 괴롭힘으로 분류되는 일탈임을 이야기하고 있다. 이는 일탈 행동이 시대나 장소에 따라 상대적임을 이야기하는 것이다.

15 일탈 이론(차별 교제 이론)
제시된 속담과 고사성어는 모두 사람을 가려 만나기를 조언하는 내용이다. 이는 일탈 행동에 대한 이론 중 차별 교제 이론과 관련이 있음을 알 수 있다.

② 4일 교과서 대표 전략 ②   Book 1 62~63쪽

01 ② 02 ③ 03 ① 04 ⑤ 05 ③ 06 ④ 07 ①

01 개인과 사회의 관계를 보는 관점
'사회는 개인의 총합에 불과한가?'라는 질문에 대해 A는 '아니요', B는 '예'라고 대답한 것을 근거로 A는 사회 실재론, B는 사회 명목론임을

알 수 있다. (가)에는 사회 실재론에 대한 질문이 들어가야 한다.
ㄱ. '사회가 개인의 외부에 실제로 존재하는가?'에 대해서 '예'라고 대답할 수 있는 관점은 사회 실재론이다.
ㄷ. 사회가 개인의 목표를 실현시켜 주는 수단에 불과하다고 보는 관점은 사회 명목론이다.
〔오답 피하기〕 ㄴ. 사회 실재론은 사회가 개인으로 환원될 수 없는 고유한 존재라고 본다.
ㄹ. 사회가 독자적 힘을 가진 유기적 존재라고 보는 관점은 사회 실재론이다.

02 사회화 기관
학교는 2차적 사회화 기관이면서 공식적 사회화 기관이고, 가족은 1차적 사회화 기관이면서 비공식적 사회화 기관이다.
③ (가)가 '기관의 형성 목적'이면 A는 공식적 사회화 기관, B는 비공식적 사회화 기관, C는 2차적 사회화 기관이기 때문에 ㉠에는 2차적 사회화 기관이자 비공식적 사회화 기관인 회사가 들어갈 수 있다.
〔오답 피하기〕 ① 사회화의 내용을 기준으로 분류하는 것은 1차적 사회화 기관과 2차적 사회화 기관이다. 공식적 사회화 기관은 기관의 형성 목적을 기준으로 분류하는 것이다.
② (가)가 '사회화의 내용'이라면 ㉠에는 1차적 사회화 기관인 가족이나 또래 집단이 들어갈 수 있다. 대중 매체는 2차적 사회화 기관이다.
④ (나)가 '사회화의 내용'이면 C의 사례로 학교가 이미 들어가 있기 때문에 C는 2차적 사회화 기관이다.
⑤ 요리 학원은 공식적 사회화 기관이기 때문에 학교와 같은 칸에 들어갈 수 있다.

03 지위와 역할
제시문에는 지위와 역할에 대한 정의가 소개되고 있다.
ㄱ. 아버지와 어머니는 개인의 의지와 노력에 의해 얻게 되는 성취 지위이다.
ㄴ. 지위가 같으면 역할도 같지만, 역할 행동은 개인의 성향, 능력 등에 따라 다양하게 나타난다.
〔오답 피하기〕 ㄷ. 개인은 동시에 여러 개의 지위를 갖기도 한다.
ㄹ. 보상과 제재는 역할 행동에 대한 사회적인 반응이다.

04 사회 집단
학교, 회사, 정당은 모두 2차 집단이면서 이익 사회의 사례이다.
ㄷ. 수단적 만남과 간접적 접촉은 2차 집단의 특징이다.
ㄹ. 공식적 제재 방식을 통한 통제는 2차 집단의 특징이다.
〔오답 피하기〕 ㄱ. 구성원 간 인간관계가 목적인 사회 집단은 1차 집단이다.
ㄴ. 구성원의 본질 의지에 의해 형성되는 사회 집단은 공동 사회이다.

05 사회 집단 및 사회 조직의 유형
A는 2차 집단, B는 1차 집단, C는 공식 조직, D는 비공식 조직이다.
③ 학교와 회사는 대표적인 공식 조직이다.
〔오답 피하기〕 ① 구성원의 본질 의지에 따라 만들어진 집단은 공동 사회이다.
② 개인이 소속되어 있으며 소속감을 느끼고 있는 집단은 내집단이다.

④ D는 비공식 조직이다.
⑤ 모든 비공식 조직은 자발적 결사체에 해당하지만, 사회 집단 및 조직 중에서 자발적 결사체에 해당하지 않는 것도 있다.

06 관료제와 탈관료제
A는 연공서열보다 능력과 업적에 따른 보상을 중시하지 않고, B는 그렇다는 부분을 토대로 A는 관료제, B는 탈관료제임을 알 수 있다. (가)에는 관료제와 탈관료제의 공통점을 묻는 질문이 들어가야 한다.
ㄴ. 산업 사회에서 효율적이었던 관료제 조직이 정보 사회에서 비효율성이 나타나면서 이를 극복하기 위한 노력으로 탈관료제 조직이 등장하게 되었다.
ㄹ. 관료제와 탈관료제 모두 공식적인 통제 방식으로 조직 내의 갈등을 해결한다.

오답 피하기 ㄱ. 관료제 조직에서는 중간 관리층의 역할이 매우 중요하다.
ㄷ. 의사 결정 권한의 분산 정도는 관료제보다 탈관료제에서 더 강하게 나타난다.

07 일탈 이론
갑은 빠른 사회 변동으로 인해 지배적인 규범이 사라져서 일탈 행동이 발생했다고 하는 것으로 보아 뒤르켐의 아노미 이론을 말하고 있다. 을은 객관적인 일탈이 없고 사람들이 특정한 행위자에게 일탈자라는 낙인을 찍어서 일탈이 발생했다고 하는 것으로 보아 낙인 이론을 말하고 있음을 알 수 있다.

선택지 바로 보기
① 갑은 아노미 이론을 토대로 일탈 행동을 보고 있다. (○)
→ 갑은 뒤르켐의 아노미 이론을 토대로 말하고 있다.
② 을은 1차적 일탈이 발생하는 과정에 주목하고 있다. (×)
→ 낙인 이론에서는 2차적 일탈이 발생하는 과정에 주목한다.
③ 갑은 을과 달리 타인과의 상호 작용 과정에서 일탈이 발생하는 것을 이야기하고 있다. (×)
→ 차별 교제 이론에서 주장하는 내용이다. 갑과 을은 각각 아노미 이론, 낙인 이론의 입장에서 말하고 있다.
④ 을은 갑과 달리 거시적인 관점에서 일탈 행동을 보고 있다. (×)
→ 낙인 이론은 미시적 관점, 아노미 이론은 거시적(기능론) 관점에서 일탈 행동을 보는 이론이다.
⑤ 갑과 을을 모두 일탈 행동의 해결 방안으로 사회 규범의 통제력 회복을 주장할 것이다. (×)
→ 일탈 행동의 해결 방안으로 사회 규범의 통제력 회복을 주장하는 이론은 뒤르켐의 아노미 이론이다.

2주 누구나 합격 전략 **Book 1** 64~65쪽

01 ③　02 ③　03 ⑤　04 ②　05 ⑤　06 ④
07 ③　08 ④

01 개인과 사회의 관계를 보는 관점(사회 실재론)
대학마다의 학풍과 전통을 연결하는 것으로 보아 사회 실재론의 입장에서 대화하고 있다.
ㄴ. 사회 실재론에서 개인은 사회의 영향을 받아 행동한다고 본다.
ㄷ. 사회 실재론에서 사회는 개인의 외부에 실제로 존재한다고 본다.

오답 피하기 ㄱ. 개인의 자유 의지를 강조하는 관점은 사회 명목론이다.
ㄹ. 사회 명목론에서는 사회는 개인들의 합에 이름을 붙인 것에 불과하다고 본다.

02 개인과 사회의 관계를 보는 관점(사회 명목론)
나무의 특성에 의해 숲의 특성이 결정된다는 주장은 개인의 특성에 따라 사회의 특성이 결정된다는 사회 명목론의 주장과 일맥상통한다.
③ 사회 명목론에서 사회는 개인의 목표를 실현시켜 주는 수단에 불과하다고 본다.

오답 피하기 ① 개인이 사회에 의해 구조화된 행동을 한다고 보는 관점은 사회 실재론이다.
② 사회가 개인의 외부에서 독자적으로 작동한다고 보는 관점은 사회 실재론이다.
④ 사회 실재론에서는 개인은 사회와의 관련 속에서만 존재 의미를 지닌다고 본다.
⑤ 사회 문제의 해결책으로 개인의 의식 개선보다 제도 개혁을 강조하는 관점은 사회 실재론이다.

03 사회화 기관
ㄷ. 프로구단은 2차적 사회화 기관이면서 비공식적 사회화 기관이다.
ㄹ. 가족은 1차적 사회화 기관이면서 비공식적 사회화 기관이다.

오답 피하기 ㄱ. ○○방송국은 2차적 사회화 기관이면서 비공식적 사회화 기관이다.
ㄴ. △△초등학교는 2차적 사회화 기관이면서 공식적 사회화 기관이다.

04 지위와 역할
선택지 바로 보기
① ㉠은 선천적으로 얻게 된 지위이다. (×)
→ 자연스럽게 얻게 된 지위는 귀속 지위이다. 농구 선수는 성취 지위이다.
② ㉡은 후천적으로 얻게 된 지위이다. (○)
→ 방송인은 후천적으로 얻게 된 성취 지위이다.
③ ㉢은 갑의 역할에 대한 보상이다. (×)
→ 보상은 역할 행동에 대한 사회적인 반응이다.
④ ㉣은 갑의 역할 행동이다. (×)
→ 최우수 감독상을 수상한 것은 갑의 역할 행동에 대한 보상이다.
⑤ ㉤은 갑이 겪고 있는 역할 갈등이다. (×)
→ 갑의 지위에 대한 역할들 간의 갈등이 아니라 단순한 진로 고민이다.

05 사회 집단
선생님과 갑의 대화를 통해 A는 1차 집단, B는 2차 집단을 의미한다는 것을 알 수 있다. 학교는 구성원 간 1차 집단적인 관계가 나타날 수도 있지만 2차 집단이다.
⑤ 1차 집단과 2차 집단은 구성원 간 접촉 방식을 기준으로 분류할 수 있다.

오답 피하기 ① A는 1차 집단, B는 2차 집단이다. 공동 사회와 이익 사회
는 구성원 간 결합 의지를 기준으로 분류하는 개념이다.
② 노동조합은 2차 집단이다.
③ 가입과 탈퇴가 자유로운 것은 자발적 결사체이다. 1차 집단 중 가족이나
2차 집단 중 학교나 회사의 경우는 가입과 탈퇴가 자유롭지 못하다.
④ 공식적인 통제는 2차 집단에서 주로 이루어진다.

06 사회 집단과 사회 조직

A는 공식 조직, B는 비공식 조직, C는 자발적 결사체이다.
④ 비공식 조직은 구성원들 사이에 친밀감과 만족감을 높여 공식 조
직에서의 긴장감을 줄여주는 긍정적인 면이 있지만, 공식 조직의 업
무에 사적인 관계를 개입시켜 업무의 공정성을 저해할 수 있는 역기
능도 있다.

오답 피하기 ① 구성원들의 본질 의지를 바탕으로 형성된 집단은 공동 사
회이다.
② 비공식 조직은 1차 집단의 성격과 2차 집단의 성격이 혼재하기도 한다.
③ 과업 달성에 기여한 정도를 기준으로 구성원을 평가하는 것은 공식 조직
이다.
⑤ 자발적 결사체는 가입과 탈퇴가 자유롭다.

07 관료제와 탈관료제

권한과 책임의 명확성에서 A가 B보다 강한 것을 볼 때, A는 관료제,
B는 탈관료제임을 알 수 있다. (가)에는 관료제의 특징이, (나)에는
탈관료제의 특징이 들어갈 수 있다.
③ 관료제와 탈관료제 모두 효율성을 추구하는 조직 운영 원리이다.

오답 피하기 ① 조직 운영의 유연성은 탈관료제 조직이 더 높다.
② 일반적으로 관료제 조직은 하향식 의사 결정, 탈관료제 조직은 상향식
의사 결정이 이루어진다.
④ 능력에 따른 보상 정도는 탈관료제 조직에서 더 강하게 나타난다.
⑤ 중간 관리층의 비중은 관료제 조직에서 더 크게 나타난다.

08 일탈 이론

A는 차별 교제 이론, B는 뒤르켐의 아노미 이론, C는 낙인 이론이다.
ㄴ. 뒤르켐의 아노미 이론에서는 일탈 행동에 대한 해결 방안으로 사
회 규범의 통제력 강화를 강조한다.
ㄹ. 낙인 이론에서는 2차적 일탈의 발생 과정에 주목한다.

오답 피하기 ㄱ. 일탈 행동을 규정하는 객관적인 기준이 없다고 보는 이
론은 낙인 이론이다.
ㄷ. 목표와 수단 간 괴리로 인해 일탈 행동이 발생한다고 보는 이론은 머튼
의 아노미 이론이다.

② 2주 창의·융합·코딩 전략 Book 1 66~69쪽

1 ②	2 ③	3 ⑤	4 ①	5 ②	6 ④
7 ④	8 ①	9 ⑤	10 ④	11 ②	12 ①
13 ③					

1 개인과 사회의 관계를 보는 관점

개인의 행동이 사회에 의해 구속된다고 보는 A는 사회 실재론, 집합
적 속성은 개인의 속성의 총합이라고 보는 B는 사회 명목론이다.
(가)에는 사회 실재론과 관련된 질문이, (나)에는 사회 명목론과 관
련된 질문이, (다)에는 사회 실재론과 사회 명목론의 공통점을 묻는
질문이 들어가야 한다.
② 사회는 구성원들의 필요에 의해 합의된 하나의 도구로서의 존재
라고 보는 관점은 사회 명목론이다.

오답 피하기 ① 개개인의 의식 변화가 사회 변동의 선행 조건이라고 보는
관점은 사회 명목론이다.
③ 사회는 구성 요소인 개인들의 합으로 환원될 수 있다고 보는 관점은 사
회 명목론이다.
④ 구성원의 수준이 사회의 수준을 결정한다고 보는 관점은 사회 명목론
이다.
⑤ 개인이 사회에 의해 구조화된 행동을 한다고 보는 관점은 사회 실재론
이다.

2 개인과 사회의 관계를 보는 관점

사회는 개인의 외부에서 독자적으로 존재한다고 보는 관점은 사회
실재론이다. 이를 근거로 하여 A는 사회 실재론, B는 사회 명목론임
을 알 수 있다. (가)에는 사회 명목론의 특징을 묻는 질문이 들어가야
한다.
ㄴ. 사회 명목론에서는 사회는 개인들의 합에 이름을 붙인 것에 불과
하다고 본다.
ㄷ. 사회 문제 해결을 위한 사회 구조의 개혁을 중시하는 관점은 사
회 실재론이다. 사회 명목론에서는 개인의 의식 개혁을 중시한다.

오답 피하기 ㄱ. 사회 규범의 구속성보다 개인의 능동성을 중시하는 관점
은 사회 명목론이다.
ㄹ. 사회가 발전해야 개인도 발전한다고 보는 관점은 사회 실재론이다.

3 사회화 기관

육군 훈련소는 2차적 사회화 기관이자 공식적 사회화 기관, 정당은
2차적 사회화 기관이자 비공식적 사회화 기관, 시민 단체는 2차적
사회화 기관이자 비공식적 사회화 기관, 대학교는 2차적 사회화 기
관이자 공식적 사회화 기관이다.
⑤ 공식적 사회화 기관은 구성원들의 사회화를 목적으로 설립된 기
관이다.

4 사회화 기관

(가)는 2차적 사회화 기관이자 공식적 사회화 기관, (나)는 2차적 사
회화 기관이자 비공식적 사회화 기관, (다)는 1차적 사회화 기관이자

비공식적 사회화 기관이다.
학교는 2차적 사회화 기관이면서 공식적 사회화 기관, 회사는 2차적 사회화 기관이면서 비공식적 사회화 기관, 가족은 1차적 사회화 기관이면서 비공식적 사회화 기관의 대표적인 사례이다.

5 지위와 역할
배우, 아내, 아버지는 모두 개인의 의지와 노력에 의해 후천적으로 얻게 되는 성취 지위이고, 아들은 태어나면서부터 얻게 되는 귀속 지위이다.

6 지위와 역할
④ ㉣은 갑이 시장으로서 사람들에게 존경받기 위해서 시장에게 주어진 역할을 성실하게 수행했다는 증거이다. 따라서 ㉣은 갑의 역할 행동에 대한 보상이다.

오답 피하기 ① 조카는 귀속 지위이다.
② 감옥살이는 잘못된 역할 행동에 대한 제재이다.
③ 경찰은 성취 지위이다.
⑤ 자수 여부를 두고 고민하는 것은 역할 갈등이 아니다.

7 지위와 역할
교사, 학생은 모두 성취 지위이다. 수업 연구에 매진하는 것은 교사에게 주어진 역할을 성실하게 수행하고 있는 역할 행동 중 하나이다.
ㄴ. 학생은 학교에 다니고자 하는 의지와 다니기 위한 노력이 있어야만 얻을 수 있는 성취 지위이다.
ㄹ. 갑은 현재 교사라는 지위에 대한 상반된 기대 간의 충돌로 인한 역할 갈등과 교사와 아빠라는 서로 다른 지위에 대해 요구되는 역할들 간의 충돌로 인한 역할 갈등을 동시에 경험하고 있다.

오답 피하기 ㄱ. 교사는 성취 지위이다.
ㄷ. 수업 연구에 매진하는 것은 교사로서 갑의 역할 행동이다.

8 사회 집단
A는 공동 사회, B는 이익 사회, C는 1차 집단, D는 2차 집단이다. 가족은 공동 사회, 회사는 이익 사회, 또래 집단은 1차 집단, 학교는 2차 집단이다.

9 사회 집단 및 사회 조직
자발적 결사체는 공통의 관심사나 목표를 가진 사람들이 자발적으로 결성한 집단으로, 친목 집단, 이익 집단, 시민 단체가 있다.
ㄷ. ㉢은 △△고등학교라는 공식 조직의 구성원인 교사 중에서 축구를 좋아하는 사람들이 자발적으로 결성한 비공식 조직이자 자발적 결사체이다.
ㄹ. ㉣은 자발적 결사체이지만 특정 공식 조직 내에서 결성되지 않았기 때문에 비공식 조직은 아니다.

오답 피하기 ㄱ. 가족은 비공식 조직이 아니다.
ㄴ. 대학교는 공식 조직이지만 자발적 결사체가 아니다.

10 자발적 결사체
(가) 공무원의 업무상 활동, (나) 환경 운동 시민 단체 활동, (다) 고등학생들의 마을 봉사단 활동이다.

선택지 바로 보기

① (가)에는 비공식 조직으로서의 자발적 결사체가 소개되고 있다. (×)
→ (가)에는 공무원들이 업무의 일부로 활동을 하는 사례가 소개되고 있다. 이는 비공식 조직도, 자발적 결사체도 아닌 공식 조직의 활동이다.
② (나)에는 사회 조직이 아닌 사회 집단이 소개되고 있다. (×)
→ 대부분의 시민 단체는 효율적으로 목표를 달성하기 위해 공식 조직의 형태를 띠고 있다.
③ (다)에는 자발적 결사체가 아닌 공식 조직의 사례가 소개되고 있다. (×)
→ (다)에는 공식 조직이 아닌 자발적 결사체의 활동이 소개되고 있다.
④ (가)에는 (나), (다)와 달리 자발적 결사체가 아닌 공식 조직의 활동이 소개되고 있다. (○)
→ (가)에는 공무원들이 업무의 일부로 활동을 하는 사례가 소개되고 있다. 이는 공식 조직의 활동이다. 반면, (나), (다)는 각각 시민 단체와 봉사 단체로 자발적 결사체이다.
⑤ (가)~(다)에는 모두 비공식 조직으로서 자발적 결사체의 활동이 소개되고 있다. (×)
→ (가)~(다) 어디에도 비공식 조직은 소개되지 않고 있다.

11 관료제와 탈관료제
사회 조직 유형 B가 A에 비해 업적에 따른 보상 정도가 강한 것을 볼 때, A는 관료제, B는 탈관료제임을 알 수 있다. 이를 근거로 하여 (가)에는 관료제 조직의 특징을 묻는 말이 들어가야 하고, (나)에는 관료제와 탈관료제 조직의 공통점을 묻는 말이 들어가야 함을 알 수 있다.
② 관료제와 탈관료제 중에서 정보 사회에 더 적합한 조직 운영 원리는 탈관료제이다.

오답 피하기 ① 관료제는 규약에 따른 과업 수행을 중시한다. 창의적 과업 수행을 중시하는 것은 탈관료제의 특징이다.
③ 무사안일주의는 관료제 조직에서 나타날 수 있는 역기능 중 하나이다.
④ 수평적 의사소통 정도는 탈관료제에서 더 강하게 나타난다.
⑤ 조직 운영의 유연성은 탈관료제에서 더 강하게 나타난다.

12 관료제와 탈관료제
A가 B에 비해 조직 운영의 유연성이 강하고 상향식 의사 결정을 하는 것으로 보아 A는 탈관료제, B는 관료제임을 알 수 있다.
ㄱ. A는 탈관료제이다.
ㄴ. B는 관료제이다.

오답 피하기 ㄷ. 산업 사회에 더 적합한 조직 운영 원리는 관료제이다.
ㄹ. 관료제와 탈관료제는 모두 조직 운영의 효율성을 추구한다.

13 일탈 행동
A는 차별 교제 이론, B는 낙인 이론, C는 뒤르켐의 아노미 이론이다.

- 갑: B의 특징을 설명, 3가지 중 2점 획득
  → 1, 2번은 낙인 이론, 3번은 차별 교제 이론의 특징
  ∴ B는 낙인 이론임을 알 수 있음
- 을: C의 특징을 설명, 3가지 중 ㉠점 획득
  → 1, 2번은 낙인 이론의 특징,
    3번은 뒤르켐의 아노미 이론의 특징
  ∴ C는 뒤르켐의 아노미 이론이며 ㉠은 1임을 알 수 있음
- 병: A의 특징을 설명, 3가지 중 1점 획득
  → 2번은 차별 교제 이론, 3번은 낙인 이론의 특징
  ∴ (가)에는 틀린 설명이 들어가야 함

① A는 1차적 일탈보다 2차적 일탈에 주목한다. (×)
→ 1차적 일탈보다 2차적 일탈에 주목하는 일탈 이론은 낙인 이론이다.
② B는 거시적인 측면에서 일탈 행동을 보고 있다. (×)
→ 낙인 이론은 미시적인 측면에서 일탈 행동을 보는 이론이다.
③ C는 뒤르켐의 아노미 이론이다. (○)
→ 일탈 문제를 해결하기 위해 사회 규범의 통제력 회복이 필요하다고 보는 것은 뒤르켐의 아노미 이론이다.
④ ㉠에는 '3'이 들어갈 수 있다. (×)
→ ㉠에는 '1'이 들어가야 한다.
⑤ (가)에는 '비행 청소년과의 접촉은 일탈 행동의 원인 중 하나임'이 들어갈 수 있다. (×)
→ (가)에는 틀린 설명이 들어가야 하기 때문에 차별 교제 이론의 주장인 '비행 청소년과의 접촉은 일탈 행동의 원인 중 하나임'은 들어갈 수 없다.

신유형·신경향·서술형 전략   **Book 1** 72~75쪽

01 ③	02 ②	03 ⑤	04 ③	05 ②	06 ①
07 ①	08 ⑤	09 ③	10 ④	11 ②	

서술형 12 (1) 비공식 조직, 자발적 결사체 (2) 해설 참조
13 (1) 문화적 목표와 제도적 수단 간 괴리
(2) 문화적 목표를 달성할 수 있는 실질적인 제도적 수단을 제공한다.

01 사회·문화 현상의 특징

㉠, ㉣은 인간의 의도와는 상관없이 자연적으로 발생하는 자연 현상이다. 반면 ㉡, ㉢은 사회·문화 현상이다.
③ 사회·문화 현상은 자연 현상과 달리 인간의 의도에 의해 나타나는 현상으로 가치가 함축되어 있다.

오답 피하기 ① 사회·문화 현상은 예외가 존재하고, 사회적 맥락에 따라 나타나기 때문에 자연 현상에 비해 특수성이 강하다.
② ㉡, ㉢은 모두 사회·문화 현상이다.
④ ㉠, ㉣은 모두 자연 현상이다.
⑤ 자연 현상은 필연성의 원리가, 사회·문화 현상은 개연성의 원리가 적용된다.

02 사회·문화 현상의 특징

갑이 연구한 현상은 사회·문화 현상이다.
② 사회·문화 현상은 어떤 조건에서 어떤 현상이 나타날 가능성이 높고 낮음으로 설명된다. 즉, 확실성이 아닌 확률의 원리에 따른다.

오답 피하기 ① 사회·문화 현상에는 가치가 함축되어 있다.
③ 사회·문화 현상은 당위 법칙의 지배를 받는다.
④ 사회·문화 현상은 자연 현상과 달리 인과 관계가 명확하지 않고, 예외가 존재한다.
⑤ 사회·문화 현상은 보편성과 함께 특수성이 나타난다.

03 사회·문화 현상을 바라보는 관점

기득권층의 이익을 대변하는 논리로 사용된다는 비판을 받는 C는 기능론이다. A와 B 중 사회·문화 현상을 사회 구조적 측면에서 설명하는 B는 갈등론이다. 따라서 A는 상징적 상호 작용론이다.
ㄷ. 기능론은 상징적 상호 작용론과 달리 사회 제도들의 유기적 관계에 주목한다.
ㄹ. 상징적 상호 작용론은 인간의 행위는 사회로부터 구속되지 않고 주체적으로 나타난다고 전제한다.

오답 피하기 ㄱ. 집단 간 갈등과 대립을 사회 변동의 원동력으로 보는 것은 갈등론이다.
ㄴ. 사회 각 부분의 통합과 균형을 강조하는 것은 기능론이다.

04 사회·문화 현상의 연구

갑과 을은 질문지법을 활용하여 양적 연구를 수행하였다.
③ 기다림 행동 정도는 갑과 을의 연구에서 독립 변수를 측정하기 위해 조작적으로 정의된 것이다.

오답 피하기 ① 갑, 을 모두 양적 연구를 수행하였다.
② 가설은 갑의 연구에서만 수용되었다.
④ 학업 성적은 종속 변수이고, 을의 연구에서 부모의 사회·경제적 위치는 종속 변수에 영향을 미치는 독립 변수이다.
⑤ 두 집단은 실험 집단과 통제 집단으로 구분된 것이 아니라, 부모의 사회·경제적 위치가 아동의 학업 성적에 미치는 영향을 검증하기 위해 집단을 구분한 것이다.

05 인간의 사회화

㉠은 재사회화이다.
재사회화는 사회 변화에 적응하기 위해 필요한 새로운 지식이나 가치 등을 습득하는 과정이다.

06 사회화를 바라보는 관점

갑은 상징적 상호 작용론적 관점에서, 을은 갈등론적 관점에서 사회화를 바라보고 있다.
① 사회화 과정에서 개인의 능동성을 중시하는 관점은 미시적 관점인 상징적 상호 작용론적 관점이다.

오답 피하기 ② 사회화의 내용이 사회적으로 합의되었다고 보는 관점은 기능론이다.
③ 사회화 과정에서 사회 구조의 영향력을 중시하는 관점은 거시적 관점인 기능론과 갈등론이다.

④ 사회화가 가지는 사회 통합 기능을 강조하는 관점은 기능론이다.

⑤ 사회화의 내용에 지배 집단의 가치가 반영되어 있다고 보는 관점은 갈등론이다.

07 사회화 기관

개인의 사회화에 영향을 미치는 기관을 사회화 기관이라고 한다. 사회화 기관은 사회화의 내용에 따라 1차적 사회화 기관과 2차적 사회화 기관으로 구분된다. 또한 사회화의 형성 목적에 따라 공식적 사회화 기관과 비공식적 사회화 기관으로 구분된다. 1차적 사회화 기관의 예로 가족, 또래 집단을, 2차적 사회화 기관으로 학교, 회사를 들수 있다. 또한 공식적 사회화 기관의 대표적인 예로 학교, 비공식적 사회화 기관으로 가족, 회사가 있다.

선택지 바로 보기

① A의 사례로 가족이 들어갈 수 있다. (○)
→ 가족은 대표적인 1차적 사회화 기관이다.

② B의 사례로 또래 집단이 들어갈 수 있다. (×)
→ 또래 집단은 1차적 사회화 기관이자 비공식적 사회화 기관이다.

③ C의 사례로 학교가 들어갈 수 있다. (×)
→ C는 2차적 사회화 기관이자 비공식적 사회화 기관이다. 학교는 2차적 사회화 기관이자 공식적 사회화 기관이다.

④ A, B는 설립 목적 자체가 사회화이다. (×)
→ 설립 목적 자체가 사회화인 기관은 공식적 사회화 기관으로 B이다. A는 1차적 사회화 기관이다.

⑤ A, C는 B와 달리 청소년기 이전 사회화만을 담당한다. (×)
→ 1차적 사회화 기관과 비공식적 사회화 기관에서는 청소년기 이후 사회화를 담당하기도 한다.

08 관료제와 탈관료제

A는 B에 비해 업무의 표준화 정도와 중간 관리자의 비중에서 더 강한 정도를 보여주고 있다. 이를 토대로 A는 관료제, B는 탈관료제임을 알 수 있다. (가)에는 관료제가 탈관료제보다 높거나 강한 특징이, (나)에는 탈관료제가 관료제보다 높거나 강한 특징이 들어가야 한다.

⑤ 위계의 서열화는 관료제에서, 조직 운영의 유연성은 탈관료제에서 더 강하게 나타난다.

오답 피하기 ① 상향식 의사 결정은 일반적으로 탈관료제에서 나타난다. 관료제에서는 하향식 의사 결정이 지배적이다.

② 의사 결정 권한의 집중 정도가 더 강한 조직 운영 원리는 관료제이다. 탈관료제는 의사 결정 권한이 분산되는 것이 특징이다.

③ 관료제와 탈관료제 모두 조직 운영의 효율성을 추구한다.

④ 연공서열을 중시하는 보상 체계는 관료제의 특징이다.

더 알아보기 + 의사 결정 방향

- 상향식 의사 결정(Bottom-up) : 의사 결정의 방향이 아래에서 위로 올라가는 방식으로 민주적인 조직에서 주로 나타난다. 조직 구성원들의 의견을 모아서 의사 결정권자에게 올리면 이를 수렴하여 의사 결정을 한다.
- 하향식 의사 결정(Top-down) : 의사 결정의 방향이 위에서 아래로 내려오는 방식으로 권위적이거나 빠른 의사 결정을 해야 하는 조직에서 주로 나타난다. 조직 구성원들은 의사 결정권자의 지시에 따라 주어진 업무를 수행하면 된다.

09 자료 수집 방법

면접법, 질문지법, 참여 관찰법 중 방법론적 이원론 즉, 질적 연구에서 주로 활용되는 자료 수집 방법은 면접법과 참여 관찰법이다. 따라서 ㉠은 '아니요'이고, A는 질문지법이다.

③ B가 면접법이라면, (가)에 '의사소통이 곤란한 집단을 조사하는 데 적합한가?'가 들어갈 수 있다. 왜냐하면 면접법은 의사 소통이 곤란한 집단을 조사하기에 적합하지 않기 때문이다.

오답 피하기 ① ㉠은 '아니요'이고, ㉡은 '예'이다.

② A는 질문지법이다.

④ C가 면접법이라면, (가)에 '연구자와 연구 대상자 간 언어적 상호 작용이 필수적인가?'가 들어갈 수 있다.

⑤ (가)에는 질적 연구에 알맞은 자료 수집 방법에 관한 물음이 들어갈 수 있다. 표준화를 중시하는 자료 수집 방법은 양적 연구이다.

10 관료제와 탈관료제

A가 B에 비해 능력에 따른 보상 정도가 약한 것을 근거로 하여 A는 관료제, B는 탈관료제임을 알 수 있다. (가), (나)에는 모두 관료제가 탈관료제에 비해 높거나 강하게 나타나는 특징이 들어가야 한다.

④ 중간 관리층의 비중 정도는 관료제가 탈관료제보다 높다.

오답 피하기 ① 탈관료제가 관료제에 비해 더 유연한 조직 구조를 보여준다.

② 관료제와 탈관료제는 모두 효율적인 조직 운영을 추구한다.

③ 관료제는 하향식, 탈관료제는 상향식 의사 결정을 한다.

⑤ 수평적 조직 체계 정도는 탈관료제가 관료제보다 더 높게 나타난다.

11 일탈 행동

자료 분석

카드 1 일탈 행동의 발생 원인을 설명할 수 있다.	카드 2 문화적 목표와 수단의 괴리를 일탈의 발생 원인으로 본다.	카드 3 거시적 관점에서 일탈 행동을 본다.
카드 4 2차적 일탈에 주목하고 있다.	카드 5 지배적인 규범의 부재를 일탈의 발생 원인으로 본다.	카드 6 일탈 행동에 대한 객관적인 기준이 있다고 본다.

- 카드 1 : 낙인 이론, 머튼의 아노미 이론, 뒤르켐의 아노미 이론은 모두 일탈 행동의 발생 원인을 설명할 수 있다. (3점)
- 카드 2 : 머튼의 아노미 이론에 대한 카드이다. (1점)
- 카드 3 : 아노미 이론은 거시적 관점에서, 낙인 이론은 미시적 관점에서 일탈 행동을 설명하고 있다. (2점)
- 카드 4 : 2차적 일탈에 주목하는 이론은 낙인 이론이다. (1점)
- 카드 5 : 뒤르켐의 아노미 이론에 대한 카드이다. (1점)
- 카드 6 : 낙인 이론은 일탈 행동에 대한 객관적인 기준이 없다고 본다. 나머지 이론들은 객관적인 일탈 기준을 인정한다. (2점)

12 사회 조직과 자발적 결사체

사회 조직에는 특정 목적을 달성하기 위해 의도적으로 만들어진 공식 조직과 공식 조직 내에서 구성원들이 친밀한 인간관계를 바탕으로 형성된 비공식 조직이 있다. 이 둘 중 공동의 관심사나 이해관계를 가진 사람들이 공동의 목표를 달성하기 위해 자발적으로 형성한 자발적 결사체도 있다. 자발적 결사체는 공식 조직의 형태를 띨 수도 있고, 비공식 조직의 형태를 띨 수도 있다.

예시 답안

(1) 개념: 비공식 조직, 자발적 결사체

(2) 이유: ○○고등학교라는 공식 조직 내에 결성되었고 축구를 좋아하는 사람들 중 참여를 희망하는 사람들끼리 자발적으로 형성한 모임이기 때문이다.

채점 기준	배점
개념과 이유(비공식적 조직과 자발적 결사체 각각) 모두 바르게 서술한 경우	상
개념과 이유(비공식적 조직과 자발적 결사체 각각) 중 두 가지만 바르게 서술한 경우	중
개념과 이유(비공식적 조직과 자발적 결사체 각각) 중 한 가지만 바르게 서술한 경우	하

13 일탈 이론

머튼의 아노미 이론에서는 일탈 행동의 원인을 문화적 목표를 달성할 수 있는 합법적 수단을 갖지 못한 사람들이 비합법적인 수단을 이용할 때 일탈이 발생한다고 본다.

예시 답안

(1) 발생 원인: 문화적 목표와 제도적 수단 간의 괴리

(2) 해결 방안: 문화적 목표를 합법적으로 달성할 수 있는 실질적인 제도적 수단을 제공한다.

채점 기준	배점
발생 원인과 해결 방안(문화적 목표와 제도적 수단, 합법적 달성)을 모두 바르게 서술한 경우	상
발생 원인과 해결 방안(문화적 목표와 제도적 수단, 합법적 달성) 중 두 가지만 바르게 서술한 경우	중
발생 원인과 해결 방안(문화적 목표와 제도적 수단, 합법적 달성) 중 한 가지만 바르게 서술한 경우	하

---

01 자연 현상과 사회·문화 현상 비교

밑줄 친 ⊙~ⓒ과 같은 현상의 일반적인 특징에 대한 설명으로 옳은 것은?

> **연구원 갑:** ⊙ 겨울이 지나면서 남극 빙하 면적이 감소하고 있습니다. → ⊙은 자연 현상이다.
>
> **연구원 을:** 캐나다 연구팀은 ⓒ 빙하가 녹으면서 생태계에 어떤 변화가 발생하는지 관찰하고 있습니다.
> → ⓒ은 사회·문화 현상이다.

① ⊙과 같은 현상은 가치 함축적이다.
② ⊙과 같은 현상은 당위 법칙을 따른다.
③ ⓒ과 같은 현상은 필연성의 원리가 작용한다.
④ ⊙과 같은 현상은 ⓒ과 같은 현상에 비해 인과 관계가 명확하다.
⑤ ⓒ과 같은 현상은 ⊙과 같은 현상과 달리 보편성을 지닌다.

☑ **출제 의도 파악하기**
자연 현상과 사회·문화 현상의 사례를 보고 두 현상의 특징과 차이점을 이해한다.

⭐ **문제 해결 Point 쏙쏙**
• 자연 현상 → 몰가치적, 필연성, 확실성, 인과 관계가 명확함
• 사회·문화 현상 → 가치 함축적, 개연성, 확률성, 인과 관계가 명확하지 않음

☑ **선택지 바로 알기**
① ⊙과 같은 현상은 가치 함축적이다. (×)
　→ 자연 현상은 몰가치적이다.
② ⊙과 같은 현상은 당위 법칙을 따른다. (×)
　→ 자연 현상은 존재 법칙을 따른다.
③ ⓒ과 같은 현상은 필연성의 원리가 작용한다. (×)
　→ 사회·문화 현상은 개연성의 원리가 작용한다.
④ ⊙과 같은 현상은 ⓒ과 같은 현상에 비해 인과 관계가 명확하다. (○)
　→ 자연 현상은 사회·문화 현상에 비해 인과 관계가 명확하다.
⑤ ⓒ과 같은 현상은 ⊙과 같은 현상과 달리 보편성을 지닌다. (×)
　→ 사회·문화 현상은 자연 현상과 마찬가지로 보편성을 지니며, 자연 현상과 달리 특수성이 나타나기도 한다.

---

02 사회·문화 현상을 바라보는 관점

그림은 사회·문화 현상을 바라보는 관점을 분류한 것이다. 이에 대한 설명으로 옳은 것은? (단, A, B는 각각 갈등론, 상징적 상호 작용론 중 하나이다.)

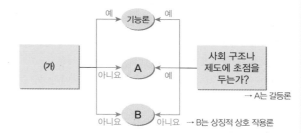

① A는 일상생활 속 구성원 간 상호 작용의 맥락을 중시한다.
② B는 기득권층의 이익을 대변한다는 비판을 받는다.
③ A는 B와 달리 개인의 주체성 및 능동성을 중시한다.
④ A, B 모두 사회의 각 부분들이 유기적으로 연관되어 있다고 본다.
⑤ (가)에는 "사회가 스스로 균형을 유지하려는 속성이 있는가?"가 들어갈 수 있다.

☑ **출제 의도 파악하기**
사회·문화 현상을 바라보는 거시적 관점과 미시적 관점을 구분하고, 거시적 관점을 기능론과 갈등론으로 구분한다.

⭐ **문제 해결 Point 쏙쏙**
• 기능론 → 사회의 안정과 균형 강조
• 갈등론 → 집단 간 대립과 갈등이 필연적으로 발생함
• 상징적 상호 작용론 → 개인의 능동성과 주체성에 따라 사회·문화 현상이 나타남

☑ **선택지 바로 알기**
① A는 일상생활 속 구성원 간 상호 작용의 맥락을 중시한다. (×)
　→ 상징적 상호 작용론에 대한 설명이다.
② B는 기득권층의 이익을 대변한다는 비판을 받는다. (×)
　→ 기능론에 대한 설명이다.
③ A는 B와 달리 개인의 주체성 및 능동성을 중시한다. (×)
　→ 개인의 주체성과 능동성을 중시하는 것은 상징적 상호 작용론이다.
④ A, B 모두 사회의 각 부분들이 유기적으로 연관되어 있다고 본다. (×)
　→ 사회가 유기적으로 연관되어 있다는 보는 관점은 기능론이다.
⑤ (가)에는 "사회가 스스로 균형을 유지하려는 속성이 있는가?"가 들어갈 수 있다. (○)
　→ 사회가 스스로 균형을 유지하려는 속성이 있다고 보는 것은 기능론의 관점이다.

03 양적 연구 방법과 질적 연구 방법

사회·문화 현상의 연구 방법 A, B의 일반적인 특징에 대한 설명으로 옳은 것은? (단, A와 B는 각각 양적 연구 방법, 질적 연구 방법 중 하나이다.) → 양적 연구 방법은 변수들 간의 관계 파악을 위해 계량화된 자료를 통계 분석하여 법칙 발견을 목적으로 한다. A는 양적 연구, B는 질적 연구이다.

구분	A	B
사회·문화 현상에 대한 통계 분석이 의미 있다고 보는가?	예	아니요

① A는 방법론적 이원론을 바탕으로 한다.
② A는 개념을 조작적으로 정의하는 과정을 통해 계량화된 자료를 수집한다.
③ B는 경험적 자료를 통해 사회·문화 현상을 탐구할 수 없다.
④ A는 B와 달리 연구자의 직관적 통찰을 중시한다.
⑤ A는 B와 달리 현상과 관련된 특수한 상황에 대해 관심이 많다.

☑ 출제 의도 파악하기
양적 연구와 질적 연구의 특성을 비교하여 파악한다.

✦ 문제 해결 Point 쏙쏙
• 양적 연구: 변수들 간의 관계 파악을 통한 사회·문화 현상의 일반화, 법칙 발견을 목적으로 함
• 질적 연구: 개별 현상의 특수성에 대한 심층적 이해를 목적으로 함

☑ 선택지 바로 알기
① A는 방법론적 이원론을 바탕으로 한다. (×)
  → 양적 연구는 방법론적 일원론을 바탕으로 한다.
② A는 개념을 조작적으로 정의하는 과정을 통해 계량화된 자료를 수집한다. (○)
  → 양적 연구에서는 변수들 간의 관계 파악을 목적으로 하기 때문에 계량화된 자료를 수집하여 분석한다.
③ B는 경험적 자료를 통해 사회·문화 현상을 탐구할 수 없다. (×)
  → 양적 연구와 질적 연구 모두 경험적 자료를 통해 사회·문화 현상을 탐구할 수 있다.
④ A는 B와 달리 연구자의 직관적 통찰을 중시한다. (×)
  → 질적 연구는 양적 연구와 달리 현상에 대한 심층적 이해를 위해 연구자의 직관적 통찰을 중시한다.
⑤ A는 B와 달리 현상과 관련된 특수한 상황에 대해 관심이 많다. (×)
  → 질적 연구는 양적 연구와 달리 현상과 관련된 특수성에 주목한다.

04 면접법을 통한 자료 수집

다음 연구에 대한 옳은 설명만을 〈보기〉에서 고른 것은?

• **연구 주제:** 1960~70년대 해외 파견 근로자들의 삶과 가족들의 생애
• **연구 대상:** 해당 기간 5년 이상 해외 파견 경험을 했던 근로자 5명
• **자료 수집:** 연구 대상 5명과 함께 이야기를 나눔
→ 연구 주제, 연구 대상, 자료 수집을 통해 제시된 연구는 질적 연구로서 면접법을 통해 자료를 수집한 것을 알 수 있다.

┌ 보기 ┐
ㄱ. 질적 연구를 수행하였다.
ㄴ. 참여 관찰법을 활용하였다.
ㄷ. 자료 수집을 위해 연구자와 연구 대상자 간 친밀한 관계 형성이 요구된다.
ㄹ. 수집된 자료는 통계 분석을 통해 법칙 발견 및 일반화에 활용되었을 것이다.

① ㄱ, ㄴ   ② ㄱ, ㄷ   ③ ㄴ, ㄷ
④ ㄴ, ㄹ   ⑤ ㄷ, ㄹ

☑ 출제 의도 파악하기
질적 연구를 수행하기 위해 적합한 자료 수집 방법에 대해 이해한다.

✦ 문제 해결 Point 쏙쏙
• 질적 연구의 목적: 현상에 대한 심층적 이해
• 질적 연구에서 주로 사용되는 자료 수집 방법: 면접법, 참여 관찰법

☑ 선택지 바로 알기
ㄱ. 질적 연구를 수행하였다. (○)
  → 해외 파견 근로자들의 삶과 가족들의 생애에 대한 연구는 법칙 발견을 목적으로 하는 것이 아닌, 현상에 대한 심층적 이해를 목적으로 한다. 따라서 연구 주제에 맞는 연구는 질적 연구이다.
ㄴ. 참여 관찰법을 활용하였다. (×)
  → 면접법을 활용하였다.
ㄷ. 자료 수집을 위해 연구자와 연구 대상자 간 친밀한 관계 형성이 요구된다. (○)
  → 면접법에서 연구자와 연구 대상자 간의 신뢰 형성은 연구의 신뢰도와 밀접하게 관련된다.
ㄹ. 수집된 자료는 통계 분석을 통해 법칙 발견 및 일반화에 활용되었을 것이다. (×)
  → 질적 연구는 통계 처리를 통한 법칙 발견이나 일반화를 목적으로 하지 않는다.

자료 수집 방법 A~C의 일반적인 특징에 대한 설명으로 옳은 것은? (단, A~C는 각각 질문지법, 참여 관찰법, 실험법 중 하나이다.)

자료 수집 방법	특징
A>B	시간과 비용 측면에서의 효율성이 높음 → 질문지법의 특징
C>B	자료 수집 상황의 조작 및 통제 정도가 높음 → 실험법의 특징
A>C	언어적 자료 수집 도구를 통한 응답에 의존함 → 질문지법의 특징

→ A는 질문지법, B는 참여 관찰법, C는 실험법이다.

① A는 주로 질적 연구에서 활용된다.

② A를 통해 수집된 자료는 연구자의 직관적 통찰을 통해 얻어진다.

③ B를 통해 수집된 자료는 자료의 실제성이 높다.

④ B는 A보다 구조화된 도구를 활용한다.

⑤ C는 하나의 연구 과정에서 문헌 연구법과 함께 사용할 수 없다.

☑ **출제 의도 파악하기**
자료 수집 방법의 종류에 대한 특징을 이해한다.

✿ **문제 해결 Point 쏙쏙**
- 질문지법: 시간과 비용 측면에서 효율적이며, 구조화된 질문을 활용하여 자료를 수집함
- 실험법: 인위적인 처치의 효과를 검증함
- 참여 관찰법: 실제성 높은 자료 수집이 가능함

☑ **선택지 바로 알기**
① A는 주로 질적 연구에서 활용된다. (×)
→ 질문지법은 주로 통계 분석을 통해 결론에 이르는 양적 연구에서 활용된다.

② A를 통해 수집된 자료는 연구자의 직관적 통찰을 통해 얻어진다. (×)
→ 질문지법은 구조화된 질문에 응답자가 답하여 자료가 수집된다.

③ B를 통해 수집된 자료는 자료의 실제성이 높다. (○)
→ 참여 관찰법은 연구 대상자의 모습을 연구자가 직접 관찰하여 생생한 자료를 수집할 수 있다.

④ B는 A보다 구조화된 도구를 활용한다. (×)
→ 참여 관찰법은 연구 대상자의 생활을 관찰하는 과정에서 다양한 변수가 발생할 수 있으므로 구조화된 도구가 활용된다는 설명은 적절하지 않다.

⑤ C는 하나의 연구 과정에서 문헌 연구법과 함께 사용할 수 없다. (×)
→ 문헌 연구법은 일반적으로 다른 자료 수집 방법과 함께 사용된다. 특히 문헌 연구법은 양적 연구 방법, 질적 연구 방법 모두에서 사전 조사로 사용되기도 한다.

그림은 자료 수집 방법 A와 B를 구분한 내용이다. 이에 대한 옳은 설명만을 〈보기〉에서 모두 고른것은? (단, A와 B는 각각 실험법, 질문지법, 참여 관찰법, 면접법 중 하나이다.)

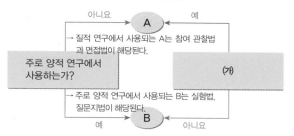

→ 질적 연구에서 사용되는 A는 참여 관찰법과 면접법이 해당된다.

→ 주로 양적 연구에서 사용되는 B는 실험법, 질문지법이 해당된다.

• 보기 •
ㄱ. A는 질문지법 또는 실험법이 될 수 있다.
ㄴ. B를 통해 자료를 수집할 때, 연구자의 감정 이입이 작용한다.
ㄷ. (가)에 '연구 대상자가 문맹자의 경우 활용이 제한되는가?'가 들어가면, B는 실험법이다.
ㄹ. (가)에 '인위적 상황을 조성하여 독립 변인을 처치하는 과정이 필요한가?'가 들어갈 수 없다.

① ㄱ, ㄴ   ② ㄱ, ㄷ   ③ ㄴ, ㄷ
④ ㄴ, ㄹ   ⑤ ㄷ, ㄹ

☑ **출제 의도 파악하기**
양적 연구, 질적 연구에서 주로 활용되는 자료 수집 방법을 구분한다.

✿ **문제 해결 Point 쏙쏙**
- 양적 연구 → 질문지법, 실험법
- 질적 연구 → 면접법, 참여 관찰법

☑ **선택지 바로 알기**
ㄱ. A는 질문지법 또는 실험법이 될 수 있다. (×)
→ A는 질적 연구에서 주로 사용되는 참여 관찰법 또는 면접법이 될 수 있다.

ㄴ. B를 통해 자료를 수집할 때, 연구자의 감정 이입이 작동한다. (×)
→ B는 실험법이나 질문지법이며 연구자는 객관적으로 자료를 수집하고 분석한다.

ㄷ. (가)에 '연구 대상자가 문맹자의 경우 활용이 제한되는가?'가 들어가면, B는 실험법이다. (○)
→ B는 실험법 또는 질문지법 중 하나인데, 둘 중 실험법은 문맹자에게도 활용될 수 있다.

ㄹ. (가)에 '인위적 상황을 조성하여 독립 변인을 처지하는 과정이 필요한가?'가 들어갈 수 없다. (○)
→ 인위적 상황을 조성하여 독립 변인을 처치하는 과정이 필요한 자료 수집 방법은 실험법이다.

07 실험법의 사례를 통한 특징 파악하기

다음 연구에 대한 설명으로 옳지 <u>않은</u> 것은?

> ○○연구팀은 폭력적인 게임이 ㉠ 중학생의 공격성에 미치 는 영향을 알아보기 위한 실험을 했다. ㉡ 중학생 100명을 두 그룹으로 나누어 ㉢ A그룹은 폭력적인 게임을, ㉣ B그룹 은 평소와 같이 생활하도록 했다. 이후 두 그룹의 학생들은 공격성을 측정하는 질문지에 응답하였다. 수집한 자료를 분 석한 결과 '폭력적 게임은 공격성을 유발한다.'는 결론을 얻 었다.

(텍스트 위 주석: ┌→ 폭력적 게임은 독립 변수 → 중학생의 공격성은 종속 변수 / ┌→실험집단 / →통제 집단)

① ㉠은 개념의 조작적 정의가 필요하다.
② ㉠은 종속 변수에 해당된다.
③ ㉡은 연구에서 모집단에 해당한다.
④ ㉢은 실험 집단, ㉣은 통제 집단이다.
⑤ 연구 대상자에게 악영향을 미칠 수 있는 연구를 했다는 점 에서 문제가 있다.

☑ **출제 의도 파악하기**
실험법의 과정과 특징을 이해한다.

★ **문제 해결 Point 쏙쏙**

- 실험법: 주로 양적 연구에서 활용되며 독립 변수의 처치가 행해진 실험 집단과 처치가 행해지지 않은 통제 집단의 차이를 분석하여 독 립 변수의 효과를 검증함

☑ **선택지 바로 알기**
① ㉠은 개념의 조작적 정의가 필요하다. (○)
 → 중학생의 공격성이라는 변수를 측정하기 위해서는 변수를 계량 화하기 위한 개념의 조작적 정의 과정이 필요하다.
② ㉠은 종속 변수에 해당된다. (○)
 → 폭력적인 게임으로 인해 중학생의 공격성이 어떻게 달라지는지 알아보는 실험에서 중학생의 공격성은 종속 변수에 해당된다.
③ ㉡은 연구에서 모집단에 해당한다. (×)
 → 중학생 100명은 모집단에서 추출한 표본 집단이다.
④ ㉢은 실험 집단, ㉣은 통제 집단이다. (○)
 → ㉢은 처치가 행해진 실험 집단이고, ㉣은 평소와 같이 생활한 통 제 집단이다.
⑤ 연구 대상자에게 악영향을 미칠 수 있는 연구를 했다는 점에서 문 제가 있다. (○)
 → 폭력적인 게임을 하도록 설계된 실험은 실험 집단 구성원들에게 악영향을 미칠 수 있다는 점에서 연구 윤리에 어긋난다.

08 개인과 사회의 관계를 바라보는 관점

개인과 사회의 관계를 바라보는 갑, 을의 관점에 대한 설명으로 옳 은 것은?

> 부정부패에 대한 국민들의 의식 수준이 국가별 청렴도의 정도를 결정 합니다. 국민 개개인들이 부정부패로 인한 문제를 인식하고 본인부터 책임감을 가지고 청렴한 사회를 만들기 위해 노력해야 합니다. → 사회 명목론

갑

> 아닙니다. 국가의 청렴 정도는 국민들이 부정부패에 대한 부정적인 인식을 갖도록 유도하는 사회 구조적인 역량에 따라 달라집니다. 부정 한 방법으로 자신의 목적을 달성하기 보다는 제도적으로 정해진 올바 른 방법으로 목적을 달성하는 것이 중요하다는 사회적 분위기를 만들 기 위해 노력해야 합니다. → 사회 실재론

을

① 갑의 관점은 사회가 개인에 외재하며 독자적으로 작동한 다고 본다.
② 을의 관점은 사회의 구속력이 개인의 자유 의지보다 우위 를 점한다고 본다.
③ 갑의 관점은 을의 관점과 달리 개인은 사회를 구성하는 하 나의 요소에 불과하다고 본다.
④ 을의 관점은 갑의 관점과 달리 사회는 개인의 이익을 실현 해 주는 수단에 불과하다고 본다.
⑤ 갑, 을의 관점 모두 미시적인 관점에서 개인과 사회의 관계 를 바라보고 있다.

☑ **출제 의도 파악하기**
자료를 보고 개인과 사회의 관계를 바라보는 두 가지 관점의 차이를 이해한다.

★ **문제 해결 Point 쏙쏙**

- 국민들의 의식 수준이 국가별 청렴도의 정도를 결정함 → 사회 명 목론(갑)
- 국가의 청렴 정도는 사회 구조적인 역량에 따라 달라짐 → 사회 실 재론(을)

☑ **선택지 바로 알기**
① 갑의 관점은 사회가 개인에 외재하며 독자적으로 작동한다고 본다.
 (×) → 사회 실재론에 대한 설명이다.
② 을의 관점은 사회의 구속력이 개인의 자유 의지보다 우위를 점한다 고 본다. (○) → 사회 실재론에 대한 설명이다.
③ 갑의 관점은 을의 관점과 달리 개인은 사회를 구성하는 하나의 요 소에 불과하다고 본다. (×)
 → 사회 실재론에 대한 설명이다.
④ 을의 관점은 갑의 관점과 달리 사회는 개인의 이익을 실현해 주는 수단에 불과하다고 본다. (×)
 → 사회 명목론에 대한 설명이다.
⑤ 갑, 을의 관점 모두 미시적인 관점에서 개인과 사회의 관계를 바라 보고 있다. (×)
 → 사회 명목론은 미시적인 관점, 사회 실재론은 거시적인 관점이다.

09 지위와 역할

밑줄 친 ㉠~㉺에 대한 설명으로 옳은 것은?

> ㉠ 교사가 되고 싶었던 갑은 자신의 사업을 물려받기를 희망
> → 성취 지위
> 하는 ㉡ 아버지의 뜻에 따라 사업을 물려받았다. 회사의 물
> → 성취 지위
> 품을 납품하기 위해 ㉢ 금품과 향응을 제공해야 한다는 현실
> 에 큰 충격을 받았다. 갑은 ㉣ 고민 끝에 회사를 더 잘 경영
> 할 수 있는 ㉤ 동생에게 물려주고 임용시험에 응시하여 교사
> → 귀속 지위
> 가 되었다. 하지만 자신이 꿈꾸었던 교직과는 다른 상황에
> 충격을 받은 갑은 다른 학교로 전근을 갈지, 아니면 다시 회
> 사로 돌아갈지를 ㉻ 고민하고 있다.

① ㉠은 ㉡과 달리 선천적으로 얻게 된 지위이다.
② ㉡은 ㉠, ㉤과 달리 성취 지위이다.
③ ㉢은 갑의 역할 행동이다.
④ ㉤은 ㉠, ㉡과 달리 귀속 지위이다.
⑤ ㉻은 ㉣과 달리 역할 갈등이다.

☑ **출제 의도 파악하기**
주어진 사례들 속에서 귀속 지위와 성취 지위를 구분하고, 역할과 역할 행동, 역할 갈등의 의미를 이해한다.

> ⭐ **문제 해결 Point 쏙쏙**
> • 교사, 아버지: 성취 지위
> • 동생: 귀속 지위
> • 역할 갈등 ≠ 단순한 심리적 고민

☑ **선택지 바로 알기**
① ㉠은 ㉡과 달리 선천적으로 얻게 된 지위이다. (×)
→ 교사, 아버지는 성취 지위이다.
② ㉡은 ㉠, ㉤과 달리 성취 지위이다. (×)
→ 교사, 아버지는 성취 지위, 동생은 귀속 지위이다.
③ ㉢은 갑의 역할 행동이다. (×)
→ 실제로 갑이 하지 않았기 때문에 역할 행동이 아니다.
④ ㉤은 ㉠, ㉡과 달리 귀속 지위이다. (○)
→ 교사, 아버지는 성취 지위, 동생은 귀속 지위이다.
⑤ ㉻은 ㉣과 달리 역할 갈등이다. (×)
→ 둘 다 역할 갈등이 아닌 단순한 심리적 고민이다.

10 사회화 기관

밑줄 친 ㉠~㉺에 대한 설명으로 옳은 것은?

> ㉠ 고등학교 졸업 후 ㉡ ◇◇대학교 수학과에 진학한 갑은
> 수학이 자신의 적성과 맞지 않는다는 판단을 하여 휴학을 신
> 청했다. 휴학 후 어머니가 운영하시는 ㉢ 회사에서 아르바이
> 트를 하며 기업 경영에 대해 배우고자 했으나 역시 자신의
> 적성과 맞지 않는다는 것을 알게 되었다. 자기에게 맞는 일
> 을 찾기 위해 노력하던 갑은 육군 장교인 형과의 대화를 통
> 해 군인이 자신의 적성과 잘 맞는다는 사실을 확인하고 육군
> 장교가 되기 위해 ㉣ 육군사관학교에 진학하여 4년 간 교육
> 및 훈련 과정을 성실하게 마친 후 최전방에 있는 ㉤ 육군 부
> 대로 발령받아 조국을 지키는 일에 보람을 느끼며 군 복무에
> 최선을 다하고 있다.
> → ㉠, ㉡, ㉣은 2차적/공식적 사회화 기관, ㉢, ㉤은
> 2차적/비공식적 사회화 기관이다.

① ㉠은 기초적인 사회화가 이루어지는 기관이다.
② ㉡은 2차적 사회화 기관이자 비공식적 사회화 기관이다.
③ ㉢은 사회화를 목적으로 설립된 기관이다.
④ ㉣은 체계적이고 전문적인 내용을 전수하기 위한 공식적
   사회화 기관이다.
⑤ ㉤은 사회화를 담당하지 않는다.

☑ **출제 의도 파악하기**
사회화 기관을 형성 목적과 내용에 따라 분류하고 사회화 기관의 유형별 특징을 파악한다.

> ⭐ **문제 해결 Point 쏙쏙**
> 사회화 기관의 분류
> • 사회화의 내용: 1차적 사회화 기관 / 2차적 사회화 기관으로 분류
> • 기관의 설립 목적: 공식적 사회화 기관 / 비공식적 사회화 기관으로 분류

☑ **선택지 바로 알기**
① ㉠은 기초적인 사회화가 이루어지는 기관이다. (×)
→ 기초적인 사회화를 담당하는 사회화 기관은 1차적 사회화 기관이다.
② ㉡은 2차적 사회화 기관이자 비공식적 사회화 기관이다. (×)
→ 대학교는 2차적, 공식적 사회화 기관이다.
③ ㉢은 사회화를 목적으로 설립된 기관이다. (×)
→ 회사는 비공식적 사회화 기관이다.
④ ㉣은 체계적이고 전문적인 내용을 전수하기 위한 공식적 사회화 기관이다. (○)
→ 육군사관학교는 2차적, 공식적 사회화 기관이다.
⑤ ㉤은 사회화를 담당하지 않는다. (×)
→ 비공식적 사회화 기관도 부수적으로 사회화를 담당한다.

11 사회 집단 및 사회 조직

갑~병이 속해 있는 사회 집단 및 사회 조직에 대한 설명으로 옳은 것은?

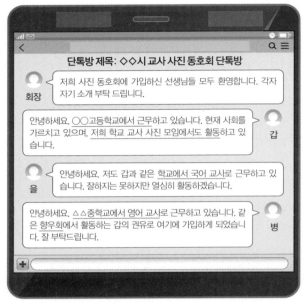

단톡방 제목: ◇◇시 교사 사진 동호회 단톡방

회장: 저희 사진 동호회에 가입하신 선생님들 모두 환영합니다. 각자 자기 소개 부탁 드립니다.

갑: 안녕하세요. ○○고등학교에서 근무하고 있습니다. 현재 사회를 가르치고 있으며, 저희 학교 교사 사진 모임에서도 활동하고 있습니다.

을: 안녕하세요. 저도 갑과 같은 학교에서 국어 교사로 근무하고 있습니다. 잘하지는 못하지만 열심히 활동하겠습니다.

병: 안녕하세요. △△중학교에서 영어 교사로 근무하고 있습니다. 같은 향우회에서 활동하는 갑의 권유로 여기에 가입하게 되었습니다. 잘 부탁드립니다.

① 갑은 공식 조직에만 속해 있다.
② 을은 비공식적 사회화 기관에서 근무하고 있다.
③ 병은 공동 사회를 기반으로 한 이익 사회에 속해 있다.
④ 갑은 을과 달리 자발적 결사체에 속해 있다.
⑤ 을은 갑과 달리 공동 사회와 이익 사회 모두에 속해 있다.

→ 갑~병은 모두 ◇◇시 교사 사진 동호회에 가입했기 때문에 기본적으로 자발적 결사체에 속해 있다. 또한 갑~병은 각각 고등학교와 중학교라는 공식 조직이면서 공식적 사회화 기관에도 속해 있다.

☑ 출제 의도 파악하기
사례 속에서 사회 집단 및 사회 조직의 유형을 파악한 후, 각각의 특성을 이해한다.

✦ 문제 해결 Point 쏙쏙
- 향우회: 공동 사회의 사례인 전통적 마을 공동체를 기반으로 조직한 이익 사회이자 자발적 결사체임
- 자발적 결사체: 공통의 관심사나 목표를 가진 사람들이 자발적으로 결성한 집단

☑ 선택지 바로 알기
① 갑은 공식 조직에만 속해 있다. (×)
→ 갑은 비공식 조직에도 속해 있다.
② 을은 비공식적 사회화 기관에서 근무하고 있다. (×)
→ 공식적 사회화 기관인 ○○고등학교에서 근무하고 있다.
③ 병은 공동 사회를 기반으로 한 이익 사회에 속해 있다. (○)
→ 향우회는 공동 사회를 기반으로 한 이익 사회이다.
④ 갑은 을과 달리 자발적 결사체에 속해 있다. (×)
→ 갑, 을 모두 자발적 결사체에 속해 있다.
⑤ 을은 갑과 달리 공동 사회와 이익 사회 모두에 속해 있다. (×)
→ 을의 공동 사회에 대한 소속 여부는 알 수 없다.

12 관료제와 탈관료제

그림은 사회 조직 운영 원리 A, B의 일반적인 특징을 비교한 것이다. 이에 대한 설명으로 옳은 것은? (단, A, B는 각각 관료제와 탈관료제 중 하나이다.)

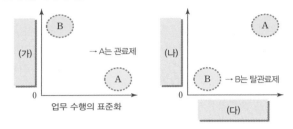

* 0에서 멀수록 그 정도가 강함 또는 높음

① A는 B와 달리 공식적 통제 방식을 사용한다.
② B는 A에 비해 하향식 의사 결정을 선호한다.
③ (가)에는 '중간 관리층의 역할 비중'이 들어갈 수 있다.
④ (나)에는 '조직 운영의 경직성'이 들어갈 수 있다.
⑤ (다)에는 '의사 결정 권한의 분산 정도'가 들어갈 수 있다.

☑ 출제 의도 파악하기
관료제와 탈관료제의 조직 운영 원리와 특징을 파악한다.

✦ 문제 해결 Point 쏙쏙
- 업무 수행의 표준화 정도: 관료제 〉 탈관료제
- 중간 관리층의 역할 비중: 관료제 〉 탈관료제
- 조직 운영의 경직성: 관료제 〉 탈관료제
- 의사 결정 권한의 분산 정도: 관료제 〈 탈관료제

☑ 선택지 바로 알기
① A는 B와 달리 공식적 통제 방식을 사용한다. (×)
→ 관료제와 탈관료제는 모두 공식 조직으로 공식적 통제 방식을 사용한다.
② B는 A에 비해 하향식 의사 결정을 선호한다. (×)
→ 일반적으로 관료제는 하향식, 탈관료제는 상향식 의사 결정을 선호한다.
③ (가)에는 '중간 관리층의 역할 비중'이 들어갈 수 있다. (×)
→ 중간 관리층의 역할 비중은 관료제가 더 크다.
④ (나)에는 '조직 운영의 경직성'이 들어갈 수 있다. (○)
→ 관료제가 탈관료제에 비해 조직 운영의 경직성이 더 크다.
⑤ (다)에는 '의사 결정 권한의 분산 정도'가 들어갈 수 있다. (×)
→ 의사 결정 권한의 분산 정도는 탈관료제에서 더 크다.

13 일탈 이론

갑, 을이 이야기하는 일탈 이론에 대한 설명으로 옳은 것은?

청소년기에는 심리적 요인으로 인해 누구나 실수를 할 수 있습니다. 이러한 상황을 고려하지 않고 무조건 범죄자로 만들어 버린다면 사회적으로 부정적인 시선을 받게 되고, 결국 범죄자로서의 자아 정체성을 형성하게 될 것입니다. 이는 재범의 가능성을 높이게 되기 때문에 반대합니다.

촉법소년의 연령을 낮추고, 비행 청소년들에 대한 형사처벌을 강화하자는 사회적 목소리가 있습니다. 이에 대해 각자의 입장에서 이야기해 주세요.

근묵자흑(近墨者黑)이라는 말이 있습니다. 청소년들이 한 번의 실수로 인해 교정 시설에 감금되면 그 곳에서 또 다른 일탈자들과 교류하며 비행에 대해 긍정적인 가치관을 함양하게 됩니다. 이는 사회로 돌아와서 다시 비행을 저지를 가능성을 높이기 때문에 반대하는 입장입니다.

사회자

갑은 낙인 이론의 입장에서 일탈을 바라보고 있다.

갑

을

→ 을은 차별 교제 이론의 입장에서 일탈을 바라보고 있다.

① 갑은 일탈에 대한 객관적 기준이 있다고 본다.
② 을은 일탈의 원인으로 급격한 사회 변동을 이야기한다.
③ 갑은 을과 달리 2차적 일탈 행동의 발생 과정에 주목하고 있다.
④ 을은 갑과 달리 일탈 행동에 대한 해결 방안으로 신중한 낙인을 주장한다.
⑤ 갑, 을은 모두 거시적인 관점에서 이야기하고 있다.

☑ 출제 의도 **파악하기**
사례 속에서 낙인 이론과 차별 교제 이론을 구분하고 그 특성을 파악한다.

⭐ **문제 해결 Point 쏙쏙**

• 일탈에 대한 객관적 기준 여부
 : 낙인 이론 X, 차별 교제 이론 O
• 낙인 이론, 차별 교제 이론의 공통점
 : 미시적인 관점에서 일탈 행동을 바라보고 있음
• 낙인 이론: 2차적 일탈 발생 과정에 주목

☑ 선택지 **바로 알기**
① 갑은 일탈에 대한 객관적 기준이 있다고 본다. (×)
 → 낙인 이론은 일탈에 대한 객관적 기준이 없다고 본다.
② 을은 일탈의 원인으로 급격한 사회 변동을 이야기한다. (×)
 → 급격한 사회 변동으로 인한 일탈의 발생을 원인으로 주장하는 이론은 뒤르켐의 아노미 이론이다.
③ 갑은 을과 달리 2차적 일탈 행동의 발생 과정에 주목하고 있다. (○)
 → 2차적 일탈에 주목하는 이론은 낙인 이론이다.
④ 을은 갑과 달리 일탈 행동에 대한 해결 방안으로 신중한 낙인을 주장한다. (×)→ 낙인 이론에서는 신중한 낙인을 해결 방안으로 제시한다.
⑤ 갑, 을은 모두 거시적인 관점에서 이야기하고 있다. (×)
 → 낙인 이론과 차별 교제 이론은 모두 미시적인 관점에서 일탈 행동을 설명하는 이론이다.

14 서술형 지위와 역할

주요 내용 지위, 역할 갈등

다음을 역할 갈등의 사례로 볼 수 있는지 구체적으로 서술하시오.

○○대학 병원의 의사인 A는 병원 입원 순서를 조정해 달라는 주변 사람들의 잦은 부탁 때문에 고민이다. 병원 내부 규정에 따르면 환자 입원 순서는 특별한 경우가 아니면 접수 순서대로 진행하도록 되어 있다. 그러나 최근에도 입원 대기자인 B가 A의 아버지를 통해 부탁을 해 왔다.
→ 개인적인 인간관계가 공적인 지위에서 요구되는 공정한 역할의 수행을 방해하는 역할 갈등의 사례에 해당한다.

예시 답안 대학 병원 의사라는 지위와 아버지의 아들이라는 지위에 따른 역할 사이의 충돌이므로 역할 갈등에 해당한다.

채점 기준	배점
지위(의사, 아들)와 역할 갈등이라는 용어를 넣어 구체적으로 바르게 서술한 경우	상
지위(의사, 아들)에 대한 언급 없이 역할 갈등에 대해서만 서술한 경우	중

☑ 용어
역할 갈등 한 개인이 동시에 두 가지 이상의 서로 다른 지위에 따른 역할을 수행하고자 할 때, 역할 간에 충돌이 발생하는 것을 말한다.

15 가치 중립과 가치 개입

주요 내용 가치 중립, 가치 개입, 양적 연구 방법의 탐구 절차

다음 대화를 보고 물음에 답하시오.

> 사회자: 사회·문화 현상을 탐구하는 연구자에게 필요한 태도에는 어떤 것이 있을까요?
> 전문가: 사회·문화 현상의 연구는 자연 과학의 연구와 크게 다르지 않아요. 정확한 자료를 수집하고 분석해야 합니다. ⊙ 연구자의 가치가 개입되어서는 안됩니다.
> → 연구자에게 요구되는 객관적 태도와 가치 중립에 대한 설명이다.

(1) 전문가가 이야기한 내용으로 볼 때, 사회·문화 현상을 탐구하는 연구자에게 필요한 태도는 무엇인지 쓰시오.

답 객관적 태도

(2) 양적 연구에서 ⊙이 철저하게 지켜져야 하는 연구 단계를 모두 쓰시오.

답 자료 수집 및 분석, 가설 검증과 결론 도출

채점 기준	배점
객관적 태도와 연구 단계(자료 수집 및 분석, 가설 검증과 결론 도출) 중 세 가지 모두 바르게 서술한 경우	상
객관적 태도와 연구 단계(자료 수집 및 분석, 가설 검증과 결론 도출) 중 두 가지만 바르게 서술한 경우	중
객관적 태도와 연구 단계(자료 수집 및 분석, 가설 검증과 결론 도출) 중 한 가지만 바르게 서술한 경우	하

☑ 용어

객관적 태도 연구 과정에서 자신의 주관이나 가치, 이해관계를 떠나 제삼자의 관점에서 있는 그대로 현상을 관찰하려는 태도이다. 연구자가 탐구 과정에서 객관적 태도를 상실하면 사회·문화 현상을 정확히 인식할 수 없으며, 연구 결과가 왜곡될 수 있다.

가치 중립 사회·문화 현상을 탐구할 때 연구자가 주관적 가치와 이해관계를 배제하는 태도이다.

16 관료제와 탈관료제

주요 내용 수평적 조직 체계, 유연한 조직 구조, 능력에 따른 보상, 중간 관리층의 역할 감소, 능력에 따른 보상

표는 A조직과 B조직의 운영을 정리한 것이다. 이를 보고 물음에 답하시오. (단, A, B조직은 각각 관료제 조직과 탈관료제 조직 중 하나이다.)

평가 기준	평가 결과(점)	
	A조직	B조직
수직적 인간관계 정도	92 >	23
한시적 부서 운영 빈도	47 <	97
업무 보고 체계 위계화 정도	95 >	24
실무자의 의사 결정 참여 정도	32 <	97
명시적 규칙에 대한 의존 정도	96 >	12

→ A조직은 관료제 조직, B조직은 탈관료제 조직이다.

(1) A조직과 B조직 중에서 정보 사회에 더 적합한 조직을 쓰시오.

답 B조직

(2) (1)에서 답한 조직이 정보 사회에 더 적합한 이유를 쓰시오.

예시 답안 정보 사회로 진입함에 따라 유연하고 창의적인 조직의 필요성이 증가하였다. 탈관료제 조직 B는 관료제 조직에 비해 수평적인 조직 체계를 띠고 있으며 유연한 조직 구조와 중간 관리층의 역할 감소로 인한 빠른 의사 결정 구조를 가지고 있다.

핵심 내용 탈관료제, B조직, 유연한 조직 구조

채점 기준	배점
B조직과 탈관료제 조직이 정보 사회에 적합한 이유 모두 바르게 서술한 경우	상
B조직과 탈관료제 조직이 정보 사회에 적합한 이유 중 한 가지만 바르게 서술한 경우	중
B조직과 탈관료제 조직이 정보 사회에 적합한 이유 모두 적절하게 서술하지 못한 경우	하

☑ 용어

탈관료제 관료제의 전형적인 문제점을 극복하기 위해 대안적으로 나타난 새로운 조직 형태이다. 관료제 조직은 대규모 조직에 적합하지만, 탈관료제 조직은 빠른 변화에 창의적이고 신속하게 대응하기 쉬운 유연한 조직 형태를 띠기 때문에 정보 사회에 더 적합하다.

01 ③　　02 ④　　03 ④　　04 ④　　05 ②　　06 ②　　07 ④　　08 ⑤　　09 ⑤　　10 ①　　11 ①　　12 ③

서술형

13 (1) A는 갈등론, B는 기능론 (2) 해설 참조　　14 (1) 실험법 (2) 독립 변인은 독서 활동이고 종속 변인은 폭력 행위이다.

15 해설 참조　　　　　　　　　　　　　　　　16 (1) 뒤르켐의 아노미 이론 (2) 해설 참조

---

01 사회·문화 현상과 자연 현상의 비교

(가), (나)의 연구 대상이 된 현상의 일반적 특징에 대한 설명으로 옳은 것은?

- (가) 교사의 수업 방식이 학생의 학업 성취도와 수업 집중
  도에 미치는 영향에 대한 연구 → 인간의 의도와 가치가 개입되
  어 있는 사회·문화 현상이다.
- (나) 온도의 변화와 포화 수중기량의 관계에 관한 연구
  → 인간의 의도와 가치가 개입되어 있지 않은
  자연 현상을 연구 대상으로 한다.

① (가)의 대상이 된 현상은 몰가치적이다.

② (나)의 대상이 된 현상은 당위 법칙의 지배를 받는다.

③ (가)의 대상이 된 현상은 (나)의 대상이 된 현상과 달리 확률의 원리를 따른다.

④ (가)의 대상이 된 현상에 비해 (나)의 대상이 된 현상은 특수성이 강하게 나타난다.

⑤ (나)의 대상이 된 현상은 (가)의 대상이 된 현상과 달리 인과 관계가 나타난다.

☑ **출제 의도 파악하기**

자연 현상과 사회·문화 현상을 구분하고, 두 현상의 특징을 비교하여 이해한다.

> ⭐ **문제 해결 Point 쏙쏙**
>
> - 사회·문화 현상 → 가치 함축적, 개연성, 확률성, 당위 법칙
> - 자연 현상 → 몰가치적, 필연성, 확실성, 존재 법칙

☑ **선택지 바로 알기**

① (가)의 대상이 된 현상은 몰가치적이다. (×)
→ 사회·문화 현상에는 가치가 함축되어 있다.

② (나)의 대상이 된 현상은 당위 법칙의 지배를 받는다. (×)
→ 자연 현상은 존재 법칙의 지배를 받는다.

③ (가)의 대상이 된 현상은 (나)의 대상이 된 현상과 달리 확률의 원리를 따른다. (○)
→ 사회·문화 현상은 자연 현상과 달리 확률성의 원리를 따른다.

④ (가)의 대상이 된 현상에 비해 (나)의 대상이 된 현상은 특수성이 강하게 나타난다. (×)
→ 자연 현상은 사회·문화 현상에 비해 보편성이 강하게 나타난다.

⑤ (나)의 대상이 된 현상은 (가)의 대상이 된 현상과 달리 인과 관계가 나타난다. (×)
→ 자연 현상이 사회·문화 현상에 비해 뚜렷한 인과 관계를 갖기는 하지만, 사회·문화 현상에도 인과 관계는 나타난다.

---

02 상징적 상호 작용론

사회·문화 현상을 이해하는 다음 관점에 부합하는 진술로 옳은 것은?

> 어느 사회에서는 장미꽃이 사랑의 징표이기도 하지만 또 다른 사회에서는 증오에 대한 표현에 사용되기도 한다. 이처럼 어떤 대상이나 현상이 갖는 의미는 그것의 내재적 속성에 의해 결정되는 것이 아니라 사람들의 인식과 의미 부여에 따라 정의되는 것이다. 따라서 대상이 갖는 의미는 고정불변의 것이 아니며 사회 구성원 개개인의 생각과 가치에 따라 달라진다.
> → 사회 구성원의 개개인의 생각과 가치에 따라 대상이 갖는 의미가
> 달라짐을 강조하는 관점은 상징적 상호 작용론이다.

① 사회 규범은 기득권 유지 수단에 불과하다.

② 사회·문화 현상은 사회 구조에 의해 좌우된다.

③ 개인들은 사회에 의해 강요된 사고방식 속에 갇혀서 살아간다.

④ 동일한 상황에서라도 개인의 특성에 따라 개인의 행위는 달라진다.

⑤ 사회는 유기체와 같아서 하위 요소들이 각자의 역할을 수행할 때 조화를 이룬다.

☑ **출제 의도 파악하기**

사회·문화 현상을 이해하는 관점 중 미시적 관점인 상징적 상호 작용론의 전제와 특징을 이해한다.

> ⭐ **문제 해결 Point 쏙쏙**
>
> - 상징적 상호 작용론: 사회 구성원의 상황 정의나 의미 부여에 따라 사회·문화 현상을 이해하는 관점

☑ **선택지 바로 알기**

① 사회 규범은 기득권 유지 수단에 불과하다. (×) → 갈등론의 입장이다.

② 사회·문화 현상은 사회 구조에 의해 좌우된다. (×)
→ 기능론, 갈등론을 포함하는 거시적 관점의 특징이다.

③ 개인들은 사회에 의해 강요된 사고방식 속에 갇혀서 살아간다. (×)
→ 개인들은 사회 구조를 벗어날 수 없음을 강조하는 입장은 거시적 관점이다.

④ 동일한 상황에서라도 개인의 특성에 따라 개인의 행위는 달라진다.
(○) → 개인의 능동성을 강조하는 상징적 상호 작용론의 입장이다.

⑤ 사회는 유기체와 같아서 하위 요소들이 각자의 역할을 수행할 때 조화를 이룬다. (×) → 기능론에 대한 설명이다.

03 사회·문화 현상의 연구 방법

사회·문화 현상의 연구 방법 (가), (나)에 대한 설명으로 옳은 것은?

> (가) 연구자가 연구 대상에게 감정 이입을 할 때 의미있는 연구 결과를 얻을 수 있다. 감정 이입을 통해 연구 대상자의 진술한 이야기를 끌어낼 수 있다. → (가)는 사회·문화 현상에 대한 심층적 이해를 위한 질적 연구이다.
>
> (나) 만물의 실체는 우리와 독립적으로 존재하는 것이다. 따라서 사회·문화 현상을 통계적인 방법으로 설명해야만 연구의 신뢰도를 확보할 수 있다. → (나)는 통계 분석을 통해 사회·문화 현상에 적용되는 법칙을 발견하는 것을 목적으로 하는 양적 연구이다.

① (가)는 방법론적 일원론을 전제로 한다.

② (가)는 사회·문화 현상에 적용되는 법칙을 발견하는 것을 목표로 한다.

③ (나)는 상황 맥락 속에서 규정되는 현상의 주관적 의미를 이해하는 것을 목표로 한다.

④ (나)는 계량화된 자료를 수집하기 위해 개념의 조작적 정의가 수반된다.

⑤ (가)는 (나)와 달리 두 변수 간의 관계를 나타내는 가설의 설정을 필요로 한다.

☑ **출제 의도 파악하기**
양적 연구 방법과 질적 연구 방법의 특징을 이해한다.

★ **문제 해결 Point 쏙쏙**

• 양적 연구: 방법론적 일원론, 법칙 발견을 목적으로 함
• 질적 연구: 방법론적 이원론, 현상에 대한 심층적 이해를 목적으로 함

☑ **선택지 바로 알기**

① (가)는 방법론적 일원론을 전제로 한다. (×)
→ 질적 연구는 방법론적 이원론을 바탕으로 한다.

② (가)는 사회·문화 현상에 적용되는 법칙을 발견하는 것을 목표로 한다. (×)
→ 질적 연구는 현상에 대한 심층적인 이해가 목적이다.

③ (나)는 상황 맥락 속에서 규정되는 현상의 주관적 의미를 이해하는 것을 목표로 한다. (×)
→ 양적 연구는 법칙 발견을 목적으로 한다.

④ (나)는 계량화된 자료를 수집하기 위해 개념의 조작적 정의가 수반된다. (○)
→ 양적 연구는 통계 분석을 위해 계량화된 자료 수집이 요구되며, 이를 위해 개념의 조작적 정의가 필요하다.

⑤ (가)는 (나)와 달리 두 변수 간의 관계를 나타내는 가설의 설정을 필요로 한다. (×)
→ 가설 설정이 요구되는 연구 방법은 양적 연구이다.

04 자료 수집 방법

다음 제시된 연구에 대한 옳은 설명만을 〈보기〉에서 고른 것은?

> 저는 운동 관련 동호회 활동이 삶에 미치는 영향을 연구하였습니다. 골프 동호회 활동을 하고 있는 200명에 대해 설문 조사를 실시했고, 한달 동안 골프 동호회의 활동에 참여하여 회원들의 모습을 가까이에서 지켜보며 자료를 수집하였습니다.
> → 골프 동호회 활동을 하고 있는 200명에 대해 설문 조사를 실시한 것은 질문지법이고, 회원들의 모습을 가까이에서 지켜보며 자료를 수집한 것은 참여 관찰법이다.

• 보기 •
ㄱ. 연구자는 양적 자료만을 수집하였다.
ㄴ. 연구에는 두 가지의 자료 수집 방법이 사용되었다.
ㄷ. 연구 대상을 실험 집단과 통제 집단으로 나누었다.
ㄹ. 설문 조사의 대상이 된 표본 집단은 모집단을 대표하지 못한다.

① ㄱ, ㄴ　　　② ㄱ, ㄷ　　　③ ㄴ, ㄷ
④ ㄴ, ㄹ　　　⑤ ㄷ, ㄹ

☑ **출제 의도 파악하기**
자료 수집 방법 중 질문지법과 참여 관찰법의 특징을 이해한다.

★ **문제 해결 Point 쏙쏙**

• 질문지법: 모집단에서 표본을 추출하여 사전에 제작된 질문에 응답한 결과로 통계 분석 실시
• 참여 관찰법: 연구자가 연구 대상자와 함께 생활하며 연구 대상자의 모습 관찰

☑ **선택지 바로 알기**

ㄱ. 연구자는 양적 자료만을 수집하였다. (×)
→ 연구자는 질문지법을 통해 양적 자료를 수집하였고, 참여 관찰법을 통해 질적 자료도 수집하였다.

ㄴ. 연구에는 두 가지의 자료 수집 방법이 사용되었다. (○)
→ 연구자는 질문지법과 참여 관찰법을 사용하였다.

ㄷ. 연구 대상을 실험 집단과 통제 집단으로 나누었다. (×)
→ 실험 집단과 통제 집단을 나누어 처치의 효과를 검증하는 방법은 실험법이다.

ㄹ. 설문 조사의 대상이 된 표본 집단은 모집단을 대표하지 못한다. (○)
→ 설문 조사는 골프 동호회에 참여하고 있는 사람으로 한정했기 때문에 표본이 모집단을 대표하지 못하였음을 알 수 있다.

05 질적 연구의 과정과 특징

밑줄 친 ㉠~㉤에 대한 설명으로 옳지 <u>않은</u> 것은?

> 질적 연구는 ㉠ 연구자의 문제 제기로부터 시작된다. 연구 주제가 정해지면 자료 수집 방법과 해석 방법을 정하는 ㉡ 연구 설계가 이루어진다. 그리고 설계된 내용을 따라 ㉢ 자료를 수집하고 ㉣ 자료를 해석한 다음 ㉤ 결론을 얻게 된다.

→ 질적 연구의 탐구 과정은 양적 연구와 달리 가설을 설정하고 검증하는 과정을 포함하지 않는다.

① ㉠에는 가치 개입이 허용된다.
② ㉡에서 가설이 도출된다.
③ ㉢을 위해 주로 면접법이나 참여 관찰법이 활용된다.
④ ㉢, ㉣의 과정에서 직관적 통찰이나 감정 이입이 활용된다.
⑤ ㉤을 일반화하기는 어렵다.

☑ **출제 의도 파악하기**
질적 연구의 과정과 특징을 이해한다.

⭐ 문제 해결 Point 쏙쏙
• 질적 연구의 목적: 현상에 대한 심층적 이해
• 질적 연구에서 주로 활용되는 자료 수집 방법: 면접법, 참여 관찰법

☑ **선택지 바로 알기**
① ㉠에는 가치 개입이 허용된다. (○)
→ 연구자가 문제를 인식하고 제기하는 과정에서는 연구자의 의도와 가치가 개입된다.
② ㉡에서 가설이 도출된다. (×)
→ 질적 연구에서는 가설 설정과 검증의 과정이 포함되지 않는다.
③ ㉢을 위해 주로 면접법이나 참여 관찰법이 활용된다. (○)
→ 질적 연구에서 주로 활용되는 자료 수집 방법은 현상에 대한 심층적 이해를 위해 면접법이나 참여 관찰법이다.
④ ㉢, ㉣의 과정에서 직관적 통찰이나 감정 이입이 활용된다. (○)
→ 질적 연구에서는 자료 수집과 분석의 과정에서 연구자의 직관적 통찰과 감정 이입이 활용되며, 이를 통해 현상에 대한 심층적 이해가 가능해진다.
⑤ ㉤을 일반화하기는 어렵다. (○)
→ 질적 연구를 통해 얻어진 결론은 현상의 특수성에 대한 것으로 이를 일반화하거나 법칙화하기는 어렵다.

06 사회·문화 현상의 탐구 태도

다음 진술이 강조하는 사회·문화 현상의 탐구 태도에 대한 옳은 설명만을 〈보기〉에서 고른 것은?

> 동일한 사회·문화 현상이라도 시대와 장소에 따라 다른 의미를 지닐 수 있습니다. 따라서 연구자는 연구에서 그 사회의 역사적 전통과 특수성, 사회적 맥락을 고려해야 합니다.

• 보기 •
ㄱ. 연구자는 상대주의적 태도를 가져야 한다.
ㄴ. 연구자는 연구의 전 과정에서 철저한 가치 중립을 유지해야 한다.
ㄷ. 연구 결과가 특정 사회에서만 적용된다는 점을 고려해야 한다.
ㄹ. 자신의 주장에 대한 비판을 허용하며 다른 주장을 받아들여야 한다.

① ㄱ, ㄴ   ② ㄱ, ㄷ   ③ ㄴ, ㄷ
④ ㄴ, ㄹ   ⑤ ㄷ, ㄹ

→ 사회·문화 현상은 보편성을 갖기도 하지만, 사회에 따라 특수한 모습으로 나타난다. 이러한 점으로 인해 연구자에게는 자신의 연구 결과가 어느 사회에서나 적용되는 것이 아님을 인정하는 태도가 요구된다.

☑ **출제 의도 파악하기**
연구자에게 요구되는 연구 태도 중 상대주의적 태도에 대해 이해한다.

⭐ 문제 해결 Point 쏙쏙
• 상대주의적 태도 → 사회·문화 현상은 사회적 맥락을 바탕으로 성립된다. 따라서 어느 사회에서는 적용되는 결과가 다른 사회에서는 적용되지 않을 수 있음을 인정해야 함

☑ **선택지 바로 알기**
ㄱ. 연구자는 상대주의적 태도를 가져야 한다. (○)
→ 동일한 현상이라도 시대나 장소에 따라 다른 의미를 갖기 때문에 상대주의적 태도가 필요하다.
ㄴ. 연구자는 연구의 전 과정에서 철저한 가치 중립을 유지해야 한다. (×)
→ 연구자에게 요구되는 객관적 태도에 대한 설명이다.
ㄷ. 연구 결과가 특정 사회에서만 적용된다는 점을 고려해야 한다. (○)
→ 사회·문화 현상의 특수성과 상대성으로 인해 상대주의적 태도가 필요함을 알 수 있다.
ㄹ. 자신의 주장에 대한 비판을 허용하며 다른 주장을 받아들여야 한다. (×)
→ 개방적 태도에 대한 설명이다.

07 사회 명목론

다음 글에 나타난 개인과 사회의 관계를 바라보는 관점에 대한 설명으로 옳은 것은?

> 사회 이전 자연 상태에서 각 개인은 평등하게 생명·자유·재산에 대한 권리, 즉 소유의 권리를 누리고 있었다. 그렇다면 개인들은 왜 사회를 형성하는가? 자연 상태에서는 자연법을 위반한 사람을 처벌할 수 있는 권리가 개개인의 손에 위임된다. 그래서 자연 상태에서 소유권의 보호는 매우 불확실하고 타인의 침해를 받을 가능성이 매우 높다. 이러한 이유로 개인들은 자신의 소유권을 보존하기 위해 서로 결합하여 사회와 국가를 형성하게 되는 것이다.
>
> → 사회 명목론의 관점이다.

① 사회가 개인의 외부에 실재한다고 본다.
② 개인의 자율성보다 사회의 구속성을 중시한다.
③ 개인이 사회 속에서만 존재의 의미를 갖는다고 본다.
④ 사회의 특성이 개인의 특성으로 환원될 수 있다고 본다.
⑤ 사회 문제의 해결책으로 개인의 의식 개선보다 제도의 개혁을 강조한다.

☑ **출제 의도 파악하기**

제시된 글이 사회 실재론과 사회 명목론 중 어떤 관점을 대변하고 있는지를 파악한다. 제시문은 존 로크의 사회 계약설 중 일부이다.

✦ **문제 해결 Point 쏙쏙**

• 사회 계약설 → 사회 명목론
• 개인의 권리를 보장하기 위한 수단으로서의 국가

☑ **선택지 바로 알기**

① 사회가 개인의 외부에 실재한다고 본다. (×)
  → 사회 실재론의 입장이다.
② 개인의 자율성보다 사회의 구속성을 중시한다. (×)
  → 사회 실재론의 입장이다.
③ 개인이 사회 속에서만 존재의 의미를 갖는다고 본다. (×)
  → 사회 실재론의 입장이다.
④ 사회의 특성이 개인의 특성으로 환원될 수 있다고 본다. (○)
  → 사회 명목론의 입장이다.
⑤ 사회 문제의 해결책으로 개인의 의식 개선보다 제도의 개혁을 강조한다. (×)
  → 사회 실재론의 입장이다.

08 사회 실재론

다음 글에 나타난 개인과 사회의 관계를 바라보는 관점에 대한 설명으로 옳은 것은?

> 개인은 다른 누군가의 남편 혹은 아내 또는 이웃, 직장 동료가 된다. 자신이 소속된 조직의 구성원으로 국가의 국민으로 살아간다. 자신을 둘러싸고 있는 환경적인 부분으로부터 지위와 역할을 부여받으며 자기에게 주어진 상황을 받아들이게 된다. 개인들은 누구나 사회의 구성원이라는 정체성을 지니고 살아가며 사회 구조로부터 영향을 받는다.
>
> → 사회 실재론의 관점이다.

① 개인의 자율적인 의지에 의해 사회가 형성된다.
② 사회의 속성은 개인의 속성이 반영되어 나타난다.
③ 사회 현상은 개인의 행위나 심리적인 부분으로 환원된다.
④ 사회 규범은 개인들이 바람직하다고 여기기에 존재한다.
⑤ 사회 현상은 개인적 요인보다 사회적 요인으로 설명해야 한다.

☑ **출제 의도 파악하기**

제시된 글이 사회 실재론과 사회 명목론 중 어떤 관점에서 전개되고 있는지를 찾아낸다. '자신이 소속된', '국가의 국민으로', '환경적인 부분으로부터', '사회의 구성원이라는 정체성', '사회 구조로부터 영향을 받는다.'라는 표현을 통해 사회 실재론의 입장임을 알 수 있다.

✦ **문제 해결 Point 쏙쏙**

• 사회 유기체설 → 사회 실재론
• 사회로부터 영향을 받는 구성 요소인 개인

☑ **선택지 바로 알기**

① 개인의 자율적인 의지에 의해 사회가 형성된다. (×)
  → 사회 명목론의 입장이다.
② 사회의 속성은 개인의 속성이 반영되어 나타난다. (×)
  → 사회 명목론의 입장이다.
③ 사회 현상은 개인의 행위나 심리적인 부분으로 환원된다. (×)
  → 사회 명목론의 입장이다.
④ 사회 규범은 개인들이 바람직하다고 여기기에 존재한다. (×)
  → 사회 명목론의 입장이다.
⑤ 사회 현상은 개인적 요인보다 사회적 요인으로 설명해야 한다. (○)
  → 사회 실재론의 입장이다.

09 지위와 역할

밑줄 친 ㉠~㉯에 대한 설명으로 옳은 것은?

> ○○고등학교 ㉠ 학생인 갑은 졸업 후 ㉡ 방송인으로 활동
> ┗→ 성취 지위   ┗→ 성취 지위
> 하기 위해 미리 ㉢ 인터넷 개인 방송 운영을 하고 있다. 시원
> 한 화법과 정확한 의미 전달로 10대 청소년들은 물론 2030
> 세대와 중장년 층까지 폭넓은 ㉣ 구독자들에게 인기를 얻은
> 갑은 여러 ㉤ 방송사로부터 예능 프로그램에 출연해 달라는
> 연락을 받고 있다. 하지만 아직 고등학생인 갑은 학교생활에
> 집중할지, 계획보다 빨리 방송인으로 살아갈지 ㉯ 고민 중
> 이다.

① ㉠은 ㉡과 달리 귀속 지위이다.
② ㉢은 ㉡으로서의 갑의 역할이다.
③ ㉣은 갑의 역할 행동에 대한 보상이다.
④ ㉤은 공식적 사회화 기관이다.
⑤ ㉯은 갑의 역할 갈등이다.

☑ **출제 의도 파악하기**

주어진 사례들을 귀속 지위와 성취 지위로 구분하고 역할과 역할 행동, 역할 갈등의 의미를 이해한다. 또한 제시문에 소개된 사회화 기관의 유형을 파악한다.

✦ **문제 해결 Point 쏙쏙**

• 역할: 일정한 지위에 대해 사회적으로 기대되는 행동 양식
• 역할 행동: 개인이 자신에게 주어진 역할을 수행하는 구체적인 행동
  방식 → 개인에 따라 역할 행동은 다양하게 나타남

☑ **선택지 바로 알기**

① ㉠은 ㉡과 달리 귀속 지위이다. (✕)
  → 학생과 방송인은 모두 성취 지위이다.
② ㉢은 ㉡으로서의 갑의 역할이다. (✕)
  → 인터넷 개인 방송 운영은 갑의 역할 행동이다.
③ ㉣은 갑의 역할 행동에 대한 보상이다. (○)
  → 구독자들에게 인기를 얻게 된 것은 인터넷 방송을 잘 한 갑의 역할 행동에 대한 보상이다.
④ ㉤은 공식적 사회화 기관이다. (✕)
  → 방송사는 비공식적 사회화 기관이다.
⑤ ㉯은 갑의 역할 갈등이다. (✕)
  → 학교 생활에 집중할 지, 계획보다 빨리 방송인으로 살아갈지 진로 고민일 뿐, 역할 갈등은 아니다.

10 사회 집단과 사회 조직

그림은 사회 집단과 사회 조직의 관계를 나타낸 것이다. A~C에 대한 옳은 설명만을 〈보기〉에서 고른 것은? (단, A~C는 각각 공식 조직, 비공식 조직, 자발적 결사체 중 하나이다.)

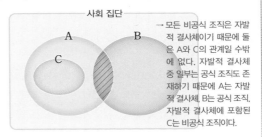

→ 모든 비공식 조직은 자발적 결사체이기 때문에 둘은 A와 C의 관계일 수밖에 없다. 자발적 결사체 중 일부는 공식 조직도 존재하기 때문에 A는 자발적 결사체, B는 공식 조직, 자발적 결사체에 포함된 C는 비공식 조직이다.

• 보기 •
ㄱ. A는 B에 비해 가입과 탈퇴가 비교적 자유롭다.
ㄴ. B는 C에 비해 구성원의 지위와 역할이 명확하다.
ㄷ. A는 공식 조직, B는 자발적 결사체, C는 비공식 조직이다.
ㄹ. 빗금 친 부분의 사례로 가족과 또래 집단을 들 수 있다.

① ㄱ, ㄴ　　② ㄱ, ㄷ　　③ ㄴ, ㄷ
④ ㄱ, ㄷ, ㄹ　　⑤ ㄴ, ㄷ, ㄹ

☑ **출제 의도 파악하기**

자발적 결사체와 공식 조직, 비공식 조직 관계를 파악한다.

✦ **문제 해결 Point 쏙쏙**

• 모든 비공식 조직은 모두 자발적 결사체에 포함됨
• 자발적 결사체 중 일부는 공식 조직도 존재함

☑ **선택지 바로 알기**

ㄱ. A는 B에 비해 가입과 탈퇴가 비교적 자유롭다. (○)
  → A는 자발적 결사체이기 때문에 일반적인 공식 조직에 비해 가입과 탈퇴가 자유로운 경향이 있다.
ㄴ. B는 C에 비해 구성원의 지위와 역할이 명확하다. (○)
  → 공식 조직은 구성원의 지위와 역할이 명확하다.
ㄷ. A는 공식 조직, B는 자발적 결사체, C는 비공식 조직이다. (✕)
  → A는 자발적 결사체, B는 공식 조직, C는 비공식 조직이다.
ㄹ. 빗금 친 부분의 사례로 가족과 또래 집단을 들 수 있다. (✕)
  → 가족과 또래 집단은 자발적 결사체도 아니고 공식 조직도 아니다. 빗금 친 부분의 사례로는 노동조합이나 시민 단체가 있다.

11 사회 집단 및 사회 조직

사회 집단 및 사회 조직 A~D에 대한 옳은 설명만을 〈보기〉에서 고른 것은? (단, A~D는 각각 가족, 학교, 노동조합, 사내 동호회 중 하나이다.)

- '본질 의지에 따라 형성되었는가?'를 기준으로 A, B, C를 구분할 수 없다. → A~C를 D와 구분하면서 D는 공동 사회인 가족임을 알 수 있다.
- '공통의 관심사나 목표를 가진 사람들이 자발적으로 결성하였는가?'를 기준으로 A, B와 C, D를 구분할 수 있다. → D는 가족이기 때문에 C는 자발적 결사체가 아닌 학교이다.
- '명시적인 규칙과 조직적인 업무 수행 방식을 구축하였는가?'를 기준으로 A, C와 B, D를 구분할 수 있다. → A, C가 공식 조직임을 알 수 있다. 따라서 A는 노동조합, B는 사내 동호회가 된다.

• 보기 •
ㄱ. A는 노동조합이다. ㄴ. B는 사내 동호회이다.
ㄷ. C는 가족이다. ㄹ. D는 학교이다.

① ㄱ, ㄴ   ② ㄱ, ㄷ   ③ ㄴ, ㄷ
④ ㄱ, ㄷ, ㄹ   ⑤ ㄴ, ㄷ, ㄹ

☑ 출제 의도 파악하기
공동 사회와 이익 사회, 자발적 결사체, 공식 조직을 구분하고, 각각의 특성을 파악한다.

★ 문제 해결 Point 쏙쏙
• 공동 사회: 구성원의 본질 의지를 바탕으로 결합 예) 가족
• 이익 사회: 구성원의 선택 의지를 바탕으로 결합 예) 회사

☑ 선택지 바로 알기
ㄱ. A는 노동조합이다. (○)
ㄴ. B는 사내 동호회이다. (○)
ㄷ. C는 가족이다. (×)
  → C는 학교이다.
ㄹ. D는 학교이다. (×)
  → D는 가족이다.

12 일탈 이론

다음 대화에 나타난 갑, 을의 일탈 이론에 대한 옳은 설명만을 〈보기〉에서 고른 것은? → 머튼의 아노미 이론을 토대로 말하고 있다. ⊙에는 문화적 목표를 합법적으로 달성할 수 있는 제도적 수단이 들어갈 수 있다.

갑: 사회 구성원들이 일반적으로 받아들이는 문화적 목표를 달성하는 데 필요한 제도적 수단이 매우 제한적이기 때문에 청소년 범죄가 증가하고 있습니다. 이를 해결하기 위해서는 무엇보다도 ____⊙____ 이/가 필요합니다.

을: 어떤 잘못이 사람들에게 알려져 비행 청소년으로 규정되면 본인 스스로 타인들의 반응을 내면화하여 일탈 행동을 반복하게 됩니다. 이를 해결하기 위해서는 무엇보다도 ____ⓛ____ 이/가 필요합니다. → 낙인 이론을 토대로 말하고 있다. ⓛ에는 신중한 낙인이 들어갈 수 있다.

• 보기 •
ㄱ. 갑의 이론은 일탈 행동을 규정하는 객관적 기준이 존재하지 않는다고 본다.
ㄴ. 을의 이론은 일탈 행동 자체보다 그에 대한 사회적 반응을 중시한다.
ㄷ. ⊙에는 '문화적 목표를 달성할 수 있는 제도적 수단의 제공'이 들어갈 수 있다.
ㄹ. ⓛ에는 '정상적인 집단과의 교류'가 들어갈 수 있다.

① ㄱ, ㄴ   ② ㄱ, ㄷ   ③ ㄴ, ㄷ
④ ㄱ, ㄷ, ㄹ   ⑤ ㄴ, ㄷ, ㄹ

☑ 출제 의도 파악하기
대화 속에서 각각 어떤 일탈 이론을 설명하고 있는지를 파악한다.

★ 문제 해결 Point 쏙쏙
• 머튼의 아노미 이론: 문화적 목표와 제도적 수단의 괴리 ☞ 합법적 수단의 제공
• 낙인 이론: 일탈자라는 타인들의 낙인을 내면화 → 2차적 일탈의 발생 ☞ 신중한 낙인

☑ 선택지 바로 알기
ㄱ. 갑의 이론은 일탈 행동을 규정하는 객관적 기준이 존재하지 않는다고 본다. (×)
  → 일탈 행동을 규정하는 객관적 기준이 존재하지 않는다고 보는 이론은 낙인 이론이다.
ㄴ. 을의 이론은 일탈 행동 자체보다 그에 대한 사회적 반응을 중시한다. (○)
  → 일탈 자체보다 그에 대한 사회적 반응을 중시하는 이론은 낙인 이론이다.
ㄷ. ⊙에는 '문화적 목표를 달성할 수 있는 제도적 수단의 제공'이 들어갈 수 있다. (○)
  → 갑은 머튼의 아노미 이론을 토대로 말하고 있기 때문에 가능하다.
ㄹ. ⓛ에는 '정상적인 집단과의 교류'가 들어갈 수 있다. (×)
  → ⓛ에는 '신중한 낙인'이 적절하다. 정상적인 집단과의 교류를 해결 방안으로 제시하는 이론은 차별적 교제 이론이다.

13 서술형 사회·문화 현상을 바라보는 관점

주요 내용 기능론, 갈등론, 사회·문화 현상을 바라보는 거시적 관점

다음을 보고 물음에 답하시오.

갑

> 현재 우리 사회는 매우 불공평합니다. 사회의 시스템은 상류층이나 사회적 지위가 높은 사람들에게 유리하도록 만들어져 있습니다.
> → 특정 계급에 유리하도록 사회 시스템이 만들어졌다고 보는 입장은 갈등론이다.

> 우리 사회에 불필요한 것은 없습니다. 사회의 각 요소들이 사회를 유지하는 데 필요한 각자의 영향을 수행하고 있기에 사회는 유지될 수 있는 것입니다.
> → 사회의 각 구성 요소들이 각자의 역할을 수행하면 서 사회가 유지된다고 보는 이론은 기능론이다.

을

(1) 갑, 을의 대화에 나타난 사회·문화 현상을 바라보는 관점을 각각 쓰시오.

예시 답안 A에는 갈등론, B에는 기능론이 나타나 있다.

(2) 갑, 을의 대화에 나타난 사회·문화 현상을 바라보는 관점이 갖는 한계를 각각 한 가지씩 서술하시오.

예시 답안 갑에 나타난 갈등론은 사회적 합의나 안정의 중요성을 경시하며, 을에 나타난 기능론은 기득권층의 입장만을 대변한다는 한계가 있다. 갑에 나타난 갈등론은 사회를 지배와 피지배 관계로 단순화하여 복잡한 사회 관계를 설명하기 어렵고, 을에 나타난 기능론은 사회 혁명 같은 급진적인 사회 변동을 설명하기 어렵다는 한계가 있다.

핵심 용어 기능론, 안정, 갈등론, 사회 변동

채점 기준	배점
사회·문화 현상을 바라보는 관점과 기능론과 갈등론 각각의 한계 모두 바르게 서술한 경우	상
사회·문화 현상을 바라보는 관점과 기능론과 갈등론 각각의 한계 중 두 가지만 바르게 서술한 경우	중
사회·문화 현상을 바라보는 관점과 기능론과 갈등론 각각의 한계 중 한 가지만 바르게 서술한 경우	하

☑ 개념

기능론의 한계 기능론은 사회 안정과 유지를 강조함으로써 사회 갈등이나 변동의 중요성을 간과한다. 따라서 혁명 같은 급격한 사회 변동을 설명하기 어렵고 기존 질서나 기득권층을 유지하기 위한 논리로 이용될 수 있다.
갈등론의 한계 갈등론은 사회 질서나 안정이 유지되는 상황을 설명하기 어렵다. 또한 사회의 복잡한 관계를 지배와 피지배의 관계로 단순화하여 설명하기 어려운 한계도 있다.

14 자료 수집 방법

주요 내용 양적 연구, 실험법

다음에 제시된 사회·문화 현상의 연구를 보고 물음에 답하시오.

> • **연구 주제:** 독서 활동이 폭력성 감소에 미치는 영향
> • **가설:** 독서 활동이 활발할수록 폭력 행위가 줄어들 것이다. → 독서 활동이라는 처치가 행해진 실험 집단
> • **자료 수집:** 고등학생 100명을 50명씩 A, B 두 집단으로 구분한 후 A집단에는 한 달 동안 꾸준히 독서 활동을 하도록 하였고, B집단은 평소와 같이 생활하게 함 → 아무런 처치가 없는 통제 집단
> • **자료 분석 및 결론:** 가설이 기각됨 → 가설이 기각된 것으로 보아 독서 활동과 폭력 행위 감소는 관련성이 없음을 알 수 있다.

(1) 위 연구에서 사용한 자료 수집 방법을 쓰시오.

답 실험법

(2) 가설에서 독립 변인과 종속 변인을 구분해서 각각 쓰시오.

예시 답안 독립 변인은 독서 활동이고, 종속 변인은 폭력 행위이다.

채점 기준	배점
자료 수집 방법의 종류와 독립 변인과 종속 변인을 명확하게 구분하여 바르게 서술한 경우	상
자료 수집 방법의 종류와 독립 변인과 종속 변인 중 두 가지만 바르게 서술한 경우	중
자료 수집 방법의 종류와 독립 변인과 종속 변인 중 한 가지만 바르게 서술한 경우	하

☑ 용어

독립 변인 연구 대상에게 인위적으로 가한 일정한 조작을 의미한다.
종속 변인 독립 변수에 영향을 받아 그 값이 변화하는 변인을 의미한다.

15 사회화 기관

주요 내용 공식 조직, 비공식 조직, 대학교, 육군 훈련소, 방송국, 요리 학원

다음 글에 나타난 모든 사회화 기관을 설립 목적에 따라 구분하여 서술하시오.

> 대학교에 재학 중인 갑은 병역 문제를 해결하기 위해 휴학 후 입대하여 현재 육군 훈련소에서 신병 교육을 받고 있다. 한편, 을은 자신의 꿈이었던 프로듀서가 되어 방송국에 취직하였지만 적성에 맞지 않아 퇴직한 후, 요리사가 되기 위해 요리 학원에 다니며 조리사 자격증 시험을 준비하고 있다.

예시 답안 공식 조직은 대학교, 육군 훈련소, 요리 학원이고, 비공식 조직은 방송국이다.

채점 기준	배점
공식 조직과 비공식 조직 네 개를 모두 바르게 구분한 경우	상
공식 조직과 비공식 조직 네 개 중 두 가지~세 가지를 바르게 구분한 경우	중
공식 조직과 비공식 조직 네 개 중 두 가지 미만으로 바르게 구분한 경우	하

☑ 용어
공식 조직 정해진 절차에 의해 특정 목적을 달성하기 위한 조직으로 구성원의 지위와 책임이 명확하게 규정된 조직을 의미한다. 일반적으로 사회 조직을 이르는 표현이다.
비공식 조직 공식 조직에 속한 구성원들이 조직 내에서 구성원 간의 친밀한 인간관계에 바탕을 두고 자발적으로 형성한 사회 집단을 의미한다. 구성원의 만족감과 사기 증진, 조직의 효율성 향상이라는 순기능을 기대할 수 있으나, 개인적 친분 관계가 공식 조직의 업무에 부정적인 영향을 미칠 수도 있다.

16 일탈 이론

주요 내용 뒤르켐의 아노미 이론, 급속한 사회 변동, 지배적인 규범의 부재

다음 주장을 읽고 물음에 답하시오.

> 일탈 행동을 해결하기 위해서는 사회 규범의 통제력 회복과 새로운 가치관을 확립하기 위한 사회적 합의가 필요합니다.

(1) 위 주장의 해결 방안을 제시하는 일탈 이론을 쓰시오.

답 뒤르켐의 아노미 이론

(2) (1)에서 일탈 행동의 원인으로 제시하는 것을 서술하시오.

예시 답안 뒤르켐의 아노미 이론에서는 급속한 사회 변동으로 인해 너무 많은 가치관과 규범이 발생하면서 지배적인 규범이 사라지게 되어 아노미 상태에서 일탈이 발생한다고 주장한다.

뒤르켐의 아노미 이론에서는 급속한 사회 변동으로 인해 기존 사회 규범이 약화되거나 부재하지만 이를 대체할 새로운 규범과 기준이 없는 아노미 상태에서 일탈이 발생한다고 본다.

핵심 용어 사회 변동, 사회 규범

채점 기준	배점
뒤르켐의 아노미 이론과 발생 원인을 모두 바르게 서술한 경우	상
뒤르켐의 아노미 이론과 발생 원인 중 한 가지만 바르게 서술한 경우	중

☑ 개념
일탈 행동의 상대성 시대와 장소, 가치관의 변화에 따라 일탈 행동에 대한 판단 기준이 달라진다. 즉, 같은 행동이라 하더라도 상황에 따라 일탈 행동으로 판단될 수도 있고 정상적인 행동으로 판단될 수도 있다.
일탈 행동의 순기능 일탈 행동은 우리 사회가 내포하고 있는 문제점을 일깨워 줌으로써 사회 변동의 원동력으로 작용하기도 하며 일탈 행동에 대처하는 과정에서 일탈 방지를 위한 사회적 합의나 대안을 마련하는 등의 순기능이 있다.

Book 2

정답과 해설

정답 과 해설 | Book 2

1주 문화와 일상생활

1주 1일 개념 돌파 전략 ①

Book 2 8~11쪽

1강_ 문화의 이해

| 8쪽 | 개념 ❶ 좁은 의미   개념 ❷ 상대론적 관점
개념 ❸ 극단적 문화 상대주의
| 9쪽 | 01 총체성   01-1 ㄱ, ㄴ, ㄹ
02 ㉠: 상대론적 관점, ㉡: 비교론적 관점 02-1 비교론적 관점
03 ㉠: 문화 사대주의, ㉡: 문화 상대주의 03-1 ㄱ, ㄹ

2강_ 하위문화와 대중 문화~문화 변동

| 10쪽 | 개념 ❶ 반문화   개념 ❷ 발견   개념 ❸ 아노미
| 11쪽 | 01 ㄱ, ㄴ, ㄷ   01-1 뉴 미디어
02 발명   02-1 ㄱ, ㄷ
03 문화 융합   03-1 문화 지체 현상

1주 1일 개념 돌파 전략 ②

Book 2 12~13쪽

1 ③   2 ③   3 ②   4 ②   5 ⑤   6 ③

1 문화의 의미
한 사회나 집단에서 나타나는 인간의 사회적인 생활 양식인 ㉠은 넓은 의미의 문화이고, 한 사회나 집단에서 나타나는 인간의 사회적인 생활 양식 중 고상하거나 세련된 것을 가리키는 ㉡은 좁은 의미의 문화이다.
ㄴ. '지역 문화'에서의 '문화'는 생활 양식을 의미하므로 넓은 의미의 문화에 해당한다.
ㄷ. '문화생활'에서의 '문화'는 고상한 것을 의미하므로 좁은 의미의 문화에 해당한다.
오답 피하기 ㄱ. 한 사회나 집단에서 나타나는 인간의 사회적 생활 양식은 모두 넓은 의미의 문화에 해당한다.
ㄹ. 인간의 행동 중 사회적 생활 양식이 아닌 본능적인 행동이나 유전적 요인에 따른 행위는 문화에 해당하지 않는다.

2 문화의 속성
문화가 한 사회의 구성원 다수가 공통적으로 가지고 있는 생활 양식이라는 속성은 문화의 공유성이다. 이러한 문화의 속성으로 인해 사회 구성원의 사고와 행동에 동질성이 형성되고, 타인의 행동을 예측하고 이해할 수 있게 된다.

3 문화를 이해하는 태도
국수주의에 빠져 국제적 고립을 초래하거나 제국주의적 문화 이식 시도로 문화적 마찰을 초래할 수 있는 태도는 자문화 중심주의이다.

ㄱ. 자문화 중심주의는 자문화의 우수성을 지나치게 강조한다.
ㄷ. 자문화 중심주의는 타 문화를 평가절하함으로써 타 문화에 대한 이해와 수용을 어렵게 한다.
오답 피하기 ㄴ. 타 문화에 대한 선호로 인하여 자기 문화의 정체성을 상실할 우려가 있는 문화 이해 태도는 문화 사대주의이다.
ㄹ. 자문화 중심주의와 문화 사대주의 모두 다른 문화를 바르게 이해하는 데 기여하지 않는다.

4 하위문화
한 사회의 특정 집단에서만 공유되는 생활 양식인 ㉠은 하위문화이고, ㉡에는 하위문화에 해당하는 사례가 들어갈 수 있다.
ㄱ. 하위문화는 한 사회 내에서 특정 집단의 구성원들 또는 특정 영역의 사람들만 공유하는 문화이다.
ㄷ. 지역 문화나 청소년 문화 등은 하위문화에 해당한다.
오답 피하기 ㄴ. 주류 문화는 한 사회의 구성원 대다수가 전반적으로 공유하는 문화이다.
ㄹ. 밥을 주식으로 하는 우리나라의 음식 문화는 주류 문화에 해당한다.

더 알아보기⁺ **다양한 하위문화**

지역 문화	한 나라를 구성하는 여러 지역 사회에서 각각 나타나는 고유한 생활 양식
세대 문화	공통의 경험을 한 비슷한 연령대의 사람들이 공유하는 의식이나 생활 양식
반문화	한 사회의 주류 문화에 저항하는 사람들이 공유하는 문화

5 문화 변동 요인
자극 전파는 다른 사회의 문화 요소에서 아이디어를 얻어 새로운 문화 요소를 만들어 내는 것으로, 과거에 중국 한자의 음과 뜻을 빌려 우리말을 표기했던 이두를 사례로 들 수 있다.
오답 피하기 ① 발명은 새로운 문화 요소를 만들어 내는 것이다.
② 발견은 이미 존재하고 있었지만 알려지지 않았던 것을 찾아내는 것이다.
③ 직접 전파는 이주, 무역, 전쟁 등을 통해 사람이 다른 문화와 직접 접촉하여 문화 요소가 전해지는 것이다.
④ 간접 전파는 책, 텔레비전, 인터넷 등과 같은 매개체를 통해 문화 요소가 전해지는 것이다.

6 문화 변동 요인과 결과
문화 변동의 내재적 요인으로 발명과 발견이 있고, 외재적 요인으로 직접 전파, 간접 전파, 자극 전파가 있다. 외재적 요인인 문화 전파로 인한 접변 결과로 문화 동화, 문화 병존, 문화 융합이 나타난다.
ㄴ. 을국의 언어와 갑국의 언어가 함께 사용되고 있다는 점에서 문화 병존이 나타났다.
ㄷ. 식민 지배라는 직접적인 접촉 과정에서 문화 변동이 나타났으므로 직접 전파에 해당한다.
오답 피하기 ㄱ. 문화 동화는 문화 변동 결과 한 사회의 문화 요소가 다른 사회의 문화 체계 속에 흡수되어 정체성을 상실하는 경우이다.
ㄹ. 간접 전파는 직접적인 접촉이 아니라 매개체를 통해 문화 요소가 전해진 경우이다.

1-1 ㄷ, ㄹ　**1-2** ④　**2-1** ①　**2-2** ⑤　**3-1** 비교론적 관점　**3-2** ①　**4-1** ③　**4-2** ②

1-1 문화에 해당하는 것

인간의 행동 중 사회나 집단생활과 관련 있는 사회적 생활 양식이 문화이다.

ㄷ. 비가 내리지 않으면 하늘에 제사를 지내는 풍습은 인간이 만들어 낸 문화이다.

ㄹ. 공중 화장실에서 줄을 서서 차례를 기다리는 공중 도덕은 집단생활을 원활하게 하기 위해 인간이 만들어 낸 문화이다.

오답 피하기 ㄱ. 긴장을 하면 손톱을 물어뜯는 것은 개인적인 버릇이므로 문화가 아니다.

ㄴ. 손가락이 가늘고 긴 것은 유전적으로 타고난 신체의 특징이므로 문화가 아니다.

1-2 문화의 의미

'전통문화'에서의 '문화'는 인간의 모든 사회적 생활 양식을 의미하는 넓은 의미의 문화이다. '지역 문화'에서의 '문화'는 생활 양식의 총체로서 넓은 의미로 사용되었다.

오답 피하기 '문화인', '문화생활', '문화 공연', '문화 예술 상품'에서의 '문화'는 좁은 의미로 사용된 문화이다.

2-1 문화의 속성

제시된 자료에 나타난 문화의 속성은 공유성이다. 한 사회 구성원이 공통적으로 가지고 있는 생활 양식으로 인하여 사회 구성원 간 원활한 상호 작용이 가능하다.

오답 피하기 ② 문화가 시간이 지나면서 의미가 변한다는 속성은 변동성이다.

③ 문화가 후천적으로 학습된 생활 양식이라는 속성은 학습성이다.

④ 문화가 부분이 아닌 전체로서 의미를 가진다는 속성은 총체성이다.

⑤ 문화가 세대 간에 전승되며 더욱 풍부해진다는 속성은 축적성이다.

2-2 문화의 속성

제시된 사례에 부각된 문화의 속성은 총체성이다. 문화 요소들은 상호 유기적으로 결합되어 있어서 한 부분의 변동은 다른 부분의 연쇄적인 변동으로 이어진다.

오답 피하기 ① 문화가 끊임없이 변한다는 속성은 변동성이다.

② 문화가 타인의 행동을 예측 가능하게 한다는 속성은 공유성이다.

③ 문화가 사회 구성원이 후천적으로 습득한다는 속성은 학습성이다.

④ 문화가 다수가 가지고 있는 공통적 생활 양식이라는 속성은 공유성이다.

3-1 문화를 바라보는 관점

대부분의 산업화된 사회에서 저출산 현상이 나타난다는 점은 서로 다른 문화 간의 공통점이고, 우리나라의 저출산 진행 속도가 빠른 점은 서로 다른 문화 간의 차이점이다. 문화 간 공통점과 차이점에 주목하여 문화를 바라보는 관점은 비교론적 관점이다.

3-2 문화를 바라보는 관점

다른 문화 요소 및 전체와의 유기적인 관련 속에서 문화의 의미를 파악하고자 한다는 점에서 제시된 사례에 나타난 문화를 바라보는 관점은 총체론적 관점이다. 총체론적 관점은 특정 문화를 이해하기 위해서 그 문화를 둘러싼 다른 문화 요소나 전체와의 관계 속에서 문화의 의미를 파악하려는 관점이다.

더 알아보기⁺ 문화를 바라보는 관점의 필요성

비교론적 관점	자기 문화를 객관적으로 이해할 수 있으며, 다른 문화에 대한 이해의 폭을 넓힐 수 있음
총체론적 관점	개별 문화 요소만 분리해서 보면 해당 문화가 지닌 의미를 제대로 이해할 수 없음
상대론적 관점	다른 문화를 편견이나 선입견 없이 이해할 수 있음

4-1 문화를 이해하는 태도

자문화 중심주의는 자기 문화를 중심으로 타 문화를 평가절하하는 문화 이해 태도이다. 자문화 중심주의는 타 문화와의 문화적 마찰을 초래할 수 있으나, 자기 문화에 대한 자부심을 바탕으로 자문화의 정체성을 유지하는 데 기여한다.

③ 자문화 중심주의는 자기 문화에 대한 자부심을 높여 집단 내 결속력을 강화할 수 있다.

오답 피하기 ① 문화적 주체성을 상실할 우려가 있는 것은 문화 사대주의이다.

② 자문화 중심주의는 문화 간에 우열이 있다고 여긴다.

④ 문화가 가진 사회적 맥락과 의미를 중시하는 것은 문화 상대주의이다.

⑤ 선진 문물을 수용하여 자기 문화를 발전시키는 데 기여할 수 있는 것은 문화 사대주의이다.

4-2 문화를 이해하는 태도

문화를 우열 평가가 아닌 이해의 대상으로 간주하며, 각 문화가 해당 사회의 맥락에서 갖는 고유한 의미를 이해하고 존중하는 태도인 문화 상대주의는 문화 간 우열이 존재하지 않는다고 본다. 문화 상대주의는 다양한 삶의 방식을 존중하는 태도로 이어지고, 이는 문화 다양성을 보존하는 데 이바지할 수 있다.

1주 2일 필수 체크 전략 ②　　　Book 2 18~19쪽

1 ④　**2** ②　**3** ③　**4** ③　**5** ③　**6** ②

1 문화의 의미

고상하거나 세련된 것, 고급스러운 것 등 특별한 의미를 지닌 사회적 생활 양식은 좁은 의미의 문화이고, 의식주, 가치 및 규범, 사고방식 등 한 사회의 구성원들이 만들어 낸 모든 사회적 생활 양식은 넓은 의미의 문화이다.

ㄴ. '문화생활'에서의 '문화'는 고상한 것, 세련된 것의 의미로, 특별한 의미를 지닌 사회적 생활 양식이라는 점에서 좁은 의미의 문화에 해당한다.

ㄹ. '문화 공연'에서의 '문화' 또한 특별한 의미를 지닌 생활 양식이라는 점에서 좁은 의미의 문화에 해당한다.

> 오답 피하기 ㄷ. '세대 문화'에서의 '문화'는 인간의 생활 양식이라는 점에서 넓은 의미의 문화에 해당한다.

2 문화의 속성

정보 통신 기술의 발달이라는 한 요소의 변화가 다른 문화 요소의 변화를 초래하고 있다는 점에서 문화의 총체성이 부각되어 있다. 문화의 총체성은 문화의 각 부분이 유기적으로 결합되어 있음을 의미한다.

> 오답 피하기 ① 문화가 시간의 흐름에 따라 변화한다는 속성은 변동성이다.
> ③ 문화가 구성원 다수가 공유하는 생활 양식이라는 속성은 공유성이다.
> ④ 문화가 사회화를 통해 습득하는 생활 양식이라는 속성은 학습성이다.
> ⑤ 문화가 새로운 요소가 추가되며 더욱 풍부해진다는 속성은 축적성이다.

3 문화의 속성

특정한 상황에서 특정한 행동이 예측 가능한 것은 한 사회 구성원이 같은 문화를 공유하고 있기 때문이다. 따라서 제시된 글에 부각된 문화의 속성은 공유성이다.

> **선택지 바로 보기**
>
> ㄱ. 문화는 전승 과정을 거치며 더욱 풍부해진다. (×)
> → 문화의 축적성으로 인해 기존의 것에 새로운 문화 요소가 추가되면서 문화가 발전한다.
> ㄴ. 문화는 한 사회 구성원이 공유하는 생활 양식이다. (○)
> → 문화가 한 사회 구성원이 공유하는 생활 양식이라는 속성은 공유성이다.
> ㄷ. 문화를 통해 구성원 간 원활한 상호 작용이 가능하다. (○)
> → 한 사회 구성원들은 같은 문화를 공유하고 있으므로 구체적 상황에서 무엇을 기대하고 어떻게 행동할지 예측하고 판단할 수 있어 원활한 상호 작용이 가능하다.
> ㄹ. 문화를 구성하는 각 부분은 전체와의 관련 속에서 의미를 갖는다. (×)
> → 문화는 다양한 문화 요소들로 구성되어 있으며, 그 문화 요소들은 상호 유기적으로 연결되는 속성이 있는데 이를 총체성이라고 한다.

4 문화를 바라보는 관점

제시된 내용은 한국, 중국, 일본 세 나라 문화의 공통점과 차이점에 주목하여 문화를 비교하고 있다는 점에서 비교론적 관점에 해당한다.
ㄴ. 비교론적 관점은 모든 문화가 보편성과 특수성을 가지고 있다고 전제한다.
ㄷ. 문화 간 비교를 통해 자문화를 보다 객관적으로 바라보고 이해할 수 있게 된다.

> 오답 피하기 ㄱ. 문화 간 우열이 존재하지 않는다고 보는 관점은 상대론적 관점이다.
> ㄹ. 문화는 그 문화가 발생한 사회의 역사적·문화적·사회적 맥락 속에서 의미와 가치를 지닌다고 보는 관점은 상대론적 관점이다.

5 문화를 이해하는 태도

문화를 평가의 대상이 아니라 이해의 대상으로 바라보고 있다는 점에서 제시된 내용에 나타난 문화 이해 태도는 문화 상대주의이다.
③ 문화 상대주의는 문화 간 우열이 존재하지 않으므로 문화는 평가의 대상이 될 수 없다고 본다.

> 오답 피하기 ① 문화를 평가의 대상으로 본다는 점은 자문화 중심주의와 문화 사대주의의 공통된 입장이다.
> ② 문화 사대주의는 자문화의 정체성을 약화시킬 수 있다.
> ④, ⑤ 자문화 중심주의는 문화 제국주의로 변질될 우려가 있고, 자기 문화를 강요함으로써 다문화 사회에서 갈등을 초래할 수 있다.

6 문화를 이해하는 태도

자문화 중심주의는 자기 문화의 우수성을 지나치게 강조한 나머지 다른 문화를 부정적으로 여기고 낮게 평가하는 태도로, 국수주의나 문화 제국주의로 변질될 우려가 있다.
② 자문화 중심주의는 문화 제국주의로 변질되어 다른 사회에 자국의 문화를 강제적으로 이식할 수 있으며, 그 과정에서 문화적 마찰이 초래될 수 있다.

> 오답 피하기 ①, ③ 문화 사대주의는 외부 문화를 적극적으로 수용하는 과정에서 자문화의 정체성을 약화시킬 우려가 있다.
> ④, ⑤ 문화 상대주의는 문화 간 우열을 인정하지 않고, 각 문화의 사회적 맥락과 의미를 중시한다.

 3일 필수 체크 전략 ①   Book 2 20~23쪽

1-1 반문화   1-2 ④   2-1 ②   2-2 (가): 일방향 매체, (나): 쌍방향 매체   3-1 ①   3-2 (가): 발명, (나): 직접 전파   4-1 ㄱ, ㄹ   4-2 아노미 현상

1-1 반문화

제시된 사례는 히피 문화로, 특정 영역의 사람들만이 향유한다는 점에서 하위문화에 해당하며, 정부 정책에 저항하고 있다는 점에서 하위문화 중 반문화에 해당한다.

1-2 하위문화

하위문화의 유형 중에 세대 문화가 있다. 세대 문화는 공통의 의식을 가진 비슷한 연령대의 사람들이 공유하는 문화로, 청소년 문화, 장년 문화, 노인 문화 등이 이에 해당한다.

> **선택지 바로 보기**
>
> ① 사회 혼란을 유발한다. (×)
> → 청소년 음식 문화, 청소년 놀이 문화가 사회 혼란을 초래한다고 보기 어렵다.
> ② 기존 문화에 저항한다. (×)
> → 비행 청소년 문화는 기존 문화에 저항하는 반문화에 해당하지만, 청소년 음식 문화와 청소년 놀이 문화는 반문화로 보기 어렵다.
> ③ 사회 구성원 대다수가 공유한다. (×)
> → 사회 구성원 대다수가 공유하는 문화는 주류 문화이다.
> ④ 특정 세대 구성원만이 향유한다. (○)
> → 비행 청소년 문화, 청소년 음식 문화, 청소년 놀이 문화 모두 청소년이라는 특정 세대의 구성원만이 향유한다는 점에서 세대 문화에 해당한다.
> ⑤ 특정 지역 사람들만이 향유한다. (×)
> → 제시된 사례는 특정 연령이 향유하는 세대 문화에 해당한다. 특정 지역 사람들만이 향유하는 것은 지역 문화이다.

2-1 대중문화

대중문화는 대중의 사회적 지위가 향상되고, 의무 교육으로 대중의 지적 수준이 높아지는 가운데 산업화로 대량 생산이 가능해지면서 보급되기 시작하였으며, 대중 매체의 등장으로 더 활발하게 생산되었다.

② 사회의 특정 계층이 고급 문화를 독점하게 될 경우 대중문화가 형성될 수 없다.

2-2 대중 매체

텔레비전, 신문 등과 같은 전통 매체는 정보의 생산자(방송국, 신문사)와 소비자가 구분되고, 정보 소비자가 생산 과정에 참여하기 어렵다는 점에서 일방향 매체이다. 반면, SNS와 같은 뉴 미디어는 정보 소비자가 정보 생산에 참여할 수 있다는 점에서 쌍방향 매체이다.

더 알아보기⁺ 대중 매체의 종류

인쇄 매체	활자를 통해 정보를 전달하는 매체(신문, 잡지 등)
음성 매체	소리를 통해 정보를 전달하는 매체(라디오 등)
영상 매체	소리와 영상을 통해 정보를 전달하는 매체(텔레비전, 영화 등)
뉴 미디어	인터넷, 이동 통신 기술 등을 활용하여 소리, 사진, 영상, 문자 등 다양한 수단으로 정보를 공유하고 소통하는 매체(누리 소통망, 맞춤형 누리 방송 등)

3-1 문화 변동 요인

문화 변동의 원인이 그 사회 안에서 발생하지 않는 (가)는 문화 변동의 외재적 요인이므로 문화 전파이다. 문화 변동의 원인이 그 사회 안에서 발생하는 문화 변동의 내재적 요인 중에서 새로운 요소를 만들어 내는 (나)는 발명이고, 새로운 요소를 만들어 내지 않는 (다)는 발견이다.

선택지 바로 보기

① (가)는 문화 전파에 해당한다. (○)
→ 문화 변동의 외재적 요인은 문화 전파이다.
② (가)의 유형으로 발명, 발견이 있다. (×)
→ 문화 전파의 유형으로 직접 전파, 간접 전파, 자극 전파가 있다.
③ (나)를 통해 불, 전기를 사용하게 되었다. (×)
→ 불, 전기는 이미 존재하고 있었고 인간이 발견하였다.
④ (나)의 사례로 신라 시대의 이두 문자가 있다. (×)
→ 신라 시대의 이두 문자는 (가)의 유형 중 자극 전파의 사례이다.
⑤ (다)의 사례로 한글, 컴퓨터, 바퀴를 들 수 있다. (×)
→ 한글, 컴퓨터, 바퀴는 발명의 사례이다.

3-2 문화 변동 요인

(가) 증기 기관의 등장으로 산업 혁명이 나타나게 된 것은 존재하지 않았던 기술의 등장으로 문화 변동이 나타나게 되었다는 점에서 발명에 해당한다. (나) 중국에서 유럽으로 전해진 화약이 전쟁에 이용되어 정복 국가의 출현을 초래한 것은 서로 다른 문화에 속한 구성원 간의 접촉으로 문화 요소가 전해져 문화 변동이 나타나게 되었다는 점에서 직접 전파에 해당한다.

4-1 문화 변동 요인과 양상

교역의 과정에서 을국의 언어를 배우고자 노력했다는 점에서 직접 전파와 자발적 문화 접변이 나타나고, 문화 변동 결과 두 언어를 모두 사용하고 있다는 점에서 문화 병존이 나타났다.

더 알아보기⁺ 문화 접변의 결과

문화 병존	서로 다른 사회의 문화가 한 사회의 문화 속에서 나란히 존재하는 현상
문화 동화	한 사회의 문화가 다른 사회의 문화로 흡수되거나 대체되어 정체성을 상실하는 현상
문화 융합	서로 다른 사회의 문화 요소가 결합하여 두 문화 요소의 성격을 지니면서도 두 문화 요소와는 다른 성격을 지닌 새로운 문화가 나타나는 현상

4-2 문화 변동에 따른 문제점

제시문의 '이를 규제할 도덕적 규범의 통제력이 약하여, 이로 인한 문제가 심각해지고 있다.'는 내용을 통해서 급속한 사회 변동으로 아노미 현상이 발생했음을 알 수 있다. 아노미 현상은 급격한 문화 변동으로 전통적 규범과 가치관을 대체할 새로운 규범과 가치관이 아직 정립되지 못하여 사회가 혼란과 무규범 상태에 빠지는 현상이다.

①주 3일 필수 체크 전략 ②   Book 2 24~25쪽

1 ⑤   **2** ①   **3** ②   **4** ③   **5** ④   **6** ①

1 하위문화

특정 사회 집단에서 나타나는 생활 양식은 하위문화이다. 하위문화는 해당 문화를 공유하는 집단 구성원 간에 정체성을 형성함으로써 구성원의 소속감을 높이는 데 기여한다.

선택지 바로 보기

① 규정하는 기준이 절대적이다. (×)
→ 하위문화를 규정하는 기준은 상대적이다.
② 사회가 다원화될수록 감소한다. (×)
→ 하위문화는 사회가 다원화될수록 증가한다.
③ 해당 사회의 문화적 획일성을 초래한다. (×)
→ 하위문화는 해당 사회의 문화적 다양성을 가져온다.
④ 사회 구성원 대다수가 공유하는 문화이다. (×)
→ 사회 구성원 대다수가 공유하는 문화는 주류 문화이다.
⑤ 구성원들에게 소속 집단에 대한 소속감을 부여한다. (○)
→ 하위문화는 해당 문화를 공유하는 집단 구성원에게 같은 정체성을 가지게 함으로써 소속감을 부여한다.

2 반문화

한 사회의 구성원 대다수가 향유하는 지배적인 문화에 반대하거나 대립하는 문화는 반문화이다.

ㄱ. 반문화를 규정하는 기준은 상대적이므로 시대와 사회에 따라 반문화를 규정하는 기준이 달라진다.

ㄴ. 반문화는 특정 영역의 사람들이 공유하는 문화라는 점에서 하위 문화에 포함된다.

오답 피하기 ㄷ. 주류 문화는 사회 구성원 대다수가 향유하는 문화이다.
ㄹ. 반문화 또한 하위문화의 한 유형으로 전체 사회의 문화적 다양성에 기여한다.

3 대중 매체

대중 매체는 불특정 다수인 대중을 상대로 대량의 지식과 정보를 전달하는 매체나 수단이다. 신문, 텔레비전, 라디오와 같은 전통적 대중 매체와 SNS, IPTV와 같은 뉴 미디어로 구분한다.

자료 분석

질문	A	B	C
정보 소비자가 정보 생산 과정에 참여하는가?	아니요	예	아니요
청각 정보를 제공할 수 있는가?	아니요	예	예

정보 소비자가 정보 생산 과정에 참여하는 매체는 쌍방향 매체인 인터넷이고, 청각 정보 제공이 불가능한 매체는 인쇄 매체인 신문이다. 따라서 A는 신문, B는 인터넷, C는 텔레비전이다.

ㄹ. 영상 매체인 텔레비전은 인쇄 매체인 신문에 비해 신속한 정보 전달이 용이하다.

오답 피하기 ㄴ. 인터넷은 정보 소비자가 정보 생산 과정에 참여할 수 있다는 점에서 쌍방향 매체이다.
ㄷ. 텔레비전은 정보 소비자가 정보 생산 과정에 참여하기 어렵고, 정보가 생산자로부터 소비자에게 일방향으로 흐른다는 점에서 일방향 매체이다.

4 문화 변동 요인

A는 B와 달리 문화 변동의 외재적 요인이라는 점에서 B는 내재적 요인인 발명이다. A는 C와 달리 구성원 간의 직접적인 접촉에 따른 변동이라는 점에서 A는 직접 전파, C는 간접 전파이다.
ㄴ. 바퀴, 자동차는 발명의 사례이다.
ㄷ. 간접 전파는 매개체를 통해 문화 요소가 전달된다.

오답 피하기 ㄱ. A는 직접 전파이다.
ㄹ. B는 발명으로 문화 변동의 내재적 요인에 해당하고, C는 간접 전파로 문화 변동의 외재적 요인에 해당한다.

5 문화 변동 양상

한 사회의 문화가 다른 문화 체계 속에 흡수되어 정체성을 상실하는 경우는 문화 동화이다. 따라서 A는 문화 동화, B는 문화 융합이다. 문화 융합은 문화 접변으로 제3의 문화가 형성되지만, 그 안에 기존 문화 요소가 녹아 있기 때문에 문화 정체성이 남아 있다.

오답 피하기 ①, ③ A는 문화 동화, B는 문화 융합이다.
② 문화 융합, 문화 동화는 모두 문화 접변의 양상으로 문화 변동의 외재적 요인에 따른 결과이다. 즉, 직접 전파, 간접 전파에 의해 모두 나타날 수 있다.
⑤ 강제적 문화 접변과 자발적 문화 접변은 강제성 유무에 따라 구분된다. 따라서 문화 융합, 문화 동화는 강제적 문화 접변 결과로도 나타날 수 있고 자발적 문화 접변 결과로도 나타날 수 있다.

6 문화 변동 요인과 양상

간접 전파는 사회 구성원의 직접적인 접촉이 아닌 매개체를 통해 간접적으로 문화 요소가 전파되는 현상이고, 문화 병존은 서로 다른 사회의 문화가 접촉하면서 한 사회의 문화 체계 속에 외래문화 요소와 전통문화 요소가 고유성을 유지한 채 나란히 존재하는 현상이다.

자료 분석

갑국에서는 최근들어 을국의 드라마가 크게 인기를 끌고 있으며, 드라마의 영향으로 드라마 주인공들이 입고 있는 을국 의복이 갑국 젊은이들 사이에서 인기를 끌고 있다. 실제 갑국 젊은이들이 모인 거리에 나가면 절반 정도는 갑국 고유의 의상을, 나머지 절반은 을국의 의복을 입고 있을 만큼 을국 의상은 갑국 젊은이들 사이에 정착되고 있다.

'드라마'라는 매개체를 통해 을국의 의복 문화가 갑국에 전해졌다는 점에서 간접 전파가 나타났고, 갑국의 젊은이들이 갑국 고유의 의상과 을국의 의상을 함께 착용하고 있다는 점에서 문화 병존이 나타났다.

오답 피하기 ㄷ. 문화 융합은 서로 다른 문화가 만나 제3의 문화가 형성되는 경우이다.
ㄹ. 강제적 문화 접변은 문화 요소가 강제적으로 이식되는 경우이다. 제시된 사례에서 갑국 젊은이들은 을국의 의복을 자발적으로 입고 있으므로 자발적 문화 접변이 나타났다.

1주 4일 교과서 대표 전략 ① Book 2 26~29쪽

대표 예제	1 ⑤	2 ③	3 ⑤	4 ③	5 ②
6 ④	7 ①	8 ③	9 ④	10 ③	11 ⑤
12 ③	13 ④	14 ②	15 ②	16 ③	

1 문화의 의미

제시된 자료에서의 '문화'는 인간의 모든 사회적 생활 양식을 의미한다는 점에서 넓은 의미의 문화에 해당한다. '청소년 문화'에서의 '문화'는 청소년의 생활 양식을 의미한다는 점에서 넓은 의미의 문화에 해당한다.

오답 피하기 ㄱ, ㄴ. 고상한 것, 세련된 것과 같이 특별한 의미를 지닌 사회적 생활 양식은 좁은 의미의 문화에 해당한다.

2 문화의 속성

일란성 쌍둥이는 유전적 형질이 동일하다. 그러나 서로 다른 사회에 입양되어 자란 경우 생활 양식에 차이가 나타난다. 이는 문화라는 것이 타고나는 것이 아니라 사회의 다른 구성원과의 상호 작용을 통해 후천적으로 학습되는 생활 양식임을 보여 주며, 이는 문화의 속성 중 학습성에 해당한다.

3 문화의 속성

문화는 여러 구성 요소들이 상호 유기적으로 결합된 하나로서의 총체이므로 부분이 아닌 전체로서 의미를 갖는 생활 양식이다. 따라서 제시된 글에 부각된 문화의 속성은 총체성이다.

① 문화는 원활한 상호 작용의 토대이다. (×)
→ 공유성으로 인해 상대방의 행동이 예측 가능하며, 이는 원활한 상호 작용의 토대가 된다.
② 문화는 시간이 지나면서 의미가 변화한다. (×)
→ 문화의 변동성으로 인해 문화는 시간이 흐르면서 기존의 문화 요소가 소멸하고 새로운 문화 요소가 추가되면서 변화한다.
③ 문화는 세대 간 전승되며 더욱 풍부해진다. (×)
→ 문화의 축적성으로 인해 문화는 기존의 것에 새로운 문화 요소가 추가되면서 발전한다.
④ 문화는 구성원 다수가 가지는 생활 양식이다. (×)
→ 문화의 공유성으로 인해 한 사회의 구성원들은 공통적인 생활 양식을 가지게 된다.
⑤ 문화는 한 부분이 변동하면 다른 부분도 변동한다. (○)
→ 문화의 총체성으로 인해 문화의 한 부분이 변동하면 다른 부분에 연쇄적인 변동이 나타난다.

4 문화를 바라보는 관점

교사는 갑국과 을국 장례 문화의 공통점과 차이점을 설명하고 있다. 이처럼 서로 다른 문화를 비교하여 공통점과 차이점을 연구하는 관점은 비교론적 관점이다.
③ 비교론적 관점은 각 사회의 문화가 보편성과 특수성을 동시에 지니고 있다고 전제한다.

오답 피하기 ① 비교론적 관점에 해당한다.
② 문화를 이해의 대상으로 바라보는 관점은 상대론적 관점이다.
④ 문화를 해당 사회의 맥락에서 이해하는 관점은 상대론적 관점이다.
⑤ 다른 문화 요소 및 전체와의 유기적인 관련 속에서 문화를 파악하는 관점은 총체론적 관점이다.

5 문화를 바라보는 관점

(가)는 동서양 입시 제도의 공통점과 차이점을 연구하고 있다는 점에서 비교론적 관점이 나타나 있고, (나)는 입시 제도를 교육, 사회 양극화, 사교육 시장 등 여러 요인들과 연관지어 바라본다는 점에서 총체론적 관점이 나타나 있다.

6 문화를 이해하는 태도

다른 나라의 문화를 평가절하한다는 점에서 자기 문화의 우수성을 지나치게 강조하는 자문화 중심주의임을 알 수 있다.
④ 다른 나라의 문화를 부정적으로 여기고 낮게 평가하는 자문화 중심주의는 제국주의적 문화 이식 시도로 이어질 수 있다.

오답 피하기 ① 문화 상대주의는 타 문화를 이해의 대상으로 바라본다.
② 문화 사대주의는 타 문화를 기준으로 자문화를 평가절하한다.
③ 문화를 이해의 대상으로 바라보는 태도는 문화 상대주의이다.
⑤ 문화 사대주의는 타 문화를 적극적으로 수용하는 과정에서 자문화의 정체성을 상실할 수 있다.

7 문화를 이해하는 태도

문화를 해당 사회의 맥락에서 이해하는 태도는 문화 상대주의이다. 문화 상대주의는 특정한 기준으로 다른 나라의 문화를 평가할 수 없다고 본다.

ㄱ. 문화 다양성 유지에 기여한다. (○)
→ 문화 상대주의는 타 문화를 이해의 대상으로 바라보기 때문에 문화 다양성 유지에 기여한다.
ㄴ. 타 문화를 이해의 대상으로 본다. (○)
→ 문화 상대주의는 문화가 평가가 아니라 이해의 대상이라고 여긴다.
ㄷ. 문화 간 우열이 존재한다고 본다. (×)
→ 문화 상대주의는 문화 간 우열이 존재하지 않기 때문에 평가가 불가능하다고 본다.
ㄹ. 자문화를 중심으로 타 문화를 바라본다. (×)
→ 문화 상대주의는 해당 사회의 맥락에서 타 문화를 바라본다.

8 문화를 이해하는 태도

갑은 자문화를 기준으로 타 문화를 야만적이라고 평가절하한다는 점에서 자문화 중심주의 태도를, 을은 타 문화를 해당 사회의 맥락에서 이해한다는 점에서 문화 상대주의 태도를 가지고 있다.
ㄴ. 자문화 중심주의는 문화를 평가의 대상으로 본다.
ㄷ. 을의 태도는 각 문화가 해당 사회의 맥락에서 갖는 고유한 의미를 이해하고 존중하는 문화 상대주의이다.

오답 피하기 ㄱ. 갑의 태도는 자문화 중심주의이다.
ㄹ. 문화 상대주의는 타 문화를 이해의 대상으로 바라본다는 점에서 문화 다양성 유지에 기여한다.

9 하위문화

노인 문화, 영남 지역 문화, 운동권 문화, 30~40대 직장인 문화는 특정 사회 집단에서만 나타나는 특이한 생활 양식인 하위문화이다.
ㄴ. 사회가 다원화될수록 다양한 하위문화가 형성된다.
ㄹ. 하위문화가 많아질수록 전체 사회의 문화적 다양성이 높아진다.

오답 피하기 ㄱ. 하위문화를 규정하는 기준은 상대적이다.
ㄷ. 주류 문화에 저항하거나 대립하는 문화는 반문화이며, 반문화는 하위문화의 한 유형이다.

10 하위문화

같은 지역의 사투리는 특정 지역의 사람들만 공유한다는 점에서 하위문화에 해당한다. 제시된 글의 내용 중 하위문화를 공유하는 구성원 간에 동질감을 느낀다는 부분에서 하위문화가 집단의 정체성 형성에 기여함을 알 수 있다.

오답 피하기 ①, ④, ⑤ 하위문화는 문화 발전, 문화의 다양성 신장, 구성원의 욕구 충족에 기여하는 기능을 하지만 제시된 글과는 관련이 없다.
② 하위문화가 지역 사회의 발전에 기여한다고 단정하기는 어렵다.

더 알아보기⁺ 다양한 하위문화의 기능

지역 문화	지역 주민의 동질감과 유대감을 높여 지역 사회 통합에 기여함
세대 문화	같은 세대에 속하는 사람들 간의 일체감과 정체성 형성에 기여함
반문화	기존 문화의 보수성과 문제점을 노출시켜 사회 발전의 계기를 제공함

11 대중 매체

인터넷과 같은 쌍방향 매체는 정보 소비자의 정보 생산 참여 가능성이 높은 반면, 텔레비전과 같은 일방향 매체는 정보 생산자와 정보 소비자가 명확히 구분된다. 따라서 A는 인터넷, B는 텔레비전이다.

ㄷ. 인터넷은 뉴 미디어에 해당하고, 텔레비전은 전통적 매체에 해당한다.

ㄹ. 뉴 미디어는 누구나 정보 생산에 참여할 수 있다는 점에서 정보 생산자와 소비자가 명확히 구분되지 않는다.

오답 피하기 ㄱ. A는 인터넷, B는 텔레비전이다.

ㄴ. 텔레비전은 정보 생산자로부터 소비자에게 정보가 한 방향으로 흘러간다는 점에서 일방향 매체이고, 인터넷은 정보 생산자와 소비자 간에 정보가 쌍방향으로 흘러간다는 점에서 쌍방향 매체이다.

12 문화 변동 요인

전쟁 과정에서 농경 기술이 전해졌다는 점에서 구성원들 간의 직접적인 접촉 과정에서 문화 요소가 전달되어 정착되는 현상인 직접 전파임을 알 수 있다. 직접 전파는 문화 변동의 외재적 요인에 해당한다.

오답 피하기 ㄱ. 강제적 문화 접변은 강제력에 의해 문화 요소가 이식되는 현상이며, 제시된 사례에는 강제력에 의해 문화 요소가 이식되었다는 내용이 나타나 있지 않다.

ㄹ. 문화 변동의 내재적 요인에는 발명과 발견이 있다.

13 문화 변동 요인

직접 전파와 간접 전파는 문화 변동의 외재적 요인이고, 발명은 내재적 요인이다. 직접 전파는 구성원 간의 직접적인 접촉 과정에서 문화 요소가 전달되는 경우이고, 간접 전파는 매개체를 통해 문화 요소가 전달되는 경우이다. 따라서 A는 직접 전파, B는 발명, C는 간접 전파이다.

ㄴ. 자동차는 존재하지 않던 사물이 등장하였다는 점에서 발명에 해당한다.

ㄹ. 내재적 요인의 경우 다른 문화와의 접촉 없이 한 사회 내부의 요인으로 문화 변동이 초래된다.

오답 피하기 ㄱ. A는 직접 전파이다.

ㄷ. 정복에 따른 문화 전파는 구성원 간의 접촉을 통해 문화 요소가 전달된다는 점에서 직접 전파의 사례이다

14 문화 변동 양상

외래문화 요소가 기존 문화 요소와 결합하여 제3의 문화를 형성하는 현상은 문화 융합이다. 한 사회의 문화 요소가 다른 사회의 문화 체계 속에 흡수되어 정체성을 상실하는 현상은 문화 동화이다. 따라서 A는 문화 융합, B는 문화 병존, C는 문화 동화이다.

더 알아보기+ 문화 동화와 문화 정체성

문화 병존이나 문화 융합이 고유문화의 정체성을 유지하고 있는 것과 달리 문화 동화는 외래문화와 교류하는 과정에서 고유문화의 정체성을 상실한다. 이러한 현상은 대체로 자기 문화에 대한 문화적 정체성이 약하거나 보존 노력이 미흡한 경우, 또는 다른 나라의 군사적·정치적 지배로 문화가 강제로 규제될 때 나타나기 쉽다. 이로 인해 특정한 문화가 다른 문화를 흡수할 때에는 한 사회의 고유한 문화를 소멸시키기도 한다.

15 문화 변동 양상

식민지 정책으로 문화 변동이 초래되었다는 점에서 직접 전파이자 강제적 문화 접변임을 확인할 수 있으며, 식민지 정책 결과 전통문화가 상실되었다는 점에서 문화 동화를 확인할 수 있다.

오답 피하기 ㄴ. 문화 융합은 문화 전파의 결과 제3의 문화가 형성되는 경우이다.

ㄹ. 직접 전파는 문화 변동의 외재적 요인이다.

16 문화 변동에 따른 문제점

새로운 물질문화는 사회 구성원들이 비교적 쉽게 수용하여 변동 속도가 빠른 것에 비해, 비물질문화는 수용하는 데 시간이 걸려 변동 속도가 느리다. 이로 인해 발생하는 문화 요소 간의 부조화 현상을 문화 지체라고 한다.

자료 분석

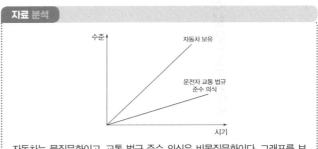

자동차는 물질문화이고, 교통 법규 준수 의식은 비물질문화이다. 그래프를 보면 자동차 보유라는 물질문화의 수준은 높은데, 운전자의 교통 법규 준수 의식이라는 비물질문화의 수준이 이를 따라가지 못하여 격차가 나타난다.

오답 피하기 ㄱ. 아노미는 급격한 문화 변동으로 전통적 규범과 가치관을 대체할 새로운 규범과 가치관이 아직 정립되지 못하여 사회가 혼란과 무규범 상태에 빠진 상태를 말한다.

ㄹ. 기술 지체 현상은 문화 지체와 반대로 사람들의 의식이나 가치관은 빠르게 변해 가는데 기술 등 물질 문화가 따라가지 못하는 현상이다.

1주 4일 교과서 대표 전략 ② Book 2 30~31쪽

01 ① 02 ③ 03 ④ 04 ⑤ 05 ④ 06 ③
07 ④

01 문화의 속성

외국인이 한국에 오랫동안 거주하며 김치를 즐겨 먹게 된 사례, 다문화 가정의 자녀가 부모의 언어를 자연스럽게 구사할 수 있는 사례는 모두 문화가 후천적으로 학습되는 생활 양식임을 보여 주며, 이는 문화의 속성 중 학습성에 해당한다.

오답 피하기 ② 문화가 지속적으로 변동한다는 속성은 변동성이다.

③ 문화가 세대 간 전승되며 다양해진다는 속성은 축적성이다.

④, ⑤ 문화는 부분이 모여 전체로서의 체계를 이루고 있으므로 한 부분의 변동이 연쇄적 변동을 초래한다는 속성은 총체성이다.

02 하위문화

(가)는 특정 연령대의 문화라는 점에서 하위문화 중 세대 문화이고,

(나)는 정부 정책에 저항하는 문화라는 점에서 하위문화 중 반문화에 해당한다.

ㄷ. (가), (나) 모두 하위문화에 해당하며 전체 사회에 문화 다양성을 제공할 수 있다.

ㄱ. (가)는 세대 문화의 사례이다.

ㄹ. (가)와 달리 (나)는 기존 문화에 저항하는 특징을 보이는 반문화이다.

03 문화를 이해하는 태도
질문 (가)에 대해 '예'라는 응답은 하나, '아니요'라는 응답은 둘이다. 문화를 이해하는 태도에는 자문화 중심주의, 문화 사대주의, 문화 상대주의가 있다.

선택지 바로 보기

ㄱ. (가)에는 '문화를 평가의 대상으로 보는가?'가 들어갈 수 있다. (×)
→ '문화를 평가의 대상으로 보는가?'라는 질문에 자문화 중심주의와 문화 사대주의 모두 '예'라고 답할 수 있으므로 제시된 질문은 (가)에 들어갈 수 없다.

ㄴ. (가)에는 '자기 문화의 정체성 약화를 초래하는가?'가 들어갈 수 있다. (○)
→ 자기 문화의 정체성 약화를 초래하는 문화 이해 태도는 문화 사대주의이므로 제시된 질문은 (가)에 들어갈 수 있다.

ㄷ. (가)가 '문화를 이해의 대상으로 보는가?'라면, A는 문화 사대주의이다. (×)
→ 문화를 이해의 대상으로 보는 태도는 문화 상대주의이므로 (가)가 '문화를 이해의 대상으로 보는가?'라면, A는 문화 상대주의이다.

ㄹ. (가)가 '문화적 다양성 보존에 유리한가?'라면, B와 C는 모두 문화를 평가의 대상으로 본다. (○)
→ 문화적 다양성 보존에 유리한 태도는 문화 상대주의이다. 따라서 제시된 질문이 (가)에 들어갈 경우 B와 C는 각각 문화 사대주의와 자문화 중심주의 중 하나이고, 문화 사대주의와 자문화 중심주의는 모두 문화를 평가의 대상으로 본다.

더 알아보기⁺ 문화 간 우열에 대한 판단

문화 상대주의와 달리 자문화 중심주의와 문화 사대주의는 문화 간 우열이 존재한다고 여기는 공통점이 있다. 그러나 자문화 중심주의는 타 문화에 비해 자문화가 우수하다고 보는 반면, 문화 사대주의는 자문화에 비해 타 문화가 우수하다고 본다는 점에서 차이가 있다. 그리고 문화 간 우열 판단이 가능하다고 보기 때문에 자문화 중심주의와 문화 사대주의는 문화에 대한 평가가 가능하다고 여긴다.

04 대중 매체
대중 매체는 불특정 다수인 대중을 상대로 대량의 지식이나 정보를 전달하는 매체나 수단으로, 전통적 매체와 뉴 미디어로 구분한다.

자료 분석

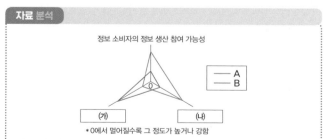

정보 소비자의 정보 생산 참여 가능성

(가)   (나)

*O에서 멀어질수록 그 정도가 높거나 강함

A는 B에 비해 정보 소비자의 정보 생산 참여 가능성이 높다. 신문의 경우 정보 생산자는 신문사이고 정보 소비자는 구독자이므로 정보 소비자가 정보 생산 과정에 참여하기 어렵다. 따라서 A는 인터넷, B는 신문이다.

ㄷ. (가)는 신문이 인터넷에 비해 높은 특성이다. 신문의 경우 인터넷에 비해 정보 소비자와 정보 생산자가 명확히 구분된다.

ㄹ. (나)는 인터넷이 신문에 비해 높은 특성이다. 정보 전달의 속도는 인쇄 매체인 신문에 비해 인터넷이 빠르다.

ㄱ. A는 인터넷, B는 신문이다.

ㄴ. 인터넷은 정보 생산자와 소비자 간 쌍방향 의사소통이 가능한 쌍방향 매체이고, 신문은 정보 생산자가 제공하는 정보를 소비자가 일방적으로 수용하는 일방향 매체이다.

05 문화 변동 양상
(가) 저개발 국가들이 선진국의 기술을 도입한 것과 (나) 중남미 지역 부족들이 유럽인에게 정복되는 과정에서 전통문화를 대부분 상실한 것은 모두 외재적 요인에 의한 문화 변동 사례이다.

ㄴ. (나)의 경우 전통문화가 상실되었다는 점에서 문화 동화가 나타났다.

ㄹ. (가)에서는 자발적 문화 접변이 나타났고, (나)의 경우 정복 과정에서 문화 변동이 나타났다는 점에서 강제적 문화 접변이 나타났다.

ㄱ. (가)의 경우 문화 접변에 따른 양상은 구체적으로 제시되어 있지 않다.

ㄷ. (가)의 경우 직접 전파인지 간접 전파인지 알 수 없고, (나)에서는 정복이라는 과정을 통해 문화 변동이 나타났으므로 직접 전파에 해당한다.

06 문화 변동 요인
발명은 이전에는 존재하지 않았던 새로운 문화 요소를 만들어 내는 것이고, 발견은 이미 존재하는 사물이나 사실, 원리 등을 찾아내는 것이며, 직접 전파는 서로 다른 사회 구성원 간의 직접적인 접촉으로 인해 문화 요소가 전파되는 현상이다.

자료 분석

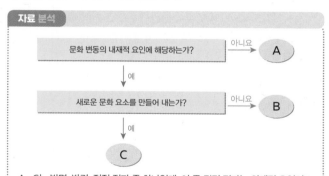

문화 변동의 내재적 요인에 해당하는가? → 아니요 → A
예 ↓
새로운 문화 요소를 만들어 내는가? → 아니요 → B
예 ↓
C

A~C는 발명, 발견, 직접 전파 중 하나인데, 이 중 직접 전파는 외재적 요인이고 발명과 발견은 내재적 요인이다. 따라서 A는 직접 전파이다. 발명과 발견 중 존재하지 않았던 새로운 문화 요소를 만들어 내는 경우는 발명이므로 B는 발견, C는 발명이다.

③ 컴퓨터와 휴대 전화는 존재하지 않았던 새로운 문화 요소가 만들어진 경우이므로 발명에 해당한다.

① A는 직접 전파이다.

② B는 발견이다.

④ 내재적 요인에 해당하는 발명과 발견은 타 문화와의 접촉 없이 문화 변동을 초래한다.

⑤ 강제적 문화 접변은 타 문화와의 접촉을 전제로 한다. 발명과 발견은 내재적 요인이므로 강제적 문화 접변과 관련이 없다.

07 문화 변동 양상

제3의 문화 요소가 나타나는 경우는 문화 융합이다. '제3의 문화 요소가 나타났는가?'라는 질문으로 A와 C를 구분할 수 없다는 것은 A와 C 모두 위 질문에 대해 '아니요'라고 답한 것이므로 B는 문화 융합이다. 자국의 고유한 문화 정체성을 상실한 경우는 문화 동화로, B가 문화 융합이므로 A는 문화 동화이고, C는 문화 병존이다.

④ 온돌 문화와 침대 문화가 결합하여 제3의 문화 요소인 온돌 침대가 등장한 것은 문화 융합의 사례이다.

> **오답 피하기** ① A는 문화 동화이다.
> ② B는 문화 융합이다.
> ③ C는 문화 병존이다.
> ⑤ 아메리카 원주민이 백인에게 정복되어 자기 문화를 상실한 것은 문화 동화의 사례이다.

(1주) 누구나 합격 전략

Book 2 32~33쪽

01 ⑤	02 ④	03 ③	04 ②	05 ⑤	06 ⑤
07 ②	08 ②	09 ③	10 ②		

01 문화의 의미

'지역 문화'에서의 '문화'는 생활 양식의 총체를 의미하는 문화로서 의식주, 사고방식, 가치관 등 인간이 주어진 환경에 적응하면서 살아가는 모든 방식을 의미하는 넓은 의미의 문화에 해당한다.

ㄷ, ㄹ '세대 문화'와 '청소년 문화'에서의 '문화'는 생활 양식 전반을 의미한다는 점에서 넓은 의미의 문화에 해당한다.

> **오답 피하기** ㄱ, ㄴ '문화생활'과 '문화 공연'에서의 '문화'는 고상한 것의 의미로 사용된다는 점에서 좁은 의미의 문화에 해당한다.

02 문화의 속성

우리나라 사람들은 모두 생일에 미역국을 먹는다는 것을 알고 있다. 문화는 한 사회의 구성원 다수가 공통적으로 가지고 있는 생활 양식이라는 속성은 공유성이다.

> **오답 피하기** ① 총체성은 문화가 부분이 아닌 전체로서 의미를 갖는 생활 양식이라는 속성이다.
> ② 학습성은 문화가 사회의 다른 구성원과의 상호 작용을 통해 후천적으로 학습되는 생활 양식이라는 속성이다.
> ③ 변동성은 문화가 시간이 흐르면서 그 형태나 내용, 의미가 변화하는 생활 양식이라는 속성이다.
> ⑤ 축적성은 문화에 새로운 요소가 추가되어 점점 더 풍부해지는 생활 양식이라는 속성이다.

03 문화를 바라보는 관점

비교론적 관점은 각 사회의 문화는 보편성과 특수성을 동시에 지니

고 있으므로 서로 다른 문화를 비교하면서 개별 문화가 가진 공통점과 차이점을 연구해야 한다고 본다.

> **선택지 바로 보기**
>
> ① 총체론적 관점 (×)
> → 총체론적 관점은 문화의 의미를 다른 문화 요소 및 전체와의 유기적인 관련 속에서 파악하는 관점이다.
> ② 상대론적 관점 (×)
> → 상대론적 관점은 해당 문화를 향유하는 사회 구성원들의 입장에서 문화의 고유한 의미를 파악하는 관점이다.
> ③ 비교론적 관점 (○)
> → 비교론적 관점은 각 사회의 문화가 보편성과 특수성을 가지고 있음을 전제하고 서로 다른 문화를 비교하여 연구하는 관점이다.
> ④ 절대론적 관점 (×)
> → 절대론적 관점은 문화 간에 우열을 평가할 수 있다고 여겨 문화를 우월한 문화와 열등한 문화로 평가하는 관점이다.
> ⑤ 진화론적 관점 (×)
> → 진화론적 관점은 문화가 시간이 지나면서 점차 더 우수한 것으로 진화한다고 여기는 관점이다.

04 문화를 이해하는 태도

자기 문화의 우수성을 지나치게 강조한 나머지 다른 문화를 부정적으로 여기고 낮게 평가하는 태도 A는 자문화 중심주의이다.

ㄱ. 자문화 중심주의는 타 문화를 자기 문화보다 낮게 평가하므로 타 문화를 수용하는 것이 어렵다.

ㄹ. 자문화 중심주의는 자기 문화를 다른 사회에 강요하여 다른 사회와 문화적 마찰을 겪을 수 있다.

> **오답 피하기** ㄴ. 고유문화가 소멸될 우려가 있는 문화 이해 태도는 문화 사대주의이다.
> ㄷ. 문화 사대주의는 자문화를 평가절하하고 타 문화를 적극적으로 수용한다는 점에서 자문화의 정체성이 약화될 수 있다.

05 하위문화

한 사회 내에서 특정 집단의 구성원들 또는 특정 영역의 사람들만 공유하는 문화는 하위문화이다. 하위문화는 해당 구성원들의 문화적 욕구를 해결하고, 하위문화를 향유하는 사람들 간에 소속감을 높인다. 또한 전체 사회의 측면에서 다양한 문화가 형성되며, 새로운 하위문화가 만들어지는 과정에서 문화가 창조되고 변화하기도 한다.

⑤ 하위문화 중 지배적 문화에 저항하는 반문화의 경우 사회 통합을 저해하기도 하는데, 이는 하위문화의 역기능이다.

> **더 알아보기⁺** 하위문화의 순기능과 역기능
>
> | | |
> |---|---|
> | 순기능 | · 개인의 정체성을 형성하게 함
· 주류 문화에서 얻을 수 없는 다양한 욕구를 충족시킴
· 같은 하위문화를 공유하는 사람들에게 유대감과 소속감 형성에 도움을 줌
· 문화의 획일화를 방지하고, 문화적 다양성에 기여함 |
> | 역기능 | · 서로 다른 하위문화를 가진 집단 간 문화적 갈등이나 충돌이 발생할 수 있음
· 사회의 지배적 문화와 하위문화의 성격이 달라서 갈등이 발생할 수 있음 |

06 대중 매체

신문, 텔레비전, 잡지 등은 일방향 매체이고, 인터넷, IPTV, SNS 등은 쌍방향 매체이다.

ㄷ. 일방향 매체는 정보 소비자가 정보 생산 과정에 참여하기 어렵다. 반면, SNS와 같은 쌍방향 매체는 정보 소비자가 정보 생산 과정에 참여하기 용이하다.

ㄹ. 쌍방향 매체는 누구나 정보 생산 과정에 참여할 수 있다는 점에서 정보 소비자와 생산자가 명확히 구분되지 않는다.

> **오답 피하기** ㄱ. A는 정보 생산자가 제공하는 정보를 소비자가 일방적으로 받아들이는 일방향 매체이다.
> ㄴ. B는 정보 생산자와 소비자 간 쌍방향 의사소통이 가능한 쌍방향 매체이다.

07 문화 변동 요인

(가) 한 사회 내부에서 새롭게 등장하여 그 사회의 문화 체계에 변동을 초래하는 요인은 문화 변동의 내재적 요인이고, (나) 다른 사회의 문화 체계와 접촉하거나 교류한 결과 다른 문화 요소가 전해져 문화 변동을 초래하는 요인은 문화 변동의 외재적 요인이다.

② 내재적 요인에는 발명과 발견이 있고, 외재적 요인에는 직접 전파, 간접 전파, 자극 전파가 있다.

> **더 알아보기⁺** 문화 변동 요인의 사례

내재적 요인	발명	전화기, 비행기, 인터넷, 계몽주의 등
	발견	만유인력의 법칙, 바이러스, 불 등
외재적 요인	직접 전파	문익점이 중국에서 목화씨를 가져와 재배하기 시작한 것
	간접 전파	대중 매체를 통해 한국 문화가 외국에 전파되는 것
	자극 전파	중국 한자의 음과 뜻을 빌려 우리말을 표기했던 이두

08 문화 변동 요인과 양상

지배 과정에서 문화 요소가 강제적으로 전해졌다는 점에서 직접 전파와 강제적 문화 접변을 확인할 수 있으며, 현재 영어와 자국 언어가 함께 사용된다는 점에서 문화 병존을 확인할 수 있다.

> **오답 피하기** ㄴ. 문화 동화는 전통문화 요소가 외래문화 요소로 대체되어 고유한 문화의 정체성을 상실하는 현상이다. 오늘날 필리핀에서 자국 언어인 타갈로그어를 사용하고 있으므로 문화 동화가 나타나지 않았다.
> ㄹ. 미국의 지배를 받아 영어가 전파되었고, 이를 통해 문화 병존이 나타났으므로 외재적 요인에 의한 문화 변동이다.

09 문화 변동 양상

문화 접변 결과 자기 문화를 상실한 경우는 문화 동화, 서로 다른 문화가 나란히 존재하는 경우는 문화 병존, 제3의 문화가 등장한 경우는 문화 융합이다. (가) 북아메리카 원주민이 이주해 온 유럽인의 문화와 접촉하면서 자기 문화를 상실한 것은 문화 동화의 사례이다. (나) 우리나라에서 양력과 음력에 따른 날짜를 함께 사용하는 것은 문화 병존의 사례이다. (다) 남아메리카 전통문화와 유럽의 정복 문화가 결합하여 메스티소 문화가 나타난 것은 문화 융합의 사례이다.

10 문화 변동에 따른 문제점

일반적인 의식주나 기술과 같은 물질문화는 변동 속도가 빠르지만, 제도나 규범 및 가치관 등의 비물질문화는 상대적으로 변동 속도가 느리기 때문에 물질문화와 비물질문화 간 부조화가 나타나는데, 이를 문화 지체 현상이라고 한다.

> **선택지 바로 보기**
>
> ① 아노미 (✕)
> → 급속한 문화 변동으로 기존의 규범이 약화되고, 새로운 규범이 정립되지 않아서 발생한 혼란을 아노미라 한다.
> ② 문화 지체 (○)
> → 정보 통신 기술이라는 물질문화의 변동 속도를 의식이나 제도와 같은 비물질문화가 따르지 못하여 발생하는 사회 문제를 문화 지체라 한다.
> ③ 문화 충격 (✕)
> → 문화 변동으로 인해 기존 문화에 익숙한 사람들이 겪는 혼란을 문화 충격이라 한다.
> ④ 문화 동화 (✕)
> → 문화 동화는 문화 접변의 결과 자기 문화의 정체성을 상실하는 현상이다.
> ⑤ 문화 융합 (✕)
> → 문화 융합은 문화 접변의 결과 제3의 문화를 형성하는 현상이다.

1주 창의·융합·코딩 전략 Book 2 34~37쪽

1 ③	2 ⑤	3 ⑤	4 ①	5 ①	6 ③
7 ①	8 ②	9 ⑤	10 ⑤	11 ②	12 ④

1 문화의 속성

교사 평가 내용이 제시된 속성에 대해 사례를 정확히 제시하였다고 되어 있으므로 이를 바탕으로 나머지 빈칸을 채울 수 있다.

> **선택지 바로 보기**
>
> ① A는 변동성이다. (✕)
> → '세대별로 사용하는 언어 습관의 차이'는 세대별로 공유하는 문화가 다름을 나타내는 것으로 공유성의 사례에 해당한다.
> ② B는 공유성이다. (✕)
> → '과거와 비교한 오늘날 음식 문화의 변화 양상'은 변동성의 사례에 해당한다.
> ③ (가)에는 'IT 기술의 발전에 따른 학교 수업 모습의 변화'가 들어갈 수 있다. (○)
> → 문화의 속성 중 총체성은 문화가 부분이 아닌 전체로서 의미를 갖는다는 것이다. 따라서 'IT 기술의 발전에 따른 학교 수업 모습의 변화'는 총체성의 사례로 적절하다.
> ④ (나)에는 '다른 사회에서 자란 일란성 쌍둥이의 생활 양식 차이'가 들어갈 수 있다. (✕)
> → 유전 형질이 같은 쌍둥이의 행동 양식이 자란 사회에 따라 다르게 나타난 사례는 문화가 학습의 결과임을 보여 준다.
> ⑤ (다)에는 '특정 지역에서 세대 간 전승되며 풍부해지는 음식 문화'가 들어갈 수 있다. (✕)
> → '특정 지역에서 세대 간 전승되며 풍부해지는 음식 문화'는 문화의 축적성을 보여 주는 사례이다.

2 문화의 속성

우리나라 사람이 돌무더기 탑에 돌을 얹으면서 소원을 비는 행동이 어떤 의미를 가지는지 외국인은 이해하지 못한다. 이는 한 사회의 구성원이 공통적으로 가지고 있는 행동 양식을 공유하지 못하여 나타나는 일로, 그림에 부각된 문화의 속성은 공유성이다.

⑤ 사회 구성원들은 유사한 사고방식이나 행동 양식을 공유하고 있으므로 다른 사회 구성원들의 상황을 예측할 수 있고, 그에 맞게 행동하거나 상대를 배려할 수 있다.

오답 피하기 ① 문화가 부분이 모여 전체를 이룬다는 속성은 총체성이다.
② 문화가 세대 간 전승되고 축적된다는 속성은 축적성이다.
③ 문화가 시간이 흐르며 형태가 변화한다는 속성은 변동성이다.
④ 문화가 후천적으로 학습된 생활 양식이라는 속성은 학습성이다.

3 문화를 이해하는 태도

갑의 태도는 문화를 해당 사회의 맥락에서 이해한다는 점에서 문화 상대주의, 을의 태도는 자문화를 기준으로 타 문화를 바라본다는 점에서 자문화 중심주의, 병의 태도는 선진 문물의 적극 수용을 강조한다는 점에서 문화 사대주의이다.

ㄷ. 문화 사대주의는 타 문화를 적극적으로 수용하는 과정에서 자문화의 정체성을 상실할 우려가 있다.

ㄹ. 자문화 중심주의와 문화 사대주의 모두 문화 간 우열이 존재하며 평가가 가능하다고 본다.

오답 피하기 ㄱ. 문화 상대주의는 문화를 평가의 대상이 아닌 이해의 대상으로 본다.

ㄴ. 자문화 중심주의는 자문화가 타 문화에 비해 우월하다고 본다.

4 문화를 바라보는 관점

그림에서 학생은 우리나라와 서구 지역 국가들의 입시 문화를 비교하여 대학 입시 문화를 조사할 예정이다. 이는 서로 다른 문화를 비교하면서 개별 문화가 가진 공통점과 차이점을 찾고자 하는 비교론적 관점이다.

ㄱ. 비교론적 관점은 타 문화와의 비교를 통해 자문화를 보다 객관적으로 이해할 수 있게 한다.

ㄴ. 비교론적 관점은 문화 간 보편성과 특수성에 대한 연구를 통해 공통점과 차이점을 찾고자 한다.

오답 피하기 ㄷ. 다른 문화 요소와의 관련 속에서 문화의 의미를 찾는 관점은 총체론적 관점이다.

ㄹ. 해당 사회의 맥락 속에서 문화의 의미를 이해하고자 하는 관점은 상대론적 관점이다.

5 문화를 이해하는 태도

문화 상대주의는 문화의 특수성과 상대성을 인정하여 문화 간에는 우열을 가릴 수 없다고 보는 태도이다. 문화 사대주의는 다른 사회의 문화를 우월한 것으로 여기고 추종하면서 자신의 문화를 열등하다고 생각하는 태도이다. 자문화 중심주의는 자기 문화를 가장 우수한 것으로 여기고 다른 문화를 부정적으로 평가하는 태도이다.

자료 분석

질문	문화 상대주의	문화 사대주의	자문화 중심주의
(가)	아니요	예	아니요
(나)	예	아니요	아니요
(다)	아니요	아니요	예

(가)에는 문화 사대주의만 '예'라는 대답이 가능한 질문이, (나)에는 문화 상대주의만 '예'라는 대답이 가능한 질문이, (다)에는 자문화 중심주의만 '예'라는 대답이 가능한 질문이 들어갈 수 있다.

① 문화 사대주의는 다른 태도와 달리 자문화의 정체성이 약화될 우려가 있고, 문화 상대주의는 다른 태도와 달리 문화를 이해의 대상으로 바라보며, 자문화 중심주의는 다른 태도와 달리 국수주의적 태도에 따른 문제가 초래될 수 있다.

6 하위문화

주류 문화는 한 사회의 구성원 대부분이 전반적으로 공유하는 문화이고, 하위문화는 한 사회 내에서 특정 집단만이 공유하는 독특한 문화이다.

자료 분석

A : ◆를 공유하는 문화, B : △를 공유하는 문화

◆는 전체적으로 공유되고 있는 문화 요소인 반면, △은 특정 사회 집단에서만 공유되고 있다. 따라서 A는 주류 문화, B는 하위문화에 해당한다.

③ 하위문화는 사회가 다원화될수록 다양하게 등장하며, 전체 사회의 문화적 다양성을 형성하는 원천이 된다.

오답 피하기 ① 주류 문화에 저항하는 문화는 하위문화 중 반문화이다.
② 특정 영역의 사람들이 공유하는 문화는 하위문화이다.
④ 사회 구성원 대다수가 향유하는 문화는 주류 문화이다.
⑤ 주류 문화와 하위문화를 구분하는 기준은 상대적이다.

7 하위문화

사회 구성원들이 전반적으로 공유하는 A는 주류 문화, 일부 구성원들만이 공유하는 B는 하위문화, 주류 문화에 저항하거나 대립하는 C는 반문화이다.

ㄱ. 반문화는 주류 문화에 저항하여 사회 통합을 저해하기도 한다.

ㄴ. 주류 문화와 반문화를 규정하는 기준은 상대적이므로 사회 변화에 따라 반문화가 주류 문화가 될 수도 있다.

오답 피하기 ㄷ. A는 주류 문화, B는 하위문화, C는 반문화이다.

ㄹ. 사회가 점차 복잡하게 분화되고 다양한 사회 집단이 출현함에 따라 하위문화는 다양화되고 세분화된다.

8 문화 변동 요인

제시된 A~C 중 직접 전파와 자극 전파는 외재적 요인이고, 발명은 내재적 요인이므로 B는 발명이다. 자극 전파는 타 문화에서 아이디

어를 얻어 새로운 문화 요소가 발명되는 경우이므로 A는 직접 전파,
C는 자극 전파이다.

ㄷ. 자극 전파는 다른 사회의 문화 요소에서 아이디어를 얻어 새로운
문화 요소가 나타나는 현상이다.

오답 피하기 ㄴ. 불과 지하자원은 발견의 사례이다.

ㄹ. 매개체를 통해 문화 요소가 전해지는 경우는 간접 전파이다.

더 알아보기⁺ 자극 전파의 사례

"신라는 고유의 문자를 가지지 못한 사회였다. 그런데 중국의 한자를 접한 설총
은 한자의 음을 빌려 와서 우리말을 표현하는 이두를 개발하였다."
⇨ 설총은 중국의 한자에서 아이디어를 얻어 이두라는 새로운 문화 요소를
발명하였다. 신라에는 없던 문화였으나, 중국의 한자에서 아이디어를 얻어 새
로운 문화 요소가 출현한 것이므로 이는 자극 전파에 해당한다

9 문화 변동 요인

발견, 간접 전파, 자극 전파 중 내재적 요인은 발견이다. 따라서 (가)
는 발견이다. 다른 문화로부터 아이디어를 얻어 새로운 문화가 만들
어지는 경우는 자극 전파이다. 따라서 (나)는 자극 전파, (다)는 간접
전파이다.

선택지 바로 보기

① (가)의 사례에는 자동차, 컴퓨터가 있다. (×)
→ 자동차와 컴퓨터는 이전에는 존재하지 않던 새로운 문화 요소이므로 발명
의 사례이다.

② (나)의 사례에는 인터넷을 통해 전해진 K-POP이 있다. (×)
→ 인터넷이라는 매개체를 통해 문화 요소가 전해진 경우는 간접 전파의 사례
이다.

③ (다)의 사례에는 일본 식민 지배 과정에서 전해진 일본 음식 문화
가 있다. (×)
→ 식민 지배 과정에서 문화 요소가 전해진 경우는 서로 다른 사회 구성원 간의
직접적인 접촉으로 인한 직접 전파의 사례이다.

④ (나)는 간접 전파, (다)는 자극 전파이다. (×)
→ (나)는 자극 전파, (다)는 간접 전파이다.

⑤ (다)는 (나)와 달리 매개체를 통해 문화 요소가 전해진다. (○)
→ 간접 전파는 매개체를 통해 문화 요소가 전해진다는 점에서 자극 전파와 차
이가 있다.

10 문화 변동 양상

문화 접변은 서로 다른 두 문화 체계가 장기간에 걸쳐 전면적인 접촉
을 함으로써 나타나는 문화 변동이다. 그 결과는 자문화의 정체성 보
존 여부와 새로운 문화의 출현 여부에 따라 문화 동화, 문화 병존, 문
화 융합으로 구분된다.

자료 분석

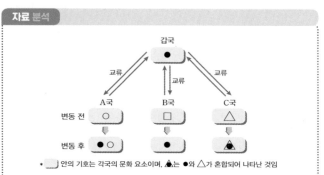

* ☐ 안의 기호는 각국의 문화 요소이며, ▲는 ●와 △가 혼합되어 나타난 것임

• A국에서는 교류 이후 A국의 문화 요소와 갑국의 문화 요소가 나란히 존재하
고 있으므로 문화 병존이 나타났다.
• B국에서는 교류 이후 B국의 전통문화가 사라지고 갑국의 문화 요소가 이를
대체하고 있으므로 문화 동화가 나타났다.
• C국에서는 교류 이후 C국의 문화 요소와 갑국의 문화 요소가 혼합되어 이전
과 다른 제3의 문화 요소가 등장하였으므로 문화 융합이 나타났다.

ㄷ. C국에서는 문화 접변 결과 문화 융합이 나타났다.

ㄹ. 문화 동화의 경우 문화 병존, 문화 융합과 달리 자문화의 정체성
이 상실된다.

오답 피하기 ㄱ. A국에서는 서로 다른 사회의 문화가 접촉하면서 한 사회
의 문화 체계 속에 외래문화 요소와 전통문화 요소가 각자의 고유성을 유지
한 채 나란히 존재하는 문화 병존이 나타났다.

ㄴ. B국에서는 전통문화 요소가 외래문화 요소로 대체되어 고유한 문화적
정체성을 상실하는 문화 동화가 나타났다.

11 문화 변동 양상

(가)는 문화 접변 결과 전통문화 요소가 사라졌다는 점에서 문화 동
화, (나)는 문화 접변 결과 전통문화 요소와 외래문화 요소가 나란히
존재한다는 점에서 문화 병존, (다)는 문화 접변 결과 새로운 성격의
문화가 나타났다는 점에서 문화 융합이다.

오답 피하기 ① (가)는 문화 동화이다.

③ (다)는 문화 융합이다.

④ 문화 동화, 문화 융합, 문화 병존은 모두 외재적 요인에 의한 문화 접변에
따라 나타나는 현상이다.

⑤ 문화 병존과 문화 융합 모두 문화 교류에도 불구하고 전통문화의 정체성
이 남아 있다.

더 알아보기⁺ 문화 융합과 기존 문화의 정체성

"동서양을 잇는 길목이었던 간다라 지방에서 인도의 불교 문화와 서양의 미술
문화가 만나서 서양인의 외모를 가진 불상 조각이 처음으로 만들어졌다."
⇨ 간다라 문화는 서양의 문화와 동양의 문화가 만나 이전과는 다른 제3의 문
화가 형성된 경우이다. 제3의 문화가 형성되었으나 동양과 서양 문화가 새로
운 문화 속에 녹아 있다는 점에서 기존 문화의 정체성은 상실되지 않고 남아
있다.

12 문화 변동 양상

서로 다른 문화 요소가 나란히 존재하는 경우는 문화 병존이고, 온돌
문화와 침대 문화가 만나 제3의 문화 요소인 돌침대가 만들어진 경
우는 문화 융합의 사례이다.

ㄴ. B는 서로 다른 두 문화가 결합하여 새로운 문화를 형성하는 경우
인 문화 융합이다.

ㄹ. 문화 융합과 문화 병존 모두 문화 접변의 결과로서 외재적 요인
에 의해 나타난다.

오답 피하기 ㄱ. A는 문화 병존, B는 문화 융합이다.

ㄷ. 식민 지배 결과 피지배국의 전통 언어가 사라지는 경우는 문화 동화의
사례이다.

ㄱ. A는 문화 융합, B는 문화 병존이다. (×)
→ A는 문화 병존, B는 문화 융합이다.

ㄴ. (가)에는 '서로 다른 두 문화가 결합하여 새로운 문화를 형성함'이 들어갈 수 있다. (○)
→ B는 서로 다른 두 문화가 결합하여 새로운 문화를 형성하는 경우인 문화 융합이다.

ㄷ. (나)에는 '식민 지배 결과 피지배국의 전통 언어가 사라짐'이 들어갈 수 있다. (×)
→ 식민 지배 결과 피지배국의 전통 언어가 사라진 경우는 문화 동화의 사례이다.

ㄹ. (다)에는 '외재적 요인에 의해 나타남'이 들어갈 수 있다. (○)
→ 문화 융합과 문화 병존은 모두 문화 접변의 결과로서 외재적 요인에 의해 나타난다.

더 알아보기⁺ 문화 변동의 다양한 사례

문화 병존	• 우리나라에 토착 종교와 외래 종교가 함께 존재함 • 싱가포르, 말레이시아에서는 다양한 민족과 종교가 공존하여 여러 종교 사원을 볼 수 있으며, 각 종교의 기념일을 공휴일로 지정하고 있음
문화 동화	• 아메리카 대륙의 원주민들은 유럽의 식민 지배로 고유의 토속 신앙을 잃고 대다수가 크리스트교를 믿게 됨 • 메이지 유신 이후 서구적인 생활 방식을 수용한 일본 사람들은 기모노 대신 양복을 주로 입고, 머리카락을 잘랐으며 그 위에 모자를 썼음
문화 융합	• 미국에서 아프리카의 흑인 음악과 유럽의 백인 음악의 요소가 결합하여 재즈가 탄생함 • 터키 성 소피아 성당은 동로마 제국 때 지어진 크리스트교 건축물이었으나, 오스만 제국의 지배를 받으면서 이슬람 사원으로 개조됨.

2주 Ⅳ. 사회 계층과 불평등 ~
Ⅴ. 현대의 사회 변동

2주 1일 개념 돌파 전략 ① **Book 2** 40~43쪽

3강_ 사회 계층과 불평등

|40쪽| 개념 ❶ 계급, 권력, 지위 개념 ❷ 상대적
개념 ❸ 공공 부조
|41쪽| 01 ㄱ, ㄴ, ㅁ 01-1 다이아몬드형
02 (가): 절대적 빈곤, (나): 상대적 빈곤 02-1 사회적
03 ㉠: 모든 국민, ㉡: 비금전적 03-1 ①

4강_ 현대의 사회 변동

|42쪽| 개념 ❶ 진보 개념 ❷ 증가 개념 ❸ 정보 인프라
|43쪽| 01 ㄴ, ㄷ 01-1 순환론
02 ㄱ, ㄴ 02-1 저출산
03 정보화 03-1 ⑤

2주 1일 개념 돌파 전략 ② **Book 2** 44~45쪽

1 ④ 2 ① 3 ② 4 ② 5 ② 6 ④

1 기능론과 갈등론
사회적으로 중요한 기능을 하는 직업에 높은 사회적 지위와 많은 보수가 주어지는 것이 당연하다는 주장은 기능론적 관점이다.
ㄴ. 기능론은 차등 분배가 개인의 성취동기를 자극한다고 본다.
ㄹ. 기능론은 사회적 희소가치의 배분 기준을 사회 전체가 합의했다고 여긴다.
오답 피하기 ㄱ. 사회 불평등을 제거해야 할 대상으로 보는 관점은 갈등론이다.
ㄷ. 사회 불평등이 기존의 불평등 구조를 재생산한다고 보는 관점은 갈등론이다.

2 빈곤의 유형
인간이 최소한의 생활을 유지하는 데 필요한 자원이나 소득이 절대적으로 부족한 상태는 절대적 빈곤이다.

ㄱ. 절대적 빈곤에 해당한다. (○)
→ 절대적 빈곤은 인간이 최소한의 생활을 유지하는 데 필요한 자원이나 소득이 절대적으로 부족한 상태를 의미한다.

ㄴ. 주로 저개발국에서 나타난다. (○)
→ 절대적 빈곤은 주로 선진국보다는 저개발국에서 많이 나타난다.

ㄷ. 빈곤선은 시대와 사회에 상관없이 동일하다. (×)
→ 절대적 빈곤을 파악하는 기준선은 시대와 사회에 따라 다르다.

ㄹ. 우리나라에서는 중위 소득의 50% 미만 가구가 해당한다. (×)
→ 우리나라에서 중위 소득의 50% 미만인 가구는 상대적 빈곤 가구에 해당한다.

3 사회 보장 제도

65세 이상 노인 중 소득과 재산이 적은 노인에게 매달 일정액의 연금을 지급하는 제도는 기초 연금 제도이며, 기초 연금 제도는 공공 부조에 해당한다.

② 공공 부조는 현재 직면한 사회적 위험에 대응하는 사후 처방적 성격이 강하다.

> **오답 피하기** ① 기초 연금 제도는 공공 부조에 해당한다.
> ③ 강제 가입을 원칙으로 하는 것은 사회 보험이다.
> ④ 공공 부조와 사회 보험은 금전적 지원을 원칙으로 한다.
> ⑤ 공공 부조는 사회 보험보다 소득 재분배 효과가 크게 나타난다.

> **더 알아보기⁺** 우리나라 사회 보장 제도

사회 보험	공공 부조	사회서비스
금전적 지원 원칙		비금전적 지원 원칙
사전 예방적 성격	사후 처방적 성격	

4 사회 변동 이론

제시된 그림에 나타난 사회 변동 이론은 사회 변동이 일정한 방향을 가지고 있다고 보는 진화론이다.

② 진화론은 사회 변동을 진보와 발전으로 인식한다.

> **오답 피하기** ① 진화론에 해당한다.
> ③ 운명론적 관점에서 사회 변동을 설명하는 이론은 순환론이다.
> ④ 사회가 항상 진보하는 것은 아니라고 보는 이론은 순환론이다.
> ⑤ 과거의 역사에서 흥망성쇠를 거듭한 국가의 사례를 설명하기에 적합한 이론은 순환론이다.

5 저출산 현상

제시된 표에서 합계 출산율이 점차 낮아지고 있다. 저출산은 아이를 적게 낳아 사회 전반적으로 출산율이 감소하는 현상이다.

> **자료 분석**
>
> | 구분 | t년 | t+10년 | t+20년 |
> |---|---|---|---|
> | 합계 출산율(명) | 1.7 | 1.3 | 0.7 |
>
> 합계 출산율이란 가임 여성(15~49세) 1명당 출생아 수를 의미하고, 이와 같은 합계 출산율이 낮아지는 현상을 저출산 현상이라고 한다. 저출산 현상의 원인에는 출산과 양육 부담 증가, 혼인과 출산에 대한 가치관 변화 등이 있다.

> **선택지 바로 보기**
>
> ㄱ. 초혼 연령 상승과 독신 인구의 증가가 원인이다. (○)
> → 과거에 비해 초혼 연령이 상승하고 독신 인구가 증가하여 저출산 현상이 나타났다.
> ㄴ. 의료 기술 발달에 따른 평균 수명 증가가 원인이다. (✕)
> → 의료 기술 발달에 따른 평균 수명 증가는 고령화 현상의 원인이다.
> ㄷ. 해결 방안으로 출산 보조금과 양육 수당 지급을 들 수 있다. (○)
> → 출산 보조금과 양육 수당을 지급하면 자녀 양육에 따른 경제적 부담이 줄어 출산율이 높아질 수 있다.
> ㄹ. 해결 방안으로 노인 일자리 및 재취업 기회 확대를 들 수 있다. (✕)
> → 노인 일자리 및 재취업 기회 확대는 고령화 현상에 대한 해결 방안이 될 수 있다.

6 산업 사회와 정보 사회

정보 사회는 산업 사회에 비해 사회의 다원화 정도가 높은 반면, 관료제 조직의 비중이 낮게 나타난다. 따라서 A는 정보 사회, B는 산업 사회이다.

ㄴ. 정보 사회는 정보 통신망이 발달하여 재택근무 형태가 가능하므로 산업 사회에 비해 가정과 일터의 결합 정도가 높다.

ㄹ. 정보 사회는 다품종 소량 생산 방식의 비중이 높고, 산업 사회는 소품종 대량 생산 방식의 비중이 높다.

> **오답 피하기** ㄱ. A는 정보 사회, B는 산업 사회이다.
> ㄷ. 정보 사회는 산업 사회에 비해 구성원 간 직업의 이질성이 높다.

2주 2일 필수 체크 전략 ① Book 2 46~49쪽

1-1 경제적 불평등   1-2 ㄱ, ㄷ   2-1 ㄱ, ㄹ   2-2 세대 내 이동, 개인적 이동, 수직 이동   3-1 ⑤   3-2 을   4-1 ③   4-2 생산적 복지

1-1 사회 불평등 현상

사회 불평등 현상의 영역에는 경제적 불평등, 정치적 불평등, 사회·문화적 불평등이 있다. 경제적 불평등은 소득이나 재산 등 경제적 가치가 차등 분배됨으로써 나타나는 불평등으로, 가장 일반적이고 전형적인 사회 불평등의 모습이다.

1-2 기능론, 갈등론

> **선택지 바로 보기**
>
> ㄱ. 사회 발전을 위해 불가피하다. (○)
> → 기능론은 사회 불평등 현상을 보편적이고 불가피한 현상으로 본다.
> ㄴ. 직업의 기능적 중요도에는 차이가 없다. (✕)
> → 기능론은 사회 전체의 필요에 따라 직업별 사회적 역할의 중요도와 기여도가 달라진다고 본다.
> ㄷ. 차등 분배는 구성원들의 성취동기를 높인다. (○)
> → 기능론은 차등 분배가 개인에게 성취동기를 부여하고 구성원 간 경쟁을 유발하여 사회가 효율적으로 작동하는 데 기여한다고 본다.
> ㄹ. 사회적 자원은 개인의 능력보다 가정 배경에 따라 불공평하게 분배된다. (✕)
> → 사회적 자원이 개인의 능력보다 가정 배경에 따라 불공평하게 분배된다고 보는 것은 갈등론이다.

2-1 사회 계층 구조

사회 계층 구조는 한 사회에서 희소한 자원이 불평등하게 분배되고, 그러한 불평등이 지속되면서 정형화된 구조로 나타난 것이다. 계층별 구성원 비율에 따라 피라미드형 계층 구조, 다이아몬드형 계층 구조, 모래시계형 계층 구조, 타원형 계층 구조로 구분한다.

ㄱ. 피라미드형 계층 구조는 하층의 비율이 가장 높고, 상층의 비율이 가장 낮은 계층 구조이다.

ㄹ. 피라미드형 계층 구조는 봉건적 신분 사회에서 주로 나타난다.

오답 피하기 ㄴ. 피라미드형 계층 구조는 하층 비율이 높기 때문에 사회 구조의 변화를 추구하는 시도가 나타날 수 있어 사회적 안정도가 낮다. 사회적 안정도가 높은 것은 다이아몬드형 계층 구조이다.
ㄷ. 폐쇄적 계층 구조는 계층 간 이동이 엄격하게 제한된 계층 구조이며, 피라미드형 계층 구조가 모두 폐쇄적 계층 구조는 아니다.

2-2 사회 이동

세대 내 이동이란 개인의 한 생애 내에서 나타나는 사회 이동이며, 개인적 이동은 노력이나 능력 등 개인적 요인에 의해 계층적 위치가 변화하는 이동이다. 또한 수직 이동이란 한 계층에서 다른 계층으로 상승하거나 하강하는 이동을 의미한다. 장발장은 자신의 생애 내에서 자신의 노력으로 수직 상승 이동을 하였다.

3-1 사회적 소수자의 성립 요건

사회적 소수자란 신체적 또는 문화적 특징으로 인해 불평등한 처우를 받는 사람들을 의미한다.
⑤ 사회적 소수자는 수적으로 반드시 소수(少數)를 의미하는 것은 아니다.

오답 피하기 ① 사회적 소수자는 신체적으로나 문화적으로 다른 집단과 구별되는 뚜렷한 차이가 있다.
② 사회적 소수자는 정치 권력을 포함한 사회적 권력의 행사에서 지배 집단보다 열세에 있다.
③ 사회적 소수자는 사회적 소수자 집단의 구성원이라는 이유만으로 사회적 차별의 대상이 된다.
④ 사회적 소수자는 스스로 차별받는 집단의 구성원이라는 인식 또는 소속감이 있다.

3-2 빈곤의 유형

빈곤은 인간의 기본적인 욕구를 충족하는 데 필요한 자원이나 소득의 결핍이 지속되는 상태로, 절대적 빈곤과 상대적 빈곤으로 구분한다.
을: 우리나라에서는 최저 생계비를 산정하여 최저 생계비 미만인 가구를 절대적 빈곤 가구로 파악한다.

오답 피하기 갑: 절대적 빈곤은 주로 저개발국에서 두드러지게 나타난다.
병: 절대적 빈곤과 상대적 빈곤은 모두 객관화된 기준에 따라 분류한다.
정: 상대적 빈곤과 절대적 빈곤은 모두 국가의 소득 수준과 관련 없이 나타날 수 있다.

더 알아보기+ 절대적 빈곤선과 상대적 빈곤선

절대적 빈곤선	일반적으로 최저 생활에 소요되는 금액으로, 우리나라에서는 최저 생계비를 산정하여 소득이 최저 생계비 미만인 가구를 절대적 빈곤 가구로 파악함
상대적 빈곤선	일반적으로 중위 소득의 일정 비율에 해당하는 금액으로, 우리나라에서는 통계청의 자료를 바탕으로 소득이 중위 소득의 50% 미만인 가구를 상대적 빈곤 가구로 파악함

4-1 사회 보장 제도

공공 부조는 국가와 지방 자치 단체의 책임하에 생활 유지 능력이 없거나 생활이 어려운 국민의 최저 생활을 보장하고 자립을 지원하는 제도이다.

선택지 바로 보기
① 사후 처방적 성격을 지닌다. (○)
→ 공공 부조는 현재 직면한 사회적 위험에 대응하는 사후 처방적 성격이 강하다.
② 금전적 지원을 원칙으로 한다. (○)
→ 공공 부조는 생활이 어려운 사람에게 필요한 급여를 제공하는 방식이므로 금전적 지원을 원칙으로 한다.
③ 상호 부조의 원리를 기반으로 한다. (×)
→ 상호 부조의 원리를 기반으로 하는 것은 사회 보험이다.
④ 국가 및 지방 자치 단체가 비용을 전액 부담한다. (○)
→ 공공 부조의 경우 국가와 지방 자치 단체의 재정으로 제도 시행에 소요되는 비용 전액을 부담한다.
⑤ 대상자 선정 과정에서 부정적 낙인이 발생할 수 있다. (○)
→ 공공 부조의 경우 생활 유지 능력이 없거나 생활이 어려운 국민을 대상으로 하기 때문에 대상자 선정 과정에서 부정적 낙인이 발생할 수 있다.

4-2 생산적 복지

생산적 복지는 소외 계층이 자활 사업에 참여하거나 노동을 하는 조건으로 지원해 주는 새로운 형태의 복지이다. 복지 제도에 대한 국민의 의존도가 높아져 근로 의욕이 저하되고 복지병이 발생하는 복지 제도의 한계를 극복하기 위해 등장하였다. 기존의 시혜성 복지에서 확대 발전된 개념으로, 시장 경제 체제가 경제 문제를 해결하는 방식을 복지의 영역에 도입한 것이다. 우리나라의 근로 장려금 제도는 생산적 복지 이념을 반영하는 대표적인 제도이다.

더 알아보기+ 근로 장려 세제(근로 장려금 제도)

근로 장려금 제도는 열심히 일을 하지만 소득이 적어 생활이 어려운 근로자, 사업자(전문직 제외), 또는 종교인 가구에 대해 가구원 구성과 총급여액 등에 따라 산정된 근로 장려금을 지급하는 근로 연계형 소득 지원 제도이다. 근로 장려금을 제공할 때는 해당 가구가 스스로 노력하여 소득을 늘리면 가구 소득과 근로 장려금의 총합도 증가하도록 근로 장려금을 지급하는 것을 원칙으로 하고 있다.

 2주 2일 필수 체크 전략 ② Book 2 50~51쪽

1 ①   2 ⑤   3 ⑤   4 ②   5 ④   6 ①

1 기능론과 갈등론

사회 불평등 현상을 불가피한 현상이라고 보는 관점 B는 기능론이고, A는 갈등론이다.

선택지 바로 보기
ㄱ. A는 사회 불평등 현상을 극복해야 할 대상으로 본다. (○)
→ 갈등론은 사회 불평등 현상을 극복해야 할 대상으로 보며, 이를 위해 사회 구조를 변혁해야 한다고 본다.
ㄴ. B는 차등 보상 체계가 사회 발전에 기여한다고 본다. (○)
→ 기능론은 차등 보상 체계가 사회 구성원에게 성취동기를 부여하여 사회 발전에 기여한다고 본다.
ㄷ. A는 B와 달리 사회 불평등 현상을 보편적이라고 본다. (×)
→ 기능론과 갈등론은 모두 사회 불평등 현상이 보편적이라고 본다.
ㄹ. A, B는 모두 가정 배경이 사회 불평등에 미치는 영향력을 중시한다. (×)
→ 가정 배경이 사회 불평등에 미치는 영향력을 중시하는 관점은 갈등론이다.

2 사회 계층 구조

갑국은 상층의 비율이 가장 낮고, 하층의 비율이 가장 높으므로 피라미드형 계층 구조이고, 을국은 중층의 비율이 상층과 하층의 비율보다 높으므로 다이아몬드형 계층 구조이다.

⑤ 다이아몬드형 계층 구조는 피라미드형 계층 구조에 비해 사회의 안정성이 높아 사회 통합에 유리하다.

오답 피하기 ① 피라미드형 계층 구조를 폐쇄적 계층 구조라고 단정지을 수 없다.

② 갑국의 계층 구조는 피라미드형 계층 구조이다.

③ 귀속 지위가 중심이 되는 계층 구조는 폐쇄적 계층 구조이다.

④ 봉건적 신분 사회에서 주로 나타나는 계층 구조는 피라미드형 계층 구조이다.

3 사회 이동의 유형

사회 이동은 한 사회의 계층 구조에서 개인이나 집단의 계층적 위치가 변하는 현상을 말한다.

ㄴ. 흑인 노예로 태어났지만 평범한 요리사에서 호텔 수석 요리사가 된 것은 두 세대 이상에 걸쳐 계층적 위치가 변화하는 세대 간 이동에 해당한다.

ㄷ. 노예 해방을 통해 갑의 계층적 위치가 변화한 것은 구조적 이동에 해당한다.

ㄹ. 갑이 평범한 요리사에서 호텔 수석 요리사가 된 것은 개인의 한 생애 내에서 나타난 세대 내 이동에 해당한다.

오답 피하기 ㄱ. 수평 이동이란 동일한 계층 내에서 다른 직업을 갖거나 소속을 옮기는 등의 이동이다.

더 알아보기+ 사회 이동의 유형

이동 방향에 따른 유형	수평 이동	동일한 계층 내에서 다른 직업을 갖거나 소속을 옮기는 등의 이동
	수직 이동	한 계층에서 다른 계층으로 상승하거나 하강하는 이동
세대 범위에 따른 유형	세대 내 이동	개인의 한 생애 내에서 나타나는 이동
	세대 간 이동	두 세대 이상에 걸쳐 계층적 위치가 변화하는 이동
이동 원인에 따른 유형	개인적 이동	노력이나 능력 등 개인적 요인에 의해 계층적 위치가 변하는 이동
	구조적 이동	급격한 사회 변동으로 기존의 사회 구조가 변화하면서 개인이나 집단의 계층 위치가 변하는 이동

4 성 불평등 문제

제시된 자료는 갑국~정국의 여성 의회 의원 비율을 보여 준다. 여성 의회 의원 비율이 높을수록 성 불평등 정도는 약하다고 볼 수 있다.

ㄱ. 여성 의회 의원 비율은 정치적 측면의 성 불평등 양상을 나타내는 지표이며, 갑국이 여성 의회 의원 비율이 가장 낮으므로 정치적 측면의 성 불평등 정도가 가장 심하다고 볼 수 있다.

ㄹ. 갑국~정국의 전체 의회 의원 수가 동일하다면, 정국의 여성 의회 의원 비율이 가장 높으므로 정국의 여성 의회 의원 수가 가장 많다.

오답 피하기 ㄴ. 갑국와 을국의 전체 의회 의원 수를 알 수 없으므로 전체 여성 의회 의원 비율이 35%라고 단정지을 수 없다.

ㄷ. 을국과 병국의 여성 의회 의원 비율은 동일하지만, 각 국가의 전체 의회 의원 수를 알 수 없으므로 여성 의회 의원 수가 동일하다고 단정지을 수 없다.

5 빈곤의 유형

인간이 최소한의 생활을 유지하기 어려운 상태를 의미하는 A는 절대적 빈곤이고, B는 상대적 빈곤이다.

ㄴ. 우리나라에서는 가구 소득이 최저 생계비 수준에 미치지 못하는 가구를 절대적 빈곤 가구로 분류한다.

ㄹ. 절대적 빈곤과 상대적 빈곤에 해당하는 가구는 모두 객관화된 기준에 의해 분류된다.

오답 피하기 ㄱ. A는 절대적 빈곤, B는 상대적 빈곤이다.

ㄷ. 절대적 빈곤과 상대적 빈곤 모두 상대적 박탈감 발생의 원인이 된다.

6 사회 보장 제도

국민연금 제도는 노령, 장애, 사망 시 본인 및 가족에게 노령 연금, 장애 연금, 유족 연금 등을 지급함으로써 국민의 생활 안정과 복지 증진을 목적으로 하는 제도이고, 고용 보험 제도는 근로자가 일자리를 잃을 경우 재취업을 위한 노력을 하는 것을 조건으로 생활에 필요한 급여를 지급하면서 직업 훈련과 취업을 알선해 주는 제도이다. 국민연금 제도와 고용 보험 제도 모두 사회 보험에 해당한다.

선택지 바로 보기

① 강제 가입을 원칙으로 한다. (○)
→ 사회 보험은 사(私) 보험과 달리 강제 가입을 원칙으로 한다.

② 비금전적 지원을 원칙으로 한다. (×)
→ 사회 보험은 필요한 대상에게 급여를 제공하는 금전적 지원을 원칙으로 한다.

③ 비용에 따라 수혜 정도가 달라진다. (×)
→ 사회 보험은 원칙적으로 수혜 정도와 무관하게 각자의 능력에 따라 비용을 부담한다.

④ 소득 재분배 효과가 나타나지 않는다. (×)
→ 사회 보험은 가입자의 비용 부담 능력에 따라 보험료를 산출하기 때문에 소득 재분배 효과가 나타난다.

⑤ 대상자 선정 과정에서 부정적 낙인이 발생할 수 있다. (×)
→ 대상자 선정 과정에서 부정적 낙인이 발생할 수 있는 것은 공공 부조이다.

2주 3일 필수 체크 전략 ① Book 2 52~55쪽

1-1 ㄴ, ㄹ   1-2 ③   2-1 ㄱ, ㄴ   2-2 ③   3-1 ①
3-2 정보 격차   4-1 갑, 병   4-2 ㄱ, ㄹ

1-1 사회 변동 이론

사회 변동의 방향을 설명하는 이론으로 진화론과 순환론이 있다.

ㄴ. 순환론은 사회가 생성, 성장, 쇠퇴, 해체의 과정을 반복한다고 보므로 운명론적 관점에서 사회 변동을 설명한다.

ㄹ. 순환론은 사회 변동이 일정한 양상을 반복하며 진행된다고 본다.

오답 피하기 ㄱ. 사회 변동을 진보와 발전으로 이해하는 것은 진화론이다.
ㄷ. 개발 도상국의 근대화 과정을 설명하는 데 적합한 것은 진화론이다.

1-2 사회 운동

사회 운동은 자신의 신념과 가치를 실현하기 위하여 다수의 사람들이 자발적으로 하는 집단적이고 지속적인 행동이다.

선택지 바로 보기

① 활동을 정당화하는 이념이 존재한다. (○)
→ 사회 운동은 목표와 활동 방향을 정당화하는 이념이 존재한다.

② 사회 구성원 간 갈등을 초래할 수 있다. (○)
→ 사회 운동의 과정에서 사회 구조적 모순과 갈등을 드러내기 때문에 사회 구성원 간 갈등을 초래할 수 있다.

③ 일시적이고 즉흥적 감정에 따라 발생한다. (×)
→ 사회 운동은 일시적이고 즉흥적 감정에 따라 발생하는 운동이 아닌 집단적이고 지속적인 행동이다.

④ 조직적인 역할 분담 체계를 바탕으로 한다. (○)
→ 사회 운동은 체계적인 조직을 갖추고 있고, 구성원 간 역할 분담이 이루어진다.

⑤ 뚜렷한 목표를 바탕으로 지속적으로 이루어진다. (○)
→ 사회 운동은 뚜렷한 목표와 이를 달성하기 위한 구체적인 활동 방법과 계획이 있다.

2-1 고령화

고령화란 전체 인구에서 65세 이상 노인 인구가 차지하는 비중이 증가하는 현상을 말한다.

ㄱ. 노인 대상 재취업 기회를 확대하면 노인들의 경제적 어려움을 해결할 수 있다.
ㄴ. 노후 생활에 관련된 복지 제도를 강화하면 노인들의 삶의 질을 높여 노인 빈곤과 소외 등의 문제를 해결할 수 있다.

오답 피하기 ㄷ. 일·가정 양립을 위한 제도적 지원을 강화하는 것은 저출산 현상에 대한 해결책이라고 볼 수 있다.
ㄹ. 출산 및 육아 부담을 줄이기 위한 각종 제도를 마련하는 것은 저출산 현상에 대한 해결책이라고 볼 수 있다.

더 알아보기⁺ 고령화 현상

의미	전체 인구에서 노인 인구가 차지하는 비율이 증가하는 현상
원인	저출산 현상 및 의료 기술 발달에 따른 평균 수명 증가 등
대응 방안	노후 소득 보장을 위한 연금 제도 개선, 노인 인력을 효율적으로 활용할 수 있는 방안 마련, 정년 연장에 대한 사회적 합의 등

2-2 다문화 사회

다문화 사회란 서로 다른 문화를 가진 다양한 인종과 민족이 함께 사는 사회를 말한다.
③ 다문화주의를 바탕으로 한 샐러드 볼 정책은 각자의 문화 정체성을 유지할 수 있도록 한다.

오답 피하기 ① 주류 집단의 문화를 우선시하는 것은 다문화 사회에서의 바람직한 태도라고 볼 수 없다.
② 자기의 문화가 우수하고, 다른 사회의 문화는 열등하다고 보는 자문화 중심주의적 태도는 다문화 사회에서 요구되는 바람직한 태도가 아니다.

④ 이주민이 우리 문화에 동화될 수 있도록 하는 것은 다문화 사회에서 요구되는 바람직한 태도가 아니다.
⑤ 우리 문화 보존만을 위한 법과 제도를 마련하는 것은 다문화 사회에서 요구되는 바람직한 태도가 아니다.

3-1 세계화

세계화는 정치·경제·사회·문화 등 다양한 측면에서 전 세계의 상호 의존성이 높아지면서 삶의 공간이 국경을 넘어 전 지구로 확대되는 현상이다.
① 선진국과 개발 도상국의 경제 성장률 격차가 점점 심해지는 것은 국가 간 빈부 격차가 심화되는 현상으로, 세계화에 따른 부정적 영향 중 하나이다.

오답 피하기 ② 문화의 획일화 현상도 세계화의 부정적 영향이지만 제시된 기사 제목과 관련이 없다.
③ 민주주의 및 인권 가치 확산은 세계화의 긍정적 영향이다.
④ 지구촌 문제에 대한 공동 대응은 세계화의 긍정적 영향이다.
⑤ 전 세계가 단일화된 시장으로 통합되는 것은 세계화의 양상이다.

3-2 정보화

제시된 자료에서 일반 국민의 디지털 정보화 수준을 100으로 했을 때 장애인, 저소득층, 농어민, 고령층과 같은 취약 계층의 디지털 정보화 수준이 72.7에 그친 것은 정보의 접근·소유·활용 능력 등의 차이로 인해 발생하는 정보 불평등 현상으로서 '정보 격차' 문제를 나타낸다.

4-1 전 지구적 수준의 문제

전 지구적 수준의 문제는 전 세계에 동시다발적으로 발생하거나, 특정 지역에만 국한되지 않고 주변 국가와 전 세계에 영향을 미치는 각종 사회 문제이다.

선택지 바로 보기

갑: 사막화 문제를 해결하기 위해 목축지를 더 많이 개발해야 합니다. (×)
→ 사막화를 막으려면 무분별하게 이루어지고 있는 목축지의 과잉 개발을 중단해야 한다.

을: 자원 문제를 해결하기 위해 신·재생 에너지를 개발해야 합니다. (○)
→ 자원의 무절제한 개발 및 사용으로 인한 자원 문제를 해결하기 위해 신·재생 에너지를 개발해야 한다.

병: 전쟁 및 테러를 방지하려면 무력을 통해 갈등을 해결해야 합니다. (×)
→ 무력보다는 분쟁 당사자들 간 협력과 국제기구를 통한 분쟁 조정 등으로 전쟁 및 테러를 방지할 수 있다.

정: 지구 온난화 문제를 해결하기 위해 국제 연합에서 기후 변화 협약을 맺을 수 있습니다. (○)
→ 지구 온난화와 같은 환경 문제는 한 나라의 노력만으로 해결하기 어렵기 때문에 국제 연합과 같은 국제기구에서 국제 협약을 맺어 해결하려는 노력을 해야 한다.

4-2 지속 가능한 사회

지속 가능한 사회란 현재 세대뿐만 아니라 미래 세대도 안정적이고 풍요로운 삶을 이어나갈 수 있도록 경제 성장, 환경 보전, 사회 안정과 통합 등이 조화를 이루는 사회를 말한다.

ㄱ. 지속 가능한 사회에서는 타인과 더불어 살아가려는 태도가 요구된다.

ㄹ. 지속 가능한 사회를 위해서는 전 지구적 수준의 문제에 대해 지속적으로 관심을 보이는 태도가 필요하다.

오답 피하기 ㄴ. 자신의 문화가 타 문화에 비해 우수하다고 여기는 자문화 중심주의적인 태도를 가지면 다른 문화와 갈등을 일으킬 수 있다.

ㄷ. 지속 가능한 사회를 위해서는 전 지구적 수준의 문제를 해결하기 위해 적극적으로 참여하는 태도를 가져야 한다.

2주 3일 필수 체크 전략 ② Book 2 56~57쪽

1 ④   2 ②   3 ③   4 ②

1 사회 변동 이론

교사가 갑~병의 대답이 모두 옳다고 했으므로, 사회가 시간의 흐름에 따라 생성, 성장, 쇠퇴, 해체의 과정을 반복한다고 보는 A는 순환론이고, 서구 사회가 진보된 사회임을 전제로 하는 B는 진화론이다. (가)에는 옳은 대답이 들어가야 한다.

ㄴ. 진화론은 사회가 단순한 상태에서 복잡하고 분화된 상태로 변동한다고 본다.

ㄹ. 진화론은 순환론과 달리 사회 변동에 일정한 방향이 있다고 본다.

오답 피하기 ㄱ. 사회 변동을 사회 발전으로 인식하는 것은 진화론이다.

ㄷ. 서구 제국주의 역사를 정당화하는 수단으로 악용될 수 있다는 비판을 받는 것은 진화론이다.

2 사회 운동

㉠ 장애인 차별에 대한 개선을 요구하는 집회는 사회 운동에 해당하고, ㉡ 경기 후 구단주 퇴진을 요구하는 기습 시위는 사회 운동으로 볼 수 없다.

ㄱ. ㉠은 장애인 차별을 개선하고 이동권 보장을 요구하는 사회 운동이므로 자신들의 권리 보장을 요구하는 뚜렷한 목표가 나타난다.

ㄷ. ㉠은 ㉡과 달리 사회 운동에 해당하므로 체계적인 조직을 바탕으로 집단의 이념을 실현하고자 한다.

오답 피하기 ㄴ. ㉡은 집단적이지만 일시적으로 나타난 다수의 행동이다.

ㄹ. ㉠은 급진적인 사회 변동을 추구하는 것이 아니라 사회 체계의 일부분을 바꾸려는 제한적 목표의 사회 운동이고, ㉡은 사회 운동으로 볼 수 없다.

3 정보화

가정과 일터의 결합 정도를 기준으로 그 정도가 가장 높은 사회는 농업 사회이며, 그 다음으로 정보 사회, 산업 사회 순으로 나타난다. 따라서 A는 산업 사회, B는 정보 사회, C는 농업 사회이다.

선택지 바로 보기

① A는 정보 사회, B는 산업 사회, C는 농업 사회이다. (×)
→ A는 산업 사회, B는 정보 사회, C는 농업 사회이다.

② A는 B에 비해 면대면 접촉 비중이 낮다. (×)
→ 산업 사회는 정보 사회에 비해 면대면 접촉 비중이 높다.

③ B는 C에 비해 사회의 다원화 정도가 높다. (○)
→ 정보 사회는 산업 사회에 비해 사회의 다원화 정도가 높다.

④ C는 A, B에 비해 사회 변동의 속도가 빠르다. (×)
→ 사회 변동의 속도는 정보 사회, 산업 사회, 농업 사회 순으로 빠르다.

⑤ (가)에는 '다품종 소량 생산 비중'이 들어갈 수 있다. (×)
→ 다품종 소량 생산의 비중은 정보 사회가 가장 높다.

더 알아보기⁺ 농업 사회, 산업 사회, 정보 사회의 특징

1차 산업의 비중	농업 사회>산업 사회>정보 사회
사회의 변동 속도	정보 사회>산업 사회>농업 사회
사회의 다원화 정도	정보 사회>산업 사회>농업 사회
가정과 일터의 분리 정도	산업 사회>정보 사회>농업 사회

4 인구 부양비

전체 인구는 0~14세 인구, 15~64세 인구, 65세 이상 인구로 구분할 수 있으므로, 이를 바탕으로 갑국의 시기별 전체 인구 구성 비율을 정리하면 다음과 같다.

(단위: %)

구분	t년	t+10년	t+20년
0~14세 인구	40	25	15
15~64세 인구	50	50	55
65세 이상 인구	10	25	30

② 노령화 지수는 t+10년이 100이고, t+20년이 200이므로 t+20년이 t+10년의 2배이다.

오답 피하기 ① t년과 t+10년의 부양 인구 비율은 동일하지만 각 연도의 전체 인구수를 모르기 때문에 부양 인구 수가 같은지 알 수 없다.

③ 총부양비의 경우 t년이 100, t+10년이 100, t+20년이 약 82정도이다.

④ 갑국에서 t년은 전체 인구에서 65세 이상 인구가 차지하는 비율이 10%이므로 고령화 사회이고, t+10년은 전체 인구에서 65세 이상 인구가 차지하는 비율이 25%이므로 초고령 사회이다.

⑤ t+10년에 부양 인구 100명당 유소년 인구는 50명이다.

2주 4일 교과서 대표 전략 ① Book 2 58~61쪽

|대표 예제| 1 ②   2 ④   3 ③   4 ⑤   5 ②
6 ④   7 ②   8 ②   9 ③   10 ④   11 ③
12 ④   13 ③

1 계급론과 계층론

생산 수단의 소유 여부에 따라 집단이 구분된다고 보는 A는 계급론, 다양한 요인에 의해 사람들이 서열화된다고 보는 B는 계층론이다.

ㄱ. 계급론은 생산 수단을 소유한 집단과 소유하지 않은 집단 각각 자기 집단 구성원 간에 강한 귀속 의식을 가지고 있음을 강조한다.

ㄷ. 계급론은 계층론과 달리 사회 불평등 구조를 지배 계급과 피지배 계급의 이분법적으로 파악한다.

오답 피하기 ㄴ. 계층론은 계층이 연속적으로 서열화되어 있는 상태라고 본다.
ㄹ. 지위 불일치 현상을 설명하는 데 적합한 것은 계층론이다.

2 기능론과 갈등론

사회 불평등 현상이 인재를 적재적소에 배치될 수 있게 하여 사회 전체의 효율성을 향상시킨다고 보는 관점은 기능론이다.

선택지 바로 보기

① 균등 분배가 사회적 효율성을 높인다고 본다. (×)
→ 기능론은 차등 분배가 사회적 효율성을 높인다고 본다.
② 사회 불평등 현상을 극복해야 할 대상으로 본다. (×)
→ 사회 불평등 현상을 극복해야 할 대상으로 보는 것은 갈등론이다.
③ 사회 불평등 현상을 미시적 관점에서 바라본다. (×)
→ 기능론과 갈등론은 모두 사회 불평등 현상을 거시적 관점에서 바라본다.
④ 사회 불평등 현상을 보편적이고 불가피한 현상으로 본다. (○)
→ 기능론은 사회 불평등이 보편적이고 불가피한 현상으로서 사회 유지와 발전에 기여한다고 본다.
⑤ 사회 불평등 현상이 지배와 피지배 관계에서 비롯된다고 본다. (×)
→ 사회 불평등 현상이 지배와 피지배 관계에서 비롯된다고 보는 것은 갈등론이다.

3 사회 이동 및 계층 구조

제시된 자료를 정리하면 다음과 같다.

(단위: %)

구분		부모 세대			
		상층	중층	하층	계
자녀 세대	상층	10	4	6	20
	중층	4	20	26	50
	하층	1	6	23	30
	계	15	30	55	100

③ 자녀 세대의 중층 인구 중 부모와 계층이 일치하는 비율은 40%(20/50×100)이므로 50%를 넘지 않는다.

오답 피하기 ① 세대 간 상승 이동은 36%(4+6+26), 세대 간 하강 이동은 11%(4+1+6)로 세대 간 상승 이동이 세대 간 하강 이동보다 많다.
② 세대 간 계층을 대물림한 비율은 53%(10+20+23), 세대 간 계층 이동을 한 비율은 47%(100−53)이므로 세대 간 계층을 대물림한 사람이 세대 간 계층 이동을 한 사람보다 많다.
④ 부모 세대는 상층 : 중층 : 하층 = 15% : 30% : 55%이므로 피라미드형 계층 구조이고, 자녀 세대는 상층 : 중층 : 하층 = 20% : 50% : 30%이므로 다이아몬드형 계층 구조이다. 다이아몬드형 계층 구조가 피라미드형 계층 구조보다 사회 통합 실현에 더 유리하다.
⑤ 제시된 자료를 바탕으로 부모 세대와 자녀 세대 계층 구조의 개방성 및 폐쇄성을 알 수 없다.

4 빈곤의 유형

인간이 최소한의 생활을 유지하는 데 필요한 자원이나 소득이 부족한 상태인 A는 절대적 빈곤, 다른 사람들보다 자원이나 소득을 상대적으로 적게 가져 사회 구성원 다수가 누리는 생활 수준을 누리지 못하는 상태인 B는 상대적 빈곤이다.

⑤ 우리나라에서는 절대적 빈곤, 상대적 빈곤에 해당하는 가구를 선정할 때 모두 객관화된 기준을 적용한다.

오답 피하기 ① A는 절대적 빈곤, B는 상대적 빈곤이다.
② 절대적 빈곤과 상대적 빈곤 모두 상대적 박탈감을 유발할 수 있다.
③ 절대적 빈곤과 상대적 빈곤 모두 소득 수준이 높은 국가에서도 나타날 수 있다.
④ 절대적 빈곤율이 상대적 빈곤율보다 높은 경우에만 상대적 빈곤 가구는 모두 절대적 빈곤 가구에 해당한다.

5 사회 보장 제도

우리나라 사회 보장 제도 중 사회 서비스는 복지, 보건 의료, 교육, 고용 등의 분야에서 인간다운 생활을 보장하는 것을 목적으로 상담, 재활, 돌봄 등의 서비스를 통해 국민의 삶의 질이 향상되도록 지원하는 제도이다.

② 사회 서비스의 경우 국가와 지방 자치 단체, 민간 부문의 도움이 필요한 모든 국민이 대상이 된다. 생활이 어려운 국민을 대상으로 하는 사회 복지 제도는 공공 부조이다.

오답 피하기 ① 사회 서비스는 비금전적 지원을 원칙으로 한다.
③ 사회 서비스는 국가와 지방 자치 단체는 물론 민간 부문도 복지 제공에 참여할 수 있다.
④ 가사·간병 방문 지원 사업은 사회 서비스 종류 중 하나이다.
⑤ 사회 서비스의 경우 부담 능력이 있는 국민은 수익자 부담을 원칙으로 한다.

더 알아보기+ 사회 서비스의 종류

- 산모·신생아 건강 관리 지원 사업
- 가사·간병 방문 지원 사업
- 발달 장애인 부모 심리 상담 지원 사업
- 여성 장애인 교육 지원

6 성 불평등 문제

자료에서 성별 임금 격차 지수 공식을 활용하여 시기별 남성 근로자 평균 임금과 여성 근로자 평균 임금을 계산할 수 있다. t년의 경우 성별 임금 격차 지수 '30'은 근로자 전체 평균 임금을 100이라고 할 때, 남성 근로자 평균 임금에서 여성 근로자 평균 임금을 뺀 값이다. 남녀 성비가 1:1이므로 남성 근로자 평균 임금과 여성 근로자 평균 임금의 합은 200이 되어야 한다. 남성 근로자 평균 임금이 X, 여성 근로자 평균 임금이 Y라면, t년에 X−Y=30, X+Y=200이므로 이를 t+5년과 t+10년에도 적용하여 계산하면 다음과 같은 시기별 및 성별 근로자 평균 임금을 구할 수 있다.

시기	남성 근로자 평균 임금	여성 근로자 평균 임금	성별 임금 격차 지수
t년	115	85	30
t+5년	110	90	20
t+10년	125	75	50

ㄴ. 남성 근로자 평균 임금 대비 여성 근로자 평균 임금은 t년이 약 0.74(85/115), t+5년이 약 0.82(90/110)로 t+5년이 t년보다 높다.
ㄹ. 성별 임금 격차 지수는 t+10년이 가장 크므로, t+5년 대비 t+10년에 경제적 측면의 성 불평등은 심화되었다고 볼 수 있다.

오답 피하기 ㄱ. t년의 남성 근로자 평균 임금이 여성 근로자 평균 임금보다 약 35%(115−85/85×100) 더 높다.

ㄷ. t+10년에 여성 근로자 평균 임금 75, 남성 근로자 평균 임금 125이므로 여성 근로자 평균 임금은 남성 근로자 평균 임금의 1/2보다 크다.

7 사회 변동

사회 변동이란 시간의 흐름에 따라 사회의 전반적인 생활 양식, 사회적 관계, 규범과 가치, 의식 구조 등이 변화하는 현상을 의미한다.

선택지 바로 보기

① 어느 사회에서나 일어나는 현상이다. (○)
→ 사회 변동은 어느 사회에서나 발생하는 보편적인 현상이다.
② 속도와 모습은 사회마다 동일하게 나타난다. (×)
→ 사회 변동은 어느 사회에서나 발생하지만 사회 변동 속도, 방향, 모습은 사회마다 다양하게 나타난다.
③ 다양한 요인이 복합적으로 영향을 미쳐 나타나는 현상이다. (○)
→ 사회 변동은 한 가지 요인이 아니라 다양한 요인에 의해 나타나는 현상이며, 어느 한 영역의 변화가 다른 영역의 변화를 유발하기도 한다.
④ 현대 사회의 경우 과학 기술과 교통·통신의 발달로 그 속도가 빨라지고 있다. (○)
→ 사회 변동의 속도는 현대 사회의 경우 과거보다 더욱 빨라졌다.
⑤ 정치, 경제, 문화 등 사회의 여러 분야에 걸쳐 변화가 동시에 광범위하게 일어난다. (○)
→ 사회 변동은 사회의 여러 분야에 걸쳐 광범위하게 일어난다.

8 사회 운동의 특징

㉠ 환경 단체 회원들의 집회는 사회 운동에 해당하고, ㉡ 승객들의 시위는 사회 운동이라고 볼 수 없다.

ㄱ. 사회 운동은 시민들의 참여가 중심이 되어 사회 문제 해결에 기여하기도 한다.
ㄷ. ㉠은 자신의 신념과 가치를 실현하기 위하여 다수의 사람들이 자발적으로 하는 집단적이고 지속적인 행동인 사회 운동에 해당한다.

오답 피하기 ㄴ. ㉡은 목표와 활동 방향을 정당화하는 이념이 없으므로 사회 운동으로 볼 수 없다.
ㄹ. ㉠은 ㉡과 달리 체계적인 조직을 바탕으로 운영되는 사회 운동이다.

9 사회 변동 이론

(가)는 모든 사회가 일정한 방향으로 진보 또는 발전하고, 각 단계는 이전보다 더욱 복잡하고 분화된 단계라고 보는 진화론을 나타낸다. (나)는 모든 사회나 문명이 유기체의 일생처럼 생성, 성장, 쇠퇴, 해체의 과정을 반복한다고 보는 순환론을 나타낸다.

선택지 바로 보기

① (가)는 순환론, (나)는 진화론이다. (×)
→ (가)는 진화론, (나)는 순환론이다.
② (가)는 사회가 생성과 몰락의 과정을 반복한다고 본다. (×)
→ 사회가 생성과 몰락의 과정을 반복한다고 보는 이론은 순환론이다.
③ (나)는 사회 변동을 운명론적 관점으로 설명한다. (○)
→ 순환론은 사회가 진보의 과정을 거친 후 필연적으로 퇴보의 과정으로 나아간다고 보기 때문에 운명론적 관점이다.
④ (가)는 (나)와 달리 사회가 퇴보할 수 있다고 본다. (×)
→ 사회가 퇴보할 수 있다고 보는 이론은 순환론이다.
⑤ (나)는 (가)와 달리 서구 제국주의를 정당화하는 근거가 될 수 있다. (×)
→ 서구 제국주의를 정당화하는 근거가 될 수 있는 이론은 진화론이다.

10 산업 사회와 정보 사회

정보 사회는 산업 사회보다 비대면 접촉의 비중이 더 높으므로 A는 산업 사회, B는 정보 사회이다.

④ 정보 사회는 탈관료제, 쌍방향 매체 발달 등으로 인해 산업 사회에 비해 의사 결정의 분권화 정도가 높다.

오답 피하기 ① 정보와 지식이 부가 가치 창출의 주요 원천이 되는 사회는 정보 사회이다.
② 구성원 간 익명성 정도는 정보 사회가 산업 사회에 비해 높다.
③ 직업의 동질성 정도는 산업 사회가 정보 사회에 비해 높다.
⑤ 소품종 대량 생산 비중은 산업 사회가 정보 사회에 비해 크다.

더 알아보기+ 산업 사회와 정보 사회 비교

산업 사회	정보 사회
• 부가 가치 원천: 자본, 노동 • 소품종 대량 생산 방식 • 라디오, 신문, TV 등 일방향 매체 중심 • 관료제 중심	• 부가 가치 원천: 지식, 정보 • 다품종 소량 생산 방식 • 인터넷 기반 쌍방향 매체 증가 • 탈관료제화

11 우리나라 사회 보장 제도

'생활이 어려운 국민의 최저 생활 보장을 목적으로 하는가?'라는 질문에 '예'라고 응답하는 A는 공공 부조, B는 사회 보험이다.
③ 공공 부조는 사회 보험에 비해 소득 재분배 효과가 강하다.

오답 피하기 ② 사회 보험과 공공 부조는 모두 금전적 지원을 원칙으로 한다.
④ 사후 처방적 원리가 적용되는 것은 공공 부조이다.
⑤ (가)에는 공공 부조에 '예'라고 답할 수 있는 질문이 들어가야 한다. 강제 가입의 원칙이 적용되는 것은 사회 보험이므로 (가)에는 해당 질문이 들어갈 수 없다.

12 인구 부양비

한 나라의 인구는 0~14세 인구, 15~64세 인구, 65세 이상 인구로 구성된다. t+30년의 전체 인구는 t년의 2배라고 했으므로 t년의 총 인구를 100명이라고 가정하면 연령대별 인구는 다음과 같다.

구분	t년	t+30년
0~14세 인구	20명	40명
15~64세 인구	50명	80명
65세 이상 인구	30명	80명
전체 인구	100명	200명

선택지 바로 보기

① t년과 t+30년의 0~14세 인구는 동일하다. (×)
→ 0~14세 인구는 t년 20명, t+30년 40명으로 t년보다 t+30년이 더 많다.
② t년에 15~64세 인구 100명당 0~14세 인구는 20명이다. (×)
→ t년에 15~64세 인구 100명당 0~14세 인구는 40명(20/50×100)이다.
③ 유소년 부양비는 t년에 비해 t+30년이 작다. (×)
→ 유소년 부양비는 t년 40(20/50×100), t+30년 50(40/80×100)으로 t년에 비해 t+30년이 크다.
④ 노년 부양비는 t년에 비해 t+30년이 크다. (○)
→ 노년 부양비는 t년 60(30/50×100), t+30년 100(80/80×100)으로 t년에 비해 t+30년이 크다.
⑤ 노령화 지수는 t년과 t+30년이 동일하다. (×)
→ 노령화 지수는 t년 150(30/20×100), t+30년 200(80/40×100)으로 t+30년이 t년보다 크다.

13 정보화의 문제점

젊은 사람들과 달리 노인들이 키오스크 사용에 어려움을 겪는 사례는 정보 사회의 문제점 중 세대 간 정보 격차 문제에 해당한다.

③ 정보 격차란 정보의 접근, 소유, 활용 능력 등의 차이로 인해 발생하는 정보 불평등 현상이다.

오답 피하기 ① 인간 소외 현상은 정보 사회의 문제점이지만 제시된 글과는 관련이 없다.

② 지역 간 정보 격차는 정보 사회의 문제점이지만 제시된 글과는 관련이 없다.

④ 제시된 글은 디지털 기술로 인해 세대 간 문화 격차가 심화된다는 사실을 보여 주고 있다.

⑤ 정보 기계에 대한 의존도가 높아져서 부작용이 증가하는 것은 정보 사회의 문제점이지만 제시된 글과는 관련이 없다.

2주 4일 교과서 대표 전략 ② Book 2 62~63쪽

01 ③   02 ⑤   03 ③   04 ⑤   05 ④   06 ⑤
07 ③   08 ⑤

01 사회 계층 구조

(가)는 중층이 대다수를 차지하는 타원형 계층 구조이고, (나)는 중층의 비율이 가장 낮고 소수의 상층과 다수의 하층으로 구성되어 있는 모래시계형 계층 구조이다.

③ 모래시계형 계층 구조는 정보 격차 등으로 인해 중층의 비율이 현저히 낮아질 것으로 예측될 경우 나타날 수 있는 계층 구조이다.

오답 피하기 ① (가)는 타원형 계층 구조, (나)는 모래시계형 계층 구조이다.

② 타원형 계층 구조는 정보 사회에 대해 낙관적으로 예측할 때 나타날 수 있는 계층 구조이다.

④ 타원형 계층 구조, 모래시계형 계층 구조는 모두 정보 사회에서 나타날 수 있는 계층 구조이다.

⑤ 폐쇄적 계층 구조는 계층 간 이동이 엄격하게 제한된 계층 구조로 (가), (나)를 폐쇄적 계층 구조라고 단정 지을 수 없다.

02 계급론과 계층론

사회 불평등 현상을 이분법적으로 구분하는 A는 계급론, 사회 불평등 현상을 연속적으로 구분하는 B는 계층론이다.

선택지 바로 보기

① A는 계층론, B는 계급론이다. (×)
→ A는 계급론, B는 계층론이다.
② A는 다양한 요인에 따라 개인의 위치가 결정된다고 본다. (×)
→ 다양한 요인에 따라 개인의 위치가 결정된다고 보는 것은 계층론이다.
③ A는 지위 불일치 현상을 설명하기에 용이하다. (×)
→ 지위 불일치 현상을 설명하기에 용이한 것은 계층론이다.
④ B는 A와 달리 동일 집단 구성원 간의 강한 연대 의식을 강조한다. (×)
→ 동일 집단 구성원 간의 강한 연대 의식을 강조하는 것은 계급론이다.
⑤ A, B는 모두 사회 불평등 현상의 원인으로 경제적 요인을 고려한다. (○)
→ 계급론과 계층론은 모두 사회 불평등 현상의 원인으로 경제적 요인을 고려한다.

03 사회 이동의 유형

가난한 노동자의 아들로 태어난 갑이 공무원에서 국회의원까지 된 것은 수직 이동과 세대 간 이동이다.

ㄴ. 수직 이동이란 한 계층에서 다른 계층으로 계층적 위치가 변화하는 이동으로, 상승 이동과 하강 이동으로 구분한다.

ㄷ. 세대 간 이동은 한 세대와 그 다음 세대 간에 걸쳐 계층적 위치가 변화하는 이동이다.

오답 피하기 ㄱ. 구조적 이동이란 전쟁, 혁명 등 급격한 사회 변동으로 인해 기존의 사회 구조가 변화하면서 개인이나 집단의 계층적 위치가 변화하는 이동을 의미한다.

ㄹ. 수평 이동이란 동일한 계층 내에서 다른 직업을 갖거나 소속을 옮기는 등의 이동을 의미한다.

04 사회적 소수자

사회적 소수자는 신체적 또는 문화적 특징으로 인해 불평등한 처우를 받는 사람들을 의미한다. 장애인, 외국인 노동자는 사회적 소수자에 해당한다.

선택지 바로 보기

① 식별 가능성 (○)
→ 사회적 소수자는 신체적 또는 문화적 특성 때문에 다른 사람들과 구별된다.
② 권력의 열세 (○)
→ 사회적 소수자는 정치권력뿐만 아니라 경제적·사회적 측면의 영향력에서 열세에 있다.
③ 사회적 차별 (○)
→ 사회적 소수자는 소수자 집단의 구성원이라는 이유만으로 사회적 차별의 대상이 된다.
④ 집합적 정체성 (○)
→ 사회적 소수자는 스스로 차별받는 집단의 구성원이라는 집단 의식 또는 소속감을 가지고 있다.
⑤ 수적으로 소수(小數) (×)
→ 사회적 소수자에서 '소수'는 수적으로 적다는 의미가 아니라 해당 사회 내에서 가지고 있는 권력이나 위세가 열세에 있다는 의미이다.

05 사회 변동

사회 변동이란 시간의 흐름에 따라 사회의 전반적인 생활 양식, 사회적 관계, 규범과 가치, 의식 구조 등이 변화하는 현상을 의미한다. 사회 변동은 어느 사회에서나 발생하는 보편적인 현상이며, 사회 변동의 속도, 방향, 모습 등은 사회마다 다양하게 나타난다. 또한 사회 변동으로 사회 어느 한 영역이 변화하면 그 변화가 다른 영역의 변화를 유발하기도 한다.

정: 현대 사회에서 사회 변동은 과거에 비해 변동 속도가 더욱 빨라지고 있다.

06 진화론과 순환론

진화론은 사회 변동을 생물 유기체의 진화 과정에 비유하여, 단순한 원시 생명체가 복잡한 유기체로 진화한 것과 같이 사회도 단순한 형태에서 복잡한 형태로 발전한다고 여긴다.

ㄷ. 진화론은 서구 사회가 진보된 사회임을 전제하므로 서구 중심적 사고에 바탕을 두어 사회 변동을 설명한다.

ㄹ. 진화론은 사회가 미분화된 상태에서 분화된 상태로 변동한다고 본다.

오답 피하기 ㄱ. 사회가 진보의 과정을 거친 후 필연적으로 퇴보한다고 여기는 운명론적 입장에서 사회 변동을 이해하는 관점은 순환론이다.
ㄴ. 사회 변동이 생성, 성장, 쇠퇴, 해체의 양상을 반복하며 진행된다고 보는 관점은 순환론이다.

07 정보화

정보 통신 기술이 급격하게 발전하여 지식과 정보가 중요한 자원이 되는 사회를 정보 사회라고 하는데, 이때 산업 사회에서 정보 사회로 변화하는 현상을 정보화라고 한다.

자료 분석

질문	A	B	C
2차 산업이 중심이 되는 사회인가?	예	아니요	아니요
다품종 소량 생산 방식의 비중이 높은 사회인가?	아니요	아니요	예

2차 산업이 중심이 되는 사회인 A는 산업 사회이고, 다품종 소량 생산 방식의 비중이 높은 사회인 C는 정보 사회이므로, B는 농업 사회이다.

ㄴ. 산업 사회는 농업 사회에 비해 관료제 조직의 비중이 높다.
ㄷ. 농업 사회는 정보 사회에 비해 사회적 관계를 맺는 공간적 제약이 크다.

오답 피하기 ㄱ. A는 산업 사회, B는 농업 사회, C는 정보 사회이다.
ㄹ. 구성원 간 비대면 접촉 비중은 정보 사회가 산업 사회에 비해 높다.

08 다문화 사회

다문화 사회란 서로 다른 문화를 가진 다양한 인종과 민족이 함께 사는 사회를 의미한다.
ㄷ. 다문화 사회에서는 문화 차이로 인한 적응의 어려움이 발생할 수 있다.
ㄹ. 다문화 사회에서는 외국인 근로자에 대한 부당한 대우와 이로 인한 갈등 문제가 발생할 수 있다.

오답 피하기 ㄱ. 문화 다양성이 강화되는 것은 다문화 사회에서 나타날 수 있는 긍정적 측면이다.
ㄴ. 노동력 부족 문제 해결은 다문화 사회에서 나타날 수 있는 긍정적 측면이다.

②주 누구나 합격 전략 〔Book 2 64~65쪽〕

01 ⑤ 02 ⑤ 03 ② 04 ① 05 ④ 06 ②
07 ② 08 ① 09 ⑤

01 사회 불평등 현상

사회 불평등 현상은 사회 구성원 간에 사회적 희소가치가 차등적으로 배분되어 있는 현상이다. 사회적 희소가치란 사회 구성원 다수가 소유하기를 원하지만 모든 사람의 욕구를 충족시켜 줄 정도로 존재량이 충분하지 않은 부, 권력, 지위나 명예 등을 의미한다.

2 기능론과 갈등론

기능론은 사회 불평등 현상을 하나의 사회 구성 요소로서 사회 유지와 존속을 위해 존재하는 필연적인 현상이라고 여긴다. 또한 개인의 능력, 노력, 업적 등에 따라 사회적 자원이 공정하게 배분되므로 사회가 효율적으로 작동하는 데 기여한다고 본다.

선택지 바로 보기

① 사회 불평등 현상을 극복해야 할 대상으로 본다. (×)
→ 사회 불평등 현상을 극복해야 할 대상으로 보는 것은 갈등론이다.
② 사회 불평등 현상이 지배와 피지배 관계에서 비롯된다고 본다. (×)
→ 사회 불평등 현상이 지배와 피지배 관계에서 비롯된다고 보는 것은 갈등론이다.
③ 사회적 희소가치의 배분 기준이 지배 집단에 유리하다고 본다. (×)
→ 사회적 희소가치의 배분 기준이 지배 집단에 유리하다고 보는 것은 갈등론이다.
④ 개인의 가정 배경이 사회 불평등에 미치는 영향력을 중시한다. (×)
→ 개인의 가정 배경이 사회 불평등에 미치는 영향력을 중시하는 것은 갈등론이다.
⑤ 사회적 희소가치의 차등 분배가 개인의 성취동기에 긍정적으로 작용한다고 본다. (○)
→ 기능론은 직업별 사회적 역할의 중요도 및 기여도에 따른 사회적 희소가치의 차등 분배가 개인의 성취동기에 긍정적으로 작용한다고 본다.

03 사회 계층 구조

제시된 사회 계층 구조는 피라미드형 계층 구조이다. 피라미드형 계층 구조는 하층의 비율이 가장 많고 상층의 비율이 가장 적은 형태로, 소수의 상층이 희소한 자원을 독점하면서 다수의 하층을 지배하고 통제한다.

② 피라미드형 계층 구조라고 해서 폐쇄적 계층 구조라고 단정 지을 수 없다. 다시 말해 폐쇄적 계층 구조에서처럼 계층 간 이동이 엄격하게 제한된다고 단정할 수 없다.

오답 피하기 ① 제시된 계층 구조는 하층으로 갈수록 비율이 높아지는 피라미드형 계층 구조이다.
③ 피라미드형 계층 구조는 봉건적 신분 사회에서 주로 나타난다.
④ 피라미드형 계층 구조는 중층의 비율이 높은 다이아몬드형 계층 구조에 비해 사회적 안정도가 떨어질 가능성이 크다.
⑤ 피라미드형 계층 구조는 소수의 상층이 자원의 대부분을 독점하기 때문에 불평등이 심하게 나타난다.

4 빈곤의 유형

빈곤은 인간의 기본적인 욕구를 충족하는 데 필요한 자원이나 소득의 결핍이 지속되는 상태를 말하며, 빈곤의 유형에는 절대적 빈곤과 상대적 빈곤이 있다.

선택지 바로 보기

1. 절대적 빈곤은 최소한의 생활 수준을 유지하기 곤란한 상태를 의미한다. − 예 (○)
→ 절대적 빈곤이란 인간이 최소한의 생활을 유지하는 데 필요한 자원이나 소득이 부족한 상태를 의미한다.
2. 상대적 빈곤에 해당하는 가구는 모두 절대적 빈곤에 해당한다.
− 아니요 (○)

정답 과 해설

→ 상대적 빈곤에 해당하는 가구라고 해서 모두 절대적 빈곤에 해당하지는 않는다. 다만, 절대적 빈곤율이 상대적 빈곤율보다 높은 경우 상대적 빈곤 가구에 해당하는 가구는 모두 절대적 빈곤에 해당한다.

3. 상대적 빈곤은 해당 사회의 소득 분포를 고려하여 파악한다.
                                        – 아니요 (×)

→ 상대적 빈곤은 해당 사회의 소득 분포를 고려하여 파악하며, 우리나라에서는 중위 소득의 50% 미만인 가구를 상대적 빈곤 가구로 파악한다.

4. 절대적 빈곤에 따른 빈곤율과 상대적 빈곤에 따른 빈곤율의 합은 전체 빈곤율이다. – 예 (×)

→ 절대적 빈곤율과 상대적 빈곤율 중에서 높은 수치의 빈곤율이 전체 빈곤율이다.

5 사회 보장 제도

A는 공공 부조, B는 사회 보험이다. 공공 부조는 국가와 지방 자치 단체의 책임하에 생활 유지 능력이 없거나 생활이 어려운 국민의 최저 생활을 보장하고 자립을 지원하는 제도이다. 사회 보험은 사회적 위험을 보험 방식으로 대처함으로써 국민이 안전한 생활을 누리는 데 필요한 건강과 소득을 보장하는 제도이다.

ㄴ. 사회 보험은 가입자 중에서 사회적 위험에 처한 사람이 있을 때, 가입자끼리 서로 돕는 원리를 바탕으로 한다는 점에서 상호 부조의 원리를 기반으로 하는 제도이다.

ㄹ. '국민 건강 보험 제도'는 사회 보험 제도의 종류에 해당한다.

오답 피하기 ㄱ. 소득 재분배 효과는 공공 부조가 사회 보험에 비해 크다. ㄷ. 국가 및 지방자치단체가 비용을 전부 부담하는 것은 공공 부조이다. 사회 보험은 수혜자, 기업, 국가가 비용을 공동으로 부담한다.

6 진화론과 순환론

사회 변동 방향을 기준으로 사회 변동을 설명하는 이론으로 진화론과 순환론이 있다. 진화론은 사회 변동이 진보와 발전을 의미한다고 보고, 순환론은 사회가 생성, 성장, 쇠퇴, 해체의 과정을 반복한다고 본다. 제시문에서 사회가 기계적 연대에 기초한 단순 사회에서 유기적 연대의 복합 사회로 변화한다고 보는 관점은 사회 변동을 설명하는 이론 중 진화론에 부합한다.

ㄱ. 진화론은 사회 변동을 발전으로 여기고 긍정적으로 바라본다. ㄷ. 진화론은 서구 사회가 진보된 사회임을 전제로 하기 때문에 서구 중심적 사고를 바탕으로 설명한다는 비판을 받는다.

오답 피하기 ㄴ. 미래의 사회 변동에 대한 역동적 대응이 곤란하다는 비판을 받는 것은 운명론적 관점인 순환론이다.
ㄹ. 사회가 생성, 성장, 쇠퇴, 해체의 과정을 끊임없이 반복한다고 보는 것은 순환론이다.

7 사회 운동

빈칸에 들어갈 개념은 사회 운동이다. 사회 운동이란 자신의 신념과 가치를 실현하기 위하여 다수의 사람이 명확한 목표를 가지고 조직적으로 움직이는 집단 행동을 말한다.

ㄱ, ㄷ. 해양 오염물을 줄이기 위한 환경 단체 운동과 왕정과 신분 제도를 폐지하고 민주 정부를 수립하고자 하는 민주화 운동은 뚜렷한 목표와 활동 방식을 정당화하는 이념을 가지고 있는 사회 운동으로 볼 수 있다.

오답 피하기 ㄴ, ㄹ. 아파트 정전이 길어지자 화난 주민들의 관리 사무소 점거와 열차가 지연되었음에도 불구하고 제대로 된 보상을 받지 못한 승객들의 시위는 일시적인 행동이므로 사회 운동으로 볼 수 없다.

더 알아보기+ 사회 운동

의미	자신의 신념과 가치를 실현하기 위하여 다수의 사람들이 자발적으로 하는 집단적이고 지속적인 행동
특징	• 뚜렷한 목표와 이를 달성하기 위한 구체적인 활동 방법과 계획이 있음 • 목표와 활동 방향을 정당화하는 이념을 가지고 있음 • 어느 정도 체계적인 조직을 갖추고 있고, 구성원 간 역할 분담이 이루어짐
사례	노동 운동, 환경 운동, 인권 운동, 민주화 운동, 반전 평화 운동 등

8 세계화의 문제점

세계화는 삶의 공간이 국경을 넘어 전 지구로 확대되면서 국가 간 상호 의존성이 증가하는 현상이다.

① 제시문은 세계화의 영향으로 선진국의 문화가 일방적으로 전파되는 과정에서 전 세계의 문화가 각자의 고유성과 가치를 잃고 획일화될 수 있다는 문제점을 지적한다.

오답 피하기 ② 문화의 상업성은 세계화의 부정적 영향이지만 제시문과 관련이 없다.
③ 계층 간 소득 격차는 세계화의 부정적 영향이지만 제시문과 관련이 없다.④ 인간의 존엄성 파괴는 제시문과 관련이 없다.
⑤ 개별 국가의 주권 침해는 세계화의 부정적 영향이지만 제시문과 관련이 없다.

9 저출산·고령화 현상

저출산 현상은 합계 출산율이 적정 수준보다 낮아지는 현상을 의미하며, 고령화 현상은 전체 인구에서 노인 인구가 차지하는 비율이 증가하는 현상을 의미한다. 저출산·고령화 현상으로 인해 생산 가능 인구가 감소하면 노동력이 부족해져 경제 성장의 동력이 약해질 수 있고, 노년 부양비가 증가하여 세대 간 갈등이 증가할 우려가 있다.

선택지 바로 보기

① 저출산 현상은 합계 출산율이 낮아지는 현상이다. (○)
→ 합계 출산율은 가임 여성 1명당 출생아 수를 말하며, 합계 출산율이 낮아지는 현상을 저출산이라고 한다.
② 저출산 현상의 원인으로 여성의 사회 활동 증가를 들 수 있다. (○)
→ 여성의 사회 활동이 증가하면서 결혼을 하는 연령이 높아지고, 결혼을 해도 아이를 낳지 않는 여성이 많아지고 있다.
③ 고령화 현상의 원인으로 의료 기술 발달에 따른 평균 수명 증가를 들 수 있다. (○)
→ 의료 기술이 발달하여 사망률이 낮아지면서 평균 수명이 증가한 것은 고령화 현상의 주요 원인이다.
④ 저출산 현상이 지속되면 생산 가능 인구가 감소하여 노동력이 부족해진다. (○)
→ 생산 가능 인구는 15∼64세 인구를 말하며, 저출산 현상으로 생산 가능 인구가 감소하면 노동력 부족 문제가 심해진다.
⑤ 고령화 현상이 지속되면 노년 부양비가 감소할 수 있다. (×)
→ 고령화 현상이 지속되면 부양 인구 100명당 부양해야 할 노인 인구의 수를 의미하는 노년 부양비가 증가할 수 있다.

2주 창의·융합·코딩 전략 Book 2 66~69쪽

| 1 ② | 2 ② | 3 ② | 4 ③ | 5 ② | 6 ③ |
| 7 ① | 8 ② | 9 ③ | 10 ③ | 11 ③ | 12 ② |

1 계급론과 계층론
계급은 생산 수단을 둘러싸고 나타나는 위계 구조에서 공통의 위치를 차지하는 사람들의 집합체이고, 계층은 다양한 요인에 의해 범주화된 공통의 서열상 위치를 갖는 사람들의 집합체이다.

자료 분석

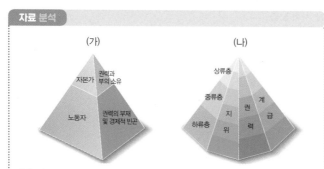

(가) 계급론은 생산 수단의 소유 여부를 기준으로 자본가 계급과 노동자 계급으로 구분한다. (나) 계층론은 경제적 요인인 계급, 정치적 요인인 권력, 사회적 요인인 지위에 따라 상류층, 중류층, 하류층으로 구분한다.

ㄱ. 계급을 구분하는 기준은 생산 수단의 소유 여부이다.
ㄷ. 계층론은 한 개인이 갖는 계급, 지위, 권력상의 위계가 서로 다를 수 있는 지위 불일치 현상을 설명하기에 적합하다.

오답 피하기 ㄴ. 사회 계층을 서열적, 연속적으로 구분하는 것은 계층론이다.
ㄹ. 정치적 불평등이 경제적 불평등에 종속된다고 보는 것은 계급론이다.

2 사회 이동 및 사회 계층 구조
t년에 갑국은 피라미드형 계층 구조인데 A가 60%, B가 30%, C가 10%이므로, A는 하층, B는 중층, C는 하층이다. 이를 바탕으로 t년과 t+20년의 계층 구조 비율을 정리하면 다음과 같다.

구분	상층	중층	하층
t년	10%	30%	60%
t+20년	20%	60%	20%

② t+20년에 갑국의 상층 : 중층 : 하층=20% : 60% : 20%이므로 다이아몬드 계층 구조이다.

오답 피하기 ① A는 하층, B는 중층, C는 상층이다.
③ t+20년에 상층 20%, 하층 20%이므로 상층 비율과 하층 비율이 같다.
④ 수직 이동은 한 계층에서 다른 계층으로 상승 또는 하강 이동하는 것을 의미하며, t년과 t+20년에 갑국의 수직 이동 가능성 여부를 알 수 없다.
⑤ t+20년은 다이아몬드형 계층 구조이므로 피라미드형 계층 구조가 나타난 t년에 비해 사회 통합에 유리하다.

3 사회 계층 구조
(가)는 모래시계형 계층 구조, (나)는 타원형 계층 구조, (다)는 피라미드형 계층 구조이다.

선택지 바로 보기

갑: (가)는 모래시계형 계층 구조, (나)는 다이아몬드형 계층 구조, (다)는 피라미드형 계층 구조입니다. (×)
→ (가)는 중층의 비율이 가장 낮은 모래시계형 계층 구조, (나)는 중층의 비율이 가장 높은 타원형 계층 구조, (다)는 하층의 비율이 가장 높은 피라미드형 계층 구조이다.

을: (가)는 정보 사회에 대하여 비관적으로 예측할 때 나타날 수 있는 계층 구조입니다. (○)
→ 모래시계형 계층 구조는 정보 사회에 대하여 비관적인 입장에서 정보 격차 등이 발생할 때 예측되는 사회 계층 구조이다.

병: (나)는 계층 간 소득 격차가 클 때 나타나는 사회 계층 구조입니다. (×)
→ 계층 간 소득 격차가 클 때 나타나는 사회 계층 구조는 피라미드형 계층 구조이다.

정: (다)는 사회 구성원들의 수직 이동이 제한되는 사회 계층 구조입니다. (×)
→ 사회 구성원들의 수직 이동이 제한되는 사회 계층 구조는 폐쇄적 계층 구조이다.

무: (다)는 (가), (나)와 달리 사회적 희소 자원이 불평등하게 배분되어 나타납니다. (×)
→ 사회 계층 구조는 한 사회에서 희소한 자원이 불평등하게 배분되고, 그러한 불평등이 지속되어 일정한 형태로 고정된 구조를 의미한다.

더 알아보기+ 계층 간 이동 가능성에 따른 계층 구조

폐쇄적 계층 구조	계층 간 이동이 엄격하게 제한된 계층 구조로, 봉건적 신분 사회에서 주로 나타남
개방적 계층 구조	계층 간 이동 가능성이 열려 있는 계층 구조로, 현대 민주 사회에서 주로 나타남

4 빈곤의 유형
절대적 빈곤은 인간이 최소한의 생활을 유지하는 데 필요한 자원이나 소득이 부족한 상태이고, 상대적 빈곤은 다른 사람들보다 자원이나 소득을 상대적으로 적게 가져 사회 구성원 다수가 누리는 생활 수준을 누리지 못하는 상태이다.

자료 분석

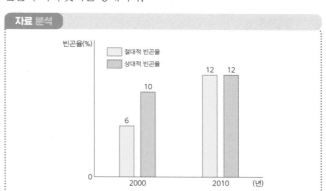

2000년의 경우 상대적 빈곤율이 절대적 빈곤율보다 높으므로, 절대적 빈곤 가구는 모두 상대적 빈곤 가구이다. 2010년은 절대적 빈곤율과 상대적 빈곤율이 동일하므로, 상대적 빈곤 가구는 모두 절대적 빈곤 가구이다.

ㄴ. 2000년에 절대적 빈곤율은 6%, 상대적 빈곤율은 10%이므로, 상대적 빈곤 가구 인구는 절대적 빈곤 가구 인구의 2배에 미치지 못한다.
ㄷ. 2010년은 절대적 빈곤율과 상대적 빈곤율이 동일하므로, 상대적 빈곤 가구는 모두 절대적 빈곤 가구이다.

정답 과 해설

오답 피하기 ㄱ. 2000년에 절대적 빈곤율은 6%, 상대적 빈곤율은 10%로 상대적 빈곤율이 절대적 빈곤율보다 높으므로 절대적 빈곤 가구가 아닌 상대적 빈곤 가구가 존재한다.
ㄹ. 2010년에 절대적 빈곤율과 상대적 빈곤율이 12%로 같으므로 중위 소득의 50%와 최저 생계비는 동일하다.

5 성 불평등 문제

갑은 성 불평등 문제의 원인을 사회 구조적인 요인에서 찾고 있고, 을은 차별적인 사회화를 성 불평등 문제의 요인으로 보고 있다.
ㄱ. 성 불평등 문제의 원인을 사회 구조에서 찾는 태도는 거시적 관점이다.
ㄷ. 을은 부모의 양육 태도, 대중 매체 등을 통한 차별적 사회화를 성 불평등 문제의 원인으로 보고 있다.

오답 피하기 ㄴ. 갑은 사회 구조적 차원에서 성 불평등 문제의 원인을 찾고 있으므로 사회 제도적 차원의 해결책을 중시할 것이다.
ㄹ. 을은 차별적 사회화를 성 불평등 문제의 원인으로 보고 있으므로, 현재의 교육과 대중 매체에서 전달하는 내용이 오히려 성불평등 현상을 심화시킨다고 여길 것이다.

6 사회 서비스

사회 서비스는 보건 의료, 교육, 주거, 문화, 환경 등의 분야에서 인간다운 생활을 보장하고 상담, 재활, 돌봄, 정보 제공, 관련 시설 이용, 역량 개발, 사회 참여 등을 지원하는 사회 복지 제도이다.

자료 분석

〈산모·신생아 건강 관리 지원 사업〉은 산모·신생아 건강 관리사가 일정 기간 출산 가정을 방문하여 산후 관리를 지원하는 사회 서비스이다. 사회 서비스는 국가와 지방 자치 단체 및 민간 부문의 도움이 필요한 모든 국민을 대상으로 한다.

선택지 바로 보기

① 사회 서비스에 해당한다. (○)
→ 사회 서비스란 복지, 보건, 의료, 교육 등 국민의 삶의 질이 향상되도록 지원하는 제도이다.
② 삶의 질 향상을 목표로 한다. (○)
→ 사회 서비스는 상담, 재활, 관련 시설 이용 등 서비스를 제공하여 삶의 질을 높이는 것을 목표로 한다.
③ 저소득층만을 대상으로 한다. (×)
→ 사회 서비스는 국가와 지방 자치 단체 및 민간 부문의 도움이 필요한 모든 국민을 대상으로 한다.
④ 비금전적 지원을 원칙으로 한다. (○)
→ 사회 서비스는 서비스를 제공하므로 비금전적 지원을 원칙으로 한다.
⑤ 부담 능력이 있는 국민은 수익자 부담을 원칙으로 한다. (○)
→ 사회 서비스는 부담 능력이 있는 국민은 수익자 부담을 원칙으로 하고, 일정 소득 수준 이하의 국민은 비용의 전부 또는 일부를 국가와 지방 자치 단체가 부담한다.

7 진화론과 순환론

인간이 점차 진화하는 것처럼 사회도 단순한 형태에서 더욱 복잡하고 분화된 형태로 진화한다고 보는 이론인 (가)는 진화론이다. 경기가 회복기, 호황기, 후퇴기, 침체기를 거치며 순환하는 것처럼 사회도 시간의 흐름에 따라 생성, 성장, 쇠퇴, 해체한다고 보는 이론인 (나)는 순환론이다.
ㄴ. 진화론은 사회 변동이 일정한 방향을 가지고 단순한 형태에서 복잡한 형태로 진화한다고 본다.

오답 피하기 ㄷ. 모든 발전이 곧 서구화임을 전제로 하는 것은 진화론이다.
ㄹ. 진화론과 순환론은 모두 사회 변동을 사회 구조가 전반적으로 변화하는 현상으로서 여기는 거시적 관점이다.

8 사회 운동

제시된 사진은 시민 단체의 일원들이 인류 평화와 전쟁 반대를 외치며 반전 시위를 하는 모습을 보여 주고 있다.

선택지 바로 보기

① 뚜렷한 목표를 가지고 이루어진다. (○)
→ 사회 운동은 자신들의 신념과 가치를 실현하기 위한 뚜렷한 목표를 가지고 있다.
② 필요에 따라 일시적으로 나타난다. (×)
→ 사회 운동은 필요에 따라 일시적으로 나타나는 것이 아니라, 체계적인 조직을 바탕으로 지속적으로 이루어진다.
③ 체계적인 조직을 바탕으로 이루어진다. (○)
→ 사회 운동은 어느 정도 체계적인 조직을 갖추고 있고, 구성원 간 역할 분담이 이루어진다.
④ 사회 변동을 달성하려는 의도를 지닌다. (○)
→ 사회 운동은 사회 구조적 모순과 갈등을 드러내고 그에 대한 해결책을 제시함으로써 사회 변동을 유발하는 원동력이 된다.
⑤ 개별적인 행동보다는 집단 행동으로 나타난다. (○)
→ 사회 운동은 다수의 사람들이 자발적으로 하는 집단적이고 지속적인 행동이다.

더 알아보기+ 사회 운동의 유형

복고적·반동적 사회 운동	과거의 전통적인 사회 유형으로 되돌아가려는 운동
보수주의 운동	현상 유지를 고수하고 이미 일어나고 있는 변화에 저항하려는 운동
개혁주의 운동	전반적인 사회 구조를 파괴하지 않고 특정 부분에 대한 개혁을 추구하는 운동
급진적 혁명 운동	현재의 사회 구조 전체를 근본적으로 바꾸고자 하는 운동

9 정보화

제시된 그림은 CCTV로 인한 사생활 침해, 개인 정보 유출 등 정보화로 인한 문제점을 보여 주고 있다.
③ 정보화로 인해 사생활 침해, 개인 정보 유출 등의 문제가 발생할 수 있다.

오답 피하기 ① 정보 격차, ② 정보의 오남용, ④ 인간 소외 현상, ⑤ 불건전한 정보 유포는 정보화로 인한 문제점에 해당하나 제시된 그림과는 관련이 없다.

10 저출산·고령화 현상

자료에서 합계 출산율은 지속적으로 낮아지고 있고, 0~14세 인구에 대한 65세 이상 인구를 보여 주는 노령화 지수는 지속적으로 높아지고 있으므로 저출산·고령화 현상이 심화되고 있음을 알 수 있다.

③ 저출산·고령화 현상이 지속될 경우 인구가 정체 또는 감소되어 생산 가능 인구가 줄어들고 소비가 위축될 수 있다.

오답 피하기 ① 저출산·고령화 현상이 지속되면 생산 가능 인구가 감소할 것이다.

② 고령화 현상이 지속되면 노인 복지 분야의 재정 부담이 증가할 것이다.

④ 고령화 현상이 지속되면 노인 부양을 둘러싼 세대 간 갈등이 심화될 수 있다.

⑤ 고령화 현상이 지속되면 고령 친화 산업에 대한 국가적 지원이 증가할 것이다.

11 다문화 사회

다문화 사회란 서로 다른 문화를 가진 다양한 인종과 민족이 함께 사는 사회이다. 노동력의 자유로운 이동, 국제결혼의 증가 등으로 인해 외국인 이주민 수가 증가하고 이질적인 문화가 유입되면서 점차 다문화 사회의 모습이 나타나고 있다.

③ 다문화 사회가 등장한 배경에는 국제결혼의 증가가 있다.

더 알아보기+ 다문화 사회의 영향

긍정적 영향	• 문화 다양성이 강화되어 새로운 문화 창조의 원동력이 됨 • 저출산·고령화에 따른 노동력 부족 문제 해결에 이바지함
부정적 영향	• 사회적 편견과 차별에 따른 갈등이 발생할 우려가 있음 • 결혼 이주 여성, 다문화 가정 자녀들의 사회 적응 문제가 발생할 수 있음

12 지속 가능한 사회

(가)는 지속 가능한 사회이다. 지속 가능한 사회란 현재 세대뿐만 아니라 미래 세대도 안정적이고 풍요로운 삶을 영위할 수 있도록 경제 성장, 사회의 안정과 통합, 환경 보전 등이 균형을 이루는 사회를 말한다.

선택지 바로 보기

ㄱ. (가)는 '지속 가능한 사회'이다. (○)
→ 현재 세대뿐만 아니라 미래 세대도 풍요로운 삶이 보장되는 사회는 지속 가능한 사회이다.

ㄴ. 환경 보전보다는 경제 성장을 추구한다. (×)
→ 지속 가능한 사회는 경제 성장과 더불어 환경 보전 등이 균형을 이루는 사회이다.

ㄷ. 국제기구보다는 각국 정부의 협력이 필요하다. (×)
→ 지속 가능한 사회를 위해서는 각국 정부와 국제기구가 협력하여 대책을 마련하고 실천하는 노력이 필요하다.

ㄹ. 인류의 생존을 위협하는 전 지구적 수준의 문제가 증가하면서 등장한 개념이다. (○)
→ 지속 가능한 사회는 환경 문제, 자원 문제, 전쟁과 테러 등 인류의 생존을 위협하는 전 지구적 수준의 문제를 해결하기 위해 국제 협력을 강화하는 노력이 필요하다는 인식하에 등장하였다.

더 알아보기+ 지속 가능한 사회

UN의 '환경과 개발에 관한 세계 위원회'가 1987년의 보고서에서 지속 가능한 발전(sustainable development)이라는 용어를 포함시키면서 등장한 개념이다. '지속 가능한 사회'란 유한한 지구 자원과 인간의 생활이 양립할 수 있고, 현재 지구상에서 생활하는 세대와 장래의 세대가 공평하게 발전의 혜택을 누릴 수 있는 사회를 말한다.

01 ②　　02 ④　　03 ⑤　　04 ⑤　　05 ④　　06 ④

07 ②　　08 ①　　09 ③

10 '문화를 이해의 대상으로 바라보는가?', '문화 정체성이 상실될 우려가 있는가?', '타 문화와의 마찰을 초래할 우려가 있는가?' 등

11 (가): 문화 접변 결과 전통문화 요소가 남아 있는가?
　　(나): 문화 접변 결과 서로 다른 문화 요소가 나란히 존재하는가?

12 (1) 해설 참조 (2) t년: 초고령 사회, t+30년: 초고령 사회

01 문화의 속성

학습성은 문화가 후천적으로 학습되는 생활 양식임을, 공유성은 문화가 구성원 다수가 공통적으로 공유하는 생활 양식임을, 총체성은 문화가 상호 유기적으로 결합된 총체임을 의미한다.

(가)는 언어를 부모에게 배웠다는 점에서 학습성, (나)는 마오리족의 인사 방식을 해당 구성원들만 공유한다는 점에서 공유성, (다)는 종교가 음식 문화에 영향을 주었다는 점에서 총체성에 해당한다.

02 문화를 이해하는 태도

문화 이해 태도는 자문화 중심주의, 문화 사대주의, 문화 상대주의가 있다. 자문화 중심주의와 문화 사대주의는 문화 간에 우열이 있다고 보는 태도이고, 문화 상대주의는 문화 간에 우열이 없다고 보는 태도이다.

자료 분석

질문	A	B	C
각 사회가 지니고 있는 문화의 고유한 의미와 가치를 인정하는가?	예	아니요	(가)
자기 문화가 우월하다는 믿음을 바탕으로 타 문화를 판단하는가?	(나)	예	아니요

각 사회가 지니고 있는 문화의 고유한 의미와 가치를 인정하는 문화 이해 태도는 문화 상대주의이다. 따라서 A는 문화 상대주의이고, (가)는 '아니요'가 된다. 자기 문화가 우월하다는 믿음을 바탕으로 타 문화를 판단하는 문화 이해 태도는 자문화 중심주의이다. 따라서 B는 자문화 중심주의이고, (나)는 '아니요'가 된다. C는 문화 사대주의이다.

ㄴ. 문화 상대주의는 자문화 중심주의와 달리 문화를 이해의 대상으로 본다.

ㄹ. 문화 사대주의는 다른 문화 이해 태도와 달리 자문화의 정체성이 상실될 수 있다.

오답 피하기 ㄱ. (가)와 (나)는 모두 '아니요'이다.

ㄷ. 자문화 중심주의와 문화 사대주의 모두 문화 다양성 보존에 기여하지 않는다.

03 하위문화

주류 문화는 한 사회의 구성원 대부분이 전반적으로 공유하는 문화로, 전체 문화라고도 한다. 하위문화는 한 사회 내에서 지역, 세대, 성별, 계층 등에 따라 구분되는 특정 집단만이 공유하는 독특한 문화이다. 따라서 A는 주류 문화, B는 하위문화이다.

04 대중 매체

시각 정보와 청각 정보를 모두 전달할 수 있는 매체는 텔레비전과 인터넷이다. 반면 신문은 시각 정보만 전달이 가능하다. 그리고 뉴 미디어에 해당하는 인터넷은 텔레비전, 신문과 달리 정보 전달이 쌍방향으로 이루어진다. 따라서 A는 텔레비전, B는 인터넷, C는 신문이다.

05 문화 변동 요인

문화 변동의 내재적 요인은 한 사회 내부에서 문화 요소가 새롭게 등장하여 그 사회의 문화 체계에 변동을 초래하는 요인이고, 외재적 요인은 한 사회의 외부로부터 문화 요소가 유입되어 문화 요소를 수용한 사회의 문화 체계에 변동을 초래하는 요인이다.

자료 분석

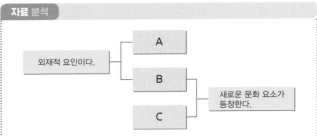

A와 B는 외재적 요인에 해당한다. 따라서 발명, 직접 전파, 자극 전파 중 외재적 요인에 해당하지 않는 발명은 C이다. B와 C는 모두 새로운 문화 요소가 등장하는 경우인데, 직접 전파와 자극 전파 중 자극 전파는 타 문화에서 아이디어를 얻어 새로운 문화 요소가 등장하는 경우이므로 B는 자극 전파이다. 따라서 A는 직접 전파이다.

④ 자극 전파는 타 문화의 아이디어를 기초로 하여 새로운 문화 요소가 등장하는 경우이다.

오답 피하기 ① A는 문화 변동의 외재적 요인이고 새로운 문화 요소가 등장하지 않으므로 직접 전파이다.
② B는 문화 변동의 외재적 요인이고 새로운 문화 요소가 등장하므로 자극 전파이다.
③ C는 외재적 요인이 아니고 새로운 문화 요소가 등장하므로 발명이다.
⑤ 불과 지하자원은 발견의 사례이다.

06 계층 구조 및 사회 이동

자료에서 A에서 C로의 이동은 상승 이동, A에서 B로의 이동은 하강 이동이므로 A는 중층, B는 하층, C는 상층에 해당한다. 이를 바탕으로 t년과 t+50년의 계층 구성 비율을 정리하면 다음과 같다.

(단위: %)

구분	상층	중층	하층
t년	10	30	60
t+50년	20	60	20

07 진화론과 순환론

갑은 모든 질문에 옳은 답변을 하여 4점을 받았다. 운명론적 관점에서 사회 변동의 방향을 이해하는 관점은 순환론이므로 A는 순환론, B는 진화론이다.

ㄱ. 순환론은 사회가 생성, 성장, 쇠퇴, 해체의 과정을 반복하며 변동한다고 본다.

ㄷ. (가)에는 '예'의 답변이 옳은 질문이 들어가야 한다. 순환론은 흥망성쇠를 거듭한 국가의 사례를 설명하기에 적합하다.

오답 피하기 ㄴ. 사회 변동에 대응하는 인간의 노력을 과소평가한다는 비판을 받는 것은 순환론이다.
ㄹ. 진화론은 사회 변동이 곧 발전이라고 본다. 갑은 모든 질문에 옳은 답변을 하였으므로 ㉠은 '예'이다. 을은 첫 번째 질문과 (가)에 옳지 않은 답변을 하였고, 2점을 얻었으므로 ㉡은 옳은 답변을 해야 한다. 따라서 ㉡은 '예'이다.

더 알아보기+ 진화론과 순환론의 한계

진화론	• 사회 변동은 여러 방향에서 일어날 수 있으며, 모든 사회에서 반드시 같은 방향으로 이루어지는 것은 아님 • 사회 변동이 반드시 진보를 의미하는 것은 아님 • 사회가 복합적으로 되어간다는 것이 반드시 인간의 삶의 질을 증진시킨다고 보기 어려움

순환론	• 사회가 순환 과정 중 어디에 위치하는지 설명하지 못하므로 앞으로의 변동 방향을 예측하기 어려움 • 숙명과 같은 불가사의한 힘을 강조하여 사회 변동에 대응하는 인간의 노력을 과소평가함

08 기능론과 갈등론

첫 번째 질문인 사회적 희소가치의 차등 분배가 개인의 성취동기에 긍정적으로 작용한다고 보는 것은 기능론이다. 두 번째 질문인 사회 불평등 현상을 극복해야 할 대상으로 보는 것은 갈등론이다. 세 번째 질문인 사회 불평등 현상이 불가피하다고 보는 것은 기능론이다. 따라서 갑은 기능론의 관점에서 일관된 답변을 하였다.

더 알아보기+ 사회 불평등 현상을 보는 기능론과 갈등론

구분	기능론	갈등론
불평등의 발생 원인	사회 전체의 필요에 의해 결정되는 직업별 사회적 역할의 중요도 및 기여도에 따른 차등보상	지배와 피지배 관계의 유지 및 계급 재생산을 위해 지배 집단이 만든 분배 구조
가치 배분 기준	개인의 노력, 능력, 업적 등 사회 전체적으로 합의된 정당한 기준	권력, 재산, 가정배경 등 지배 집단만의 합의가 반영된 지배 집단에게 유리한 기준

09 사회 보장 제도

'금전적 지원을 원칙으로 하는가?'라는 질문으로 B와 C를 구분할 수 없으므로 A는 비금전적 지원을 원칙으로 하는 사회 서비스이다. '강제 가입을 원칙으로 하는가?'라는 질문으로 A와 B를 구분할 수 있으므로 B는 강제 가입을 원칙으로 하는 사회 보험이다. 따라서 C는 공공 부조이다.

선택지 바로 보기

① A는 사회 서비스, B는 공공 부조, C는 사회 보험이다. (×)
→ A는 사회 서비스, B는 사회 보험, C는 공공 부조이다.
② B는 사후 처방적 성격이 강하다. (×)
→ 사회 보험은 미래에 직면할 사회적 위험에 대처하는 사전 예방적 성격이 강하다.
③ C는 국가나 지방 자치 단체가 비용을 전액 부담하는 것을 원칙으로 한다. (○)
→ 공공 부조는 생활 유지 능력이 없거나 생활이 어려운 국민을 대상으로 하므로 국가나 지방 자치 단체가 비용을 전액 부담한다.
④ A는 B와 달리 상호 부조의 원리가 적용된다. (×)
→ 상호 부조의 원리가 적용되는 것은 사회 보험이다.
⑤ B는 C에 비해 소득 재분배 효과가 크다. (×)
→ 공공 부조는 사회 보험에 비해 소득 재분배 효과가 크다.

더 알아보기+ 우리나라 사회 보장 제도의 비용 부담 원칙

공공 부조	국가와 지방 자치 단체의 지원을 통해 최소한의 인간다운 생활을 보장하고 자립을 지원하는 것이 목적이므로 모든 비용을 국가와 지방 자치 단체가 부담함
사회 보험	피보험자(수혜자), 기업주 또는 국가가 비용을 공동으로 부담하며, 수혜자의 비용 부담 능력에 비례하여 보험료를 산출하는 것이 원칙임
사회 서비스	부담 능력이 있는 국민은 수익자 부담을 원칙으로 하고, 일정 소득 수준 이하의 국민은 비용의 전부 또는 일부를 국가와 지방 자치 단체가 부담함

10 문화를 이해하는 태도

문화를 이해하는 태도는 자문화 중심주의, 문화 사대주의, 문화 상대주의가 있다. (가)가 '문화를 이해의 대상으로 바라보는가?'라면 A는 문화 상대주의이고, (가)가 '자문화의 정체성이 상실될 우려가 있는가?'라면 A는 문화 사대주의이고, (가)가 '타 문화와의 마찰을 초래할 우려가 있는가?'라면 A는 자문화 중심주의이다.

예시 답안 '문화를 이해의 대상으로 바라보는가?', '자문화의 정체성이 상실될 우려가 있는가?', '타 문화와의 마찰을 초래할 우려가 있는가?' 등

채점 기준	배점
(가)에 들어갈 수 있는 질문을 세 개 모두 적절하게 서술한 경우	상
(가)에 들어갈 수 있는 질문을 두 개만 적절하게 서술한 경우	중
(가)에 들어갈 수 있는 질문을 하나만 적절하게 서술한 경우	하

11 문화 접변 양상

문화 동화는 문화 접변 결과 문화 융합, 문화 병존과 달리 고유문화 요소를 상실한다. 문화 병존은 문화 동화, 문화 융합과 달리 문화 접변 결과 서로 다른 문화 요소가 나란히 존재한다.

예시 답안 (가): 문화 접변 결과 고유문화 요소가 남아 있는가?
(나): 문화 접변 결과 서로 다른 문화 요소가 나란히 존재하는가?

채점 기준	배점
(가), (나)에 들어갈 수 있는 질문을 모두 적절하게 서술한 경우	상
(가), (나)에 들어갈 수 있는 질문 중 하나만 적절하게 서술한 경우	하

12 인구 부양비

(1) 유소년 부양비는 15~64세 인구 100명당 0~14세 인구이고, 총 부양비는 유소년 부양비와 노년 부양비를 합한 값이다. t년 갑국의 15~64세 인구를 100명이라고 하면 0~14세 인구는 20명, 65세 이상 인구는 30명이다. t+30년 갑국의 15~64세 인구는 200명이고 0~14세 인구는 100명, 65세 이상 인구는 100명이다.

답 (단위: 명)

구분	t년	t+30년
0~14세 인구	20	100
15~64세 인구	100	200
65세 이상 인구	30	100
전체 인구	150	400

(2) 전체 인구에서 65세 이상 인구가 차지하는 비율을 계산하면 t년 20%(30/150×100), t+30년 25%(100/400×100)이다. 65세 이상 인구가 전체 인구의 20% 이상이면 초고령 사회이므로 t년과 t+30년 모두 초고령 사회이다.

답 t년: 초고령 사회, t+30년: 초고령 사회

Book 2

Book 2 76~79쪽

01 ⑤   02 ④   03 ②   04 ③   05 ④   06 ③   07 ②   08 ⑤   09 ④   10 ③   11 ①   12 ⑤

서술형 13 (1) (가): 문화 사대주의, (나): 자문화 중심주의 (2) 해설 참조   14 (1) A: 자극 전파, B: 발견, C: 발명 (2) 해설 참조

15 (1) 생산적 복지 (2) 해설 참조   16 (1) 샐러드 볼 (2) 해설 참조

---

01 문화의 속성

다음 사례에 공통적으로 부각된 문화의 속성에 대한 옳은 설명만을 〈보기〉에서 고른 것은?

> (가) 적도 지역에 위치한 A국에서는 여름에 기온이 매우 높아 음식 부패 방지를 위해 향신료가 많이 들어간 조리법이 사용되고 있으며, 향신료의 원료가 되는 작물의 재배 및 유통이 활성화되어 있다. ──── 공유성 / 총체성
>
> (나) 북반구에 위치한 B국에서는 목재가 풍부하여 연료 공급이 용이하다. 이로 인해 이 지역 사람들은 오랫동안 천천히 약한 불로 끓이는 스튜와 같은 음식을 즐겨 먹는다. ──── 총체성, 공유성

• 보기 •
ㄱ. 문화는 지속적으로 변화한다.
ㄴ. 문화는 세대 간 전승되며 풍부해진다.
ㄷ. 문화는 부분이 모여 전체로서 체계를 이룬다.
ㄹ. 문화는 원활한 사회적 상호 작용을 가능하게 한다.

① ㄱ, ㄴ   ② ㄱ, ㄷ   ③ ㄴ, ㄷ
④ ㄴ, ㄹ   ⑤ ㄷ, ㄹ

☑ 출제 의도 파악하기
주어진 사례에서 공유성, 총체성, 학습성, 축적성, 전체성 등 문화의 속성을 파악한다.

⭐ 문제 해결 Point 쏙쏙
• 향신료가 많이 들어간 조리법을 사용하고, 스튜와 같은 음식을 즐겨 먹음 → 공유성
• 향신료가 많이 사용됨에 따라 향신료에 대한 재배와 유통이 활성화되었고, 연료 공급이 용이해짐에 따라 스튜와 같은 음식을 즐겨 먹게 됨 → 총체성

☑ 선택지 바로 알기
ㄱ. 문화는 지속적으로 변화한다. (×)
→ 변동성에 대한 설명이다.
ㄴ. 문화는 세대 간 전승되며 풍부해진다. (×)
→ 축적성에 대한 설명이다.
ㄷ. 문화는 부분이 모여 전체로서 체계를 이룬다. (○)
→ 총체성에 대한 설명이다.
ㄹ. 문화는 원활한 사회적 상호 작용을 가능하게 한다. (○)
→ 공유성에 대한 설명이다.

---

02 문화를 이해하는 태도

다음 그림은 문화 이해 태도 A~C를 질문에 따라 구분한 것이다. 이에 대한 설명으로 옳은 것은?

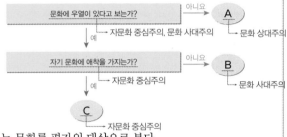

① A는 문화를 평가의 대상으로 본다.
② B는 타 문화와의 갈등을 초래할 수 있다.
③ C는 선진 문물의 수용에 유리하다.
④ A는 B와 달리 문화 다양성 보존에 유리하다.
⑤ C는 B와 달리 자문화의 정체성이 약화될 수 있다.

☑ 출제 의도 파악하기
자문화 중심주의, 문화 상대주의, 문화 사대주의 태도의 특징을 이해한다.

⭐ 문제 해결 Point 쏙쏙
• 문화를 이해의 대상으로 바라봄 → 문화 상대주의
• 자기 문화에 대한 애착을 바탕으로 타 문화를 평가절하함 → 자문화 중심주의
• 타 문화를 기준으로 자기 문화를 평가절하함 → 문화 사대주의

☑ 선택지 바로 알기
① A는 문화를 평가의 대상으로 본다. (×)
→ 문화 상대주의는 문화를 이해의 대상으로 본다.
② B는 타 문화와의 갈등을 초래할 수 있다. (×)
→ 타 문화와 갈등을 초래할 수 있는 문화 이해 태도는 자문화 중심주의이다.
③ C는 선진 문물의 수용에 유리하다. (×)
→ 선진 문물 수용에 유리한 문화 이해 태도는 문화 사대주의이다.
④ A는 B와 달리 문화 다양성 보존에 유리하다. (○)
→ 문화 상대주의는 다른 문화를 해당 사회의 맥락에서 이해한다는 점에서 문화 다양성 보존에 유리하다.
⑤ C는 B와 달리 자문화의 정체성이 약화될 수 있다. (×)
→ 자문화의 정체성이 약화될 수 있는 문화 이해 태도는 문화 사대주의이다.

표는 A~C를 질문에 따라 구분한 것이다. 이에 대한 옳은 설명만을 〈보기〉에서 고른 것은? (단, A~C는 각각 주류 문화, 하위문화, 반문화 중 하나이다.)

질문	A	B	C
사회 구성원 대부분이 공유하는 문화인가? ┗주류 문화	예	아니요	아니요
지배적인 문화에 저항하는 문화인가? ┗반문화	㉠	예	㉡

주류 문화┚ ┌반문화 ┌하위문화 (위치 표시)

• 보기 •
ㄱ. ㉠과 ㉡은 모두 '아니요'이다.
ㄴ. A는 하위문화에 해당한다.
ㄷ. C를 향유하는 구성원도 A를 향유한다.
ㄹ. 비행 청소년 문화는 B가 아니라 A에 해당한다.

① ㄱ, ㄴ　　② ㄱ, ㄷ　　③ ㄴ, ㄷ
④ ㄴ, ㄹ　　⑤ ㄷ, ㄹ

☑ **출제 의도 파악하기**
주류 문화, 하위문화, 반문화의 특징을 이해한다.

⭐ **문제 해결 Point 쏙쏙**
• 주류 문화는 사회 구성원 대다수가 향유하는 문화인 반면, 하위문화는 특정 영역의 구성원만이 향유하는 문화임 → A는 주류 문화
• 반문화는 하위문화의 한 유형으로, 하위문화 중에서 지배적인 문화에 저항하는 문화임 → B는 반문화

☑ **선택지 바로 알기**
ㄱ. ㉠과 ㉡은 모두 '아니요'이다. (○)
　→ 지배적인 문화에 저항하는 문화는 반문화이므로 ㉠과 ㉡은 모두 '아니요'이다.
ㄴ. A는 하위문화에 해당한다. (×)
　→ A는 사회 구성원 대다수가 향유하는 문화이므로 주류 문화이다.
ㄷ. C를 향유하는 구성원도 A를 향유한다. (○)
　→ 하위문화를 향유하는 구성원도 한 사회의 구성원이므로 해당 사회의 주류 문화를 당연히 향유한다.
ㄹ. 비행 청소년 문화는 B가 아니라 A에 해당한다. (×)
　→ 비행 청소년 문화는 지배적인 문화에 저항한다는 점에서 반문화에 해당한다.

☑ **개념**
하위문화 한 사회 내의 일부 구성원들이 공유하는 문화로, 지역 문화, 세대 문화, 반문화 등이 이에 해당한다. 한 사회의 주류 문화와 하위문화의 범주는 상대적으로 규정된다.
반문화 한 사회의 주류 문화를 거부하거나 저항하는 사람들이 공유하는 문화로 히피 문화, 비행 청소년 집단의 문화, 급진적인 종교 집단의 문화가 이에 해당한다.

(가), (나)에 나타난 문화 변동에 대한 설명으로 옳은 것은?

(가) ○○족은 원래 수렵 및 채집으로 생활하였으나, 이웃인 △△족으로부터 농경 기술을 도입하면서 농경민으로 바뀌게 되었다. ┗직접 전파
(나) A국을 정복한 B국의 강요로 A국 사람들은 B국 의복 문화를 받아들였고, 이로 인해 B국 고유의 의복 문화는 사라지게 되었다. ┗강제적 문화 접변 ┗문화 동화

① (가)에서는 문화 융합이 나타났다.
② (나)에서는 자발적 문화 접변이 나타났다.
③ (가)와 (나) 모두 외재적 요인에 의해 문화 변동이 나타났다.
④ (가)와 달리 (나)는 간접 전파에 의해 문화 변동이 나타났다.
⑤ (나)와 달리 (가)에서는 자극 전파에 따른 문화 변동이 나타났다.

☑ **출제 의도 파악하기**
제시된 사례에 나타난 문화 변동 요인과 결과를 파악한다.

⭐ **문제 해결 Point 쏙쏙**
• 직접 전파는 문화 요소를 제공하는 사회와 그것을 수용하는 사회 구성원들 간의 직접적인 접촉 과정에서 문화 요소가 전달되어 정착되는 현상 → (가)와 (나)에서 모두 나타남
• (가)와 달리 (나)는 '정복 또는 강제'에 의해 문화 변동이 나타남 → 강제적 문화 접변
• (나)의 경우 문화 접변 결과 B국 고유의 의복 문화가 사라졌음 → 문화 동화

☑ **선택지 바로 알기**
① (가)에서는 문화 융합이 나타났다. (×)
　→ (가)에서는 고유문화 요소와 외래문화 요소가 만나 제3의 문화 요소가 생겨난 내용이 나타나 있지 않다.
② (나)에서는 자발적 문화 접변이 나타났다. (×)
　→ 정복에 따른 강제라는 점에서 강제적 문화 접변이 나타났다.
③ (가)와 (나) 모두 외재적 요인에 의해 문화 변동이 나타났다. (○)
　→ (가), (나) 모두 직접 전파에 의해 문화 변동이 나타났다. 직접 전파는 문화 변동의 외재적 요인에 해당한다.
④ (가)와 달리 (나)는 간접 전파에 의해 문화 변동이 나타났다. (×)
　→ (가), (나) 모두 직접 전파에 의해 문화 변동이 나타났다.
⑤ (나)와 달리 (가)에서는 자극 전파에 따른 문화 변동이 나타났다. (×)
　→ (가), (나) 모두 다른 문화 요소에서 아이디어를 얻어 발명이 일어나는 문화 변동은 나타나지 않았다.

Book 2

05 문화 접변 양상

다음 그림은 문화 접변 양상을 현상에 따라 구분한 것이다. 이에 대한 설명으로 옳은 것은? (단, A~C는 각각 문화 동화, 문화 병존, 문화 융합 중 하나이다.)

① A는 문화 동화이다.
② B는 문화 융합이다.
③ C는 문화 병존이다.
④ A와 B 모두 문화 변동의 외재적 요인에 의해 나타난다.
⑤ A와 달리 C는 문화 접변 과정에서 한 문화의 정체성이 상실된다.

☑ 출제 의도 **파악하기**
문화 병존, 문화 동화, 문화 융합의 의미를 사례와 연결 지어 이해한다.

⭐ 문제 해결 Point 쏙쏙
• 문화 교류 결과 서로 다른 문화 요소가 나란히 존재하는 경우 → 문화 병존
• 문화 교류 결과 기존 문화와 다른 제3의 새로운 문화가 등장하는 경우 → 문화 융합
• 문화 교류 결과 하나의 문화 요소가 다른 문화 요소에 흡수되어 사라지는 경우 → 문화 동화

☑ 선택지 **바로 알기**
① A는 문화 동화이다. (×)
  → A는 다른 문화 요소가 함께 존재하는 문화 병존이다.
② B는 문화 융합이다. (×)
  → B는 하나의 문화 요소가 다른 문화 요소에 흡수되어 사라지는 문화 동화이다.
③ C는 문화 병존이다. (×)
  → C는 새로운 문화 요소가 등장하는 문화 융합이다.
④ A와 B 모두 문화 변동의 외재적 요인에 의해 나타난다. (○)
  → 문화 동화, 문화 병존, 문화 융합 모두 문화 접변의 양상으로, 다른 문화와의 교류에 따른 결과이다. 즉, 문화 변동의 외재적 요인에 의해 나타난다.
⑤ A와 달리 C는 문화 접변 과정에서 한 문화의 정체성이 상실된다. (×)
  → 문화 접변 과정에서 한 문화의 정체성이 상실되는 경우는 문화 동화이므로 A, C는 모두 문화 접변 과정에서 문화의 정체성이 유지된다.

06 문화 변동 요인과 양상

다음 사례를 바르게 이해한 학생만을 〈보기〉에서 고른 것은?

> →직접 전파
> A국에서는 그 지역의 전통 음악과 A국으로 이주해 온 흑인들의 음악이 결합되어 로큰롤(Rock and Roll)이라는 새로운 장르의 음악이 등장하였다. 이후 로큰롤은 라디오와 텔레비전을 통해 전 세계로 전파되어 유행하였다.
> →간접 전파
> →문화 융합

• 보기
갑: 로큰롤은 문화 병존의 사례에 해당해.
을: 로큰롤의 형성 요인은 직접 전파로 볼 수 있어.
병: 로큰롤은 간접 전파를 통해 세계적으로 확산되었어.
정: 로큰롤이 만들어진 과정은 강제적 문화 접변으로 설명할 수 있어.

① 갑, 을   ② 갑, 병   ③ 을, 병
④ 을, 정   ⑤ 병, 정

☑ 출제 의도 **파악하기**
사례에서 직접 전파 또는 간접 전파에 따른 문화 변동 양상을 파악한다.

⭐ 문제 해결 Point 쏙쏙
• 문화 요소를 제공하는 사회와 그것을 수용하는 사회 구성원들 간의 직접적인 접촉 과정에서 문화 요소가 전달되어 정착되는 현상 → 직접 전파
• 문화 요소를 제공하는 사회와 그것을 수용하는 사회 구성원들 간의 직접적인 접촉이 아닌 매개체를 통해 간접적으로 문화 요소가 전달되어 정착되는 현상 → 간접 전파

☑ 선택지 **바로 알기**
갑: 로큰롤은 문화 병존의 사례에 해당해. (×)
  → 전통 음악과 흑인 음악이 결합되어 새로운 장르가 형성되었다는 점에서 문화 융합의 사례에 해당한다.
을: 로큰롤의 형성 요인은 직접 전파로 볼 수 있어. (○)
  → 로큰롤은 흑인 음악이라는 문화 요소가 흑인이 이주하는 과정에서 전해졌다는 점에서 직접 전파의 사례이다.
병: 로큰롤은 간접 전파를 통해 세계적으로 확산되었어. (○)
  → 로큰롤이 텔레비전과 라디오라는 매개체를 통해 전 세계로 확산되었다는 점에서 간접 전파의 사례에 해당한다.
정: 로큰롤이 만들어진 과정은 강제적 문화 접변으로 설명할 수 있어. (×)
  → 흑인 이주를 통해 로큰롤이 형성되었으나, 흑인 이주 및 문화 요소의 전달이 강제적으로 이루어졌는지 여부는 제시된 자료에 나타나 있지 않다.

A, B에 대한 옳은 설명만을 〈보기〉에서 고른 것은? (단, A, B는 각각 계급론과 계층론 중 하나이다.)

구분	A (계층론)	B (계급론)
공통점	(가)	
차이점	다원론에 기초하여 사회 계층화 현상을 분석한다. (계층론)	(나)

① A는 지위 불일치 현상을 설명하기 어렵다.

② B는 사회 계층화 현상을 불연속적으로 구분되어 있는 상태로 파악한다.

③ A는 B와 달리 동일 집단 구성원 간의 강한 연대 의식을 강조한다.

④ (가)에는 '경제적 요인에 의해 사회 계층화 현상이 발생한다고 본다.'가 들어갈 수 없다.

⑤ (나)에는 '생산 수단의 소유 여부가 사회 불평등 구조를 결정한다고 본다.'가 들어갈 수 없다.

☑ **출제 의도 파악하기**
계급론과 계층론의 공통점과 차이점을 이해한다.

✦ **문제 해결 Point 쏙쏙**
• 다원론을 바탕으로 사회 계층화 현상을 분석함 → 계층론
• 일원론을 바탕으로 사회 계층화 현상을 분석함 → 계급론

☑ **선택지 바로 알기**
① A는 지위 불일치 현상을 설명하기 어렵다. (×)
→ 계층론은 지위 불일치 현상을 설명하기 용이하다.
② B는 사회 계층화 현상을 불연속적으로 구분되어 있는 상태로 파악한다. (○)
→ 계급론은 사회 계층화 현상을 불연속적·이분법적으로 구분되어 있는 상태로 파악한다.
③ A는 B와 달리 동일 집단 구성원 간의 강한 연대 의식을 강조한다. (×)
→ 동일 집단 구성원 간의 강한 연대 의식을 강조하는 것은 계급론이다.
④ (가)에는 '경제적 요인에 의해 사회 계층화 현상이 발생한다고 본다.'가 들어갈 수 없다. (×)
→ 계급론과 계층론 모두 경제적 요인에 의해 사회 계층화 현상이 발생한다고 본다.
⑤ (나)에는 '생산 수단의 소유 여부가 사회 불평등 구조를 결정한다고 본다.'가 들어갈 수 없다. (×)
→ 계급론은 생산 수단의 소유 여부가 사회 불평등 구조를 결정한다고 여긴다.

다음 자료에 대한 분석으로 옳은 것은? (단, 갑국와 을국은 모두 계층을 상층, 중층, 하층으로만 구분한다.)

〈갑국과 을국의 계층 구성비〉

구분	갑국	을국
$\dfrac{중층}{하층}$	$\dfrac{1}{2} \dfrac{30}{60}$	$\dfrac{1}{6} \dfrac{10}{60}$
$\dfrac{상층}{중층}$	$\dfrac{1}{3} \dfrac{10}{30}$	$3 \dfrac{30}{10}$

① 갑국의 하층 비율은 20%이다.

② 을국의 중층 비율은 30%이다.

③ 갑국은 을국보다 상층 비율이 높다.

④ 을국의 계층 구조는 정보 사회에 대한 낙관적인 예측에서 비롯될 수 있다.

⑤ 갑국과 을국의 하층 비율은 동일하다.

☑ **출제 의도 파악하기**
계층 구성비를 보고 상층, 중층, 하층 비율을 계산하고, 이를 바탕으로 계층 구조의 유형을 알 수 있다.

✦ **문제 해결 Point 쏙쏙**
• 갑국 → 중층/하층은 1/2이고, 상층/중층은 1/3이므로 상층 : 중층 : 하층=10% : 30% : 60%임
• 을국 → 중층/하층은 1/6이고 상층/중층은 3이므로 상층 : 중층 : 하층=30% : 10% : 60%임

☑ **선택지 바로 알기**
① 갑국의 하층 비율은 20%이다. (×)
→ 갑국의 하층 비율은 60%이다.
② 을국의 중층 비율은 30%이다. (×)
→ 을국의 중층 비율은 10%이다.
③ 갑국은 을국보다 상층 비율이 높다. (×)
→ 상층 비율은 갑국 10%, 을국 30%로 갑국이 을국보다 낮다.
④ 을국의 계층 구조는 정보 사회에 대한 낙관적인 예측에서 비롯될 수 있다. (×)
→ 을국의 계층 구조는 모래시계형 계층 구조로서 정보 사회에 대한 비관적인 예측에서 비롯될 수 있다.
⑤ 갑국과 을국의 하층 비율은 동일하다. (○)
→ 갑국과 을국의 하층 비율은 60%로 동일하다.

☑ **개념**
사회 계층 구조 한 사회의 희소한 자원이 불평등하게 분배되고, 그러한 사회 불평등이 계속되어 일정하게 틀 지어진 형태를 의미한다.
모래시계형 계층 구조 중층이 가장 낮은 계층 구조로, 중층이 하층으로 몰락하여 소수의 상층과 다수의 하층으로 양극화된 사회에서 나타나 사회적 불안정성이 매우 심각하다.

Book 2

09 성 불평등 문제

다음 자료에 대한 옳은 분석 및 추론만을 〈보기〉에서 고른 것은?

> 갑국은 남녀 성 불평등 문제를 개선하기 위하여 각종 제도를 만들어 시행하였다. 다음 자료는 성차별 개선 제도 시행 전과 후의 변화를 보여 준다.
>
> | 구분 | 제도 시행 전 | 제도 시행 후 |
> |---|---|---|
> | 남성 대비 여성 임금 비율(%) | 50 $\frac{50}{100}$ | 70 $\frac{70}{100}$ |
> | 여성 의원 비율(%) | 30 $\frac{30}{100}$ | 50 $\frac{50}{100}$ |
>
> * 남성 대비 여성 임금 비율(%)=여성 근로자 평균 임금/남성 근로자 평균 임금×100
> ** 여성 의원 비율(%)=여성 의원 수/전체 의원 수×100

◆ 보기 ◆

ㄱ. 제도 시행 전 남성 근로자 평균 임금은 여성 근로자 평균 임금의 절반이다.
ㄴ. 제도 시행 후 여성 근로자 평균 임금이 남성 근로자 평균 임금의 절반을 넘는다.
ㄷ. 제도 시행 전과 제도 시행 후 여성 의원 수 차이는 20명이다.
ㄹ. 제도 시행 후 남녀 성 불평등 문제가 개선되었다.

① ㄱ, ㄴ   ② ㄱ, ㄷ   ③ ㄴ, ㄷ
④ ㄴ, ㄹ   ⑤ ㄷ, ㄹ

☑ 출제 의도 파악하기
성차별 개선 제도 시행 전과 후의 변화를 수치 분석을 통해 파악할 수 있다.

★ 문제 해결 Point 쏙쏙
- 남성 대비 여성 임금 비율이 50% → 남성 평균 임금이 100일 때 여성 평균 임금은 50임을 의미
- 여성 의원 비율이 30% → 전체 의원 수가 100명일 경우 여성 의원 수는 30명임을 의미

☑ 선택지 바로 알기
ㄱ. 제도 시행 전 남성 근로자 평균 임금은 여성 근로자 평균 임금의 절반이다. (×)
→ 제도 시행 전 남성 대비 여성 임금 비율이 50%이므로 여성 근로자 평균 임금이 남성 근로자 평균 임금의 절반이다.
ㄴ. 제도 시행 후 여성 근로자 평균 임금이 남성 근로자 평균 임금의 절반을 넘는다. (○)
→ 제도 시행 후 여성 근로자 평균 임금이 남성 근로자 평균 임금의 절반을 넘는 70% 수준이다.
ㄷ. 제도 시행 전과 제도 시행 후 여성 의원 수 차이는 20명이다. (×)
→ 제도 시행 전과 제도 시행 후의 전체 의원 수를 알 수 없기 때문에 여성 의원 수 차이가 20명이라고 단정 지을 수 없다.
ㄹ. 제도 시행 후 남녀 성 불평등 문제가 개선되었다. (○)
→ 제도 시행 전에 비해 제도 시행 후에 남성 대비 여성 임금 비율과 여성 의원 비율이 높아졌으므로 남녀 성 불평등 문제가 개선되었다.

10 사회 보장 제도

표는 우리나라 사회 보장 제도 A, B를 구분한 것이다. 이에 대한 분석으로 옳은 것은? (단, A, B는 각각 공공 부조, 사회 보험 중 하나이다.)

질문	A (사회 보험)	B (공공 부조)
강제 가입을 원칙으로 하는가?	예	아니요
(가) (사회 보험)	예	예 (사회 보험과 공공 부조의 공통된 특징)

① A는 공공 부조, B는 사회 보험이다.
② A는 B에 비해 소득 재분배 효과가 크다.
③ A는 B와 달리 상호 부조의 원리를 바탕으로 한다.
④ B는 A와 달리 사전 예방적 성격을 지닌다.
⑤ (가)에는 '금전적 지원을 원칙으로 하는가?'가 들어갈 수 없다.

☑ 출제 의도 파악하기
공공 부조와 사회 보험의 특징을 알고 구분할 수 있다.

★ 문제 해결 Point 쏙쏙
강제 가입을 원칙으로 하는 사회 보장 제도 → 사회 보험

☑ 선택지 바로 알기
① A는 공공 부조, B는 사회 보험이다. (×)
→ A는 사회 보험, B는 공공 부조이다.
② A는 B에 비해 소득 재분배 효과가 크다. (×)
→ 소득 재분배 효과는 공공 부조가 사회 보험보다 크다.
③ A는 B와 달리 상호 부조의 원리를 바탕으로 한다. (○)
→ 사회 보험은 공공 부조와 달리 상호 부조의 원리를 바탕으로 한다.
④ B는 A와 달리 사전 예방적 성격을 지닌다. (×)
→ 사회 보험은 미래에 직면할 사회적 위험에 대처하는 사전 예방적 성격이 강하다.
⑤ (가)에는 '금전적 지원을 원칙으로 하는가?'가 들어갈 수 없다. (×)
→ 공공 부조와 사회 보험은 모두 금전적 지원을 원칙으로 하므로 해당 질문은 (가)에 들어갈 수 있다.

☑ 용어
소득 재분배: 조세나 사회 보장 제도를 통하여 소득의 불평등과 그에 따른 생활의 격차를 줄이기 위해 시행하는 일이다.
상호 부조: 다수의 개인 또는 집단이 공동의 목표를 달성하기 위하여 서로 돕는 것이다.

☑ 개념
사회 보험 국민에게 발생하는 질병, 장애, 노령, 실업, 사망 등의 사회적 위험을 보험 방식으로 대처함으로써 국민이 안전한 생활을 누리는 데 필요한 건강과 소득을 보장하는 제도이다.
공공 부조 국가와 지방 자치 단체의 책임하에 생활 유지 능력이 없거나 생활이 어려운 국민의 최저 생활을 보장하고 자립을 지원하는 제도이다.
사회 서비스 상담, 재활, 돌봄, 정보의 제공, 관련 시설의 이용, 역량 개발 등을 통해 국민의 삶의 질이 향상되도록 지원하는 제도이다.

11 진화론과 순환론

다음은 사회 변동 이론에 대한 교사와 학생의 대화이다. 이에 대한 옳은 설명만을 〈보기〉에서 고른 것은? (단, A, B는 각각 순환론과 진화론 중 하나이다.)

> 교사: 사회 변동 이론 A, B에 대하여 발표해 봅시다.
> 갑: A는 모든 사회가 동일한 방향으로 변동한다고 봅니다.
> 을: B는 모든 사회가 생성·성장·쇠퇴·해체의 과정을 반복한다고 봅니다. └→ 진화론 └→ 순환론
> 병: _____(가)_____ └→ 옳은 진술이 들어가야 한다.
> 교사: 모두 옳게 대답했습니다.

• 보기 •
ㄱ. A는 진화론, B는 순환론이다.
ㄴ. A는 사회 변동을 생물 유기체의 진화 과정에 비유하여 설명한다.
ㄷ. B는 개발 도상국의 서구식 근대화 과정을 설명하기에 적합하다.
ㄹ. (가)에는 'A, B는 모두 운명론적 관점으로 사회 변동을 설명합니다.'가 들어갈 수 있다.

① ㄱ, ㄴ   ② ㄱ, ㄷ   ③ ㄴ, ㄷ
④ ㄴ, ㄹ   ⑤ ㄷ, ㄹ

☑ 출제 의도 파악하기
사회 변동 방향을 설명하는 진화론과 순환론의 특징을 이해한다.

★ 문제 해결 Point 쏙쏙
• 모든 사회가 동일한 방향으로 변동한다고 봄 → 진화론
• 모든 사회가 생성, 성장, 쇠퇴, 해체의 과정을 반복한다고 봄 → 순환론

☑ 선택지 바로 알기
ㄱ. A는 진화론, B는 순환론이다. (○)
→ 모든 사회가 동일한 방향으로 변동한다고 보는 A는 진화론, 모든 사회가 생성, 성장, 쇠퇴, 해체의 과정을 반복한다고 보는 B는 순환론이다.
ㄴ. A는 사회 변동을 생물 유기체의 진화 과정에 비유하여 설명한다. (○)
→ 진화론은 사회가 생물 유기체와 같이 단순한 형태에서 복잡한 형태로 진화한다고 여긴다.
ㄷ. B는 개발 도상국의 서구식 근대화 과정을 설명하기에 적합하다. (×)
→ 개발 도상국의 서구식 근대화 과정을 설명하기에 적합한 것은 진화론이다.
ㄹ. (가)에는 'A, B는 모두 운명론적 관점으로 사회 변동을 설명합니다.'가 들어갈 수 있다. (×)
→ 순환론은 진화론과 달리 운명론적 관점으로 사회 변동을 설명한다.

12 정보화

다음 자료에 대한 분석으로 옳은 것은? (단, A~C는 각각 농업 사회, 산업 사회, 정보 사회 중 하나이다.)

> • 직업의 동질성 정도: B>A>C → 농업 사회>산업 사회>정보 사회
> • _____(가)_____ : A>C>B

① A는 정보 사회, B는 농업 사회, C는 산업 사회이다.
② A는 C에 비해 구성원 간 비대면 접촉 정도가 높다.
③ B는 A에 비해 사회 변동의 속도가 빠르다.
④ C는 A에 비해 다품종 소량 생산 방식의 비중이 낮다.
⑤ (가)에는 '가정과 일터의 분리 정도'가 들어갈 수 있다.

☑ 출제 의도 파악하기
농업 사회, 산업 사회, 정보 사회의 특성을 비교하여 알 수 있다.

★ 문제 해결 Point 쏙쏙
직업의 동질성 정도 → 농업 사회>산업 사회>정보 사회

☑ 선택지 바로 알기
① A는 정보 사회, B는 농업 사회, C는 산업 사회이다. (×)
→ A는 산업 사회, B는 농업 사회, C는 정보 사회이다.
② A는 C에 비해 구성원 간 비대면 접촉 정도가 높다. (×)
→ 구성원 간 비대면 접촉 정도는 정보 사회가 산업 사회에 비해 높다.
③ B는 A에 비해 사회 변동의 속도가 빠르다. (×)
→ 사회 변동의 속도는 산업 사회가 농업 사회에 비해 빠르다.
④ C는 A에 비해 다품종 소량 생산 방식의 비중이 낮다. (×)
→ 정보 사회는 산업 사회에 비해 다품종 소량 생산 방식 비중이 높다.
⑤ (가)에는 '가정과 일터의 분리 정도'가 들어갈 수 있다. (○)
→ '가정과 일터의 분리 정도'는 산업 사회>정보 사회>농업 사회 순으로 나타난다.

☑ 용어
다품종 소량 생산 방식: 동일한 생산 시설을 이용해서 많은 품종을 각각 소량씩 생산하는 방식이다.

☑ 개념
산업 사회 공업 중심의 산업 구조로 대규모 공장이 건설되면서 주거 지역과 일터인 공업 지역이 분리되었고, 소품종 대량 생산 방식이 지배적이며, 관료제 조직의 비중이 높다.
정보 사회 지식과 정보가 중심이 되는 다원화 사회가 되면서 직업이 다양해지고, 재택근무의 확산으로 산업 사회보다 가정과 일터의 분리 정도가 낮다.

13 문화를 이해하는 태도

주요 내용 문화 사대주의, 자문화 중심주의, 문화 간 우열, 문화 절대주의

다음을 읽고 물음에 답하시오.

> (가) 과거 한때 한국인들은 품질과 상관없이 국내 기업이 생산한 가전제품은 하찮게 여기고 수입 가전제품을 일방적으로 선호하고 동경하였다.
> └→ 문화 사대주의
> (나) 16세기에 아메리카 대륙으로 이주한 유럽인들은 원주민들의 문화가 서구에 비해 낙후되었다고 평가하며 강제적으로 서구 문화를 이식하였다.
> └→ 자문화 중심주의

(1) (가)의 한국인과 (나)의 유럽인이 갖고 있는 문화 이해 태도를 각각 쓰시오.

답 (가): 문화 사대주의, (나): 자문화 중심주의

(2) (1)에서 각각 쓴 문화 이해 태도의 공통점을 두 가지 서술하시오.

예시 답안 문화 사대주의와 자문화 중심주의 모두 문화를 평가의 대상으로 바라보고, 문화 간에 우열이 존재한다고 본다.

☑ **출제 의도 파악하기**
문화를 이해하는 절대주의 태도가 가진 특징을 이해한다.

문제 해결 Point 쏙쏙
- 자신의 문화는 하찮게 여기고 다른 문화를 선호하고 동경함 → 문화 사대주의
- 다른 문화는 낙후되었다고 여기고 자신의 문화를 강제로 이식함 → 자문화 중심주의

채점 기준	배점
문화 사대주의와 자문화 중심주의의 공통점을 두 가지 바르게 서술한 경우	상
문화 사대주의와 자문화 중심주의의 공통점을 한 가지만 바르게 서술한 경우	하

☑ **개념**
문화 절대주의 문화에는 우열이 있어 우월한 것과 열등한 것을 평가할 수 있다고 보는 태도를 문화 절대주의라고 한다. 문화 절대주의는 어떤 문화를 우월한 문화로 인정하는가에 따라 자문화 중심주의와 문화 사대주의로 나눌 수 있다.

14 문화 변동 요인

주요 내용 발명, 발견, 자극 전파

다음을 읽고 물음에 답하시오. (단, A~C는 발견, 발명, 자극 전파 중 하나이다.)

> - '새로운 문화 요소를 만들어 내는가?'라는 질문으로 A와 B를 구분할 수 있다. └→ 발명, 자극 전파
> - '문화 변동의 외재적 요인에 해당하는가?'라는 질문으로는 B와 C를 구분할 수 없다. └→ 자극 전파
> - A와 C를 구분할 수 있는 질문에는 (가) 가 있다.

(1) A~C에 해당하는 요인을 각각 쓰시오.

답 A: 자극 전파, B: 발견, C: 발명

(2) (가)에 들어갈 수 있는 질문을 두 개 쓰시오.

예시 답안 '문화 변동의 내재적 요인에 해당하는가?', '다른 사회에서 아이디어를 얻어 새로운 문화 요소가 생겨났는가?' 등

☑ **출제 의도 파악하기**
문화 변동의 내재적 요인과 외재적 요인을 구분할 수 있다.

문제 해결 Point 쏙쏙
- 새로운 문화 요소를 만들어 내는 요인 → 발명, 자극 전파
- 문화 변동의 내재적 요인 → 발명, 발견
- 문화 변동의 외재적 요인 → 직접 전파, 간접 전파, 자극 전파

채점 기준	배점
(가)에 들어갈 수 있는 질문 두 개를 모두 바르게 서술한 경우	상
(가)에 들어갈 수 있는 질문 한 개만 바르게 서술한 경우	하

☑ **개념**
내재적 요인 한 사회 내부에서 새롭게 등장하여 그 사회의 문화 체계에 변동을 초래하는 요인이다.
외재적 요인 다른 사회의 문화 체계와 접촉하거나 교류한 결과 다른 문화 요소가 전해져 문화 변동을 초래하는 요인이다.
내재적 문화 변동 발명, 발견 등에 의해 한 사회의 내부에서 새로운 문화 요소가 생겨난 후, 그것이 사회 구성원들에 의해 수용되고 문화 체계 속에서 확산되면서 나타나는 문화 변동이다.
외재적 문화 변동 서로 다른 사회가 비교적 장기간에 걸쳐 접촉하면서 문화 전파 등에 의해 문화 요소의 교류가 이루어짐으로써 한쪽 사회 또는 양쪽 사회 모두의 문화 체계에서 변화가 나타나는 현상이다.

15 생산적 복지

[주요 내용] 생산적 복지, 근로 연계 복지, 근로 장려금 제도

다음 자료를 보고 물음에 답하시오.

→ 노동과 복지를 연계한 생산적 복지 제도에 해당한다.

(1) 위 자료와 관련 있는 복지 유형을 쓰시오.

[답] 생산적 복지

(2) 위와 같은 복지 유형이 등장한 배경을 서술하시오.

[예시 답안] 복지 제도에 대한 의존도가 높아지면서 근로 의욕이 저하되어 생산성과 효율성이 떨어지는 문제를 해결하기 위해 등장하였다.

☑ **출제 의도 파악하기**
생산적 복지 개념이 등장한 배경과 대표적인 사례를 알 수 있다.

✦ 문제 해결 Point 쏙쏙

- 근로 장려금 제도 → 노동과 복지를 연계한 생산적 복지 제도
- 생산적 복지 → 소외 계층이 자활 사업에 참여하거나 노동을 하는 조건으로 지원해 주는 복지

채점 기준	배점
복지 제도로 인한 생산성과 효율성 저하 문제를 해결하기 위해 등장하였다고 서술한 경우	상
복지병을 해결하기 위해 등장하였다고 서술한 경우	중
복지 제도의 한계를 해결하기 위해 등장하였다고 서술한 경우	하

☑ **용어**
근로 장려금 제도: 일정 요건을 충족하는 저소득 근로자 가구에 가구원 구성과 총급여액 등에 따라 산정된 근로 장려금을 지급하여 근로를 장려하고 실질 소득을 지원하는 근로 연계형 소득 지원 제도이다.

16 다문화주의 정책

[주요 내용] 다문화 사회, 다문화주의 정책, 샐러드 볼 정책

다음 글을 읽고 물음에 답하시오.

> → 이주민 문화와 주류 문화가 서로 공존하고 존중받으며 함께 발전해야 한다는 입장
>
> 다문화 정책 중 '다문화주의' 정책은 소위 '[(가)]' 이론이라고 부르기도 한다. 소수의 문화를 주류 문화로 편입하는 것이 아니라, 다양한 문화가 대등하게 공존하는 것에 가장 큰 가치를 두기 때문이다. 학교에서 소수 민족 전통 언어 또는 역사를 가르치는 것을 사례로 들 수 있다.

(1) (가)에 들어갈 용어를 쓰시오.

[답] 샐러드 볼

(2) (가)와 같은 정책을 시행할 경우 나타날 수 있는 긍정적인 영향과 부정적인 영향을 각각 서술하시오.

[예시 답안] 긍정적인 영향은 각 문화의 고유성과 다양성을 인정하여 새로운 문화를 창출하기 용이하다는 점이고, 부정적인 영향은 사회 연대감이나 결속력이 약화될 수 있다는 점이다.

☑ **출제 의도 파악하기**
다문화 사회에 대응하기 위한 다문화 정책의 내용을 이해한다.

✦ 문제 해결 Point 쏙쏙

- 다양한 문화가 대등하게 공존하는 것에 가장 큰 가치를 둠 → 다문화주의(샐러드 볼 정책)
- 이주민들의 문화를 사회의 주류 문화에 동화시켜 문화적 동질성을 유지하려고 함 → 동화주의(용광로 정책)

채점 기준	배점
다문화주의 정책의 긍정적인 영향과 부정적인 영향을 모두 바르게 서술한 경우	상
다문화주의 정책의 긍정적인 영향과 부정적인 영향 중에서 한 가지만 바르게 서술한 경우	중
다문화주의 정책의 긍정적인 영향과 부정적인 영향을 적절하게 서술하지 못한 경우	하

☑ **개념**
샐러드 볼 정책 한 그릇 안에 다양한 채소가 들어 있는 샐러드 볼처럼 이주민들의 문화에 대한 인정과 보호를 기초로 기존 문화와의 공존을 추구하는 정책이다.

적중 예상 전략 ②회

01 ⑤   02 ④   03 ⑤   04 ③   05 ⑤   06 ④   07 ②   08 ②   09 ⑤   10 ⑤   11 ②   12 ⑤
서술형 13 (1) A: 문화 사대주의, B: 자문화 중심주의, C: 문화 상대주의 (2) 해설 참조   14 (1) A: SNS, B: 신문 (2) 해설 참조
15 (1) 저출산 현상 (2) 해설 참조   16 (1) 고령화 현상 (2) 해설 참조

01 문화의 의미와 속성

밑줄 친 ㉠~㉣에 대한 옳은 설명만을 〈보기〉에서 고른 것은?

→ 넓은 의미의 문화   → 주류 문화

> 우리나라의 대표적 음식 ㉠ 문화는 김치이다. ㉡ 우리나라 사람은 누구나 밥을 먹을 때면 자연스럽게 김치를 찾고, 식당에서 밥을 주문할 때도 당연히 ㉢ 빨간 김치가 반찬으로 나올 것이라고 기대한다. 이는 우리나라 사람뿐만 아니라 우리나라에서 오랫동안 거주한 외국인들에게도 나타나는 생활 양식인데, 바로 ㉣ 입맛이 김치에 익숙해진 것이라 할 수 있다.

→ 문화의 공유성   → 문화의 학습성

● 보기 ●
ㄱ. ㉠은 좁은 의미의 문화를 의미한다.
ㄴ. ㉡은 김치가 하위문화임을 보여 준다.
ㄷ. ㉢에 부각된 문화의 속성은 공유성이다.
ㄹ. ㉣에 부각된 문화의 속성은 학습성이다.

① ㄱ, ㄴ   ② ㄱ, ㄷ   ③ ㄴ, ㄷ
④ ㄴ, ㄹ   ⑤ ㄷ, ㄹ

☑ 출제 의도 파악하기
문화의 의미와 속성을 사례에 적용할 수 있다.

⭐ 문제 해결 Point 쏙쏙
• 좁은 의미의 문화 → 특별한 것
• 넓은 의미의 문화 → 모든 생활 양식
• 상대방의 행동을 예측할 수 있고, 원활한 상호 작용이 이루어짐 → 문화의 공유성
• 문화는 후천적으로 학습되는 생활 양식임 → 문화의 학습성

☑ 선택지 바로 알기
ㄱ. ㉠은 좁은 의미의 문화를 의미한다. (×)
  → '음식 문화'에서의 '문화'는 특별한 것을 의미하는 것이 아니므로 넓은 의미의 문화이다.
ㄴ. ㉡은 김치가 하위문화임을 보여 준다. (×)
  → 김치는 누구나 향유하는 문화라는 점에서 주류 문화에 해당한다.
ㄷ. ㉢에 부각된 문화의 속성은 공유성이다. (○)
  → 한 사회의 구성원은 동일한 문화를 공유하고 있기 때문에 상대방의 행동을 예측할 수 있다.
ㄹ. ㉣에 부각된 문화의 속성은 학습성이다. (○)
  → 문화는 후천적으로 학습된 결과이며, 외국인이 김치에 익숙해진 것 또한 학습의 결과이다.

02 문화를 이해하는 태도

표는 문화 이해의 태도 A~C를 질문에 따라 구분한 것이다. 이에 대한 설명으로 옳은 것은?

문화 사대주의 ←   문화 상대주의   → 자문화 중심주의

질문	A	B	C
자문화의 정체성이 약화될 가능성이 있는가? → 문화 사대주의	○	×	×
(가)	×	×	○
문화를 평가가 아닌 이해의 대상으로 보는가? → 문화 상대주의	×	○	×

(예: ○, 아니요: ×)

① A는 국수주의를 초래할 수 있다.
② B는 문화 간 우열이 존재한다고 본다.
③ C는 선진 문화를 일방적으로 추종한다.
④ C는 B에 비해 타 문화에 대한 이해를 어렵게 한다.
⑤ (가)에는 '문화 다양성 증진에 기여하는가?'가 들어갈 수 있다.

☑ 출제 의도 파악하기
문화를 이해하는 태도인 문화 사대주의, 자문화 중심주의, 문화 상대주의의 특징을 이해한다.

⭐ 문제 해결 Point 쏙쏙
• 자문화의 정체성이 약화될 가능성이 있는 A → 문화 사대주의
• 문화를 평가가 아닌 이해의 대상으로 보는 B → 문화 상대주의

☑ 선택지 바로 알기
① A는 국수주의를 초래할 수 있다. (×)
  → 국수주의를 초래할 수 있는 문화 이해 태도는 자문화 중심주의이다.
② B는 문화 간 우열이 존재한다고 본다. (×)
  → 문화 상대주의는 문화를 이해의 대상으로 여기므로 문화 간 우열을 인정하지 않는다.
③ C는 선진 문화를 일방적으로 추종한다. (×)
  → 선진 문화를 일방적으로 추종하는 문화 이해 태도는 문화 사대주의이다.
④ C는 B에 비해 타 문화에 대한 이해를 어렵게 한다. (○)
  → 자문화 중심주의는 타 문화를 이해하지 않고 자신의 기준을 적용하여 평가절하한다.
⑤ (가)에는 '문화 다양성 증진에 기여하는가?'가 들어갈 수 있다. (×)
  → (가)에는 자문화 중심주의가 '예'라고 응답할 수 있는 질문이 들어가야 한다. 문화 다양성 증진에 기여하는 문화 이해 태도는 문화 상대주의이다.

다음 그림은 대중 매체 A, B의 특징을 비교한 것이다. 이에 대한 옳은 설명만을 〈보기〉에서 고른 것은? (단, A와 B는 각각 신문과 SNS 중 하나이다.)

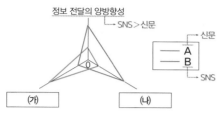

* 0에서 멀어질수록 그 정도가 높거나 강함

• 보기 •
ㄱ. A는 B에 비해 정보 전달의 속도가 빠르다.
ㄴ. B는 A에 비해 정보의 복제와 재가공이 어렵다.
ㄷ. (가)에는 '정보 생산자와 소비자 간의 경계의 명확성'이 들어갈 수 있다.
ㄹ. (나)에는 '정보 생산자와 소비자 간의 상호 작용 정도'가 들어갈 수 있다.

① ㄱ, ㄴ   ② ㄱ, ㄷ   ③ ㄴ, ㄷ
④ ㄴ, ㄹ   ⑤ ㄷ, ㄹ

☑ **출제 의도 파악하기**
전통 매체인 신문과 뉴 미디어인 SNS의 특징을 이해한다.

> **문제 해결 Point 쏙쏙**
> • 정보 전달의 양방향성 → SNS＞신문
> • A는 신문(전통 매체), B는 SNS(뉴 미디어)

☑ **선택지 바로 알기**
ㄱ. A는 B에 비해 정보 전달의 속도가 빠르다. (×)
→ 신문은 인쇄물을 통해 정보가 전달되므로 SNS에 비해 정보 전달의 속도가 느리다.
ㄴ. B는 A에 비해 정보의 복제와 재가공이 어렵다. (×)
→ SNS는 수용한 정보를 복사하거나 가공하기가 용이하다. 반면, 신문의 경우 신문사가 발간한 신문을 구독자가 복제하거나 가공하기 어렵다.
ㄷ. (가)에는 '정보 생산자와 소비자 간의 경계'가 들어갈 수 있다. (○)
→ (가)에는 SNS에 비해 신문이 높게 나타나는 특징이 들어가야 한다. 정보 생산자와 소비자 간의 경계는 신문사와 구독자로 구분되는 신문이 SNS보다 높게 나타난다.
ㄹ. (나)에는 '정보 생산자와 소비자 간의 상호 작용'이 들어갈 수 있다. (○)
→ (나)에는 신문에 비해 SNS가 높게 나타나는 특징이 들어가야 한다. 소비자의 의견을 정보 생산자에게 전달하기 쉬운 SNS는 정보 생산자와 소비자 간의 상호 작용이 용이하다.

다음 사례에 대한 설명으로 옳은 것은?

> • A국에서는 동영상을 녹화하고 전송할 수 있는 휴대용 카메라가 만들어져 널리 보급되었다. ┌→ 발명
> • B국은 원래 고유의 문자가 없었으나, 주변국의 문자에서 아이디어를 얻어 새로운 문자를 만들어 사용하였다. └→ 자극 전파
> • C국에서는 서구의 지배 과정에서 C국 고유의 토속 종교와 크리스트교가 결합된 제3의 종교가 형성되었다. └→ 강제적 문화 접변, 직접 전파 └→ 문화 융합

① A국에서는 외재적 요인에 의한 문화 변동이 나타났다.
② B국에서는 내재적 요인에 의한 문화 변동이 나타났다.
③ C국의 문화 변동은 문화 융합에 해당한다.
④ A국과 B국의 사례는 모두 발명에 해당한다.
⑤ B국은 직접 전파, C국은 간접 전파의 사례에 해당한다.

☑ **출제 의도 파악하기**
문화 변동 요인과 양상을 이해하고 사례에 적용할 수 있다.

> **문제 해결 Point 쏙쏙**
> • 발명, 자극 전파, 문화 융합의 공통점 → 새로운 문화 요소가 등장함
> • 발명 → 타 문화와의 교류 없이 내재적 요인으로 새로운 문화 요소가 등장함
> • 문화 융합 → 다른 문화 요소와 자문화가 결합하여 새로운 문화 요소가 등장함
> • 자극 전파 → 전파된 문화 요소에서 아이디어를 얻어 새로운 문화 요소가 등장함

☑ **선택지 바로 알기**
① A국에서는 외재적 요인에 의한 문화 변동이 나타났다. (×)
→ A국에서는 발명이라는 내재적 요인에 의해 문화 변동이 나타났다.
② B국에서는 내재적 요인에 의한 문화 변동이 나타났다. (×)
→ B국에서는 자극 전파라는 외재적 요인에 의한 문화 변동이 나타났다.
③ C국의 문화 변동은 문화 융합에 해당한다. (○)
→ 직접 전파의 결과 제3의 문화가 형성되었다는 점에서 문화 융합에 해당한다.
④ A국과 B국의 사례는 모두 발명에 해당한다. (×)
→ A국은 발명, B국은 자극 전파의 사례이다.
⑤ B국은 직접 전파, C국은 간접 전파의 사례에 해당한다. (×)
→ B국은 자극 전파, C국은 직접 전파의 사례이다.

☑ **용어**
전파: 한 사회의 문화가 다른 사회의 문화와 교류하고 접촉하는 과정에서 새로운 문화 요소가 전달되는 것이다.

05 문화 접변 결과

표는 문화 접변 결과 A~C의 사례를 제시한 것이다. 이에 대한 옳은 설명만을 〈보기〉에서 고른 것은? (단, A~C는 각각 문화 동화, 문화 병존, 문화 융합 중 하나이다.)

구분	사례 → 문화 병존
A	갑국에서는 토속 종교와 외래 종교를 모두 국교로 인정함
B	을국의 식민 지배를 당한 갑국은 자기 언어를 상실하고 을국의 언어를 사용함 → 문화 동화
C	(가) → 문화 융합의 사례

┌ 보기 ┐
ㄱ. A는 B와 달리 자문화의 정체성이 약화된다.
ㄴ. B는 C와 달리 강제적 문화 접변으로만 나타난다.
ㄷ. C는 A와 달리 제3의 문화 요소가 등장한다.
ㄹ. (가)에는 '전통 신앙과 전래된 불교가 결합하여 새로운 불교 문화가 나타남'이 들어갈 수 있다.

① ㄱ, ㄴ ② ㄱ, ㄷ ③ ㄴ, ㄷ
④ ㄴ, ㄹ ⑤ ㄷ, ㄹ

☑ 출제 의도 **파악하기**
문화 접변의 결과로 나타난 문화 동화, 문화 병존, 문화 융합을 사례에 적용하여 이해한다.

★ 문제 해결 Point 쏙쏙
• 문화 접변 결과 서로 다른 문화 요소가 나란히 존재하는 경우 → 문화 병존
• 문화 접변 결과 한 사회의 문화 요소가 다른 사회의 문화 요소에 흡수되는 경우 → 문화 동화
• 문화 접변 결과 기존의 문화 요소와 다른 제3의 문화 요소가 등장하는 경우 → 문화 융합

☑ 선택지 **바로 알기**
ㄱ. A는 B와 달리 자문화의 정체성이 약화된다. (×)
　→ 문화 동화는 문화 병존과 달리 자문화의 정체성이 약화된다.
ㄴ. B는 C와 달리 강제적 문화 접변으로만 나타난다. (×)
　→ 문화 동화와 문화 융합은 강제적 문화 접변 또는 자발적 문화 접변으로 나타난다.
ㄷ. C는 A와 달리 제3의 문화 요소가 등장한다. (○)
　→ 문화 융합은 문화 병존, 문화 동화와 달리 기존과는 다른 제3의 문화 요소가 등장한다.
ㄹ. (가)에는 '전통 신앙과 전래된 불교가 결합하여 새로운 불교 문화가 나타남'이 들어갈 수 있다. (○)
　→ 전통 신앙과 전래된 불교가 결합하여 새로운 불교 문화가 나타나는 경우는 제3의 문화 요소의 등장으로 볼 수 있으므로 문화 융합의 사례이다.

06 문화 변동 요인과 양상

다음은 A국과 B국의 문화 변동을 나타낸다. 이에 대한 설명으로 옳은 것은?

구분	T기	직접 전파 → T+1기
A국	고유 문자 있음	갑국의 식민 지배 과정에서 갑국의 문자가 강제로 이식되어 A국의 문자를 대체하게 됨
B국	고유 문자 없음	갑국과 교역하는 과정에서 갑국의 문자로부터 아이디어를 얻어 새로운 문자가 만들어짐

→ 강제적 문화 접변　　→ 자극 전파　　문화 동화

① A국에서는 문화 병존이 나타났다.
② B국에서는 문화 융합이 나타났다.
③ A국과 B국 모두 간접 전파에 의해 문화 변동이 나타났다.
④ B국과 달리 A국의 사례는 강제적 문화 접변에 해당한다.
⑤ A국과 달리 B국은 내재적 요인에 의한 문화 변동을 겪었다.

☑ 출제 의도 **파악하기**
주어진 문화 변동 사례에서 문화 변동 요인과 변동 양상을 찾을 수 있다.

★ 문제 해결 Point 쏙쏙
• 식민 지배 과정에서 외래문화가 강제로 이식되어 자국의 문자를 상실함 → 직접 전파, 강제적 문화 접변, 문화 동화
• 교역으로 들어온 문화 요소에서 아이디어를 얻어 새로운 문화 요소를 만들어 냄 → 자극 전파

☑ 선택지 **바로 알기**
① A국에서는 문화 병존이 나타났다. (×)
　→ A국 고유의 문자가 사라졌다는 점에서 문화 동화가 나타났다.
② B국에서는 문화 융합이 나타났다. (×)
　→ B국 고유의 문자가 존재하지 않았으므로 문화 융합이 나타날 수 없다.
③ A국과 B국 모두 직접 전파에 의해 문화 변동이 나타났다. (×)
　→ A국은 직접 전파, B국은 자극 전파에 의해 문화 변동이 나타났다.
④ B국과 달리 A국의 사례는 강제적 문화 접변에 해당한다. (○)
　→ A국은 강제로 문화 요소가 이식되었다는 점에서 강제적 문화 접변에 해당한다.
⑤ A국과 달리 B국은 내재적 요인에 의한 문화 변동을 겪었다. (×)
　→ 직접 전파와 자극 전파 모두 문화 변동의 외재적 요인에 해당한다.

☑ **개념**
강제적 문화 접변 정복, 식민 지배 등의 상황에서 지배 사회의 문화가 피지배 사회에 강제적으로 이식되어 나타나는 문화 변동이다.
자발적 문화 접변 바람직하거나 필요하다고 느껴 스스로 다른 사회의 문화 요소를 자기 사회의 문화 체계 속으로 받아들임으로써 나타나는 문화 변동이다.

사회 불평등 현상을 바라보는 관점 A, B에 대한 설명으로 옳은 것은?

> ┌─ 기능론의 입장
>
> A는 더 중요한 직업을 수행하는 사람들에게 차등 보상이 필요하다는 B의 주장에 대해 이와 같은 현상은 오로지 지배 집단이 자신들의 기득권을 정당화하려는 논리에 불과하다고 비판한다.
> └─ 갈등론의 입장

① A는 기능론, B는 갈등론이다.

② A는 사회 불평등 현상을 극복해야 할 대상으로 본다.

③ A는 사회적 희소가치의 분배 기준이 전체 사회의 합의를 통해 결정된다고 본다.

④ B는 사회 불평등 현상이 보편적이지만 필수 불가결하지는 않다고 본다.

⑤ A, B는 모두 사회 불평등 현상이 인재를 적재적소에 배치하는 데 기여한다고 본다.

☑ 출제 의도 **파악하기**

사회 불평등 현상을 바라보는 관점인 기능론과 갈등론을 구분할 수 있다.

★ 문제 해결 Point 쏙쏙

- 더 중요한 직업을 수행하는 사람들에게 차등 보상이 필요하다는 주장 → 기능론
- 차등 분배는 지배 집단이 자신들의 기득권을 정당화하려는 논리라는 주장 → 갈등론

☑ 선택지 **바로 알기**

① A는 기능론, B는 갈등론이다. (×)
→ A는 갈등론, B는 기능론이다.

② A는 사회 불평등 현상을 극복해야 할 대상으로 본다. (○)
→ 갈등론은 사회 불평등을 지배 집단이 자신들의 기득권 유지를 위해 사회적 자원을 강제로 차등 분배한 결과로 보기 때문에 극복해야 한다고 주장한다.

③ A는 사회적 희소가치의 분배 기준이 전체 사회의 합의를 통해 결정된다고 본다. (×)
→ 사회적 희소가치의 분배 기준이 전체 사회의 합의를 통해 결정된다고 보는 관점은 기능론이다.

④ B는 사회 불평등 현상이 보편적이지만 필수 불가결하지는 않다고 본다. (×)
→ 사회 불평등 현상이 보편적이지만 필수 불가결하지는 않다고 보는 관점은 갈등론이다.

⑤ A, B는 모두 사회 불평등 현상이 인재를 적재적소에 배치하는 데 기여한다고 본다. (×)
→ 사회 불평등 현상이 인재를 적재적소에 배치하는 데 기여한다고 보는 것은 기능론이다.

(가), (나)에 공통으로 나타나는 사회 이동만을 〈보기〉에서 고른 것은?

> ┌─ 수평 이동
>
> (가) 갑은 대기업에 평사원으로 입사한 후, 마케팅 부서와 인사부 등에서 활약하며 능력을 인정받고 결국 회사의 임원으로 승진하였다.
> └─ 개인적 이동   └─ 수직 이동
>
> (나) 을은 소작농의 아들로 태어나 가난한 어린 시절을 보냈지만, 뛰어난 재주로 장사꾼이 되어 그 지역의 가장 큰 부자가 되었다. 하지만 전쟁으로 인해 을은 전 재산을 잃고 쓸쓸하게 생을 마감하였다.
> └─ 구조적 이동   └─ 수직 이동

(문단 우측: 개인적 이동, 세대 간 이동, 수직 이동)

보기

ㄱ. 수직 이동   ㄴ. 구조적 이동

ㄷ. 개인적 이동   ㄹ. 세대 간 이동

① ㄱ, ㄴ   ② ㄱ, ㄷ   ③ ㄴ, ㄷ

④ ㄴ, ㄹ   ⑤ ㄷ, ㄹ

☑ 출제 의도 **파악하기**

다양한 사회 이동의 유형을 이해하고 사례에 적용할 수 있다.

★ 문제 해결 Point 쏙쏙

- 개인적 이동 → 노력이나 능력 등에 의해 계층적 위치가 변화하는 이동
- 수직 이동 → 하강 이동과 상승 이동을 모두 포함

☑ 선택지 **바로 알기**

ㄱ. 수직 이동 (○)
→ (가)에서 갑이 평사원에서 회사 임원으로 승진한 경우는 수직 상승 이동이다. (나)에서 을이 가난한 소작농의 아들로 태어나 큰 부자가 된 것은 수직 상승 이동이고, 전 재산을 잃고 쓸쓸하게 생을 마감한 것은 수직 하강 이동이다.

ㄴ. 구조적 이동 (×)
→ 구조적 이동은 전쟁, 혁명, 급격한 사회 변동으로 인해 기존의 사회 구조가 변화하면서 개인이나 집단의 계층적 위치가 변화하는 이동으로서 (나)에서만 나타난다.

ㄷ. 개인적 이동 (○)
→ (가)에서 갑과 (나)에서 을은 모두 자신의 노력으로 계층 이동을 하였으므로 개인적 이동이다.

ㄹ. 세대 간 이동 (×)
→ 세대 간 이동은 두 세대 이상에 걸쳐 계층적 위치가 변화하는 이동으로서 (나)에서만 나타난다. (가)에서 갑 부모의 계층적 위치를 알 수 없다.

09 빈곤의 유형

다음 그림은 빈곤의 유형 A, B를 구분한 것이다. 이에 대한 설명으로 옳은 것은? (단, A, B는 각각 상대적 빈곤, 절대적 빈곤 중 하나이다.)

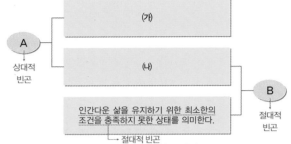

① A는 절대적 빈곤, B는 상대적 빈곤이다.

② B를 판단하는 기준선은 시대와 사회에 상관없이 동일하다.

③ A에 해당하는 가구는 모두 B에도 해당한다.

④ (가)에는 '실제 소득 규모와 상관없이 개인이 체감하는 빈곤 상태를 의미한다.'가 들어갈 수 있다.

⑤ (나)에는 '우리나라에서 객관화된 기준에 따라 분류한다.'가 들어갈 수 있다.

☑ 출제 의도 파악하기
절대적 빈곤과 상대적 빈곤의 개념과 특징을 알 수 있다.

★ 문제 해결 Point 쏙쏙
인간다운 삶을 유지하기 위한 최소한의 조건을 충족하지 못한 상태 → 절대적 빈곤

☑ 선택지 바로 알기
① A는 절대적 빈곤, B는 상대적 빈곤이다. (×)
→ A는 상대적 빈곤, B는 절대적 빈곤이다.

② B를 판단하는 기준선은 시대와 사회에 상관없이 동일하다. (×)
→ 절대적 빈곤을 판단하는 기준선은 시대와 사회에 따라 달라진다.

③ A에 해당하는 가구는 모두 B에도 해당한다. (×)
→ 상대적 빈곤에 해당하는 가구가 모두 절대적 빈곤 가구라고 단정 지을 수 없다. 절대적 빈곤율이 상대적 빈곤율보다 높은 경우 상대적 빈곤 가구는 모두 절대적 빈곤 가구에 해당한다.

④ (가)에는 '실제 소득 규모와 상관없이 개인이 체감하는 빈곤 상태를 의미한다.'가 들어갈 수 있다. (×)
→ 실제 소득 규모와 상관없이 개인이 체감하는 빈곤 상태를 의미하는 것은 주관적 빈곤이다.

⑤ (나)에는 '우리나라에서 객관화된 기준에 따라 분류한다.'가 들어갈 수 있다. (○)
→ 절대적 빈곤과 상대적 빈곤은 모두 우리나라에서 객관화된 기준에 따라 분류한다.

10 우리나라 사회 보장 제도

표는 A, B를 제시된 기준에 따라 비교한 것이다. 이에 대한 옳은 설명만을 〈보기〉에서 고른것은? (단, A, B는 각각 공공 부조, 사회 보험 중 하나이다.)

구분 → 사회 보험>공공 부조	비교 결과
수혜 대상자 범위	A>B
(가) → 사회 보험에 비해 공공 부조에서 더 크게 나타나는 특징	B>A

• 보기 •

ㄱ. A는 수혜 정도에 따른 비용 부담을 원칙으로 한다.

ㄴ. B는 사전 예방적 성격이 강하다.

ㄷ. A는 B와 달리 상호 부조의 원리를 적용한다.

ㄹ. (가)에는 '소득 재분배 효과'가 들어갈 수 있다.

① ㄱ, ㄴ   ② ㄱ, ㄷ   ③ ㄴ, ㄷ
④ ㄴ, ㄹ   ⑤ ㄷ, ㄹ

☑ 출제 의도 파악하기
우리나라의 대표적인 사회 보장 제도인 공공 부조와 사회 보험을 비교하여 이해한다.

★ 문제 해결 Point 쏙쏙
수혜 대상자의 범위 → 모든 국민을 대상으로 하는 사회 보험이 저소득층을 대상으로 하는 공공 부조보다 더 넓음

☑ 선택지 바로 알기
ㄱ. A는 수혜 정도에 따른 비용 부담을 원칙으로 한다. (×)
→ 사회 보험은 능력에 따른 비용 부담을 원칙으로 한다.

ㄴ. B는 사전 예방적 성격이 강하다. (×)
→ 미래에 직면할 사회적 위험에 대처하는 사전 예방적 성격이 강한 것은 사회 보험이다.

ㄷ. A는 B와 달리 상호 부조의 원리를 적용한다. (○)
→ 사회 보험은 공공 부조와 달리 상호 부조의 원리를 적용한다.

ㄹ. (가)에는 '소득 재분배 효과'가 들어갈 수 있다. (○)
→ 소득 재분배 효과는 사회 보험에 비해 공공 부조가 크다.

☑ 용어
상호 부조의 원리: 가입자 중에서 사회적 위험에 처한 사람이 있을 때 가입자끼리 서로 돕는 원리이다.

☑ 개념
사회 보험과 민간 보험 민간 보험은 사회 보험과 달리 개인적 필요에 따라 임의로 가입하여 주로 수혜자 본인의 부담을 통해 보장이 이루어지는 반면, 사회 보험은 가입자 개인과 기업, 정부가 공동으로 분담하여 재원을 마련한다.

다음 글의 밑줄 친 '이 이론'에 대한 설명으로 옳은 것은?

> 사회 변동을 설명하는 '이 이론'은 앞으로의 변동 방향을 예측하기에 적합하지 않다는 점과 단기적 사회 변동 과정을 설명하기 어렵다는 한계가 있다. → 순환론의 한계

① 서구 중심적 사고라는 비판을 받는다.
② 운명론적 관점에서 사회 변동을 설명한다.
③ 사회가 일정한 방향으로 진화한다고 본다.
④ 사회 변동이 곧 진보와 발전의 과정이라고 본다.
⑤ 사회의 안정과 조화를 유지하기 위해 사회 각 부분들이 조정되는 과정을 사회 변동으로 본다.

☑ **출제 의도 파악하기**
사회 변동을 설명하는 이론인 순환론이 가진 한계를 이해한다.

★ **문제 해결 Point 쏙쏙**

- 앞으로의 변동 방향을 예측하기에 적합하지 않고, 단기적 사회 변동 과정을 설명하기 어렵다는 한계 → 순환론
- 모든 사회가 같은 방향으로 변화하지 않으며, 다양한 경로의 사회 발전 양상을 설명하기 어렵다는 한계 → 진화론

☑ **선택지 바로 알기**
① 서구 중심적 사고라는 비판을 받는다. (×)
→ 서구 중심적 사고라는 비판을 받는 것은 진화론이다.
② 운명론적 관점에서 사회 변동을 설명한다. (○)
→ 순환론은 운명적인 힘을 강조한 나머지 사회 변동에 작용하는 인간의 주체적인 행동을 과소평가한다는 비판을 받는다.
③ 사회가 일정한 방향으로 진화한다고 본다. (×)
→ 사회가 일정한 방향으로 진화한다고 보는 것은 진화론이다.
④ 사회 변동이 곧 진보와 발전의 과정이라고 본다. (×)
→ 사회 변동이 곧 진보와 발전의 과정이라고 보는 것은 진화론이다.
⑤ 사회의 안정과 조화를 유지하기 위해 사회 각 부분들이 조정되는 과정을 사회 변동으로 본다. (×)
→ 사회의 안정과 조화를 유지하기 위해 사회 각 부분들이 조정되는 과정을 사회 변동으로 보는 것은 기능론이다.

☑ **용어**
진화: 생물학에서 진화는 생물이 생명의 기원 이후부터 점진적으로 변해 가는 것을 뜻한다. 반면, 사회학에서 진화는 환경에 대한 사회의 적응 능력이 향상되는 것을 의미한다.

표는 갑국의 노년 부양비와 유소년 부양비를 나타낸 것이다. 이에 대한 분석으로 옳은 것은? (단, t년과 t+10년의 갑국 15~64세 인구는 동일하다.)

구분	t년	t+10년
유소년 부양비	30	20
노년 부양비	20	40

부양 인구가 100일 때 유소년 인구비 ↗ (구분 위)
부양 인구가 100일 때 노년 인구비 ↗

* 유소년 부양비=(0~14세 인구/15~64세 인구)×100
** 노년 부양비=(65세 이상 인구/15~64세 인구)×100
*** 전체 인구에서 노인 인구가 차지하는 비율이 7% 이상이면 고령화 사회, 14% 이상이면 고령 사회, 20% 이상이면 초고령 사회임

① t년과 t+10년의 전체 인구는 동일하다.
② 0~14세 인구는 t+10년이 t년에 비해 많다.
③ 전체 인구에서 15~64세 인구가 차지하는 비율은 t+10년이 t년에 비해 크다.
④ 0~14세 인구 1명당 65세 이상 인구는 t년이 t+10년에 비해 크다.
⑤ t년은 고령화 사회, t+10년은 초고령 사회에 해당한다.

☑ **출제 의도 파악하기**
제시된 자료를 통해 연령별 인구를 계산할 수 있다.

★ **문제 해결 Point 쏙쏙**

갑국의 15~64세 인구를 100명이라고 가정하면, 0~14세 인구와 65세 이상 인구는 다음과 같다. (단위: 명)

구분	t년	t+10년
0~14세 인구	30	20
15~64세 인구	100	100
65세 이상 인구	20	40
총인구	150	160

☑ **선택지 바로 알기**
① t년과 t+10년의 총인구는 동일하다. (×)
→ 총인구는 t년 150명, t+10년 160명이다.
② 0~14세 인구는 t+10년이 t년에 비해 많다. (×)
→ 0~14세 인구는 t년 30명, t+10년 20명으로 t+10년이 t년에 비해 적다.
③ 총인구에서 15~64세 인구가 차지하는 비율은 t+10년이 t년에 비해 크다. (×)
→ 총인구에서 15~64세 인구가 차지하는 비율은 t년 약 66.7%(100/150×100), t+10년 62.5%(100/160×100)이다.
④ 0~14세 인구 1명당 65세 이상 인구는 t년이 t+10년에 비해 크다. (×)
→ 0~14세 인구 1명당 65세 이상 인구는 t년 약 0.67명(20/30), t+10년 2명(40/20)이다.
⑤ t년은 고령화 사회, t+10년은 초고령 사회에 해당한다. (○)
→ 65세 이상 인구가 전체 인구에서 차지하는 비율이 t년은 20/150×100으로 약 13%이므로 고령화 사회이고, t+10년은 40/160×100으로 25%이므로 초고령 사회이다.

Book 2

13 문화를 이해하는 태도

주요 내용 문화 이해 태도, 자문화 중심주의, 문화 사대주의, 문화 상대주의

다음 대화를 보고 물음에 답하시오.

> 교사: 문화 이해 태도 A~C에 대해 설명해 볼까요? → 문화 사대주의
> 갑: 타 문화를 받아들임에 있어서 A는 B에 비해 <u>수용적입니다.</u>
> 을: 자기 문화의 정체성을 보존하는 데는 B가 A보다 유리합니다. → 자문화 중심주의
> 병: 문화의 다양성 신장을 위해서는 A, B보다 C가 필요합니다. → 문화 상대주의
> 교사: 모두 정확히 설명하였습니다.

(1) A~C에 해당하는 문화 이해 태도를 각각 쓰시오.

답 A: 문화 사대주의, B: 자문화 중심주의, C: 문화 상대주의

(2) A~C 중 두 가지 이상의 문화 이해 태도에 공통적으로 적용 가능한 특징을 서술하시오.

예시 답안 문화 사대주의와 자문화 중심주의는 문화 다양성 확보에 불리하다는 공통점과 문화를 평가의 대상으로 바라본다는 공통점이 있다. 문화 사대주의와 문화 상대주의는 타 문화와 갈등을 초래하지 않는다는 공통점이 있다.

☑ **출제 의도 파악하기**
자문화 중심주의, 문화 사대주의, 문화 상대주의의 공통점과 차이점을 알 수 있다.

⭐ 문제 해결 Point 쏙쏙
- 타 문화를 받아들임에 있어 수용적인 태도 → 문화 사대주의
- 자기 문화의 정체성을 보존하는 데 유리한 태도 → 자문화 중심주의
- 문화의 다양성 신장을 위해 필요한 태도 → 문화 상대주의

채점 기준	배점
문화 사대주의와 자문화 중심주의, 문화 사대주의와 문화 상대주의의 공통점을 모두 적절하게 서술한 경우	상
문화 사대주의와 자문화 중심주의, 문화 사대주의와 문화 상대주의의 공통점 중 하나만 적절하게 서술한 경우	중
문화 사대주의와 자문화 중심주의는 문화 상대주의와 달리 문화 절대주의라는 내용을 서술한 경우	하

14 대중 매체

주요 내용 대중 매체, 쌍방향 매체

다음 그림은 대중 매체의 특징을 상대적으로 나타낸 것이다. 물음에 답하시오. (단, A와 B는 각각 신문과 SNS 중 하나이다.)

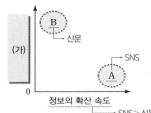

SNS>신문

(1) A, B에 해당하는 대중 매체를 각각 쓰시오.

답 A: SNS, B: 신문

(2) (가)에 들어갈 수 있는 특징을 한 가지 서술하고, B에 비해 A가 높은 특징을 두 가지 서술하시오.

예시 답안 (가)에는 '정보 생산자와 소비자 간 경계의 명확성'이 들어갈 수 있으며, B에 비해 A는 정보 재가공의 용이성, 정보 생산자와 소비자 간의 상호 작용성이 높다.

☑ **출제 의도 파악하기**
대중 매체의 특징을 유형별로 비교할 수 있다.

⭐ 문제 해결 Point 쏙쏙
- 정보의 확산 속도 → 뉴 미디어인 SNS가 인쇄 매체인 신문보다 빠름
- 뉴 미디어의 특징 → 쌍방향 매체, 정보 생산자와 소비자의 구분 불명확

채점 기준	배점
(가)에 들어갈 수 있는 특징을 한 가지 바르게 서술하고, B에 비해 A가 높은 특징을 두 가지 바르게 서술한 경우	상
(가)에 들어갈 수 있는 특징과 B에 비해 A가 높은 특징 중 두 가지를 바르게 서술한 경우	중
(가)에 들어갈 수 있는 특징과 B에 비해 A가 높은 특징 중 한 가지를 바르게 서술한 경우	하

☑ **용어**
일방향 매체: 정보 생산자에 의해 생산된 정보가 정보 소비자에게 일방적으로 전달되는 매체를 말한다.
쌍방향 매체: 정보 소비자가 정보의 생산 과정에도 활발히 참여하는 매체를 말한다.

☑ **개념**
뉴 미디어 전자 공학 기술이나 정보 통신 기술이 발달하면서 등장한 새로운 전달 매체로, 인터넷과 이를 활용한 인터넷 TV, 디지털 TV, 누리 소통망(SNS), 맞춤형 누리 방송(IPTV) 등과 같은 매체들이 대표적이다.

15 저출산 현상

Book 2

주요 내용 저출산, 합계 출산율

다음 자료를 보고 물음에 답하시오.

(단위: 명)
〈합계 출산율〉
→ 점차 낮아지고 있음

1.17 (2016), 1.05 (2017), 0.98 (2018), 0.92 (2019), 0.84 (2020), 0.81 (2021년)

(1) 위 자료에 나타난 현상이 무엇인지 쓰시오.

답 저출산 현상

(2) 위 현상이 지속될 경우 나타날 수 있는 문제점과 해결 방안을 서술하시오.

예시 답안 생산 가능 인구가 감소하여 국민 경제의 활력이 저하되고 저성장이 초래될 수 있다. 이러한 문제를 해결하기 위해 출산, 육아에 대한 부담을 덜어줄 각종 제도와 자녀 양육비 및 교육비 부담 경감 정책을 마련해야 한다.

☑ **출제 의도 파악하기**
자료를 통해 저출산 현상을 파악하고, 문제점과 해결 방안을 제시할 수 있다.

문제 해결 Point 쏙쏙
- 합계 출산율이 계속 낮아짐 → 출산율이 적정 수준보다 낮은 저출산 현상
- 생산 가능 인구 감소 → 출산 장려 정책 시행 필요

채점 기준	배점
저출산 현상이 지속될 경우 나타날 수 있는 문제점과 해결 방안을 모두 바르게 서술한 경우	상
저출산 현상이 지속될 경우 나타날 수 있는 문제점과 해결 방안 중 하나만 바르게 서술한 경우	중
저출산 현상이 지속될 경우 나타날 수 있는 문제점과 해결 방안을 적절하게 서술하지 못한 경우	하

☑ **개념**
출산 장려 정책 만혼자와 비혼자의 결혼과 출산을 위한 사회적·경제적 여건을 만드는 정책이다. 구체적인 내용으로는 신혼부부를 대상으로 한 주거 지원, 임신·출산 의료비의 본인 부담 축소, 난임 치료의 건강 보험 적용, 육아 휴직 개시권의 법적 보장 등이 있다.

16 고령화 현상

주요 내용 고령화, 노년 부양비

다음 자료를 보고 물음에 답하시오.

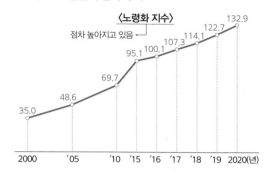

〈노령화 지수〉
점차 높아지고 있음 →

35.0 (2000), 48.6 ('05), 69.7 ('10), 95.1 ('15), 100.1 ('16), 107.3 ('17), 114.1 ('18), 122.7 ('19), 132.9 (2020년)

(1) 위 자료에 나타난 현상이 무엇인지 쓰시오.

답 고령화 현상

(2) 위 현상이 지속될 경우 나타날 수 있는 문제점과 해결 방안을 서술하시오.

예시 답안 노년 부양 비용이 증가하고 노인 부양 책임을 둘러싼 세대 갈등이 심화될 수 있다. 이러한 문제를 해결하기 위해 노후 생활 관련 복지를 강화하고 노인 재취업 기회를 확대해야 한다.

☑ **출제 의도 파악하기**
자료를 통해 고령화 현상을 파악하고, 문제점과 해결 방안을 제시할 수 있다.

문제 해결 Point 쏙쏙
- 노령화 지수가 계속 높아짐 → 전체 인구에서 노인 인구가 차지하는 비율이 증가하는 고령화 현상
- 노인층의 영향력 증대 → 고령화 대비 정책 필요

채점 기준	배점
고령화 현상이 지속될 경우 나타날 수 있는 문제점과 해결 방안을 모두 바르게 서술한 경우	상
고령화 현상이 지속될 경우 나타날 수 있는 문제점과 해결 방안 중 하나만 바르게 서술한 경우	중
고령화 현상이 지속될 경우 나타날 수 있는 문제점과 해결 방안을 적절하게 서술하지 못한 경우	하

☑ **개념**
고령화 대비 정책 노인의 재취업 기회를 확대하고 여성의 노동 시장 참여를 유도하며, 고령 친화 사업을 육성한다. 또한 노후 소득 보장을 위해 연금 제도를 개선하고, 노동력 부족을 해결하기 위해 외국인 노동자 수용을 확대하는 등의 정책을 실시할 수 있다.

Memo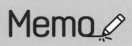

Memo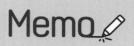

Memo